MENSURA
MASS, ZAHL, ZAHLENSYMBOLIK
IM MITTELALTER

MISCELLANEA MEDIAEVALIA

VERÖFFENTLICHUNGEN DES THOMAS-INSTITUTS DER UNIVERSITÄT ZU KÖLN

HERAUSGEGEBEN VON ALBERT ZIMMERMANN

BAND 16/1

MENSURA. MASS, ZAHL, ZAHLENSYMBOLIK IM MITTELALTER

WALTER DE GRUYTER · BERLIN · NEW YORK

1983

MENSURA
MASS, ZAHL, ZAHLENSYMBOLIK
IM MITTELALTER

1. Halbband

HERAUSGEGEBEN VON ALBERT ZIMMERMANN
FÜR DEN DRUCK BESORGT VON GUDRUN VUILLEMIN-DIEM

WALTER DE GRUYTER · BERLIN · NEW YORK
1983

CIP-Kurztitelaufnahme der Deutschen Bibliothek

Mensura — Mass, Zahl, Zahlensymbolik im Mittelalter / hrsg.
von Albert Zimmermann. Für d. Dr. besorgt von Gudrun Vuillemin-
Diem. — Berlin ; New York : de Gruyter
   (Miscellanea mediaevalia ; Bd. 16)
NE: Zimmermann, Albert [Hrsg.]; GT
Halbbd. 1 (1983).
   ISBN 3-11-009769-9

© 1983 by Walter de Gruyter & Co.,
vormals G. J. Göschen'sche Verlagshandlung · J. Guttentag, Verlagsbuchhandlung
Georg Reimer · Karl J. Trübner · Veit & Comp., Berlin 30
Alle Rechte, insbesondere das der Übersetzung in fremde Sprachen, vorbehalten.
Ohne ausdrückliche Genehmigung des Verlages ist es auch nicht gestattet, dieses Buch
oder Teile daraus auf photomechanischem Wege (Photokopie, Mikrokopie) zu vervielfältigen.
Printed in Germany
Satz und Druck: Arthur Collignon GmbH, Berlin 30
Bindearbeit: Lüderitz & Bauer, Berlin

VORWORT

Das Thomas-Institut der Universität zu Köln veranstaltete vom 8.–11. September 1982 die 23. Kölner Mediävistentagung. Das wissenschaftliche Ziel, dem die Vorträge zahlreicher Fachgelehrten und die Diskussionen während dieses Treffens dienten, war eine möglichst vielseitige und gründliche Erhellung des sehr weiten Begriffsfeldes, dessen Umrisse durch das Wort *mensura* bezeichnet werden und das für das mittelalterliche Denken eine zentrale Bedeutung hat. Diese Zielsetzung führte uns bei der Planung der Tagung zu gewissen Leitfragen, von deren Beantwortung wir uns eine nennenswerte Förderung unserer Kenntnisse und unseres Verständnisses der Menschen des Mittelalters, ihrer Vorstellungen und Lebensformen versprachen. Sie mögen auch einen ersten Einblick in den Inhalt dieses Bandes XVI der Miscellanea Mediaevalia geben.

In welcher Weise versuchten die mittelalterlichen Denker die Ordnung zu verstehen und zu erfassen, die in dem Satz *omnia mensura et numero et pondere disposuisti* (Sap. 11,20 [21]) der ganzen Schöpfung zugesprochen ist? Wie legten Theologen und Philosophen diesen für die biblisch-christliche Sicht der Wirklichkeit maßgebenden Satz aus? Welche Rolle wird dem messenden Erfassen bei der Erforschung der Natur zugestanden und wie versucht man, die Dinge und deren verschiedene Seinsweisen als meßbar zu verstehen? Mit welchen Maßen und Gewichten geht man in der Praxis um, und zwar sowohl in derjenigen der Wissenschaften wie auch im täglichen Leben?

Der Begriff des Maßes hat eine große Bedeutung in der philosophischen Theorie des Erkennens, das ja — wie die oft wiederholte Behauptung, das Wort *mens* stamme von *mensurare*, zeigt — als ein Messen und Gemessenwerden begriffen wird.

Aufschluß erwarteten wir auch über die Art und Weise, in der man im Mittelalter die Zeitmaße der Geschichte dachte und welche über den Wechsel von Tag und Nacht und den der Jahreszeiten hinausgehenden Zeiteinteilungen die Vorstellungen von Vergangenheit und Zukunft bestimmten. Schließlich sollte verdeutlicht werden, wie in der Dichtung, der bildenden Kunst und der Musik von Zahlen und Zahlenverhältnissen Gebrauch gemacht wurde und welche Theorien dabei als Leitfaden dienten.

Die große Zahl der Beiträge von Gelehrten aller Richtungen der Mittelalterforschung machte es erforderlich, diesen Band in zwei Teilen erscheinen zu lassen. Die äußere Trennung ändert jedoch nichts an der sachlichen Zusammengehörigkeit der Studien. Das Inhaltsverzeichnis erfaßt beide Teilbände, die Seiten werden durchgezählt, und das Register am Ende des zweiten Teils bezieht sich auf den ganzen Band.

Unterstützt von den Mitarbeitern des Thomas-Instituts trug Herr Prof.
Dr. Klaus Jacobi die Hauptlast bei der inhaltlichen und organisatorischen
Planung und Vorbereitung der Tagung. Die Drucklegung besorgte erneut
mit großer Sachkenntnis und Umsicht Frau Dr. Gudrun Vuillemin-Diem.
Das Register wurde von Herrn Hastenteufel MA erstellt. Sie alle verdienen
für ihre Mühewaltung herzlichen Dank.

Der Deutschen Forschungsgemeinschaft sei für die finanzielle Beihilfe,
welche die Mediävistentagung ermöglichte, gedankt. Unser Dank gilt auch
dem Verlag de Gruyter, der schon so lange für die hervorragende Aus-
stattung der Miscellanea Mediaevalia sorgt.

Köln, 1. Juni 1983   Albert Zimmermann

INHALTSVERZEICHNIS

(1. Halbband)

INHALTSVERZEICHNIS

(2. Halbband)

OMNIA MENSURA ET NUMERO ET PONDERE DISPOSUISTI: DIE AUSLEGUNG VON WEISH 11,20 IN DER LATEINISCHEN PATRISTIK

von Israel Peri (Beuron)

I

In einer Untersuchung des Trinitätsgedankens bei Augustin ordnet Du Roy die Triade *mensura, numerus, pondus* in eine Liste neuplatonischer Triaden in den Werken des Kirchenvaters ein[1]. Außer ihr gibt es darin nur noch eine Dreiheit, die einem Bibelvers entnommen ist. *Mensura, numerus, pondus* ist als Aussage über die Struktur des Seienden einzigartig in der Bibel, es hat in dieser Form keine Parallele, weder im Alten noch im Neuen Testament. Diese Begriffsreihe erscheint auch in griechischen Schriften, unter anderen bei Plato und bei Philo von Alexandrien[2]. In Leges VI, 757b, im Abschnitt über die Wahl des Rates im Staat, werden zwei Arten von Gleichheit erwähnt, wobei diejenige nach Maß, Gewicht und Zahl als minder angesehen wird gegenüber der nur Zeus bekannten wahrhaften und besseren Gleichheit. In Philebus 55e bezeichnet Sokrates Rechenkunst, Meßkunst und Wägekunst als die wichtigsten unter allen Künsten (Techne). Philo, in De somniis II, 193. 194, sieht in dem Gebot ehrlich zu wiegen und zu messen (Dtn 25,13ff.) eine implizite Aussage von Mose, nämlich daß Gewicht, Maß und Zahl des Alls Gott selbst sei. Er in seiner Gerechtigkeit messe und wäge alles, er sei es, der die Natur des Alls durch Zahlen, Grenzen und Markzeichen umgrenzt (πάντα μετρεῖν καὶ σταθμᾶσθαι καὶ ἀριθμοῖς καὶ πέρασι καὶ ὅροις τὴν τῶν ὅλων περιγράψαι φύσιν), und diese Umgrenzung sei kein Produkt des menschlichen Geistes. So kann man annehmen, daß die Triade eine geläufige Formulierung im hellenistischen Zeitalter gewesen ist und sie dem Verfasser der Sapientia Salomonis sozusagen in die Feder floß und in den Kontext seiner Ausführungen über den Auszug aus Ägypten auch paßte. Im Kern können wir schon in diesen Äußerungen Platos und Philos voneinander verschiedene Verständ-

---

[1] O. Du Roy, L'intelligence de la foi en la Trinité selon saint Augustin, Paris 1966, 537–540.

[2] v. E. Des Places, Un emprunt de la « Sagesse » aux « Lois » de Platon?, in: Bib 40 (1959) 1016–1017, dort auch Hinweise auf ähnliche Formulierungen bei Gorgias u. a., und W. J. Roche, Measure, Number and Weight in Saint Augustine, in: NSchol 15 (1941) 350–376, ibid. 372[62] mit der zusätzlichen Philebusstelle.

nisweisen sehen, die – etwas anders nuanciert – auch bei den Kirchenschriftstellern ausgedrückt werden: Das Erfassen der Triade als „wissenschaftlicher" oder als „metaphysischer" Begriff, in der Sprache dieser
Autoren: Weisen des menschlichen Denkens oder aber der göttlichen
Vernunft.

Auch im nichtchristlichen lateinischen Schrifttum finden wir diese
Triade, und zwar im juristischen Bereich, z. B. bei Gaius, von dem
Gesetzessammlungen der christlichen Zeit, wie der Codex Iustinianus und
die Lex Romana Burgundionum ihre Formulierung übernommen haben.
Maß, Zahl und Gewicht dienen hier zur Katalogisierung von Gütern in
Gesetzen, die Schenkungen und Mitgift betreffen[3].

K. Mainzer[4] erwähnt den Bibelvers in seinem Artikel „Maß" im Historischen Wörterbuch der Philosophie, und zwar im Abschnitt „Maß als
ästhetischer Begriff", auch in seiner Bedeutung in der Patristik; Belege für
die Zitierung des Verses bringt er allerdings nur aus der Zeit des Barocks
und der Aufklärung. Zu Untersuchungen von Maßverhältnissen durch
Alberti und Leonardo da Vinci (S. 814), die vorgegebene Harmoniever-
hältnisse voraussetzen, bemerkt er: „Dahinter steht der Glaube an Gott
als den Schöpfer eines von mathematischen Gesetzen strukturierten Kosmos, damit allen Maßes der Natur und aller Schönheit". Dieser Satz
könnte, cum grano salis, auch die Ausführungen der Patristik über Maß,
Zahl und Gewicht charakterisieren; diese beschränken sich jedoch nicht
auf den ästhetischen Bereich allein.

Daß man eine solche theoretische Begriffsreihe überhaupt in einem alt-
testamentlichen Buch findet, ist aus der Besonderheit der Sapientia Salomonis zu erklären. Der griechische Septuagintatext ist in diesem Falle
nicht, wie sonst bei fast allen Büchern des Alten Testaments, eine Übersetzung, sondern das Buch wurde in dieser Sprache im ersten Jahrhundert
v. Chr. in Alexandrien verfaßt. Hieronymus erwähnt in seiner Vorrede
zur Übersetzung der salomonischen Bücher (Proverbia, Ecclesiastes und
Canticum Canticorum) die Vermutung, daß man Philo für den Verfasser
des Weisheitsbuches hielt: *nonnulli scriptorum veterum hunc (scil. librum)
Iudaei Filonis adfirmant.* Manche im Buch enthaltene Aussagen wurden
von den Kirchenschriftstellern als auf Christus gemünzt verstanden, z. B.
Weish 2,12–20, und in dieser Deutung oft zitiert[5].

Die Feststellung „Du aber hast alles nach Maß, Zahl und Gewicht
geordnet" ist im Kontext des 11. Kapitels von Sapientia als Aussage über

---

[3] v. Thesaurus Linguae Latinae 8, 759 f., dort auch weitere Belege, und W. J. Roche
(Anm. 2) 372[61].

[4] Historisches Wörterbuch der Philosophie, hg. J. Ritter † und K. Gründer, Band 5,
Basel/Stuttgart 1980, 807–825, besonders 814 f.

[5] Diese Untersuchung stützt sich auf den Zeugenapparat der Ausgabe von W. Thiele,
Sapientia Salomonis, Freiburg 1977 ff. (= Vetus Latina 11/1). Dort die vollständige Sammlung
aller Belege der Kirchenschriftsteller.

die Ausgewogenheit von Gottes Gerechtigkeit und Güte zu verstehen und als solche Aussage ein Teil des mit dem 9. Kapitel beginnenden großen Gebets, das das Wirken seiner Weisheit in der Geschichte des jüdischen Volkes preist. In der Erzählung vom Auszug aus Ägypten wird die maßvolle Bestrafung der Ägypter auf diese Weise begründet. Die christlichen Autoren legen dagegen den Vers nie in seinem Kontext aus. Er wird vielmehr in Kommentaren und Betrachtungen zum Schöpfungsgeschehen und weiterhin zur bestehenden Ordnung in der Welt angeführt, die in jeder Beziehung als eine durch Maß, Zahl und Gewicht bestimmte erscheint. Nur indirekt wird manchmal der biblische Kontext ersichtlich, da diese Ordnung nach Meinung der Kommentatoren eben nur durch Gottes Güte, Erbarmen und Gerechtigkeit in ihrem Fortbestand gesichert wird. Die Schriftsteller konnten sich einer Dreiheitlichkeit mit biblischer Autorität bedienen und sie in Analogie zu anderen theologischen, philosophischen und psychologischen Triaden mindestens implizit sogar auf die göttliche Dreieinigkeit bezogen sehen.

II

Unter den für die Vetus Latina Edition gesammelten Bibelzitaten und Anspielungen aus Kirchenschriftstellern vom 2. bis zum 8. Jahrhundert befinden sich auch solche aus Übersetzungen griechischer Werke[6]. Der früheste uns bekannte Beleg überhaupt zu Weish 11,20[7] stammt aus Adversus haereses des Irenäus von Lyon (verfaßt gegen Ende des 2. Jahrhunderts, übersetzt ins Lateinische zwischen 380 und 395), dessen Text nur in lateinischer Sprache vollständig erhalten ist. In IR 4,4,2 schreibt Irenäus, nachdem er Luk 16,16 zitiert hat: *lex et prophetae usque ad Iohannem*, daß eben auch das Ende der Zeit des Gesetzes durch Maß und Ordnung bestimmt sei: *omnia enim mensura et ordine deus facit, et nihil non mensum apud eum, quoniam nec incompositum.* Zu diesem Abschnitt ist durch Johannes Damascenus eines der wenigen griechischen Fragmente des Werkes überliefert: Ἅπαντα μέτρῳ καὶ τάξει ὁ Θεὸς ποιεῖ, καὶ οὐδὲν ἄμετρον παρ' αὐτῷ, ὅτι μηδὲν ἀναρίθμητον. Der Übersetzer hat dann hier, bewußt oder unbewußt, geschichtliches Geschehen mit dem Schöpfungsbericht in Verbindung gebracht. Denn der Großteil der alt-

---

[6] Die Angaben über die Schriftsteller, die Sigel ihrer Werke und die benützten Editionen nach H. J. Frede, Kirchenschriftsteller. Verzeichnis und Sigel, Freiburg 1981 (= Vetus Latina 1/1, 3. Auflage). Die Abkürzungen für die Bücher der Bibel nach der Einheitsübersetzung, Stuttgart 1980.

[7] v. Biblia Patristica, Index des citations et allusions bibliques dans la littérature patristique I, Des origines à Clément d'Alexandrie et Tertullien, Paris 1975, 220. Das dort erwähnte Justinzitat erlaubt keine sichere Zuweisung zu Weish 11,20 (21 nach der Vulgatazählung).

lateinischen Übersetzungen für Gen 1,2 lautet: *terra autem erat invisibilis et inconposita*[8] (Vulgata: *inanis et vacua* entsprechend dem Hebräischen).

Auch die Belege zu Weish 11,20 in den Werken des Origenes stammen aus Schriften, die nur in lateinischer Übersetzung vollständig erhalten sind. In der Auslegung der Passionsgeschichte in der Commentariorum series (ORI ser 74) leitet er seine Erklärung mit Bezugnahme auf den Sapientiavers ein. Nach dem Zitat aus dem Evangelium „Als Jesus alle diese Reden beendet hatte, sagte er zu seinen Jüngern" (Mt 26,1), kommentiert er diesen Vers so, daß Jesus damit kundtun wollte, Gott-Vater habe auch die Zeit der Passion nach Gewicht, Zahl und Maß bestimmt. *Omnia in pondere et numero et mensura constituit deus . . . sic et horam constituit passionis filii sui.* In den folgenden Sätzen des Kommentars liegt die Betonung auf ‚alle' diese Reden; die Zeit des Leidens konnte also nicht kommen, bevor alles gesagt, alles vollendet war. Sowohl die Erschaffung der Welt als auch das Heilsgeschehen sind beide gleichermaßen in Gottes Ordnung beschlossen.

Das 9. Kapitel des zweiten Buches von Origenes' De principiis trägt in der Übersetzung Rufins (RUF pri 2,9) die Überschrift: *De mundo et motibus rationabilium creaturarum vel bonarum vel malarum et de causis eorum* (Von der Welt, den Bewegungen der guten und bösen Vernunftwesen und deren Ursachen). Origenes nimmt hier seine Erörterungen über den Beginn der Schöpfung vom Anfang des Buches, die er durch einen Exkurs unterbrochen hatte, wieder auf. In diesem 9. Kapitel vertritt er eine in der Kirche umstrittene These, erst nach dem Abfall der mit Willensfreiheit ausgestatteten Vernunftwesen habe Gott die körperlich erfaßbare Welt in ihrer Mannigfaltigkeit entstehen lassen. Seine Ausführungen werden mit dem Hinweis auf das Begrenztsein der Schöpfung eingeleitet. Aus einem griechischen Fragment des Werkes, welches in dem Edikt Justinians gegen die Lehren des Origenes von 543 enthalten ist, wird deutlich, daß Rufin hier diejenigen Aussagen abgeschwächt wiedergibt, die der offiziellen kirchlichen Glaubenslehre widersprechen. Daß sogar Gottes Macht Grenzen habe, ist das Ergebnis folgender Überlegung: „Denn wenn Gottes Macht unbegrenzt ist, so folgt, daß sie sich nicht einmal selbst denken kann; denn das Unbegrenzte ist seinem Wesen nach nicht umfaßbar". Diese Aussage zählt auch zu denjenigen, die in den Anathematismen von 543 ausdrücklich als verdammungswürdig bezeichnet wurden[9]. Hierzu folgt nun im Text des Rufin eine Bezugnahme auf unseren Vers: *Porro autem sicut et scriptura dicit, numero et mensura universa condidit deus*

[8] v. B. Fischer, Genesis, Freiburg 1951–1954 (= Vetus Latina 2) zur Stelle.
[9] Anathematismus Nr. 8, E. Schwartz, Acta Conciliorum Oecumenicorum 3, Berlin 1940, 213f. Abdruck der Anathematismen auch in der Ausgabe mit Übersetzung, Origenes Vier Bücher von den Prinzipien, hg. H. Görgemanns und H. Karpp, Darmstadt 1976, 822ff. (= Texte zur Forschung 24). Zur Stelle bei Origenes siehe dort auch die Anmerkungen 399ff. Für die deutsche Wiedergabe des Origenestextes stütze ich mich auf diese Ausgabe.

(RUF pri 2,9,1). Dabei sei die Zahl auf die Vernunftwesen bezogen, so viele wurden erschaffen, wie viele durch Gottes Vorsehung versorgt, regiert und im Bestehen erhalten werden konnten (*ut tantae sint, quantae a providentia dei et dispensari et regi et contineri possint*), während das Maß sich auf die Materie bezieht, die zur ausreichenden Aussattung der Welt bestimmt ist. Und dies ist, so Origenes, eine Aussage über den Anfang der Schöpfung: *Haec ergo sunt quae in initio, id est ante omnia a deo creata esse aestimandum est.* In seiner Zusammenfassung am Ende des Werkes (RUF pri 4,4,8) werden die Ausführungen des zweiten Buches gekürzt wiederholt[10].

Eine Anspielung auf Weish 11,20 finden wir in der dritten Homilie in Hexaemeron des Basilius von Cäsarea. Diese Predigten über die Erschaffung der Welt wurden um 400 von Eustathius ins Lateinische übersetzt. Der Vers ist im Kommentar zum Schöpfungswerk des zweiten Tages (EUST 3,5) angeführt, er wird auf die Erschaffung des zwischen Wasser und Wasser ausgespannten Firmaments bezogen. Die Menge der geschaffenen Wassermassen ist durch die Ausrichtung auf das Gleichgewicht zwischen den lebenserhaltenden Elementen Feuer und Wasser bestimmt, damit eines das andere nicht verzehre; darum haben sie ihre feste Ordnung nach Gewicht und Maß. Wir werden bei Augustin sehen, daß auch er Weish 11,20 zur Auslegung des Geschehens am zweiten Schöpfungstag heranzieht, und zwar hier zum ersten Mal in diesem Zusammenhang, bevor er den Vers noch viele Male in De Genesi ad litteram zitiert. Der Grund dazu mag bei den beiden Exegeten darin liegen, daß das Licht des ersten Schöpfungstages als ein rein geistiges, sinnlich nicht wahrnehmbares verstanden wurde. Erst am zweiten Tag erscheint eine Ordnung, die für den Menschen nach Maß, Zahl und Gewicht erfaßbar werden kann.

Im gleichen Kontext zitiert Ambrosius von Mailand in seinem Exameron (AM ex 2,12), das zum großen Teil eine Bearbeitung der Homilien des Basilius ist, den Vers. In der Auslegung von Ps 118 (119), 156 dagegen *miserationes tuae multae nimis domine; secundum iudicia tua vivifica me* dient er zur Beschreibung der Ausgewogenheit zwischen Gottes Gericht und seinem Erbarmen. Alles geschehe bei ihm nach gewissem Maß und Gewicht *mensura quadam et pondere . . . ponderat misericordiam, ponderat ultionem; in utroque certum pondus habilisque mensura est* (AM Ps 118,20,41).

III

Die vielfältigen Zitate des Verses bei Augustin in verschiedenen Schriften, von der Polemik gegen die Manichäer an bis hin zur Auseinander-

---

[10] Origenes zitiert Weish 11,20 noch in einer Homilie zu Numeri, in der Auslegung von Ps 38 und im Kommentar zum Hohen Lied (RUF Nm 15,3; RUF Ps 38,1,9; RUF Ct 3 [190]).

setzung mit Julianus von Eclanum, waren schon Gegenstand einiger Untersuchungen[11]. La Bonnardière gibt eine kurze Zusammenfassung der betreffenden Stellen in ihrem Kontext; Roche versucht den Rang dieser Triade im Vergleich zu analogen Begriffsreihen bei Augustin zu klären; bei Du Roy liegt das Gewicht auf der Entwicklung des Trinitätsgedankens; Beierwaltes untersucht die Anführungen von Weish 11,20 besonders in Bezug auf die platonische, bzw. neuplatonische Tradition. Das Gemeinsame der drei letztgenannten Untersuchungen liegt in der Herausstellung einer Analogie, die diese Verfasser von *mensura, numerus, pondus* zu den quasi übergeordneten Begriffen *modus, species, ordo* festzustellen meinen. Krings[12] sieht den Sapientiavers als grundlegend für den Ordogedanken, ja als „Grundsatz" einer Ontologie des Mittelalters (Das Sein und die Ordnung, 238) an. Er stellt die Auffassung der Triade bei Augustin, Albertus Magnus, Thomas von Aquin und Bonaventura dar. Aus Krings Studien wird deutlich, daß die Autoren des 13. Jahrhunderts zwar wie Augustin auch von der Triade ausgehen, sich aber im Unterschied zu ihm weniger mit der Auslegung des ganzen Bibelverses als vielmehr mit der gesonderten Explikation der drei einzelnen Begriffe beschäftigen[13]. Über das in den genannten Untersuchungen Dargelegte hinaus möchte ich in diesen Ausführungen durch die Darstellung der meisten Belege zu Weish 11,20 in den Schriften Augustins ein abgerundetes Bild seiner Auffassung von der Sapientiatriade geben. Es ist gerade die Fülle der Belege zu einem Thema, in dessen Zentrum die Worte Maß, Zahl und Gewicht stehen, die dem aufmerksamen Leser einen mehr umfassenden Einblick in die Position Augustins in ihrer Mannigfaltigkeit und Einheit gewähren kann. Sie sollen in ungefähr chronologischer Reihenfolge dargestellt werden.

Eine der ersten Stellen, wo der Sapientiatext angeführt wird, finden wir in dem Dialog über den freien Willen. Jedwedes Ding als von Gott geschaffen wird von Augustin durch die Triade definiert dargestellt: *omnem quippe rem, ubi mensuram et numerum et ordinem videris, deo artifici tribuere ne cuncteris* (AU lib 2,203). Wo weder Maß noch Zahl noch

---

[11] A. M. La Bonnardière, Biblia Augustiniana, A. T., Le livre de la Sagesse, Paris 1970, 90–98 und 295–296 (chronologische Reihenfolge der Zitate); W. J. Roche (Anm. 2); O. Du Roy (Anm. 1) 279–281 und 421–424; W. Beierwaltes, Augustins Interpretation von Sapientia 11,21, in: REAug 15 (1969) 51–61. Der Aufsatz von J. H. Taylor, Limit, Form and Stability in Augustine and Plotinus, Washington 1957, war mir nicht zugänglich.

[12] H. Krings, Das Sein und die Ordnung. Eine Skizze zur Ontologie des Mittelalters, in: DVfLG 18 (1940) 233–249; id. Ordo. Philosophisch-historische Grundlegung einer abendländischen Idee, Halle 1941, 81–132; cf. auch W. Detloff, Himmlische und kirchliche Hierarchie bei Bonaventura, in: Soziale Ordnungen im Selbstverständnis des Mittelalters, hg. A. Zimmermann, Berlin/New York 1979, 42f. (Miscellanea Mediaevalia 12/1).

[13] Augustin nimmt zwar auch an zahlreichen Stellen Bezug auf die einzelnen Glieder der Triade. Aber schon allein in den bei Krings angeführten Belegen überwiegt die Zitierung der ganzen Triade bei Augustin gegenüber ihrer Anführung bei den anderen drei Autoren.

Ordnung sind, ist überhaupt nichts und damit auch nichts Gutes. Die freiwillige Abwendung vom Guten, die Sünde, sei als nicht von Gott geschaffen auch nichts, obwohl die Willensfreiheit zu diesem oder jenem dem Menschen von Gott gegeben worden sei. Der Begriff *ordo*, der später in entsprechenden Triaden analog zu *pondus* gebraucht wird, tritt hier in dieser ersten Erwähnung an dessen Stelle.

Die Formulierung *mensura, numerus, ordo* finden wir auch in dem Kommentar De Genesi contra Manichaeos. In AU Gn Ma 1,26 widerspricht Augustin der manichäischen These, daß das Vorhandensein von für den Menschen schädlichen und gefährlichen Tieren das Dualitätsprinzip (Gutes und Böses) in der Schöpfung beweise. Demgegenüber sagt er, alle Tiere seien nach Maß, Zahl und Ordnung geformt zu einer Gesamteinheit, die von einer höchsten derartigen Triade in Gott selbst herrühre. Die Einteilung in nützliche, schädliche und überflüssige Tiere sei durch die unzulängliche menschliche Erkenntnis entstanden. Am Ende dieses Abschnittes wiederholt der Kommentator das Argument, wobei *mensura, numerus, ordo* von dem Bibelzitat explizit unterschieden werden. Es wird hier ähnlich formuliert wie in AU lib: *In omnibus tamen cum mensuras et numeros et ordinem vides, artificem quaere. Nec alium invenies, nisi ubi summa mensura, et summus numerus et summus ordo est, id est deum, de quo verissime dictum est, quod omnia in mensura, et numero et pondere disposuerit.* Noch einmal bringt Augustin die Triade zur Geltung, in der Auslegung von Gen 1,31: ,,Und Gott sah alles was er gemacht hatte, und es war sehr gut". Der Elativ erklärt sich aus der Überlegung: Wenn schon jedes einzelne Geschaffene sein ihm entsprechendes Maß, seine Zahl und seine Ordnung habe und darin in seiner Art als gut erkannt wird, dann ist das Gesamte in seiner Einheit als sehr gut zu bezeichnen (AU Gn Ma 1,32). Ähnliches finden wir auch in AU Gn li 3,16.

In der folgenden antimanichäischen Schrift Contra epistulam fundamenti wird das Chaos als eine Materie beschrieben, der es an Gestalt, Qualität, Maß, Zahl, Gewicht und bestimmender Ordnung (*ordine ac distinctione*) fehlt (AU fu 29). In der Streitschrift gegen Faustus von Mileve wird die Triade in Analogie zu anderen Begriffen gebracht. In der Argumentation gegen die manichäische Auffassung, Licht sei ein Gott vor- oder übergeordnetes Prinzip, denn er wohne ja im Licht, sagt Augustin (AU Fau 20,7): Gott ist Licht, in diesem Licht sind unveränderlicher Wille, unveränderliche Wahrheit und Ewigkeit, es verleiht den Menschen den Anfang des Existierens, die Vernunft des Erkennens und das Gesetz des Liebens, allen Lebewesen die Natur des Lebens, die Kraft der Wahrnehmung und die strebende Bewegung, schließlich allen Körpern Maß als Grund des Bestehens, Zahl, die eine Wieheit bestimmt, und Gewicht, das eine Ordnung festlegt: *inde etiam omnibus corporibus mensura, ut subsistant, numerus, ut ornentur, pondus, ut ordinentur.* Daraus folgert Augustin: Dieses Licht ist eine untrennbare göttliche Dreieinigkeit. Ein weiteres Mal in derselben

Schrift (AU Fau 21,6) zieht Augustin in seiner Beweisführung gegen das
manichäische dualistische Prinzip den Sapientiavers heran. In der Mäßigkeit der Maße im Körper und seinen Organen, in der zahlenmäßigen
Gleichheit und in der Gewichtsordnung (*moderatione mensurarum, pari-
litate numerorum, ordine ponderum*) wird Gott als der Bildner (*artifex*)
des Körpers und seiner Organe erkannt. Aus seiner Einheit hat jede Art
(*modus*) ihr Bestehen, aus der Weisheit ist alle Schönheit (*pulchritudo*)
geformt, und durch sein Gesetz konstituiert sich jede Ordnung (*ordo*).
Noch ein drittes Mal benützt Augustin den Vers in der Auseinandersetzung mit Faustus (AU Fau 22,78), nämlich zur Charakterisierung der
Ausgewogenheit von Gottes Gericht und seiner Barmherzigkeit, deren
Maß, Zahl und Gewicht den Menschen zwar verborgen sind, aber dennoch
bestimmend bleiben. Die oben genannte Triade *modus, species, ordo* wird
ausführlich in der Abhandlung über die Natur des Guten (De natura boni)
erörtert, ohne in direkte Analogie zur Weisheitstriade gebracht zu werden.
Letztere wird von Augustin in dieser Schrift (AU bo 21) zitiert, um zu
sagen, daß auch das Maßlose vor Gott sein Maß habe.

Die Zeiträume, in denen Augustin mit der Abfassung von drei seiner
umfangreichsten Schriften beschäftigt war, überdeckten sich zum Teil. Er
schrieb De Genesi ad litteram zwischen 401 und 415, De Trinitate
zwischen 397 und 420 und De civitate Dei zwischen 411 und 426. In diesen
drei Werken finden wir in verschiedener Nuancierung zahlreiche Bezugnahmen auf den Sapientiavers, die meisten, dem Thema der Schrift entsprechend, im Genesiskommentar.

Die Zitierung in den Adnotationes in Job (AU Jb 28) möchte ich gewissermaßen als Einleitung zu diesen Bezugnahmen anführen. In der Anmerkung zu Ijob 28,25 ,,Als er dem Wind sein Gewicht schuf und die Wasser
nach Maß bestimmte" sagt der Kommentator: *tota creatura per partem
significatur, et bene pondere, mensura et numero omnia dixit facta, in
quibus intelligitur creator.* Im Kommentar zur Schöpfungsgeschichte
zitiert Augustin zum ersten Mal Weish 11,20 in der Ausdeutung des
Werkes des zweiten Tages. Er benützt den Text gegen einen vorgebrachten Einwand (*multi enim asserunt*), daß wegen seiner Schwere Wasser
nicht oberhalb des Himmels gelagert sein könne, wie die biblische Erzählung jedoch behauptet. Quasi bewaffnet mit der Triade leitet Augustin nun
eine dem Wissensstand seiner Zeit entsprechende Erklärung der biblischen
Darstellung ein (AU Gn li 2,1).

Eine ausführliche Betrachtung über Maß, Zahl und Gewicht befindet
sich im vierten Buch des Werkes. Es ist ein längerer Exkurs in den Ausführungen über die Sechs als vollkommene Zahl (Summe und Produkt ihrer
Teile haben das gleiche Ergebnis: $1 + 2 + 3 = 1 \times 2 \times 3 = 6$). Auch
stützt die Auslegung die Behauptung am Ende des Buches, wenn auch nur
indirekt, nämlich daß der Bericht über die Schöpfung als ein Werk von
6 Tagen nicht zu der Schriftstelle *qui vivit in aeternum creavit omnia simul*

(Sir 18,1) in Widerspruch stehe. Der Bericht über die 6 Tage läßt sich auch als Darstellung des notwendigen Nacheinanders einer logischen Folge der auf einmal ins Leben gerufenen Schöpfung betrachten. Die zwar immer verschieden zum Ausdruck kommende, aber letztlich doch einheitliche Aussage in diesen Kapiteln (AU Gn li 4,3–6) lautet dahingehend, daß Maß, Zahl und Gewicht nicht als solche wie alles andere erschaffen wurden, sondern sie sind seit jeher in Gott und darum selbst göttlicher Natur. Denn von Gott geht aus, was als Maß all und jedem Ding seine Art vorprägt (*modum praefigit*), als Zahl die Gestalt verleiht (*speciem praebet*) und als Gewicht zu Ruhe im Äquilibrium und zur Stabilität führt (*ad quietem ac stabilitatem trahit*). Dann wird noch explizierend hinzugefügt: *qui terminat omnia et format omnia et ordinat omnia* (AU Gn li 4,3). Augustins Eingeständnis am Ende desselben Kapitels zeigt jedoch, daß er sich der Denkschwierigkeit von Maß, Zahl und Gewicht als apriori Begriffe ganz bewußt gewesen ist: Es ist wenigen gegeben, im Denken alles so zu überschreiten, daß über Messen, Zählen und Wiegen das Maß ohne Maß, die Zahl ohne Zahl und das Gewicht ohne Gewicht ersichtlich werden.

Im nächsten Kapitel werden die drei Begriffe auf das seelische Verhalten und Handeln des Menschen bezogen. Da gibt es ein Maß, das z. B. den unwiderruflichen und unbeschränkten Fortschritt verhindert, es gibt eine Anzahl von Empfindungen und Tüchtigkeiten der Seele, durch die sie sich von der Ungeformtheit der Dummheit zur Form und Zierde der Weisheit sammelt, das Gewicht des Willens, des Bewußten, Absichtlichen und gleichzeitig das der Liebe, des Unwillkürlichen, hat Einfluß auf Zuwendung und Abwendung und bestimmt den Zeitpunkt des Handelns.

Im folgenden Text gibt Augustin zu, daß manche Menschen Maß, Zahl und Gewicht lediglich für Aussagen über die Dinge, die für sie sichtbar sind, halten; und sie folgern daraus, daß diese Begriffe selbst auch nur erschaffene sein müßten. Nach Augustins Meinung würde diese Auffassung jedoch der biblischen Aussage widersprechen, denn *si in illis omnia disposuit, eadem ipsa ubi disposuit? si in aliis, quomodo ergo in ipsis omnia, quando ipsa in aliis?* (AU Gn li 4,4). Ebenso sieht Augustin eine Schwierigkeit auftauchen, wenn man – auf biblische Autorität pochend – den Sapientiavers nur so versteht, daß in ihm gesagt sei, Gott habe alles so geschaffen, daß es Maß, Zahl und Gewicht habe. Verändert sich nun das Geschöpf, dann könnte dieser Vorgang zu einer dem Glauben widersprechenden Logik führen und ließe den Schluß zu, daß auch dementsprechend Gottes Ratschluß veränderlich sein müsse. Dagegen verwahrt sich Augustin mit den Worten: *numquid, sicut ista mutantur, ita ipsum dei consilium, in quo ea disposuit, mutabile dicimus? avertit ipse tantam dementiam!* (AU Gn li 4,5). Die Frage, wo (und wie) Gott selbst Maß, Zahl und Gewicht wahrnahm: *ubi ea cernebat ipse disponens?* (AU Gn li 4,6), wird im Zusammenhang mit dem nächsten Kapitel, in dem der Kirchenvater nach dem Exkurs die Ausführungen über die Vollkommenheit der

Sechs abschließt, verständlich. Die Anschauung Gottes von Maß, Zahl und
Gewicht ist weder eine äußere, auf wahrnehmbare Körper gerichtete, noch
ist sie menschlicher Phantasie vergleichbar, sie läßt sich überhaupt im
menschlichen Denken nicht nachvollziehen. Die geistige Anschauung (*con-*
tuitus) kraft derer der menschliche Verstand die Vollkommenheit der Zahl
6 wahrnimmt — gewissermaßen als ein synthetisches a priori — wird
von Augustin in Anlehnung an Mt 5,18 dargestellt. Es ist leichter (sich
vorzustellen), daß Himmel und Erde vergehen, *facilius caelum et terram*
transire (AU Gn li 4,7), die gemäß der Sechszahl, also vollkommen, gefer-
tigt wurden, als daß die Sechs unvollkommen gemacht werden könne, etwa
dadurch, daß man durch Gedankenarbeit bewirken könne, daß sie aus
ihren Teilen nicht vollzählig werde.

Im fünften Buch des Werkes wird der zweite Schöpfungsbericht (Gen
2,4−6) kommentiert. Mit dem Abschluß der Schöpfung beginnt das Wirken Gottes im zeitlichen Geschehen. In AU Gn li 5,22 möchte Augustin
Zweifel an der Macht von Gottes Weisheit zerstreuen, die besagen, daß
nunmehr nicht diese sondern der Zufall im Leben bestimmend sei. Es
genüge, entgegnet der Kirchenvater, die Ordnung der Glieder jedwedes
Lebewesens anzusehen, die ja gar nicht bestehen könnte, wenn sie dabei
nicht von Gott gewährleistet sei, von ihm, von dem jede Art des Maßes,
jede Gleichheit der Zahlen (die Gleichzahl der Glieder) und jede Ordnung der Gewichte (Gleichgewicht) stamme. Wir finden hier eine fast
wortgleiche Formulierung wie in AU Fau 21,6.

In diesem Kommentar wird Weish 11,20 letztmalig in AU Gn li 9,15
angeführt. Das Tun und Wirken von Engeln und Menschen beschränke
sich nur auf die weitere Gestaltung der abgeschlossenen göttlichen Schöpfung. Der Bauer z. B. leitet Wasser in die Gräben seines Feldes, aber daß
dies eben nach dem Gesetz der Schwerkraft überhaupt möglich werden
kann, bewirkt Gott, der alles nach Maß, Zahl und Gewicht geordnet habe.
Zum Genesiskommentar gewissermaßen als Schlußstein, in dem die Bögen
eines Gewölbes zusammenlaufen, kann das Sapientiazitat in der Auslegung von Joh 1,3 in AU Jo 1,13 betrachtet werden. Die Triade dient zur
Kennzeichnung der gesamten Schöpfung (*universa creatura*), die durch
das Wort geschaffen ist. Keine Form, keine Zusammenfügung, keine Verbindung von Teilen, keine wie immer beschaffene Substanz von Gewicht,
Zahl und Maß bestehe, die nicht durch das Wort Gottes erschaffen wurde.

In ähnlichem Kontext wie in der letzten Erwähnung im Genesiskommentar findet sich die Anführung von Weish 11,20 im dritten Buch
von De Trinitate (AU tri 3,16. 18). Gott allein ist die Ursache jedes
Seienden, er begründet und regiert es. Menschen und auch Engel jedoch
können bewirken, daß noch Verborgenes sich nach Maß, Zahl und
Gewicht entfalte. Augustin verweist hier als Beispiel auf den säenden
Bauer. Der äußere Mensch (*homo exterior*) und das in ihm vorhandene Bild
der göttlichen Dreieinigkeit ist das Thema des elften Buches. Dieses Bild

ergibt sich aus der dreifachen Beziehung des Menschen zu seiner Umwelt, dem Wahrnehmen und Erfassen von ihr und stellt sich als Gedächtnis (*memoria*), Vorstellung (*visio*) und Wille (*voluntas*) dar. Im letzten Abschnitt des Buches (AU tri 11,18) werden diese drei in Analogie zur Sapientiatriade gestellt, Gedächtnis zu Maß, Vorstellung zu Zahl und Wille zu Gewicht. Es gibt zwar eine unzählbare Vielheit von Vorstellungen, doch jede einzelne hat im Gedächtnis ihr festes Maß. Und: In den Dingen selbst, aus denen unsere Vorstellungen stammen, ist ein gewisses Maß, in den Vorstellungen selbst eine gewisse Zahl (*in his ergo rebus unde visiones exprimuntur quaedam mensura est, in ipsis autem visionibus numerus*). Der Wille, der dem Gewicht ähnlich ist, ordnet und eint die Vorstellungen und lenkt das Verlangen nach Wahrnehmung oder Denken auf solche Dinge, die ihm Beruhigung versprechen. Augustin schließt das 11. Buch von De Trinitate mit der Bemerkung ab, daß Maß, Zahl und Gewicht auch in übrigen Dingen der Beachtung zu empfehlen seien, so auch in der Suche nach dem Bild der Dreieinigkeit im inneren Menschen. (Doch im nächsten Buch, das dieser Betrachtung gewidmet ist, erscheint die Triade nicht.)

Augustins Einfluß auf spätere Schriftsteller wird bei dieser Stelle beispielhaft deutlich. In der Schrift des Fulgentius von Ruspe (6. Jahrhundert) über die Dreieinigkeit werden diese Gedanken aufgenommen (FU tri 7,1−2). Jeder Körper hat sowohl eine Zahl für die Menge seiner Teile als auch Maß und Gewicht. Dieser Dreiheit entspricht in der Seele Gedächtnis (*memoria*), Überlegung (*consilium*) und Wille (*voluntas*), welcher auch Liebe genannt werden kann. Der Mensch denkt das, was er will, womit zu beschäftigen er sich erwählt, was ihn fasziniert, also, was er liebt; ebenso denkt er das, was in seinem Gedächtnis erhalten ist, er erinnert sich an das, was die Liebe brennend an ihn herangeführt hat. In diesem schwer nachvollziehbaren Gedanken unterscheidet er sich auch von Augustin. Die beiden Dreiheiten für den Körper und die Seele sind für Fulgentius jeweils eine untrennbare Einheit, kein Glied kann als einzelstehend gedacht werden. Deswegen verzichtet er wohl darauf, anders als Augustin, eine Parallelentsprechung der einzelnen Glieder der Triade vorzunehmen. Aber er bringt die Seelentriade mit einem Zitat aus Augustins De Trinitate (AU tri 15,51) in engere Beziehung zur göttlichen Trinität: *meminerim te, intellegam te, diligam te, et in his dei imaginem esse docuit*.

Im fünften Buch von De civitate Dei möchte Augustin darlegen, daß Geschichte − und in diesem Fall die Geschichte des Römischen Reiches − nicht durch ein blindes Fatum bestimmt ist, sondern durch Gottes Vorsehung gelenkt wird. In AU ci 5,11 soll die offenbare Ordnung der Natur, dargestellt in einer Reihe von Triaden, den Schluß nahelegen, daß in der Menschheitsgeschichte gleichermaßen, wenn auch nicht so offensichtlich, Ordnung herrsche. Der Kirchenvater spricht zuerst von einer Vierteilung der menschlichen Wesenhaftigkeit: das Sein hat der Mensch gemeinsam mit den Steinen, das vegetative Leben mit den Bäumen, das

sinnhafte Leben gemeinsam mit den Tieren und das geistige mit den
Engeln. An die Spitze der nun folgenden Triaden werden Art, Gestalt
und Ordnung gestellt, denen Maß, Zahl und Gewicht entsprechen: *Deus
itaque summus et verus cum Verbo suo et Spiritu sancto, quae tria unum
sunt, deus unus omnipotens, creator et factor omnis animae atque omnis
corporis . . . qui bonis et malis essentiam etiam cum lapidibus, vitam semi-
nalem etiam cum arboribus, vitam sensualem etiam cum pecoribus, vitam
intellectualem cum solis angelis dedit; a quo est omnis modus omnis species
omnis ordo; a quo est mensura numerus pondus; a quo est quidquid naturaliter est, cuiuscumque generis est, cuiuslibet aestimationis est; a quo sunt
semina formarum formae seminum motus seminum atque formarum; qui
dedit et carni originem pulchritudinem valetudinem, propagationis fecun-
ditatem membrorum dispositionem salutem concordiae; qui et animae
inrationali dedit memoriam sensum adpetitum, rationali autem insuper
mentem intellegentiam voluntatem . . . nullo modo est credendus regna
hominum eorumque dominationes et servitutes a suae providentiae legibus alienas esse voluisse.* Wenn wir eine Parallelisierung der einzelnen
Glieder in diesen Begriffsreihen vom Unbelebten bis zur vernünftigen Seele
vornehmen, dann bestimmt Art als Maß des einzelnen Seienden seine
Natur, gibt in der Pflanzenwelt dem Samen seine Form, setzt beim Tier
die Zugehörigkeit zu einem Stamm fest und die Möglichkeit der Fort-
pflanzung. Den Seelen ist Gedächtnis und Geist zugemessen. Die äußere
Gestalt hat zahlenmäßige Proportionen, aus der die Gattung des einzelnen
ersichtlich wird. Jeder Samen hat seine eigene Form, jedes Tier seine eigene
Schönheit und betimmte Ordnung der Glieder. Zahl entspricht in den
Seelen Sinn und Verstand. In der Ordnung wird der Wert des Einzelnen
gewogen, in der Ordnung wird die Entwicklung in der Pflanzenwelt
gelenkt, und in ihr den Tieren ihre Gesundheit und ihr gemütsmäßiges
Wohlbefinden gesichert. Die Lust der Seelen und der Wille, sie entsprechen schließlich dem ordnenden Gewicht. Dies ist wohl das Bild einer
idealen Ordnung, das Augustin auf das Staatswesen und seine geschichtliche Entwicklung übertragen möchte.

Im elften Buch dieses Werkes, wo er sich wieder besonders mit der
Schöpfungsgeschichte befaßt, wiederholt Augustin in Kürze seine Ausführungen über die Vollkommenheit der Sechs mit dem Sapientiazitat aus
dem Kommentar De Genesi ad litteram. Er bemerkt hier jedoch dazu: *ratio
numeri contemnenda non est* (AU ci 11,30), ein Gedanke, der auch von
späteren Autoren mit Weish 11,20 in Verbindung gebracht wird. Nicht
umsonst sei dieser Vers, so Augustin, zum Lobe Gottes ausgesprochen
worden. Ohne den Namen zu nennen, widerspricht er im nächsten Buch
der Auffassung des Origenes (siehe oben zu RUF pri), Gottes Wissen
könne nicht das Unendliche umfassen, er kenne nicht alle Zahlen bis ins
Unendliche. Dies meint Augustin unter anderen durch die Autorität des
Sapientiaverses und Ps 146,5 *cuius intellegentiae non est numerus* widerlegt

zu haben. Dieser Abschnitt steht im Kontext seiner Argumentation gegen
die Theorie des immer wiederkehrenden Kreislaufs von Vergehen und
Entstehen der Welten (AU ci 12,19). Ähnliche Ausführungen finden wir
auch im Kommentar zum obengenannten Psalmenvers (AU Ps 146,11).

Im Enchiridion ist unser Vers auf das Heilsgeschehen bezogen. Die
Anzahl der Bürger des künftigen himmlischen Jerusalem (AU ench 29)
und der Ablauf der vier Zeiten, *ante legem, sub lege, sub gratia, in pace
plena atque perfecta* ist durch Gott nach Maß, Zahl und Gewicht bestimmt
(AU ench 118). Die letzten hier zu erwähnenden Zitierungen der Triade
bei Augustin[14] stammen wieder aus polemischen Schriften. In Contra adver-
sarium legis et prophetarum wird die Frage erörtert (AU leg 1,8), ob, wenn
eine von Gott geschaffene Substanz zu nichts werden kann, daraus zu
schließen wäre, die Schöpfung sei nicht gut: *quidquid oritur et moritur
bonum esse non posse.* Augustin unterscheidet demgegenüber zwischen
Gott als dem höchsten und unvergänglichen Guten und dem vergänglichen
Geschaffenen, das entsteht und wiederum zwar zu nichts wird, aber doch
seine Güte und Schönheit nach vom Schöpfer ihm verordneten Maß,
Zahl und Gewicht hatte.

In Contra Julianum (opus imperfectum) schließlich entspricht das Zitat
von Weish 11,20 dem Kontext, den der Vers in der Bibel hat, wo von der
maßvollen Bestrafung der Ägypter die Rede war. Obwohl die gesamte
Menschheit, so schreibt Augustin, durch die Erbsünde belastet sei, werde
Gottes Urteil über den Einzelnen nach Maß, Zahl und Gewicht gefällt (AU
Jul im 2,87; 3,65).

Aus dieser Übersicht wird deutlich, daß die Analogie von *mensura,
numerus, pondus* zu *modus, species, ordo,* die Roche, Du Roy und Beierwaltes in ihren oben genannten Untersuchungen herausstellen, in den
Schriften Augustins zwar zu finden ist, daß aber seine mannigfaltigen Erörterungen des Verses durch sie nicht umfassend charakterisiert werden. Die
Weisheitstriade ist ihm wahrscheinlich als Begriffsreihe auch aus dem pro-
fanen Bereich bekannt. Es ist eher so, daß er in dem philosophischen
Vokabular verschiedene Entsprechungen zum Bibelvers findet, als daß er,
umgekehrt philosophischen Definitionen biblische Weihen geben wollte.
Der Glaubende strebt zwar auch zur logischen Erkenntnis, benützt
Begriffe und Definitionen seiner philosophischen Bildung, aber sein Streben ist von der Anerkennung der Autorität des Glaubens bestimmt, wie
sie für ihn in den Aussagen der Bibel festgelegt ist. Beierwaltes sagt am
Ende seiner Untersuchung[15] (S. 61): „Die Absicht der Augustinischen

---

[14] Weitere Belege bei Augustin sind in AU cf (Confessiones) 5,7; AU Ps 61,22; 118 s
20,2,14; AU q Si (Ad Simplicinum de diversis quaestionibus libri 2) 1,2,22 und 2,6; AU s 8,1;
AU Se (Contra Secundinum Manichaeum) 5; v. W. Thiele (Anm. 5). Die anderen, dort noch
aufgeführten Belege beziehen sich nicht auf die Triade.

[15] v. Anm. 11.

Auslegung ist eine duchaus theologische, die Mittel aber, in denen sich
diese Absicht artikuliert, sind genuin philosophisch. Dadurch ist die
Möglichkeit, daß in der Auslegung spezifisch Christliches wirksam werde,
eingeschränkt." Doch ist schon allein durch die Dreizahl vorgegeben, daß
Christliches, wenn auch in philosophische Überlegungen eingebunden,
wirksam werde. Die Behandlung des Verses bleibt in erster Linie Bibelexegese, und die Frage ist erlaubt, ob hier eine klare Unterscheidung zwischen theologischer Absicht und philosophischen Mitteln überhaupt möglich ist.

                                      IV

   In der Schrift eines unbekannten Autors werden in 21 Abschnitten (XXI
sententiarum liber) Paraphrasen hauptsächlich augustinischer Gedanken
aufgezeichnet. In PS-AU sent 18 wird die Triade aus Sapientia explizit auf
die drei Personen der Trinität bezogen. Diese direkte Bezugnahme finden
wir zwar nicht bei dem Kirchenvater, aber man kann sagen, daß damit eine
richtige Konsequenz seiner Gedanken zum Ausdruck kommt. Maß entspricht dem Vater, Zahl dem Sohn und Gewicht dem Heiligen Geist, der
die Liebe ist. Die Eins ist das Maß der Zahlen und befindet sich als solches
in einer Ordnung, die wiederum analog zum Gewicht zu sehen ist.
   Eine weitere, sicher von Augustin beeinflußte, aber in dieser Form nicht
bei ihm vorhandene Analogie zu Maß, Zahl und Gewicht finden wir in
dem Hypomnesticon contra Pelagianos sive Caelestianos haereticos, welches Prosper von Aquitanien, einem Schüler Augustins, zugeschrieben
wird. In der sechsten Responsio spricht der Verfasser über Vorbestim-
mung (praedestinatio) und Vorwissen (praescientia). Das Gute in der Welt
sei von Gott vorhergewußt und vorbestimmt, das Böse hingegen lediglich
vorhergewußt. Dieses Vorwissen bestimmt Gottes Gericht, sein Erbarmen
hingegen entspringt beiden Attributen. Die Kriterien für Gericht und
Erbarmen sind Qualität, Quantität und Vernunft, die wiederum auf Maß,
Zahl und Gewicht beruhen. Omnia, inquit, in mensura et numero et
pondere constituisti, domine. Quis igitur hanc mensuram, hunc numerum,
et hoc pondus dei sufficit conprehendere, ut constitutiones eius universas in
his tribus definitionibus valeat enarrare? In mensura puto quod constet
qualitas, in numero quantitas, in pondere ratio peraequata, sed haec tria,
id est qualitas et quantitas et ratio peraequata, in iudicio et misericordia dei
constant, quia in his duobus terminis sanctis conclusa sunt, in quibus per
haec mundum constituit, gubernat et iudicaturus est (PS-AU hyp 6,4).
Wiederum in seinen Epigrammata ex sententiis Augustini (PROS epi 91)
stellt Prosper Gott als den Werkmeister (artifex) dar, der den Dingen
Formen, Orte, Zeiten, Bewegung, Maße, Zahlen und Gewichte kunstvoll
zuordnet.

Die von Augustin in Verbindung mit dem Sapientiavers in einem kurzen Satz artikulierte Wertschätzung der Mathematik (AU ci 11,30, siehe oben) wird weiter ausgeführt bei Aponius (Anfang des 5. Jahrhunderts) in seinem Kommentar zum Hohen Lied. In APO 9 (172), in der Auslegung von Hld 6,7 (*sexaginta sunt reginae, et octoginta concubinae, et adulescentularum non est numerus*) spricht er über das Mysterium von Zahlenverhältnissen in der Bibel, die jedoch zum Teil mit Hilfe der von den Heidenvölkern übernommenen Wissenschaften Geometrie und Arithmetik erklärt werden können. Diesen beiden Wissenschaften entsprechen Maß und Zahl in unserem Bibelvers. Aponius führt noch als dritte Wissenschaft die Dialektik an (ob eine erst noch zu findende Auslegung den dritten Teil der Triade, das Gewicht, mit dieser Wissenschaft verbindet?)[16]. Für jeden Bereich bringt er noch weitere biblische Belege, u. a. für Maß und Zahl die Arche Noah und die Prophezeiungen Ezechiels über den zukünftigen Tempel. Für die Dialektik beansprucht er die Rechtsprechung Salomos und die Auseinandersetzungen Jesu mit den Schriftgelehrten.

Eine interessante Heranziehung von Weish 11,20 finden wir in der Kontroverse zwischen Faustus von Riez und Claudianus Mamertus von Vienne (Mitte des 5. Jahrhunderts). Es geht darum, ob die Seele des Menschen körperhaft gedacht werden müsse oder nicht. Die Körperhaftigkeit behauptet Faustus von Riez in einer Epistel (FAU-R ep 3), die dies bestreitende Position legt Claudianus in seiner Schrift De statu animae[17] dar. Beide argumentieren in diesem Disput mit dem Sapientiavers, durch dessen biblische Autorität jeder der beiden seine eigene Auffassung bestätigt sehen will. Faustus bringt das Zitat der Triade gegen Ende seines Briefes. Wenn, so meint er, Gott alles nach Maß, Zahl und Gewicht geschaffen habe, so wäre die Seele, sehe man sie nicht als körperlich an, von der Gesamtheit der Schöpfung ausgeschlossen, und sie müßte demnach ein Teil des Schöpfers selbst sein. Gott habe, so der Autor, die aus dem Nichts geschaffene Materie körperhaft gestaltet und allen Dingen, somit auch der Seele, Zahl und Gewicht und damit auch körperhafte Quantität zugeteilt.

Claudianus widmet Maß, Zahl und Gewicht einen längeren Exkurs in seiner Schrift (CLAU an 2,3−6). Er beginnt seine Ausführungen mit dem Hinweis, daß der Pythagoräer Philolaus Maß, Gewicht und Zahl in Geometrie, Musik und Arithmetik erörtert und dazu sagt, daß sie das Sein des Universums bestimmen, *per haec omne universum extitisse confirmans*. Damit stimme der Grieche dem Bibelvers bei, ohne jedoch zu den gleichen Folgerungen zu gelangen wie Faustus. Claudianus erwähnt nach diesem Exkurs (CLAU an 2,7) daß auch Philolaus, wie andere heidnische Philosophen, die Auffassung von der Unkörperlichkeit der Seele teile. Er selbst

---

[16] Nur ähnlich in diese Richtung weisend die Analogie von *pondus* zu *ratio* in PS-AU hyp.

[17] Ausführlich dazu F. Zimmermann, Des Claudianus Mamertus Schrift „De statu animae libri tres", in: DT 1 (1914) 238−256; 332−368; 471−495.

versucht zuerst seinen Gegner lächerlich zu machen, indem er ihm Verwirrung zwischen den Begriffen *incorporeum* und *incorporatum* – fraglich
ob zu Recht – zum Vorwurf macht und ihn fragt, wie die Seele denn mit
körperlichen Maßstäben zu messen, zu wiegen und zu zählen sei (CLAU
an 2,3).

Im nächsten Kapitel *De mensura numero et pondere corporis* erklärt
Claudianus, Augustin folgend, daß Maß, Zahl und Gewicht nicht wie
andere Dinge als geschaffen angesehen werden dürfen, und er unterscheidet
dann zwischen *pondus, quod penditur* und *quo penditur; numerus, qui
numeratur* und *quo numeratur; mensura quae metitur* und *qua metitur.*
Körper sind meßbar, zählbar und wägbar. Maß ist ein Ausdruck der
Abgrenzung, Zahl eine Aussage über Teile und Gewicht ist mit dem Begriff
der Schwerkraft verbunden. Dies alles zeigt er am Beispiel eines Wasser-
tropfens: *aquae guttula, quam digito tincto sustuleris, habet scilicet pro
magnitudinis modo mensuram, pro partium distantia numerum, lege ponderis si dimittas eam in aere, non residet nisi ad sua pervenerit* (CLAU an
2,4). Darauf folgt dann die Bestimmung von Maß, Zahl und Gewicht der
Seele. Sie habe ein unkörperliches Maß, da ihr nur körperlich nicht
meßbare Eigenschaften wie z. B. Weisheit zu eigen seien; diese Eigenschaften selbst aber, Weisheit, Gerechtigkeit, Mäßigkeit, Tapferkeit usw.
wiederum sind als eben mehrere zählbar. Gewicht der Seele ist der Wille
oder die Liebe. So wie im Körper das Gewicht untrennbar (*indissocia-
biliter*) mit Maß und Zahl verbunden ist, so vereint das Gewicht der Seele,
die Liebe oder der Wille (*voluntas*), das Gedächtnis und die Überlegung
(*memoria et consilium*). Hier schon erscheint die Triade, die Fulgentius ein
halbes Jahrhundert später (siehe oben) in ähnlichem Kontext bringt. Und
ähnlich wie dieser vertritt Claudianus schon die schwer verständliche
Auffassung, daß die Seele nur die Kraft habe, das zu denken und sich daran
zu erinnern, was sie brennend in Liebe aufgenommen habe: *item pondus,
hoc est amor animae in id quod diligit et memoriam et consilium secum
cogit, quia nihil aliud vel meminisse vel cogitare valet, nisi illud, cuius
amore fervescit* (CLAU an 2,5).

Im abschließenden Kapitel der Erörterungen (CLAU an 2,6), die offensichtlich in ihrer Gesamtheit von Augustins Genesiskommentar (AU Gn li
4,3–6) beeinflußt sind, wird die Einheit der Dreieinigkeit wie dort als
Maß ohne Maß, Gewicht ohne Gewicht, und Zahl ohne Zahl dargestellt.
Die drei sind unsagbar (*ineffabiliter*) eins durch den Heiligen Geist, das ist
die Liebe des Vaters und des Sohnes, die wiederum als analog zum Gewicht
gedacht wird. Im Epilog des Werkes faßt Claudianus kurz die vier Kapitel
noch einmal zusammen.

Das Lob der Arithmetik wird auch von Cassiodor häufig in Verbindung
mit dem Sapientiavers ausgesprochen, so in der Einleitung zum zweiten
Buch der Institutiones (CAr in 2 pr 3): *Sic arithmetica disciplina magna
laude dotata est, quando et rerum opifex deus dispositiones suas sub numeri,*

ponderis et mensurae quantitate constituit, sicut ait Salomon: omnia in numero, mensura et pondere fecisti. Auch für jedes einzelne Glied der Triade, gemäß der die Schöpfung gestaltet wurde, werden Bibelstellen als Belege gebracht. Aus der Tatsache nun, daß durch Maß, Zahl und Gewicht die göttliche Schöpfung umfassend beschrieben werden kann, schließt der Autor, daß die bösen Werke des Teufels nicht durch die Dreiheit bestimmt sein oder von ihr umfaßt werden können, da sie der Gerechtigkeit Gottes entgegengesetzt sind. Explizit bezieht sich Cassiodor am Schluß dieser Ausführung auf das vierte Buch von Augustins De Genesi ad litteram. Im vierten Kapitel des Buches (CAr in 2,4,1) nennt er die Arithmetik Mutter der anderen mathematischen Disziplinen: Musik, Geometrie und Astronomie, und er beruft sich dann auf Pythagoras, der auch gesagt habe, Gott hat alles nach Zahl und Maß geschaffen. Diese Erkenntnis jedoch sei dem Griechen wie vielen anderen Philosophen aus dem Sapientiavers erwachsen. Mehrere Male kehrt dieser in den Psalmenkommentaren Cassiodors in ähnlichem Kontext wieder (CAr Ps 1; 26; 89; 146; 150). Ebenso wird in den Variarum libri (CAr var 1,10) die Wichtigkeit der Arithmetik für die menschliche Erkenntnis damit begründet, daß es nichts gebe, das nicht Maß und Gewicht habe. Schließlich sagt Cassiodor noch in De anima, wo auch − wie in der Schrift des Claudianus Mamertus − die Unkörperlichkeit der Seele behauptet wird, daß nur Gott, der alles nach Maß, Zahl und Gewicht geschaffen habe, ihre (unkörperlichen) Dimensionen (*circumstantias earum et quantitates*) bekannt sind (CAr an 6).

Im dritten Buch seiner Etymologien (*De mathematica*) im Abschnitt über die Leistung der Zahlen (*quid praestent numeri*, IS ety 3,4) bringt Isidor von Sevilla das Sapientiazitat im gleichen Kontext und in fast demselben Wortlaut wie Augustin in AU ci 11,30 (siehe oben). In IS ety 16,25 (*De ponderibus*) sagt er nach der Anführung von Weish 11,20, daß das Gewicht die Natur der körperlichen Dinge festlege, *suum quoque regit omnia pondus*. Im Anschluß daran bemerkt er, daß Mose, der ja vor allen heidnischen Philosophen lebte, Zahl, Maß und Gewicht häufig in der heiligen Schrift erwähnt.

Einer der letzten in der Vetus Latina Edition erfaßten Schriftsteller ist Beda. Auch er nimmt in seinem Genesiskommentar (BED Gn 1, zu Gen 1,31−2,1) Augustins Bemerkungen zur Vollkommenheit der Sechs mit dem Sapientiazitat auf. In anderen Schriften erwähnt er die Triade in Aussagen über Gottes Ratschluß, der sowohl im Gericht als auch im Erbarmen, wenn auch den Menschen manchmal unverständlich, durch Maß, Zahl und Gewicht ausgerichtet sei.

Erst aus dem 9. Jahrhundert stammt ein speziell dem Buch Sapientia gewidmeter Kommentar[18], der des Hrabanus Maurus. In der Auslegung des

---

[18] Der Kommentar des Taio von Saragossa (7. Jahrhundert) ist eine Exzerptensammlung aus Schriften Gregors des Großen und enthält keine Anführung von Weish 11,20.

11. Kapitels stellt er zuerst fest, daß der Vers eine Aussage über Gottes maßvolle Gerechtigkeit enthält und bemerkt dann, daß Maß, Zahl und Gewicht auch konstituierende Elemente der Schöpfung seien (Commentarium in librum Sapientiae 2,10, PL 109,723). Zur Erläuterung bringt er Zitate aus Werken früherer Autoren, eines aus De arithmetica des Boethius (BOE ar 1,2) über die Ordnung der Welt gemäß Zahlproportionen und die oben erwähnte Stelle aus Prospers Hypomnesticon (PS-AU hyp 6,4), in der ja auch die Betonung auf Gottes Erbarmen und Gericht liegt.

V

Diese Darstellung hat im Hauptteil einen Überblick über verschiedene Stellungnahmen zu einem Bibelvers gegeben. In diesem Zusammenhang sei noch auf eine mögliche Quelle der Triade aus dem Pentateuch hingewiesen. Eher als Dtn 25,13 hätte Philo von Alexandrien mit ihr, die für ihn von Mose herrührte, Lev 19,35 verbinden können. Es heißt da: ,,Tut nicht Unrecht in Gericht, (Längen)Maß, Gewicht und Hohlmaß"; LXX . . . ἐν κρίσει ἐν μέτροις καὶ ἐν σταθμίοις καὶ ἐν ζυγοῖς . . . in iudicio, in regula, in pondere, in mensura (so die Vulgata aus dem Hebräischen; die altlateinische Überlieferung gibt dagegen meistens mit mensura den erstgenannten Maßbegriff wieder und mit statera den dritten). Im näheren Kontext des Verses stehen Sabbatgesetze, das Gebot, das Alter zu ehren und den Fremdling zu schützen, ausdrücklich mit dem Hinweis auf die eigene Fremdlingschaft in Ägypten und auf Gottes Wirken beim Auszug der Kinder Israels aus jenem Land. Obwohl es demnach naheläge, diesen Vers mit Weish 11,20 in Verbindung zu bringen, wird er in keinem der zahlreichen Belege mit ethischem Bezug auch nur im Kontext erwähnt. Demgegenüber erscheinen manchmal, wenn allein vom Schöpfungsvorgang die Rede ist, in Bezug auf ihn Verse über den göttlichen Baumeister wie bei Ijob 28,25 ,,Als er dem Wind sein Gewicht schuf und die Wasser nach Maß bestimmte" und Jes 40,12 ,,wer mißt das Meer . . . wer wiegt die Berge . . .". Maß und Gewicht genügen sowohl hier als auch als Metapher in ethischen Verhaltensregeln. Bisweilen erscheinen in Anführungen unseres Verses auch beide allein. Der Verfasser der Sapientia Salomonis wählte seine Formulierung mit dem ergänzenden Begriff der Zahl aus dem griechischen Vokabular und wahrscheinlich auch deshalb, weil er ihn gedanklich mit der Anzahl der 10 Plagen verband. Nun leitet Augustin zwar den Sermo AU s 8, in dem er eine direkte Entsprechung von den 10 Plagen zu jeweils den 10 Geboten herstellt, mit dem Zitat von Weish 11,20 ein, erwähnt jedoch den Kontext dieses Bibelverses dabei nicht. In ihm ist die Zahl schlicht als Anzahl zu verstehen, die Stückzahl der von Gott nach Maß und Gewicht erschaffenen Dinge und deutet gleichzeitig darauf hin, daß die Anzahl der Plagen durch die darin liegende Begrenzung das gerechte Maß und Gewicht der Strafe bestimmt. Eine noch größere Anzahl hätte auch die Qualität, d. h. die Intensität der Plagen im ganzen heraufgesetzt und durch die Unerträglichkeit zur Vernichtung der Ägypter geführt, die von Gott nicht beschlossen war.

Es ist einerseits die philosophische Dignität und Mehrdeutigkeit des Zahlenbegriffs und andererseits die nicht nur im christlichen Verständnis so bedeutsame Dreiheit, die den Sapientiavers gegenüber den genannten biblischen Parallelen auszeichnen. Dieser Auszeichnung liegen die hier dargestellten, zum Teil philosophischen Spekulationen zu Grunde. Die Zahl macht als solche über ihre schlichte Bedeutung als Anzahl der geschaffenen Dinge hinaus Maß und Gewicht anschaulich im konkreten Vorgang des Messens und Wiegens. Sie selbst erhält wiederum durch Maß und Gewicht ihre praktische Bedeutung, die sich in Zahleneinheiten ausdrückt. Manchmal gleitet sie, quasi interpretiert als Nummer (*numerus*) einer Reihe, vom Kardinal- zum Ordinalstatus hinüber, z. B. bei den Schöpfungstagen. Nie aber ist sie bloße Ziffer, die gerade im Falle ihrer Vielstelligkeit weder einen Namen hat, noch einen Wert (as-sifra = das Leere, *cifra* = Null). Zahleneinheiten ermöglichen Wiederholungen und damit das Zählen, welches z. B. in der von Augustin erwähnten zahlenmäßigen Gleichheit der Glieder zum Ausdruck kommt. Es sind die z a h l e n mäßigen Proportionen der pythagoräischen Philosophie, die auch im christlichen Denken ihr G e w i c h t behalten.

Auf diesem Hintergrund wird also die Triade zuerst als kennzeichnend für die Schöpfung aufgefaßt, die aus einer zählbaren Menge (Stückzahl) von nach Maß und Gewicht gefertigten Dingen besteht. In logischer Konsequenz wird sie dann als Wesensbestimmung nicht nur für das körperhafte, sondern vielmehr für alles erfaßbare Seiende verstanden, als ein der Schöpfung innewohnendes mathematisches Prinzip. Das christliche Denken betont das schon vorgefundene Moment der aufeinander bezogenen Dreiheit noch mehr als das einer Einheit. Die Triade gelangt in den Rang schon immer in Gott gewesener Ideen und wird, nunmehr gestützt auf die biblische Autorität, auf die Personen der Trinität bezogen.

Für die hier betrachteten Schriftsteller ist die Autorität der Bibel das Entscheidende. Wenn sie auch in die Sapientiastelle mehr hineinlesen als ihr Verfasser sagen wollte, so „ist der Gehalt von Zahl (wie auch von Maß und Gewicht) als Wort der Schrift primär ein Offenbarungsgehalt und nicht ein philosophischer; aber in seiner Bedeutung für die Bestimmung des Weltbilds im Mittelalter, d. h. sofern er Element einer damaligen ‚Weltorientierung‘ war, kann sein philosophischer Gehalt in Umschreibungen dargelegt werden[19].“ Diese Bemerkung von Krings ist zwar mehr auf die Schriftsteller des 13. Jahrhunderts bezogen, doch trifft sie in noch stärkerem Maße auf die Erörterung der Triade in der Patristik zu. Für die

---

[19] Krings, Ordo (Anm. 12) 93 f.

Kirchenschriftsteller sind philosophische Implikationen nur ein Ergebnis, kein Ziel der Auslegung eines Bibelwortes. Der Einfluß der Patristik, insbesondere der Augustins, auf die Exegese von Weish 11,20 im Mittelalter müßte noch speziell untersucht werden, und das nicht nur im Hinblick auf die Auffassung von *ordo* in dieser Epoche.

Augustin spricht von der Pflicht eines Bibelauslegers, nicht seine eigene Meinung im Bibelwort bestätigt sehen zu wollen, sondern die Auffassung der Bibel sich selbst zu eigen zu machen. . . . *eam velimus scripturarum esse, quae nostra est, cum potius eam, quae scripturarum est, nostram esse velle debeamus* (AU Gn li 1,18). Bereits im engen Rahmen dieser Betrachtung zeigte sich indessen, wie die Richtigkeit ganz entgegengesetzter Meinungen, z. B. bei Origenes und Augustin, bei Faustus von Riez und Claudianus Mamertus, durch ein und denselben Bibelvers bewiesen werden sollte. Dies ist sicher keine Besonderheit in der Geschichte der Bibelexegese. Kann aber hier bei dem unmißverständlichen Sinn und der offenkundigen Bedeutung dieses Verses *ad litteram* – selbst wenn er von dem Kontext des 11. Kapitels der Sapientia Salomonis losgelöst zitiert wird – eigentlich noch von Auslegung gesprochen werden? Dies bleibt zu bezweifeln, und daher wurde in dieser Untersuchung mehrmals der Ausdruck ‚Benutzung eines Bibelverses‘ verwendet.

Nur noch eine kurze Bemerkung zu zwei Fragen, die der Herausgeber dieses Sammelbandes gestellt hatte. In den vielen Belegen zu *mensura, numerus, pondus* war – auch im Kontext – niemals die Etymologie *mensura (metior)* – *mens* zu finden, die eine vielleicht unbewußte Abwehr der Schriftsteller des Mittelalters gegen die tatsächlich zutreffende Ableitung *mentior* (sich etwas ausdenken) – *mens* ist. Nur zufällig fand ich in den Epitomen des Virgilius Maro Grammaticus (7. Jahrhundert), VIR-G epit 4 (23,21 ff.) folgende Erklärung: *mens de metiendo dicta, quando subtiliorum sensuum mensuram aperit animae.* Auch erhellt aus den Ausführungen der Kirchenschriftsteller, daß für sie das Messen, Wiegen und Zählen unabdingbare Elemente der Erkenntnis sind. Seinen betonten Ausdruck findet diese Tatsache gerade in der als ketzerisch angesehenen Behauptung des Origenes: Selbst Gottes Wissen, seine Erkenntnis der von ihm erschaffenen Welt, ist bedingt durch ihre Begrenzung und der damit verbundenen Meßbarkeit.

In diesen Seiten habe ich eine Auswahl von Anführungen des Bibelverses *omnia mensura et numero et pondere disposuisti* und Anspielungen auf ihn in ihrem Kontext in der Patristik dargestellt. Dabei konnte ich auf andere Studien verweisen, die eine Analyse des philosophischen Gehalts der verschiedenen Interpretationen vornehmen. Augustin kann dabei als pars (maior) pro toto gelten. Die in der vorliegenden Untersuchung gebrachten Interpretationen aus der Zeit der Patristik weisen jedoch auf die Schwierigkeiten einer solchen Analyse hin. In ihnen zeigt sich z. B., im Unterschied zum späteren Mittelalter, sehr deutlich die Auseinandersetzung mit der eigenen philosophischen Bildung, die durchaus noch als heidnisch empfunden wurde. Daraus ergibt sich m. E. schon für die zwei Epochen eine unterschiedliche Bewertung des Begriffes Philosophie. Für den heutigen Betrachter aber haben Maß und Gewicht nicht einmal mehr als Garanten einer nur objektiven Erkenntnis ihre Geltung behalten können, sie wurden eher zu rein technischen Begriffen. Die anthropozentrische Auffassung von einer individuell abgehobenen förderlichen Zugemessenheit ist erst recht ins Wanken geraten. Und dies sind nur Teilaspekte einer Entwicklung, die bewirkt hat, daß sich die Philosophie unserer Tage Fragestellungen zugewandt hat, die weder zum frühen noch zum späteren Mittelalter Verbindungen erkennen lassen. Auch dadurch wird, ohne auf die heute fragwürdige (im besten Sinne des Wortes) Stellung der Metaphysik und auf die Beziehung zwischen Theologie und Philosophie einzugehen, diese Analyse noch schwieriger.

Liste der Schriftsteller, Sigel und Ausgaben

(wenn in einer Reihe erschienen, nur Bandangabe; Abkürzungen nach S. Schwertner, IATG)

Irenäus: IR 4, SC 100 (1965)

Origenes: ORI ser, GCS 38 (1933); RUF pri, GCS 22 (1913)

Basilius: EUST, TU 66 (1958)

Ambrosius: AM ex, CSEL 32,1 (1897) 1−261; AM 118 Ps, CSEL 62 (1913)

Augustin: AU lib, CChr. S. L. 29 (1970) 211−321; AU Gn Ma, PL 34, 173−220; AU fu, CSEL 25 (1891) 191−248; AU Fau, ibid. 249−797; AU bo, ibid. 853−889; AU Jb, CSEL 28,2 (1895) 507−628; AU Gn li, CSEL 28,1 (1894) 1−435; AU Jo, CChr. S. L. 36 (1954); AU tri, CChr. S. L. 50−50A (1968) [Fulgentius: FU tri, CChr. S. L. 91A (1968) 631−646]; AU ci, CChr. S. L. 47−48 (1955); AU Ps, CChr. S. L. 38−40 (1956); AU ench, CChr. S. L. 46 (1969) 49−114; AU leg, PL 42, 603−666; AU Jul im, PL 45, 1049−1608; AU s (1−50) CChr. S. L. 41 (1961)

Anonymus: PS−AU sent, PL 40, 725−732

Prosper von Aquitanien: PS−AU hyp, J. E. Chisholm, Freiburg (Schweiz) 1980 (= Paradosis 21); PROS epi, PL 51, 497−531

Aponius: APO, H. Bottino, J. Martini, Rom 1843 [PLS 1, 800−1031]

Faustus von Riez, Claudianus Mamertus: FAU−R ep 3, CLAU an, CSEL 11 (1885) 1−197; FAU−R ep auch CSEL 21 (1891) 159−219

Cassiodor: CAr in, R. A. B. Mynors, Oxford 1937 (= 1961); CAr Ps, CChr. S. L. 97−98 (1958); CAr var, CChr. S. L. 96 (1973) 1−499; CAr an, ibid. 533−575

Isidor von Sevilla: IS ety, W. M. Lindsay, Oxford 1911

Beda Venerabilis: BED Gn, CChr. S. L. 118A (1967)

Virgilius Maro Grammaticus: VIR−G epit, J. Huemer, Leipzig 1886, 1−92

LA TRIADE MENSURA-PONDUS-NUMERUS
DANS LE DE NATURA CORPORIS ET ANIMAE DE GUILLAUME
DE SAINT-THIERRY

par MICHEL LEMOINE (Paris)

Le point de départ de la présente étude est le célèbre verset de la Sagesse, XI, 21, où l'auteur inspiré, s'adressant à Dieu, lui dit: *Omnia in mensura et numero et pondere disposuisti*. Ce texte, dans lequel la mention du nombre indique sans doute une influence pythagoricienne, a été souvent cité et commenté par les auteurs médiévaux. On le retrouve souvent sous leur plume, en particulier lorsqu'ils veulent, grâce à une autorité indiscutable, attester que le Monde a été créé de façon rationnelle et harmonieuse. Cela est surtout vrai des auteurs dits augustiniens[1]. De fait, Augustin mentionne fréquemment ce verset. Pour lui, la triade *mensura-pondus-numerus* renvoie à l'ordre de la création. Entre autres textes importants, citons le De Genesi ad litteram, IV, III, 7, où le grand penseur se demande si la triade existait avant la Création, et, si oui, dans quel lieu elle se trouvait. C'est ici, observons-le, qu'est établie l'équivalence entre *mensura* et *modus, numerus* et *species, pondus* et *ordo*. Mentionnons également le passage du De Trinitate, XI, XI, où il est dit que *mensura-pondus-numerus* se retrouvent en toutes choses et qu'il faut rechercher cette trinité dans l'homme intérieur, en suivant ainsi le témoignage de l'Ecriture.

Il existe bien d'autres triades où Augustin a voulu reconnaître les images et les similitudes qui rendent moins énigmatique le mystère trinitaire. Leur étude chez Augustin et ses lecteurs médiévaux pourrait nous mener à de vastes développements[2]. Aussi bien n'est-ce pas nécessaire pour notre propos, qui est l'étude de *mensura-pondus-numerus* dans le De natura corporis et animae de Guillaume de Saint-Thierry. Certes, les médiévaux ont appris chez Augustin la signification de Sagesse, XI, 21, mais les subtiles analyses dont celui-ci entourait le texte biblique se sont estompées, du moins à l'époque préscolastique. On a retenu surtout une sentence, nous dirions même un lieu commun, si cette expression n'était péjorative.

---

[1] Cf. P. Michaud-Quantin, Études sur le vocabulaire philosophique du Moyen Age, Roma 1970, 90.

[2] Cf. P. Michaud-Quantin, l. c., 141–2.

Avant d'en venir à l'examen détaillé des œuvres de Guillaume de Saint-Thierry, rappellons brièvement les traits principaux de sa vie et de sa personnalité.

Né vers 1085, il suit à Laon l'enseignement d'Anselme. Peut-être a-t-il eu alors Pierre Abélard comme condisciple. En 1113 Guillaume devient bénédictin à Reims. Puis on le retrouve à Saint-Thierry, dont il est élu abbé en 1119. Chaud partisan de la réforme cistercienne, il demande à plusieurs reprises à son ami Bernard de Clairvaux l'autorisation de rejoindre les moines blancs. Celui-ci finit par céder à cette requête, et en 1135 Guillaume devient simple moine cistercien à l'abbaye de Signy, où il meurt en 1148.

Pour bien comprendre l'œuvre de Guillaume de Saint-Thierry, on doit tenir compte de plusieurs points.

Guillaume est un moine, mais il a reçu une solide formation dialectique, ce qui n'est pas le cas de Bernard de Clairvaux.

A diverses reprises il a dû mener des polémiques, par exemple contre Abélard, puis contre Guillaume de Conches.

Ses ouvrages, qu'il a écrits en raison de ses fonctions pastorales, sont nourris des pères grecs et latins, notamment Augustin, Ambroise, Grégoire le Grand, Origène, Grégoire de Nysse, Jean Scot.

Nous avons fait du De natura corporis et animae la base de notre étude parce que c'est ce traité qui contient les textes les plus intéressants concernant la triade *mensura-pondus-numerus*. Nous avons cependant jugé utile de rechercher la présence de celle-ci dans les autres œuvres de Guillaume de Saint-Thierry, et cela en suivant l'ordre chronologique. Notre auteur, on le sait, ne s'est jamais voulu systématique. Il a exposé et approfondi sa pensée en fonction des exigences de la pastorale ou de la polémique. Mieux vaut donc respecter ce fil conducteur.

Comme on le verra au cours de cette étude, la triade *mensura-pondus-numerus* n'apparaît pas dans toutes les œuvres de Guillaume. En revanche, chacun des trois termes qui la composent peuvent y figurer isolément. Nous les étudions dans ce cas. De même pour les occurrences isolées de *modus*, *species* et *ordo*, puisque la triade complète *modus-species-ordo* ne se rencontre pas chez Guillaume[3].

---

[3] Précision sur les éditions et les références:
De contemplando Deo, Paris 1977, (= Sources chrétiennes 61 bis), n° du chapitre.
De natura et dignitate amoris, Speculum fidei, Enigma fidei, Meditativae orationes, éditions M.-M. Davy, Paris 1934—1959. N° du chapitre pour les trois premiers textes, de la Méditation et de la page pour le dernier.
De natura corporis et animae. Nous utilisons le texte de notre édition à paraître dans la collection A. L. M. A., Les Belles Lettres, mais, par souci de commodité, nos références correspondent aux colonnes au tome 180 de la Patrologie latine de Migne.

Le premier ouvrage de Guillaume, le De contemplando Deo, qui date du début de l'abbatiat de Saint-Thierry, vers 1119—20, ne retiendra pas lontemps notre attention. Ni la triade, ni *pondus* ou *numerus* ne s'y trouvent. En revanche, on y rencontre *mensura*, dans l'expression *dispari mensura*, opposée à *pari gratia*, et en rapport avec *ordo*, dans un passage où Guillaume explique que la mesure de l'amour éprouvé par les créatures est fonction de l'ordre qu'elles occupent dans le royaume de Dieu (6,40). *Modus* figure sept fois. D'abord dans le sens de ‹manière, façon›, à propos de la créature (5,1. 5,40. 11,70) avec parfois une épithète dépréciative, comme dans cette remarque: *Nos . . . qui possumus misero aliquo modo esse, et non amare te: id est, esse et male esse* (7,9—10). *Modus* est aussi employé en relation avec la divinité: *Multiphariam multisque modis olim locutus patribus in prophetis* (10,17—18). Relevons enfin la présence de la notion d'ordre dans la définition: *Nichil enim aliud est amor quam vehemens et bene ordinata voluntas* (11,20—1).

Le De natura et dignitate amoris, qui est de la même époque que l'ouvrage précédent, se révèle plus fructueux pour notre enquête. Passons rapidement sur *mensura*, employé à propos de la mesure de l'âge de la plénitude du Christ, dans une phrase empruntée à saint Paul (15) ou sur *numerus* désignant le nombre des vertus de la vieillesse (32). Plus intéressant est ce que Guillaume dit de l'âme sainte qui sort de sa retraite pour châtier les vices, car ici la référence à Sagesse, XI, 21, est patente: *Omnia agi et disponi in pondere et mensura* (27). Suivent des éclaircissements sur la notion de *pondus*, où l'on reconnaît un écho fidèle de l'enseignement augustinien dans la façon dont s'opère la synthèse entre le point de vue de la physique et celui de la vie spirituelle. Toute réalité a un lieu déterminé où l'entraîne son poids. Ainsi les éléments qui composent le corps retournent, après la dissolution de celui-ci, à leur lieu naturel. L'esprit, selon la même loi, monte vers Dieu (1,3). On pense à la célèbre expression: *Pondus meum, amor meus*, dans les Confessions, XIII, 9,10. C'est dans ce contexte qu'est formulée la condamnation des disciples d'Ovide: *In illis enim pravis et nequam hominibus ex supereffluenti carnalis concupiscientiae vitio, totus deperierat ordo naturae. Quippe cum debito nature ordine, spiritus eorum naturali pondere suo, amore sursum ferri deberet ad Deum qui creavit eum* (3). Observons au passage que cet exemple illustre bien le rapport signalé plus haut entre *pondus* et *ordo*. Ce dernier terme doit d'ailleurs retenir notre attention, car sa polysémie, dans le De natura et dignitate amoris, est remarquable:

— ‹Ordre, succession correcte›. *Voluntas . . . secundum naturalem virtutum suarum ordinem de amore . . . in caritatem, de caritate proficit in sapientiam* (7).

— ‹Ordre, dignité dans une hiérarchie›. *Visus . . . secundum ipsius corporis formam infra se habet et ordine, et dignitate, et virtutis potentia omnia ceterorum sensuum instrumenta* (24).

– ‹Bon ordre› par opposition aux *confusa* et aux *turbata* (40).

– ‹Le principe d'une réalité, d'une activité›, équivalent de *ratio*. Ainsi, à propos de l'œuvre rédemptrice du Christ: *Ratio et ordo mediationis* (42).

– ‹Règle de vie›. *Simul habitantes ordine uno, una lege viventes* (29).

– ‹Ordre d'une cérémonie›. *Templum . . . supradicto dedicandi ordine dedicatum* (46).

On peut dire que la plupart des emplois de *ordo* se retrouvent ici.

Il n'en va pas de même des deux autres termes de la triade *modus-species-ordo*, dont les occurrences sont rares.

Modus se retrouve dans le sens courant de ‹manière› (29), ‹mesure› (30), sens qui prend une force particulière quand il s'agit de l'âme: *In interiori suo sentiens anima, modo quodam singulari et ceteris sensibus incommunicabili* (35). *Species* ne se rencontre que dans l'opposition *tunc in re, nunc in specie* (11). Encore faut-il préciser que, selon Dom Déchanet, la leçon correcte est *non in spe*[4].

Nous en venons aux Meditativae orationes.

La triade *mensura-pondus-numerus* apparaît dans la deuxième Méditation, dans une formulation très augustinienne, à propos de la Trinité *quae extra omnem numerum existens, in pondere et numero et mensura omnia fecit* (64). *Mensura* ne se présente qu'une fois, lorsque Guillaume veut signifier les limites de la raison: *Intelligentia . . . nec mensuram habet pertingendi usque ad te* (III, 88). Ce texte est intéressant, car on attendrait ici, plutôt que *mensura*, *modus* dont l'usage est courant dans les Meditativae orationes: *M. futuri temporalis* (I, 42). *M. subsistendi* (II, 54). *M. orationum* (V, 116). *M. fruendi* (VIII, 190). *M. gaudii* (XII, 274). *M. beatitudinis* (XII, 274). Pour conclure, citons une sentence de Guillaume où il n'est pas interdit de voir un reflet de la triade *mensura-pondus-numerus*: *Amor . . . leges dat, modos informat, praefigit terminos* (IX, 200).

Nous en arrivons maintenant à une nouvelle étape de la vie et des œuvres de Guillaume de Saint-Thierry. Devenu simple moine à Signy, il a entrepris un Commentaire du Cantique des Cantiques, interrompu par la rédaction de la Disputatio contra Petrum Abaelardum. D'après les sondages que nous avons faits, ces deux ouvrages apportent peu de choses à la présente étude. Dans le prolongement de la querelle avec Abélard, deux autres traités voient ensuite le jour: le Speculum fidei et l'Aenigma fidei.

Du premier de ces ouvrages, *mensura* et *ordo* sont absents. Quant à *numerus* et *pondus*, ils ne présentent que des emplois peu importants: le nombre de fidèles (20), le poids de la douleur (54). *Species* présente des sens variés:

– ‹Image›. *Species summi boni* (7).

– ‹Aspect›. *Species proprietatis* (6).

---

[4] J.-M. Déchanet, Œuvres choisies de Guillaume de Saint-Thierry, Paris 1944, 176.

— ‹Vision›, par opposition à *fides*, au sens actif du radical SPEC- (13)[5].
— Au pluriel, ‹espèces, diverses sortes d'une réalité› (54).

Modus ne présente aucun emploi inédit par rapport à ce que nous avons vu plus haut, retenons seulement cette définition, à propos de la science que procure la sagesse: *Scientia vero hec modus quidam est vel habitus mentis, ad suscipienda ea, que proprie fidei sunt* (50). Le ton est ici didactique, et cette tendance s'accentue dans l'Aenigma fidei. Nous n'en voulons pour preuve que la façon dont Guillaume réitère le refus déjà formulé dans la deuxième Méditation d'appliquer le nombre à la Trinité, cette Nature créatrice *que pondus etiam, et mensuram, et numerum creavit* (32). Cette prise de position, en effet, prend place dans un exposé solidement construit, qui s'appuie à la fois sur un dossier de théologie historique bien documenté et sur une démonstration où Guillaume fait la preuve de ses capacités dialectiques.

Nous ne citerons pas la totalité des passages de l'Aenigma où apparaissent *modus, species* et *ordo*. Nous ne ferions que nous répéter. Citons tout de même l'opposition classique entre *species*, synonyme de *visio*, ‹vision directe›, et *speculum* ‹miroir qui donne seulement un reflet›, associé à *aenigma* (7). Il est du reste étonnant que cette opposition ne figure pas déjà de façon explicite dans le Speculum fidei, puisqu'elle en est un des thèmes majeurs. Notons aussi l'acception de *species* comme catégorie logique, *praedicamentum*, à côté de la substance, de l'accident, de la relation, du genre, *et cetera talia* (50). *Modus* est mentionné en des termes voisins: *Hoc ergo modus predicandus est Trinitas Deus, si tamen modus ullus in illo est, a quo et sub quo modus omnis est* (70).

Nous en avons terminé avec les œuvres qui précèdent le De natura corporis et animae. Résumons ce que nous a apporté cette lecture.

A l'évidence, la triade *mensura-pondus-numerus* appartient à la culture et à la langue de Guillaume de Saint-Thierry. Toutefois, lorsqu'elle vient sous sa plume, c'est comme une autorité que l'on invoque, non comme une proposition qui donnerait matière à des distinctions ou à une problématique. On est en retrait par rapport à un Augustin ou un Claudien Mamert. Bref, la triade n'est pas chez Guillaume le point de départ d'une spéculation originale. Si nous considérons maintenant non plus la triade, mais chacun des termes qui s'y rattachent, nous pouvons faire quelques remarques d'ordre lexicographique. Les analyses sémantiques et les définitions détaillées sont rares. La polysémie des termes est frappante. Ces traits sont le signe d'une époque où ne s'est pas encore imposé un vocabulaire univoque et technique. La langue des idées reste souple, l'âge scolastique est encore loin.

Venons-en maintenant au De natura corporis et animae qui est au cœur de notre propos.

---

[5] Cf. P. Michaud-Quantin, l. c., 115.

Cet ouvrage se compose de deux parties précédées d'un prologue. La première décrit le corps humain, ses fonctions et ses facultés. La deuxième est un traité de l'âme humaine. Selon l'auteur lui-même, cette œuvre ne présente rien d'original, puisqu'elle est constituée, d'une part, de morceaux choisis des philosophes et des physiciens, d'autre part, d'extraits des Pères catholiques. Guillaume n'indique pas ses sources plus précisément, mais on a pu identifier, dans la première partie, Némésius d'Emèse et Constantin l'Africain, dans la seconde, Claudien Mamert, Grégoire de Nysse, Augustin.

A la fin du Prologue, Guillaume déclare qu'il va étudier ce microcosme, ce monde réduit qu'est l'homme.

Dans une précédente étude, nous avons été conduit à conclure que, malgré cette déclaration d'intentions, la conception microcosmique de l'être humain n'occupe chez Guillaume qu'une place réduite[6]. Ce n'est pas là, croyons-nous, qu'il faut chercher la clé de son anthropologie, mais bien plutôt dans la théorie augustinienne de l'Image et de la Ressemblance. Cela nous ramène à la *triade mensura-pondus-numerus*, image, dans la créature, de la Trinité incréée. On le voit, l'importance du De natura corporis et animae pour notre sujet est une bonne raison pour l'aborder en dernier lieu. Mais la chronologie, qui a été notre fil conducteur jusqu'ici, nous commande, elle aussi, d'opérer de la sorte. Sur ce point quelques précisions sont nécessaires, car la datation de l'ouvrage est un point controversé qui n'est pas sans conséquences pour sa signification.

Diverses particularités du texte nous ont amené à émettre une hypothèse que nous formulerons ainsi. Guillaume de Saint-Thierry n'a pas composé son livre en une fois. Il a d'abord rédigé un De anima comme on en trouve beaucoup au XIIème siècle, puis un traité de la nature du corps, entreprise plus surprenante de la part d'un spirituel de ce temps. Dans la version définitive, l'opuscule consacré au corps devient la première partie, telle que nous la connaissons actuellement, tandis que le De anima de rédaction plus ancienne, vient occuper très logiquement la deuxième place. Un prologue assure la cohérence et l'unité de l'ensemble. Ce n'est pas ici le lieu de détailler les arguments qui nous ont conduit à cette hypothèse, aussi nous bornerons-nous à dire qu'un des faits qui ont attiré notre attention consiste dans la présence, d'une partie de l'œuvre à l'autre, d'un certain nombre de redites. Il se trouve qu'un de ces doublets est constitué par la mention de la triade *mensura-pondus-numerus* une première fois dans la Physique du corps, 708 AC et une seconde fois, dans la Physique de l'âme, 722 B. C'est ce texte que nous examinerons en premier, puisque, comme nous venons de l'expliquer, nous pensons qu'il est plus ancien dans l'ôrdre de composition.

---

[6] L'homme comme microcosme chez Guillaume de Saint-Thierry, 7e Congrès international de philosophie médiévale, Louvain 1982.

Sed redeamus adhuc ad imaginem Trinitatis. Sicut nihil sine creatore Deo, ipsa scilicet Sancta // Trinitate existit, ita nihil omnino esse potest quod non et unum sit et trifarium consistat. Omnis quippe anima, sicut dictum est, tribus individuis subsistit, memoria, consilio, voluntate. Omne vero corpus et unum est et mensurabile, et numerabile, et ponderabile est. Anima vero secundum tria horum trium capax efficitur, quippe secundum ipsa de mensurabilibus et numerabilibus et ponderabilibus judicans, hoc est de omnibus corporibus. Permanat enim a summo quod Deus est, per medium quod est anima, ad imum quod sunt corpora, unitae specimen Trinitatis, corporibus signa sui imprimens, animabus vero notitiam tribuens.

Ce passage fait partie d'un développement d'importance majeure où Guillaume expose sa théorie de l'âme, image de la Trinité. Il cite ici Claudien Mamert, De statu animae, II, 6, mais ce dernier n'est lui-même, en l'occurrence, que l'interprète de la pensée trinitaire de saint Augustin. C'est fort justement que B. Mc Ginn qualifie ce texte de point culminant du traité[7]. Pour nous en tenir au sujet particulier de notre étude, observons que c'est la première fois que Guillaume, par le truchement d'une citation, utilise de façon favorable aux créatures la triade, qu'il ne citait, dans ses précédents ouvrages, que pour exalter la transcendance de la Trinité. Il y a là une nouveauté, une audace, même, et il a fallu toute l'autorité du nom de Claudien Mamert pour que Guillaume reprenne à son compte l'idée selon laquelle la Trinité imprime sa marque jusque sur les corps[8].

Passons au deuxième texte, qui se trouve à la fin de la première partie, en 708 AC.

Haec de homine exteriori diximus, non tamen omnino exteriori, sed de quibusdam quae sunt in corporibus humanis, nec tamen subiecta sunt omnino sensibus hominis, sed ratione et experientia discernuntur a physicis et philosophis, qui hucusque pertingere potuerunt, humanae naturae exquirentes dignitatem. Qui tamen absurdissime eam in hoc degeneraverunt quod in horum numero partem illam hominis putaverunt deputandam qua homo imago Dei est, incorruptibilis, caeterisque animantibus praeeminet, animam scilicet rationalem. Hunc decorem tantum hominis exteriorem commendantes et salutantes, quomodo scilicet naturaliter prae cunctis animantibus in caelum erectus aliquid se cum caelo habere testatur, quomodo per totum corpus ipsum secun-//dum in longum distinctionem membrorum media viget unitas, hinc autem et inde pulchra per latum membrorum respondet parilitas, quomodo totum ipsum corpus in pondere et

---

[7] ‹The culminating point of the treatise›, B. Mc Ginn, Three treatises on Man, Kalamazoo 1977, 44.

[8] Guillaume n'adopte cette idée qu'avec réticence. Comme l'observe J/-M. Déchanet, ‹Sur les corps, l'empreinte de la Trinité − *specimen unitae Trinitatis* −, est toute extérieure; c'est un signe visible, mais mort.› (l. c., 137).

mensura et numero inveniatur compositum. Transeamus ad animam. Ponderis enim aequitatem in corpore humano testatur membrorum parilitas, mensuram autem probare potest mensurandi sollicita experientia. Dicunt enim physici quia, si homo supinus extensis manibus et membris jaceat, si circinum in centro umbilici locatum undique circumvolvatur, inoffenso mensurae cursu in omnibus partibus suis, par sibi et aequalis inveniatur. De numero satis constat. Ut enim omittam de exterioribus membris quorum // numerum nullus potest ignorare, etiam omnia interiora certis constare numeris non est dubium. Nam etiam ossa ab his quibus id curae fuit, numerata sunt, et inventa sunt ducenta et quadraginta unum esse in omni corpore humano. Similiter de nervis. Nervorum a cerebro exeuntium inventa sunt esse septem paria, a nucha triginta duo paria, et unum impar. Quid multa? Et venas et lacertos et omnia quae sunt in corpore, certis constare numeris certum est. Sed jam, ut dictum est, ad animam transeamus, nec quid de ea philosophi vel physici saeculi sentiant vel opinentur, sed quid catholici patres a Deo didicerint et homines docuerint breviter perstringamus.

Cette conclusion de la Physique du corps appelle plusieurs observations.

Guillaume commence par blâmer les physiciens et les philosophes qui ont cherché à découvrir l'âme grâce à la raison et à l'expérience, comme s'il s'agissait d'une réalité physique. ‹Ils n'ont voulu, dit-il, faire valoir et saluer que la beauté extérieure de l'homme›. Là-dessus, la démonstration pivote curieusement. Guillaume semble oublier l'absurdité des philosophes et des physiciens et, dans un développement qui commence par *quomodo scilicet*, il prend à son compte l'éloge de cette beauté extérieure dont témoignent la station debout, l'unité et la parité du corps qui, observe-t-il, ‹est composé selon le poids, la mesure et le nombre.› Ainsi se terminait l'opuscule initialement, puisque la phrase suivante, *transeamus ad animam*, annonce la deuxième partie. En fait, dans le texte tel que nous le connaissons, on peut lire des explications supplémentaires sur *pondus, mensura et numerus*. On pourrait penser que cette irruption incongrue de *transeamus ad animam* est due à une erreur de copiste, si on ne lisait dans la toute dernière phrase de cette première partie: *Sed jam, ut dictum est, ad animam transeamus*. Cela nous ramène au problème de la composition que nous avons évoqué plus haut. Il est clair que Guillaume a repris et complété son texte, sans doute parce qu'il avait découvert de nouveaux documents. Il s'est efforcé d'atténuer la solution de continuité, sans pouvoir la dissimuler entièrement.

Analysons maintenant ces remarques auxquelles Guillaume a accordé tant de soin.

Pondus est traité brièvement. Le fait qu'il soit associé à *parilitas* peut surprendre. Plus qu'au poids, la parité ne se rattache-t-elle pas au nombre? C'est la notion d'*aequitas*, qu'il faudrait traduire ici non par ‹égalité›, mais par ‹équilibre›, qui permet ce glissement de sens.

Vient ensuite la *mensura*, que Guillaume illustre par l'image d'un corps humain inscrit dans un cercle. On s'est interrogé sur l'origine de ce canon. On y a même vu une allusion au pentagramme ou pentalpha des néo-pythagoriciens qui aurait influencé notre auteur *via* Nicomaque de Gérase et les médecins arabes[9]. En fait, sa source n'est autre que Vitruve, qui, du reste, a eu un autre lecteur, Léonard de Vinci, auquel on ne peut s'empêcher de penser en l'occurrence. Rien d'étonnant à cela, puisque le canon du génial florentin n'est rien d'autre qu'une illustration du De architectura, ce que l'on oublie souvent. Voici en effet ce que dit Vitruve:

Item corporis centrum medium naturaliter est umbilicus. Namque si homo conlocatus // fuerit supinus manibus et pedibus pansis circinique conlocatum centrum in umbilico eius, circumagendo rotundationem utra-rumque manuum et pedum digiti linea tanguntur[10].

Vitruve explique ensuite que le corps humain s'inscrit aussi bien dans un carré que dans un cercle, observation que Guillaume n'a pas retenue. A-t-il eu une connaissance directe de l'œuvre de Vitruve? Faut-il sup-poser l'existence d'un intermédiaire, un florilège, par exemple? La pré-sence de variantes importantes pourrait le faire penser.

Reste *numerus*, auquel Guillaume consacre le développement le plus long. N'insistons pas sur les dénombrements d'os et de nerfs. Ils viennent directement de Constantin l'Africain[11]. Remarquons plutôt les mani-festations d'impatience de Guillaume: *ut omittam . . . his quibus id curae fuit . . . quid multa?* L'auteur semble pressé d'en finir avec un sujet ininté-ressant et la dernière phrase de cette première partie retentit comme un cri du cœur où l'on perçoit le soulagement qu'éprouve Guillaume d'en avoir fini avec une matière oiseuse, ainsi que la satisfaction d'en arriver à ce qui est vraiment important.

Le moment est venu de conclure par quelques réflexions que nous sug-gère la lecture du De natura corporis et animae.

Nous ne pouvons qu'admirer l'exigence intellectuelle de Guillaume de Saint-Thierry, qui se manifeste, par exemple, dans la recherche d'une documentation récente, comme les traductions de Constantin l'Africain, ou rare, comme le De architectura de Vitruve. De même, le rapport qui s'établit entre l'anatomie humaine et la triade *mensura-pondus-numerus* est le fait d'un esprit original et audacieux.

Nous devons reconnaître cependant qu'en recourant par deux fois à la triade *mensura-pondus-numerus*, Guillaume n'a pas évité l'écueil d'une dualité, d'une discordance dans la composition. Dans son traité de la nature

---

[9] Cf. J.-M. Déchanet, Guillaume de Saint-Thierry, Bruges 1942, 207; id., Œuvres choisies . . . 95.

[10] De architectura, III, I, 3, Leipzig 1912, 59—60.

[11] Liber Pantegni, Bâle 1536—9.

de l'âme, il use avec aisance de ses diverses sources patristiques, le concept triadique est bien mis en place, la démonstration nous impressionne et nous convainc. En revanche, dans le traité du corps, la triade biblique est, en quelque sorte, plaquée sur la réalité physique, l'association est suggestive, mais superficielle.

Pouvait-il en être autrement? Nous touchons ici ce que l'on pourrait appeler les limites d'une culture. Nous avons déjà signalé la richesse des sources de Guillaume. On doit regretter que celui-ci n'ait pas disposé également d'un cadre conceptuel mieux défini, d'une problématique plus rigoureuse. Pour apprécier ce point, il suffit de penser aux analyses que, plus tard, Albert le Grand ou Thomas d'Aquin élaboreront à partir de la triade.

A ces limites d'une culture viennent s'ajouter les limites d'un genre litté-raire. Guillaume est passé maître dans l'art de composer des *excerpta*, d'associer des textes et de les fondre dans une unité. Mais cette technique, si excellement appliquée qu'elle soit, est archaïque. Que l'on songe, par contraste, à la méthode qu'illustre, à la même époque, le Sic et Non d'Abélard.

Dans un précédent travail consacré au microcosme chez Guillaume de Saint-Thierry, nous avions parlé d'un ‹effet de trompe-l'œil›[12]. Le terme qui vient ici sous notre plume serait plutôt celui de ‹porte-à-faux›. D'une étude à l'autre, il peut sembler qu'armé d'un rasoir critique trop aiguisé nous dépouillons notre auteur de mérites reconnus. Précisons les limites de nos réticences. Elles portent sur des manques dûs avant tout à l'époque, aux circonstances. Les mérites, en revanche, reviennent avant tout à l'homme-Guillaume, à l'originalité de son esprit. Remarquons d'ailleurs que le grand cistercien était lui-même trop subtil et trop bien informé, pour ne pas porter sur son œuvre un jugement lucide. Ainsi faut-il comprendre, sans doute, les mots assez désabusés qui assombrissent le billet d'envoi de la Lettre d'or[13].

---

[12] Cf. note 6.

[13] *Legite omnia, et si non primi, tamen si ita videtur vel ultimi . . . Forensium prorsus ignarus operum, etc.*

BEMERKUNGEN ZU ERKENNTNIS ALS MASSVERHÄLTNIS BEI ARISTOTELES UND THOMAS VON AQUIN

von Horst Seidl (Nijmegen)

Diese Untersuchung geht den Begriffen „Maß" (*mensura*) und „Meß-bares", „Gemessenes" (*mensurabile, mensuratum*) im Zusammenhang menschlicher Erkenntnis bei Thomas v. Aqu. nach, wovon er in seinen Kommentaren zu Aristoteles' Metaph. V 15, X 1 und 6 handelt, sowie in De verit. X 1, I 1 und an einigen Stellen der Summa theologiae. An Hand der Texte werden folgende Gesichtspunkte zu untersuchen sein: (I) welche Grundbedeutung „Maß" im quantitativen Bereich und in übertragener Bedeutung in den anderen Bereichen hat; (II) wie die Erkenntnis-Relation mittels des Maßbegriffes bestimmt wird, d. h. ob die Erkenntnis Maß für die Dinge ist, oder die Dinge Maß für die Erkenntnis sind; ferner (III), wenn beide Bestimmungen gelten, wie sie miteinander vereinbar sind; schließlich (IV), was die Ursache davon ist, daß die Dinge für die mensch-liche Erkenntnis Maß sein sollen.

Der Besprechung der Thomas-Kommentarstellen wird jeweils die der Aristoteles-Texte vorangehen.

I. Die Grundbedeutung von Maß im quantitativen Bereich und seine übertragene Bedeutung in den übrigen Bereichen des Seienden

In Metaph. Buch X Kap. 1 handelt Aristoteles vom Wesen des Einen und stellt, 1052 b 15ff., fest, daß es ein Unteilbares dem (jeweils) bestimm-ten Seienden nach oder dem Ort, der Art (Species) oder dem Denken nach ist. „Am meisten bedeutet es das erste Maß in jeder Gattung, am eigent-lichsten im Quantitativen; denn von diesem ist es auch auf das übrige übertragen worden. Maß ist nämlich das, wodurch das Quantitative erkannt wird. Dieses wird aber entweder durch das Eine oder durch die Zahl erkannt, jede Zahl aber durch das Eine . . . Daher ist das Eine Prinzip der Zahl als solcher. Von da übertragend nennt man auch in den anderen Bereichen Maß dasjenige, wodurch als Erstes jedes erkannt wird . . ." In der Zusammenfassung, 1053 a 18−24 u. b 4−8, unterscheidet Aristoteles beim quantitativen Einen weiterhin zwischen dem unteilbaren Einen als

Maß der Zahl und dem relativ festgesetzten Einen (auch im Qualitativen), das von der Grenze der Wahrnehmbarkeit abhängt. Er deutet ferner an, daß das Eine als Maß der Akzidens-Kategorien in dem der Substanz-Kategorie gründet: „So ist also das Eine Maß von allen Dingen, weil wir, woraus die Substanz besteht, erkennen, indem wir sie entweder der Quantität oder der Art nach zergliedern . . .“

Zu diesen Aussagen sei angemerkt, daß sie keine Definition des Einen geben wollen. Das Maß steht hier nicht etwa als Gattung des Einen; denn das Eine ist ähnlich wie das Seiende ein in allen Dingen erstes Gegebenes und Allgemeinstes, das keine Gattung mehr über sich hat und von der Vernunft (induktiv) intuitiv eingesehen werden muß. Die vorl. Aussagen führen hierzu empirisch hin, ausgehend von sinnlich quantitativen Verhältnissen und unseren Vernunfttätigkeiten an ihnen, wie Zählen, Messen, Teilen u. ä. Durch die Bestimmung des Einen als Maßes ist auch umgekehrt das Maß als eine erste Einheit in jeder Gattung bestimmt, wodurch wir jedes erkennen.

Wenn auch die quantitative Bedeutung von Maß, als erster Einheit, ihrer Herkunft nach für uns die eigentlichste ist, so gründet sie an sich (ontologisch, metaphysisch gesehen) in der Einheit der Substanz. Der Übergang zur o. gen. übertragenen Bedeutung wäre nicht möglich, wenn nicht alle Akzidens-Bestimmungen der übrigen Kategorien letztlich in der Bestimmung der Substanz nach der ersten Kategorie gründeten.

Die übertragene Bedeutung von Maß kommt der eines Erkenntnis- und Seinsprinzips gleich[1].

Wenden wir uns nach diesen Anmerkungen Thomas' Kommentar zum aristotelischen Metaphysik-Text zu, so ist festzustellen, daß er diesem sinngetreu folgt, so in libr. X, lect. 2 (Marietti-Ausg. Nr. 1937ff.). In Sent. I dist. 8, q. 4, a. 2 ad 3 (*utrum Deus sit in praedicamento substantiae*) faßt er Aristoteles' Lehre über das Eine als Maß so zusammen: *Mensura proprie dicitur in quantitatibus*. Das Maß ist *illud per quod innotescit quantitas* (z. B. als Einheit in den Zahlen, als Längenmaß in Erstreckungen). *Exinde*

---

[1] Auf die Quellen des Maßbegriffes vor Aristoteles kann hier nicht näher eingegangen werden. In der überwiegend materiell und quantitativ orientierten Naturerkenntnis der Vorsokratiker tritt häufig der Begriff „péras" auf (als Gegensatz zu „ápeiron"), so bei den Pythagoreern, aber auch bei Parmenides (Fr. 8, Zeile 31,42 u. 49, Fr. 10, Z. 17) u. a., seltener der Begriff „métron", so bei Heraklit, Fr. 30 u. 31 (wo es vom Urfeuer heißt, daß es „nach Maßen sich entzündet und nach Maßen verlöscht"). Bei Platon haben die Begriffe der Grenze, des Maßes, der Symmetrie und Ordnung, in allen Teilen seiner Philosophie eine fundamentale Bedeutung. In Physik und Metaphysik hängen sie, auch bei Aristoteles, mit dem Begriff der Formursache zusammen. − Über die herausragende Bedeutung des „métron"-Begriffes in Protagoras' Spruch gehen wir o. im Text ein.

Bei Aristoteles steht der mit „métron" bedeutungsverwandte Begriff „péras" öfters synonym wie dieser für Prinzip, vgl. Metaph. V 17, 1022 a 10−13, besonders auch für Zweck und Wesenheit, a 8−10. Er bezeichnet so „die Grenze der Erkenntnis, wenn aber der Erkenntnis, dann auch der Sache". Denselben Realitätsbezug hat auch „métron".

transumptum est nomen mensurae ad omnia genera, ut illud, quod est primum in quolibet genere et simplicissimum et perfectissimum, dicatur mensura omnium quae sunt in illo genere. Das Maß ist sonach das, wodurch *unumquodque cognoscitur habere de veritate generis plus et minus . . .* (Die Antwort auf die Frage des Artikels ist dann die, daß Gott in der Gattung der Substanz erstes Prinzip und Maß ist, mit der Hinzufügung: *Sed Deus est mensura non tantum substantialium perfectionum, sed omnium quae sunt in omnibus generibus.*)

II. Die Erkenntnis-Relation als Maßverhältnis

Die o. geg. Bestimmung des Maßes als eines Erkenntnisprinzips (im weitesten Sinne) deutet einen Zusammenhang mit der menschlichen Erkenntnis an. Nun zeigt es sich, daß die Erkenntnis-Relation zwischen Subjekt und Objekt selbst ein Maßverhältnis ist, wie Aristoteles in Metaph. V 15 darlegt. Das Kapitel handelt von der Relation und führt drei Arten von ihr auf: 1. quantitative Verhältnisse (z. B. Doppeltes und Halbes), 2. Verhältnisse zwischen Wirkendem und Leidendem und 3. Maßverhältnisse, zu denen als einziges Beispiel die Erkenntnis-Relation genannt wird. Für die 1. Art ist Einteilungsprinzip die Zahl, für die 2. ein Vermögen, für die 3. ein Maß. Die 3. Art ist von den zwei ersten dadurch unterschieden, daß diese zweiseitige Relationen sind — die Relata sind hier wechselseitig aufeinander bezogen —, während die 3. eine einseitige Relation ist, 1021 a 29–b 3: In ihr bezieht sich zwar das Maß von sich aus auf etwas anderes, sc. auf Meßbares, dieses aber ist nur deshalb Relatum, ,,weil anderes (sc. ein Maß) auf es bezogen ist", a 30 (nicht, weil es von sich aus auf anderes bezogen wäre). Die Einseitigkeit des Erkenntnisverhältnisses wird deutlich, a 31ff., wenn man es als zweiseitiges und d. h. die Relata wechselseitig zu bestimmen versuchte. Wollte man nämlich nicht nur das Denkbare vom Denken her bestimmen: sc. als ,,das, worauf das Denken geht", sondern auch das Denken vom Denkbaren her: als ,,das Denken dessen, worauf das Denken geht", so zeigte sich, daß die Bestimmung tautologisch würde, ,,daß zweimal dasselbe gesagt würde". Wer daher das Wissen, Erkennen, Denken, bestimmen will, muß die Dinge ohne den Bezug des Denkens auf sie bezeichnen, der ja erst durch das Denken gestiftet wird. Und wenn man die sinnliche Erkenntnis, die Wahrnehmung, bestimmen will, muß man die Dinge der Wahrnehmung selbst bezeichnen, sc. als Farbiges, nicht wieder als Wahrnehmbares, sc. als Objekt der Wahrnehmung. Der Sachverhalt läßt sich schematisch so festhalten:

Schema 1

Erkenntnis ⟶ Erkennbares
MASS   MESSBARES

Auch in Categ. Kap. 7 u. 10, die das Relative besprechen (Kap. 10 im Zusammenhang mit den Gegensätzen), wird neben dem Beispiel mit dem Doppelten und Halben wieder das mit Wissenschaft und Wißbarem angeführt. Zu den Stellen s. u. Anm. 3.

Thomas interpretiert in seinem Komm., libr. V, lect. 17 (Marietti Nr. 1001 ff.) richtig die drei Relationsarten und die Unterscheidung zwischen zweiseitiger und einseitiger Relation. Zur dritten Art gehört die Erkenntnisrelation, wie die zwischen *scientia* und *scibile*, die eine einseitige ist: Die *scientia* ist nicht vom *scibile* her bezeichnet, wohl aber das *scibile* von der *scientia* her, als Objekt der Wissenschaft: *propter hoc quod habetur scientia de ipso* (Nr. 1026). Damit erweist sich, daß das Wißbare vom Wissen wie jedes Meßbare vom Maß abhängt: *Nam ab eo quaelibet res mensuratur, a quo ipsa dependet* (Nr. 1027)[2].

Die Aussage über die Erkenntnis — Wahrnehmung und Wissenschaft — als Maß erhält nun aber bei Aristoteles, Metaph. X 1 u. 6, eine bedeutsame Einschränkung, der wir nachgehen müssen: Zwar bestimmt er in X 1 Wahrnehmung bzw. Wissenschaft ebenso wie in V 15 als Maß für die Dinge (als Gemessenes), fügt dann jedoch hinzu, daß sie dies nur in uneigentlichem Sinne ist, da sie in Wahrheit „mehr gemessen wird, als sie selbst mißt", 1053 a 31—33. Es folgt das Beispiel mit der Elle, a 33—35. Es verhält sich hier so, wie wenn wir unsere Größe zu messen suchen, indem ein anderer uns durch die Elle mißt (wir also durch sie gemessen werden).

Schema 2

$$\text{Erkenntnis} \longleftarrow \text{Erkennbares}$$
$$\text{MESSBARES} \qquad\qquad \text{MASS}$$

Damit wird auch Protagoras' Ausspruch korrigiert, 1053 a 35—b 4; denn nach ihm soll ja die menschliche Erkenntnis uneingeschränkt das Maß aller Dinge sein.

Eine Parallelstelle findet sich Kap. 6, das als Thema zwei verschiedene Gegensätze hins. des quantitativen Vielen (im Griech. Plural: der Vielen) erörtert, nämlich den zwischen Vielem und Wenigem und den zwischen

---

[2] Als weitere Beispiele einseitiger Relationen zwischen maßgebendem und abhängigem Relatum benennt Thomas noch diese zwischen einem links (von einer Säule) stehenden Menschen und der rechts von ihm stehenden Säule, zwischen Urbild und Abbild, sowie zwischen Denar und Kaufpreis.

Daß die *scientia* nicht vom *scibile* her bestimmt ist, „weil (sonst) dasselbe zweimal gesagt würde" (1021 a 32—33), interpretiert Thomas (anders als o. angegeben) so, als ob im Text stünde: „weil dasselbe zweimal relativ auf etwas ausgesagt würde" (*bis diceretur ad aliquid*, Nr. 1028), d. h. als ob es darum gehe, daß dasselbe Denken nicht zugleich einen zweifachen Relationsbezug haben könne, zum Objekt und zum Subjekt. Doch geben der griechische Text und die lateinische Übersetzung keine Veranlassung zu dieser Interpretation. Der Sinn der Textstelle dürfte einfach der sein, daß die Bestimmung des Wissens vom Wißbaren her tautologisch wäre.

Vielem und Einem. Der erste Gegensatz ist ein konträrer, der zweite ein relativer; das Viel bedeutet hier eine zahlenmäßige Menge, so daß es zum Einen in der einseitigen Relation des Meßbaren zum Maß steht. Als Beispiel in übertragener Bedeutung nennt dann Aristoteles, 1057 a 9–12, Wissenschaft und Wißbares als Maß und Meßbares, bemerkt jedoch wieder einschränkend: Dies scheint zwar so zu sein, „es ergibt sich aber vielmehr, daß jede Wissenschaft wohl wißbar, aber nicht jedes Wißbare Wissenschaft ist, weil in gewissem Sinne die Wissenschaft durch das Wißbare gemessen wird"[3].

„Nicht alles Wißbare ist Wissenschaft": Dies kann einfach besagen, daß nicht alles Wißbare schon von Wissenschaft erfaßt und in sie eingegangen ist. Doch dürften die Worte auch dies bedeuten: Nicht alles Wißbare läßt sich wissenschaftlich beweisen, nämlich die ersten Beweis-, Erkenntnisprinzipien nicht. Sie betreffen die Wesenheiten der Dinge, die nach Aristoteles nicht mehr beweisbar, wohl aber wißbar sind (Anal. post, I 2 u. II 3–8), so daß sie umgekehrt Prinzip und Maß für die beweisenden Wissenschaften sind.

Die Einschränkung will, wie o. schon gesagt, zugleich Protagoras' Spruch korrigieren. Dabei scheint mir bemerkenswert, daß Aristoteles ihn nicht einfach verwirft, sondern einschränkt. Es bleibt philosophiehistorisch das große Verdienst des Protagoras, die aktive Funktion des Subjekts im Erkenntnisprozeß hervorgehoben zu haben. Aristoteles schränkt dies ein, indem er an dem aktiven Anteil der Dinge in der Erkenntnis festhält. Wenn er sagt: „Und so scheint Protagoras etwas Unerhörtes zu sagen, wiewohl er nichts Unerhörtes sagt" (Kap. 1, 1053 b 3–4), dann bedeutet dies ja wohl auch, daß das, was Protagoras einst als (in seiner Uneingeschränktheit) Unerhörtes verkündigt hat, nun bei Aristoteles (in seiner eingeschränkten Form) zu etwas Selbstverständlichem geworden ist.

Thomas' Kommentar zu Metaph. X 1 u. 6 folgt dem aristotelischen Gedankengang und der Umkehrung der Aussage von der Erkenntnis als Maß der Dinge zu der entgegengesetzten von den Dingen als Maß der Erkenntnis, mit der Begründung: *Nam per mensuram cognoscitur aliquid sicut per principium cognoscendi: per sensum autem et scientiam sicut per potentiam cognoscitivam, aut habitum cognoscitivum*, Nr. 1956. Anschließend an das Beispiel mit der Elle, mit der wir uns messen, wobei wir vielmehr von ihr gemessen werden, stellt Thomas fest: *Et sic sicut cubitus*

---

[3] In Categ. Kap. 7 und 10, wo Aristoteles ebenfalls vom Relativen handelt, bringt er weder die Einteilung in die drei, Metaph. V 15 genannten Relationsarten, noch die Unterscheidung zwischen zweiseitiger und einseitiger Relation. Er läßt es offen, wie die Relata aufeinander bezogen sind, wenn sie es nur „irgendwie" sind. Bei der Relation zwischen Wissenschaft und Wißbarem deutet er aber doch zwei verschiedene Hinsichten an: Die Wissenschaft ist „vom Wißbaren" (Genitiv) Wissenschaft, das Wißbare aber „durch die Wissenschaft" (Dativ) Wißbares, 6b 35–36. Aufgrund der verschiedenen Hinsichten ließe sich das Maßverhältnis umkehren, wie es in Metaph. X 1 u. 6 geschieht.

exterius appositus est mensura quantitatis corporalis nostrae, ita res scitae, vel per sensum apprehensae, sunt mensurae per quas potest sciri utrum vere cognoscamus aliquid per sensum vel per intellectum, Nr. 1958. Als eigenen Hinweis fügt er noch den auf das Kunstschaffen hinzu, wo allein menschliches Wissen im eigentlichen Sinne Maß ist: *Si qua vero scientia est quae est causa rei scitae, oportebit quod sit eius mensura. Ut scientia artificis est mensura artificiatorum*, Nr. 1959. Die Umkehrung der einen Aussage in die andere wird auch Nr. 2095 vollzogen. Die zweite Aussage, die von den Dingen als Maß der Erkenntnis, stimmt übrigens mit der (o. unter I angegebenen) übertragenen Bedeutung von Maß überein, wonach in den Dingen aller Gattungen gewisse erste Einheiten, Prinzipien, das Maß sind, „durch welches jedes erkannt wird".

Daß die beiden Aspekte des Erkenntnisprozesses, wie sie die zwei Aussagen ausdrücken, in Thomas' Erkenntnislehre eingegangen sind, kann hier nur erwähnt werden. Sie betont einerseits die Ausrichtung der Erkenntnis an den Dingen, die das aktiv Bestimmende sind, andererseits aber auch die aktive Funktion des Erkennenden; denn die Dinge werden *ad modum cognoscentis* erkannt. Vgl. auch S. theol. I 84 a. 1: *receptum est in recipiente per modum recipientis*.

In De verit. X 1 (s. u. unter III) beruft sich Thomas ausdrücklich auf Metaph. X und führt im übrigen dort die Etymologie von *mens* an: *nomen mentis a mensurando est sumptum*, die aber unzutreffend ist (*mens* und *mentior, mensura*, entstammen zwei verschiedenen Wortwurzeln $\sqrt{\text{men}}$ und $\sqrt{\text{me}}$).

III. Die Vereinbarkeit der zwei Aussagen von der Erkenntnis als Maß und den Dingen als Maß

Fragen wir nun nach der Vereinbarkeit der zwei gegensätzlichen Aussagen, so läßt sich eine Antwort teils aus den schon besprochenen Texten entnehmen, teils noch aus anderen.

1. Die erste Aussage bezeichnet das Erkenntnisverhältnis vom Subjekt als Erkenntnisvermögen aus, die zweite von seiner ontologischen Voraussetzung aus, den Seinsprinzipien in den Dingen, die zugleich Erkenntnisprinzipien sind. Unter diesem Aspekt kehrt sich die Erkenntnis- als Maßrelation um. Thomas spricht dies im Komm. zu Metaph. X 1, Nr. 1956, so aus: „Durch das Maß wird etwas erkannt *sicut per principium cognoscendi*, durch die Sinneswahrnehmung aber und die Wissenschaft *sicut per potentiam cognoscitivam, aut habitum cognoscitivum*.

Der Grund für den Übergang von der ersten Aussage zur zweiten ist der, daß die Dinge nicht in der Erkenntnisrelation aufgehen. Wären sie nichts als bloß Erkennbares, so hinge ihr Sein von den erkennenden Subjekten ab. Tatsächlich aber bestehen die Dinge unabhängig von den Sub-

jekten und ihren Erkenntnissen, sind selbständig Seiendes, durch welches
sogar die Erkenntnisse bestimmt werden. Dies führt zur Umkehrung der
Maßrelation, nunmehr unter einem neuen Aspekt (der letztlich ein ontologischer bzw. erkenntnis-metaphysischer ist)[4].

Hinzu kommen Stellen bei Aristoteles, die den Vorrang der Dinge vor
der Erkenntnis betonen, so in Categ. 6, 4a 8–10, und Metaph. IX 10,
1051 b 7–9. Auf die letztgenannte Stelle bezieht sich Thomas im Komm.
zu Metaph. X 1 ausdrücklich, Nr. 1956: *Non enim quia nos aliquid sentimus aut scimus, ideo sic est in rerum natura. Sed quia sic est in rerum
natura, ideo vere aliquid scimus aut sentimus, ut dicitur in nono Meta-
physicorum. Et sic accidit nobis, quod in sentiendo et sciendo mensuramur
per res quae extra nos sunt.*

In S. theol. I q. 16, a. 1 (s. u. unter IV) stellt Thomas fest, daß es für die
Dinge „akzidentell" ist, von der menschlichen Vernunft erkannt zu werden. Sie erschöpfen sich also nicht in ihrem Erkennbar- bzw. Erkanntsein.

Die zwei Aspekte des Erkenntnisverhältnisses finden sich auch in
Thomas' Darlegung über die Vernunft, De verit. X 1 (*utrum mens,
prout in ea est imago Trinitatis, sit essentia animae vel aliqua potentia eius*):
Sie geht davon aus, daß die Tätigkeit der Vernunft darin liegt zu messen,
d. h. die Dinge zu erkennen, u. zw. nach ihren (je gattungseigenen) Prinzipien: *Intellectus accipit cognitionem de rebus, mensurando eas quasi ad
sua principia.* Indem einerseits die Vernunft die Dinge mißt und von dem
Erkenntnisvermögen in den -akt übergeht, wird sie andererseits von ihnen
gemessen, d. h. von den Seinsprinzipien in ihnen bestimmt, die so zugleich
Erkenntnisprinzipien sind. Die Darlegung fährt dann fort: Da das Vermögen zwischen Wesen und Tätigkeit steht, und uns das Wesen der Dinge
– wie auch des Menschen – verborgen ist, muß es häufig von den Tätigkeiten bzw. Vermögen aus bestimmt werden, u. zw. beim Menschen vom
höchsten Vermögen aus, das über dem vegetativen und sensitiven das intel-
lektive ist. In diesem findet sich die *imago Trinitatis*, womit die Frage des
Artikels beantwortet wird.

2. Die aristotelisch-thomasische Analyse der Erkenntnisrelation deckt
hinter ihr ontologische und psychologische Voraussetzungen auf. Unter
erkenntnis-psychologischem Aspekt kehrt sich die Maßrelation zwischen
Seele und Ding um: Die Seele ist das Erleidende, die Dinge das Wirkende.
Die Erkenntnistätigkeit der Sinneswahrnehmung und Vernunft ist keine

---

[4] Die protagoreische Annahme, daß das Seiende nur das Sinnliche sei, und dieses nur in der
Sinneswahrnehmung entstehe bzw. vorhanden sei, weist Aristoteles, Metaph. IV 5, 1010 b
31–11 a 2, entschieden zurück: Die Dinge, als Träger der Sinnesqualitäten, als Substanzen,
sind unabhängig von der Wahrnehmung bzw. dem Wahrnehmenden. Und er fügt dieses Argument hinzu: In der Beziehung zwischen Subjekt und Objekt ist das Objekt das bewegende
Prinzip, das Subjekt das Bewegte. Nun hat jedoch immer das Bewegende vor dem Bewegten
den Vorrang (ist „früher"). Also bestehen die Sinnesdinge für sich, unabhängig davon, ob sie
wahrgenommen werden.

physische Einwirkung auf die Dinge, sondern verbleibt in der Seele, sie verändert nicht die Dinge außerhalb von ihr. Vgl. hierzu Thomas, S. theol. I q. 16, a. 1. Umgekehrt wirken die Dinge auf die Seele ein und bestimmen das Erkennen in ihr, das ein Erleiden ist, s. Aristoteles, De an. II 5 (zur Wahrnehmungserkenntnis).

Nach dem Gesagten müßte zwischen Seele und Ding eine zweiseitige Relation „nach Vermögen", sc. einem passiven und einem aktiven, vorliegen (die zweite der in Metaph. V 15 aufgeführten drei Relationsarten), wenn nicht das Erkennen ein „Erleiden" der Seele in nur uneigentlichem Sinne wäre. Es ist kein physisches Erleiden mehr, wie beim Materiellen, das dabei gänzlich umgewandelt oder aufgelöst wird, sondern ein spezifisch psychisches, das Aristoteles (De an. II 5) als Übergang von einem ersten Akt in je zweite Akte, Tätigkeiten, definiert. (Die Seele wird dabei nicht aufgelöst, sondern bleibt erhalten und geht sogar von einer ersten Vollendung — einer ersten Entelechie, einem ersten Akt — in eine zweite über.) So liegt keine Relation zwischen aktivem und passivem Vermögen vor, sondern eine zwischen zwei aktiven. Und diese hat den Charakter einer einseitigen Maßrelation, in welcher die Dinge das Maßgebende sind, die Seele aber das Maßempfangende, Meßbare. Die Seele steht, unter diesem Aspekt, in Abhängigkeit von den Dingen, weil sie nur durch diese von der Potenz (einem ersten Akt) in die Erkenntnistätigkeiten (zweite Akte) übergehen kann. Ohne die Einwirkung der Dinge käme der Erkenntnisprozeß überhaupt nicht in Gang. Die Abhängigkeit drückt die bekannte Definition der Seele aus (De an. III 8, 431 b 21), daß sie „in gewisser Weise alles (Seiende) ist" (sc. alles Seiende als Wahrnehmbares und Intelligibles)[5]. Entsprechend heißt es von der Vernunft (III 4, 429 a 22), daß sie schlechthin „vermögend" ist (zur Erfassung alles Seienden als Intelligiblen) bzw. „dem Vermögen (der Potenz) nach in gewisser Weise das Intelligible ist" (b 30).

3. Die Seele geht aber in der soeben benannten Relation mit den Dingen nicht auf. Wiewohl sie in dieser Relation von ihnen abhängt, bleibt sie an sich ein selbständiges Seiendes. Unter ontologischem Aspekt aber ist das Verhältnis zwischen Seele und Dingen, Subjekt und Objekt, ein solches zwischen Seiendem.

Daß jedes Seiende zu sich selbst und dem anderen Seienden in Beziehung (der Identität und Verschiedenheit, der Trennung und Übereinkunft) steht, ist die Grundlage für Thomas' bekannte Transzendentalien-Lehre in De verit. I 1, wonach alles Seiende in Beziehung auf die Seele, genauer: auf Wille und Vernunft, „ontologisch" gut und wahr ist[6]. Auf dieses ontolo-

---

[5] Thomas zitiert diese wichtige Definition in De verit. I 1 im Zusammenhang mit seiner Transzendentalienlehre.

[6] Vgl. meinen Aufsatz: Die aristotelischen Quellen der Transzendentalien-Aufstellung bei Thomas v. Aqu., De ver. I 1, in: Philos. Jahrb. 80 (1973), 166–171.

gisch zu verstehende Wahrsein der Dinge, als Seienden, weist schon
Aristoteles in Metaph. II 1 und IX 10 hin. Weil die Dinge in ihrem Sein
wahr, intelligibel, sind, d. h. disponiert dazu, von Vernunft erkannt zu
werden, können sie in der Erkenntnisrelation, die durch die Vernunft
gestiftet wird, maßgebend, bestimmend, auf diese einwirken.

An sich sind die ontologischen Beziehungen zwischen allem Seienden
als solchem keine relativen, sondern konträre bzw. privative Gegensätze,
sofern sie die Identität und Verschiedenheit jedes Seienden zu sich und
jedem anderen betreffen und letztlich auf den Gegensatz des Einen und
Vielen zurückgehen (der nach Metaph. X 2ff. ein konträrer bzw. privativer
Gegensatz ist; vgl. auch Categ. 10).

IV. Der metaphysische Bezug der Dinge zur ersten Seinsursache, als der göttlichen, maßgebenden Vernunft

Der Gesichtspunkt, um den es hier geht, läßt sich kurz so bezeichnen:
Da die geschaffenen Dinge vom göttlichen Sein selbst abhängen, und in
Gott Sein und Erkennen in eins zusammenfallen, so daß Er erkennend das
Sein den Dingen zugemessen und sie so erschaffen hat, stehen die Dinge zu
Gottes Vernunft, zugleich dem Sein selbst, metaphysisch in einer einseitigen, von ihm ausgehenden Erkenntnis- und Maßrelation.

Sofern die Dinge für die menschliche Erkenntnis das Maß geben, haben
sie es von der göttlichen Vernunft empfangen. Somit stehen sie zwischen
der göttlichen und der menschlichen Vernunft (die selbst auch von Gott
geschaffen ist). Thomas hat diese Lehre, die sich in solcher Vollständigkeit
noch nicht bei Aristoteles findet, (sich aber auf Metaph. II 1, VI 4, XII
7 u. 9 stützt) wiederholt dargelegt, so vor allem in Sent. I, dist. 19, q. 5,
a. 2, De verit. q. I, a. 2 u. 4 und S. theol. I, q. 16, a. 1–7. An der
Sent.-Stelle heißt es: *Sic ergo intellectus divinus est ut mensura prima, non
mensurata: res autem est mensura secunda, mensurata; intellectus autem
noster est mensuratus et non mensurans.*

In S. theol. I, q. 16, a. 5, wird gesagt: Gott, in dem Sein und Erkennen
in eins zusammenfallen, ist *mensura et causa omnis alterius esse et omnis
alterius intellectus.* Ad 2 heißt es: Die menschliche Vernunft kommt im
Erkenntnisurteil mit den Dingen bzw. dem Erkenntnisprinzip in ihnen
zur Übereinstimmung (*intellectus noster conformatur suo principio*, sc.
rebus), die Dinge wiederum stimmen mit ihrem Prinzip, der göttlichen
Vernunft, überein (*veritas rerum est secundum quod conformantur suo
principio*, sc. *intellectui divino*)[7].

---

    [7] Der Gedankengang von S. theol. I, q. 16, a. 1 (*utrum veritas sit tantum in intellectu*)
ist folgender: Das Wahre wird analog zum Guten bestimmt durch den Bezug zu Tätigkeiten
der Seele, u. zw. das Gute zur Willens-, das Wahre zur Intellekt-, Vernunfttätigkeit. Der

In Sent. I dist. 8, q. 4, a. 2, ad 3, führt Thomas aus: Unser Erkennen erfolgt in jeder Gattung nach einem jeweils ihr eigenen Maß, was jedes „mehr und weniger von der Wahrheit der Gattung hat". In der Substanzgattung ist das höchste Maß, Prinzip, Gott. Er ist aber darnach auch erstes Maß für jede Vollkommenheit in allen Gattungen.

Verwandt hierzu ist die Erörterung in S. theol. I, q. 3, a. 5 ad 2, zum Problem, ob Gott Maß von allem sein kann (auch dem akzidentellen Seienden), wenn anders Er der Substanzkategorie angehört, und ferner Maß und Gemessenes immer homogen sein müssen (vgl. Metaph. X 1, 1053 a 24ff.). Die Lösung geht dahin, daß beide homogen nur bei *mensura proportionata* sind. Hingegen steht zu Gott kein Seiendes in proportionalem Verhältnis (wie kein Endliches zum Unendlichen). Vielmehr ist jedes Seiende auf Gott gemäß der gradweisen Annäherung an Gottes Sein bezogen. Insofern ist Er das Maß von allem. Wie man sieht, kommt hier der Aspekt der Seinsanalogie hinzu.

In q. 21 a. 2 (*utrum iustitia Dei sit veritas*) nennt Thomas Gott *regula et mensura, lex*, der Dinge und bezeichnet sein Verhältnis zu den Dingen vergleichsweise als das des Künstlers zu seinem Werk. Der Vergleich (der wohl als philosophische Quelle Platons Timaios hat) trifft insofern zu, als im menschlichen Bereich nur die praktische und künstlerische Vernunft maßsetzend ist, nicht die theoretische. (Zu dem Vergleich s. auch q. 14, a. 8; I–II, q. 93, a. 1.)

Als die wichtigsten aristotelischen Quellen seien zwei Metaph.-Stellen erwähnt. In II 1 wird das höchste Seiende als am meisten intelligibel, als die Wahrheit, betrachtet. Sie verhält sich wie die Sonne zum Auge der Ver-

---

Unterschied zwischen beiden liegt darin, daß die Willenstätigkeit beim Ding, beim Guten, endet, die Vernunfttätigkeit hingegen in der Vernunft verbleibt und in ihr selber endet, beim wahren Objekt in ihr. Deshalb leitet sich der Begriff des Guten vom Ding ab (und geht von da auf den Willen über), der Begriff des Wahren aber von der Vernunft (und geht von da auf das Ding über). Das Wahre ist also primär in der Vernunft.

Thomas unterscheidet dann weiter einen zweifachen *ordo* der Dinge zur Vernunft: 1) einen *ordo per se*, wenn die Dinge von ihr seinsmäßig abhängen (*secundum suum esse*), 2) einen *ordo per accidens*, wenn die Dinge von ihr nur erkenntnismäßig abhängen (*cognoscibilis*). Ad 1) *Per se* (seinsmäßig) hängen a) die Artefakten von der menschlichen, praktisch-schöpferischen Vernunft ab, b) die Naturdinge von der göttlichen Vernunft, dem Schöpfer alles Seienden. Ad 2) *Per accidens* (erkenntnismäßig) hängen die Dinge von der menschlichen (theoretischen) Vernunft ab. *Sic ergo veritas principaliter est in intellectu; secundario vero in rebus, secundum quod comparatur ad intellectum ut ad principium.* Hieraus ergeben sich dann zwei Bedeutungen des Wahren (wodurch die Frage des Artikels differenziert beantwortet wird): erstens das Wahre in der Vernunft, zweitens das Wahre in den Dingen, *secundum ordinem ad intellectum*. Bei beiden Bedeutungen ist jeweils zwischen menschlicher und göttlicher Vernunft zu unterscheiden. Der Art. zeigt übereinstimmend mit den o. besprochenen Aspekten der Erkenntnisrelation, daß die menschliche Vernunft zwar an den Dingen als Erkennbarem tätig ist, diese aber den Vorrang ihr gegenüber haben; denn es ist für die Dinge akzidentell, in der menschlichen Erkenntnisrelation zu stehen. Die ontologische Wahrheit aber in den Dingen (wonach sie Maß für die menschliche Erkenntnis sind) gründet metaphysisch in der Abhängigkeit von der Seins- und Vernunftaktualität Gottes.

nunft (vgl. Platon, Resp. VI). Nach XII 7 u. 9 ist die erste göttliche Substanz reine Vernunftaktualität; ihre Erkenntnis von allem fällt mit ihrer Selbsterkenntnis in eins zusammen (in der sie sich zugleich als erste Ursache von allem Seienden erkennt)[8].

Abschließend gesehen ergibt sich bei Thomas dies: Die Lehre von der Erkenntnis- als einseitiger Maßrelation, die ursprünglich dem Bereich menschlicher Erkenntnis entnommen ist, hier aber nur uneigentlich zutrifft, kommt erst in bezug auf die göttliche Erkenntnis zu voller Tragweite. Das Erkenntnisverhältnis der menschlichen Vernunft zu den Dingen ist deshalb nur eine uneigentliche Maßrelation, weil unter ontologischem Aspekt die Dinge den Vorrang vor der menschlichen Erkenntnis haben und in ihr das Maß sind. Hingegen ist das Erkenntnisverhältnis der göttlichen Vernunft zu den Dingen (und zur menschlichen Vernunft) eine einseitige Maßrelation im eigentlichen Sinne, da es identischerweise zugleich eine ontologische, seinsstiftende Beziehung ist. So läßt sich unter dem Aspekt der Erkenntnisrelation die ontologische Beziehung zwischen Gott und der Welt (einschließl. der menschlichen Vernunft) als eine einseitige Maßrelation bestimmen. Die Lehre von der Erkenntnis Gottes — die eine gewisse Analogie mit der menschlichen Erkenntnis verwendet — setzt aber schon die Metaphysik von der transzendenten Seinsursache alles Seienden, dem Sein selbst, Gott, voraus[9].

---

[8] Aristoteles' berühmte Bestimmung der göttlichen Seins- und Vernunftaktualität als „nóēsis noēseōs nóēsis", 1074 b 34—35, ist aus dem Gegensatz zur menschlichen Erkenntnis formuliert, bei der Objekt- und Selbsterkenntnis nie zusammenfallen, sondern die Selbsterkenntnis nur „beiläufig" zur Objekterkenntnis hinzukommt (d. h. mitlaufend mit ihr mitvollzogen wird, b 35—36, vgl. 1072 b 20), s. meinen Kommentar zur Stelle in: Aristoteles' Metaphysik, Bd. 2, 567 u. 578 ff. (Meiner PhB 308, Hamburg 1980).

[9] Was die Thematik der Erkenntnis- als Maßrelation betrifft, liegen, soweit ich sehe, keine Spezialuntersuchungen zu Aristoteles oder Thomas vor. Auch die Bibliographie Thomiste (in der Bibliothèque Thomiste, ed. Mandonnet—Destrez, Paris 1960) gibt keine solche an. — J. Geyser berührt (in: Die Erkenntnislehre des Aristoteles, Münster 1917, 232—233) lediglich die zwei Stellen in Metaph. X 1 u. 6, ohne sie in seine Interpretation aufzunehmen. Diese folgt vielmehr einem modernen (von Kant beeinflußten) Leitgedanken, daß das menschliche Erkennen ein schöpferisch-synthetisches Bestimmen der Dinge sei. Es wird jedoch bei Aristoteles das Erkennen wesentlich von den Dingen her bestimmt.
In bezug auf Thomas kommt G. Söhngen auf die Thematik in: Sein und Gegenstand (Münster 1930), zu sprechen, u. zw. im Abschnitt „Die relatio mensurae als Ausdruck eines alten und neuen Problems", 140—142, betrachtet sie aber nur allgemein hinsichtlich der Kausalität der Objekte aufs Subjekt. — H. Meyer erwähnt (Thomas v. Aquin, Paderborn ²1961, 452) das Maßverhältnis zwischen den Dingen und der menschlichen bzw. göttlichen Vernunft, geht aber nicht näher darauf ein. Da in seiner Thomas-Interpretation der Ordo-Gedanke leitender Gesichtspunkt ist, wäre die Frage interessant, wie der mensura- und der ordo-Begriff zueinander gehören.
In einer eigenen Untersuchung müßte man dem Thema nachgehen, wie Thomas die (aus Sap. 11,21 entnommene) Triade numerus—pondus—mensura spekulativ in seiner Lehre vom vestigium Trinitatis in der menschlichen Seele (Sent. I, dist. 3, q. 2) durchdacht hat. Er stellt diese Triade mit der anderen (aus Augustinus) modus—species—ordo parallel, wodurch ersichtlich der mensura- mit dem ordo-Begriff in Verbindung kommt.

COMMENSURATIO DE L'AGIR PAR L'OBJET D'ACTIVITE ET PAR LE SUJET AGENT CHEZ ALBERT LE GRAND, THOMAS D'AQUIN ET MAITRE ECKHART

par Edouard-Henri Wéber CNRS (Paris)

Albert le Grand et Thomas d'Aquin ont expliqué le connaître et l'agir chez l'homme par le thème de mesure. Leur source en cela est d'abord grecque: Aristote, Denys, Jean Damascène, mais aussi latine avec Augustin qui a souvent commenté la sentence biblique «Tu as tout disposé avec mesure, nombre et poids»[1].

Avant de relever les développements de nos auteurs, le rappel est utile qu'ils doivent à Augustin une faveur impossible à exagérer pour ce thème de mesure. Conjointement avec *Romains* 1,20, *Sagesse* 11,21 a conduit l'évêque d'Hippone à développer, avec sa maîtrise d'ailleurs nourrie d'appuis grecs (Plotin), une doctrine des diverses créatures interprétées comme vestiges révélateurs de la Sagesse créatrice mesure suprême que ne mesure rien d'autre qu'elle-même. Le ternaire scripturaire ‹mesure-nombre-poids› est chez Augustin doublé du sens d'un autre triplet antérieurement utilisé: *modus-species-ordo*[2]. Plus encore que la recherche de similitudes trinitaires, la réfutation du pessimisme manichéen porte le grand docteur latin à esquisser une métaphysique néoplatonicienne où chaque créature vérifie selon une mesure qui la définit les valeurs suprêmes de bien, vérité et être[3].

Héritiers de ces amorces de haute portée, Albert et Thomas, comme leurs contemporains, ont à leur tour et sur de nouvelles questions utilisé le thème de mesure. Issue des ternaires ici relevés, une formule d'Augustin: „la mesure assigne à chaque chose son module" est souvent rappelée par Albert et Thomas[4]. Elle explique l'accointance du terme *modus* avec

---

[1] Sagesse 11,21.

[2] Augustin, De natura boni n° 3 (CSEL 25, 856,10 s); De div. quaest. LXXXIII, q 6 (Bibl. Aug. 10,56).

[3] De Gen. c. Man. I, 16,26 (PL 34,185 s); Cont. Faustum XXI, 6 (CSEL 25 575,5 s); De Civ. D. XI, 21—22 (BA 35,90 s). De Gen. ad litt. III, 3—7,7—14 (BA 48,290 s; cf p. 635 s note). Voir O. du Roy, L'intelligence de la foi en la Trinité selon Aug., Paris 1966, 279 surtout; E. Gilson, Intr. à l'ét. de s. Aug., Paris ³1949, 186. Autres réf. chez Aug.: N. J. Roche, Measure, Number and Weight in S. Aug., in: The new Scholasticism 15 (1941), 350—376; W. Beierwaltes, Aug. s. Interpretation von Sapientia 11,21, in: Rev. ét. aug. 15 (1969) 51—61.

[4] De Gen. ad litt. IV, 3,7 (BA, 288): *mensura omni rei modum praefigit.* Axiome rappelé par Albert: In I Sent. d 3 a 15 diff. 5—6 ad 1, ad 5 et 6 (Borgnet 25,106 s); ibid. a 16 (109); De

celui de *mensura*. *Modus* va chez Augustin jusqu'à qualifier la Personne du
Père comme source de celle du Fils-Vérité. Il conserve chez les médiévaux, de pair avec *ordo*, un sens de détermination de valeur transcendante[5].

Dès ses premières œuvres, Albert allègue souvent l'étymologie, doublée
d'une heureuse assonance, que propose la version latine de Jean Damascène: *mens*, esprit, intellect, pensée, vient de *mensura*, mesure[6]. Thomas,
qui estime avec Aristote que la mesure est principe de connaissance, évoque
aussi, mais moins souvent, cette dérivation[7]. Tous deux, sur cette souche,
ont greffé des conceptions proches mais irréductibles.

I. La connaissance est mensuration active (Albert)

Exploitant à fond le rapprochement *mens-mensura*, Albert définit avec
constance l'activité de connaissance intellective comme mensuration exercée à l'endroit des réalités connues. Il justifie son affirmation par des
raisons philosophiques relatives au thème de vérité. Le rapport âme intellective − *res* connue est considéré en ses deux directions: de la *mens* à la *res*,
et retour. Albert privilégie la première orientation sans ignorer la seconde.
Suivant l'indication de Jean Damascène, il explique le pouvoir mensurateur
de notre esprit par son activité judicative:

> ... la *mens*, pensée intellective, n'apparaît qu'après l'opinion. En jugeant celle-ci
> vraie ou fausse, elle exerce son jugement dans l'ordre de la vérité. Car *mens* se
> dit eu égard à l'activité de mesurer (*a metiendo*), de juger et de concevoir[8].

Cette activité mensuratrice reçoit une double explication: par référence
aux principes de la chose connue, d'abord; ensuite à ceux de la raison:

---

bono, q 2 a 1 § 41 (Col. 28,13); § 43 (24,54); a 2 § 46 (26,25 s); De nat. boni tr 1 p 1 (Col.
25−1,1,35 et 52); p 2 c 1 § 2 (2,33). Thomas d'Aq., In I Sent d 3 q 2 aa 2−3; III Sent d 27 q 3
a 3; QD de verit q 21 a 6 Resp; I^{a}P. q 5 a 5; q 6 a 1 ad 1; q 45 a 7; I−II^{ae} q 85 a 4;
II−II^{ae} q 27 a 6; QD de virt in c. a 8 ad 12; In Dion. De Div. Nom. c 8 lect. 4 (Marietti n° 775);
cf c 4 lect. 22 (n° 589). Eckhart, In Gen. § 231 (LW I, 375,13); In Sap. § 219 (LW II, 553 s);
Parab. Gen § 139 (LW I, 605): *ordo enim ipse est qui facit bonum*; Sermo 40,1 § 391 (LW
IV, 336); etc.

[5] Aug., De beata vita, IV, 34 (CSEL 63,114,21 s); ibid. 30: *quisquis igitur ad Summum
Modum per veritatem venerit beatus est.*

[6] Albert, De sacram. tr IV p 2 q 1 a 1 § 117 (Col. 27,81,63). Jean Damascène, De fide orth.
c 36, n° 6 (vers. Burgundio, Buytaert, 134,45 s): *mens diiudicans opinionem sive vera est, sive
falsa, iudicat veritatem. Unde et mens dicitur a metiendo et excogitando et diiudicando. Quod
igitur iudicatum est et determinatum vere, intellectus dicitur.* Le passage correspondant du
texte grec de Migne (PG 94,941 C−D) parle de ‹dianoia› et n'évoque pas le thème de mesure.

[7] Th. d'Aq, In I S d 3 q 5 a 1 Sol; QD de ver q 10 a 1 Resp; I^a q 79 a 9 ad 4; In Matt. 22
(Parme 10,204). Mesurer fait connaître: In Met X lect 2 (Marietti n° 1938).

[8] Albert, S. de creat. II q 73 a 2 (35,609 a).

Mens (. . .) désigne l'intellect qui soumet la chose à examen, comme le dit Jean Damascène. En ce sens, *mens* vient de mesurer (*dicitur a metior-metiris*), car la *mens*, par une mensuration des raisons propres à la chose, examine celle-ci[9].

Par ‹raisons de la chose connue› il faut entendre son essence, laquelle, dans un contexte dionysien, est nommée sa mesure intrinsèque, et, en style avicennien, la forme du tout, ou encore, avec Augustin, le module (pré-déterminé par une mesure) de cette chose[10]. Avec Aristote, Albert précise que c'est par référence à la *res* que l'âme intellective mesure concepts et propositions afin d'assurer la vérité de ses attributions affirmatives ou négatives[11].

Albert connaît fort bien la réserve d'Aristote concernant la description de la connaissance comme mensuration de la réalité connue:

On dit du savoir qu'il est mesure des choses, et de même de la sensation. Il y a en cela une raison: c'est par le savoir et par la sensation que nous acquérons la connaissance des choses. Cependant notre savoir et notre expérience sensible sont bien plutôt mesurés que mesurants[12].

Négligeant, dans une intention qu'on cherchera à déterminer, cette réserve, Albert retient le thème de mensuration par la pensée comme défi-nition ultime de la connaissance intellective. Dans cette optique, il engage des emprunts au Stagirite relatifs au travail de la raison. Il s'empare de la sentence de Protagoras: ‹L'homme est la mesure de toutes choses› et, en une méprise significative qui se dissipera plus tard, s'en autorise pour développer, dans une illusoire proximité d'Aristote, le thème de mensu-ration du connu par notre pensée.

Mens présente ici le sens d'intellect, lequel opère la mensuration des choses. *Mens* vient de ‹mensuration›. Le Philosophe écrit en effet, au livre X de sa Métaphysique, que ‹l'homme est la mesure de toutes les choses› intelligibles du point de vue de son intellect, et de toutes les choses sensibles quant à sa connaissance sensible. Toute réalité est en effet connue en perfection par la description complète de ses déter-minations, lesquelles sont mesurées par son essence[13].

Le moment de recherche et de critique, avec sa phase de doute, fait partie de cette activité de mensuration du connu par notre pensée. Para-phrasant Aristote, Albert écrit:

L'activité de douter est un mouvement de la raison qui, face aux deux branches inconciliables d'une alternative, reste en deçà [du repos] de la détermination finale.

---

[9] In I S. d 3 a 34 (fin; 25,141 b); Metaph. V tr 1 c 1 (Col. 16,1,209,41); In Div. Nom. c 7 § 1 (Col. 37,1,337,30 s).

[10] In D. N. c 1 § 51 (32,56 s): *duplex est mensura: intranea et extrinseca. Intranea, sicut ratio vel essentia hominis est mensura omnium hominum.* De bono q 2 a 2 (24,55; 23,13 s).

[11] Metaph. IV, tr 4 c 1 (201,58 s); *mens, quae metitur sermonem et intellectum ad res . . .*

[12] Aristote, Metaph. X 1, 1053 a 31 s.

[13] In DN c 1 § 31 (16,63 s); Metaph. X, tr 1, c 6 (438,49) qualifie de *deliramenta* la sen-tence de Protagoras lue au sens de pur subjectivisme.

La raison se trouve comme prise au lacet et entravée. Par souci de chacune des deux solutions, elle ne progresse pas plus vers l'une que vers l'autre. Cette attitude concernant une chose ainsi mise en question manifeste l'exercice du doute chez la *mens* qui prend la mesure de chacune des deux parts de la contradiction[14].

A propos de la délibération relative à l'action, Albert explique au moyen de l'idée de mensuration exercée par la pensée la tâche, en vue du choix préférable, de confronter, de mettre en ordre les différentes saisies sensibles:

La *mens*, qui est raison et dont l'acte propre est de méditer, est ainsi nommée à cause de la mensuration. L'âme en effet, par référence à un [principe] qui est son pouvoir unificateur, mesure et nombre les saisies sensibles en les comparant . . .[15].

Notre discursivité rationnelle est ainsi manifestée comme activité de mensuration unificatrice à l'endroit d'une multiplicité noétique interne à la pensée.

Au thème d'une mensuration active par l'esprit, Thomas d'Aquin témoigne de nettes réserves. Il retient certes l'idée de mesure, mais avec Aristote attribue à la *res* connue la fonction principale de mensuration:

C'est en un sens large que la connaissance intellective peut être décrite comme mensuration de ce qu'elle connaît. Tout ce qui est connu est en quelque sorte mesuré par la compréhension qu'apporte le sujet connaissant. L'activité de prendre la mesure (*mensuratio*) n'est rien d'autre que l'acquisition d'une certitude (*certificatio*) concernant la chose mesurée[16].
En rigueur, l'on ne peut parler de mensuration exercée par notre esprit à l'endroit d'une réalité objet de connaissance que dans l'ordre de la connaissance pratique. En ce cas seulement, la pensée, parce que cause de la réalité, en est l'acte-mesure[17].

II. Mensuration du savoir par le connu selon Albert

La préférence d'Albert pour la théorie de la mensuration active par la pensée ne lui interdit pas de proposer également celle de mensuration exercée par la réalité objet de savoir. Ce rapport de la pensée mesurée à la *res*-mesure se lit en de multiples textes dont les premiers sont datables de son enseignement parisien au long de la décennie 1240. Appuyé cette fois sur Aristote, Denys et Averroès, il expose que la connaissance intellective propre à Dieu est cause et mesure de toutes les réalités créées qui sont à leur tour cause et mesure de notre connaissance intellective.

---

[14] Metaph. III tr 1 c 1 (106,41 s).
[15] De anima, III tr 4 c 9 (Col. 7,1; 239,49 s). Aristote, De an. III c 11, 433 b 8 s, parle de mesurer par l'un.
[16] Thomas d'Aq., I ScGent. 63 (Marietti n° 525); QD de verit q 2 a 9 ad 10.
[17] In Periherm. I lect 3 n° 7−8.

Si pour commenter la Distinction XXXVIII du Livre Ier des Sentences du Lombard (lieu précis du problème de la connaissance par Dieu du créé), il ignore encore, apparemment, les axiomes topiques du péripatétisme dont il fera bientôt état, par contre, dans un ouvrage à peine postérieur, il allègue une référence qui amalgame la pensée d'Aristote et celle du Commentateur:

La connaissance intellective, comme l'enseigne le Philosophe, est causée par la réalité intellectivement connue et non par le sujet connaissant[18].

Le recueil contemporain De resurrectione complète la référence et spécifie: ,,au livre XI [= XII] de la Métaphysique, dans le Commentaire et dans le texte" [commenté][19].

A de fréquentes reprises désormais, Albert invoquera comme une autorité hors de conteste la formule d'Averroès qui rejoint à merveille la théorie dionysienne de l'illumination noétique: «La connaissance divine est cause des choses; celles-ci sont cause de notre connaissance»[20].

Une autre sentence d'Averroès, fort proche et prégnante de la même hénologie, est citée par le Commentaire d'Albert sur les Noms Divins. Elle permet d'expliquer simultanément la légitimité et l'inévitable inadéquation des termes et notions retenus pour parler de Dieu. Albert l'utilise pour développer, dans une optique centrée sur l'Etre Premier Cause Première, une simple notation d'Aristote relative à la mensuration assurée dans une série par le cas maximal qu'elle comprend.

. . . comme il est enseigné au Livre X de la Métaphysique, toutes choses sont mesurées par un principe premier qui est indivisible et le plus certain en son genre. Mais comme il dit au même endroit, dans la catégorie de l'être substantiel, il y a une mesure principale, et le Commentateur explique que c'est le Premier Principe Moteur, Dieu[21].

Mais cette mensuration suprême n'est évidente que pour la seule connaissance divine. Le *quid est* de Dieu, son essence, nous restant inaccessible, nous pouvons seulement discerner son *quia est*, son existence, et, quant à l'unité de tout en lui, qu'il en est bien ainsi pour lui[22]. Rigoureusement un et simple, l'être de Dieu est certes mesure de toutes réalités qui participent à l'être selon le plus et le moins, mais [de notre point de vue] il reste leur mesure extrinsèque. De la sentence d'Aristote relative au

---

[18] Albert, De Incarn. tr 4 q 1 a 4 (Col. 26,207,4s); cf I Sent d 10 a 5 Sol. (25,318); d 40 a 12 (26,321); Physica I tr 3 c 4 (B^{et} 3,54s).

[19] De Resurr. I q 1 a 6 (Col. 26,241,9s); Aristote, Metaph. XII, 9,1075 a 10, lu avec Averroès.

[20] In DN c 7 § 17 (350,1s): *sicut scientia nostra causatur ab ente, ita scientia Dei est causa entis;* cf c 4 § 102 (202,43s). Averroès, In Metaph. XII comm. 51, (Venise 1562, t. 8 f° 337B); Albert, Metaph. XI tr 2 c 8 (25,36s).

[21] In DN c 1 § 50 (31,63s); Aristote, Met. X, 1,1052b; Averroès, In Metaph. X comm. 7 (257A).

[22] Ibid. § 51 (32,13s).

cas maximal qui mesure toute la série, on ne peut conclure qu'à Dieu l'on puisse attribuer de façon univoque l'être, la connaissance et les dénominations relevant d'une catégorie considérée selon sa mesure intrinsèque[23].

On le constate, la mensuration que subit notre pensée de la part des *res*, du réel en sa totalité, s'opère en dépendance de la mensuration menée par la pensée créatrice. Il s'agit d'une mensuration qui est extrinsèque, non seulement à notre pensée, mais encore à chaque *res* objet d'intellection. Mais cette mensuration passive se fait également intérieure au sujet intellectif. Albert en assigne le moment principal à l'intime de nous-mêmes, en notre instance supérieure, au sein de notre pouvoir intellectif se haussant, lors de l'activité de connaissance, à la présence réflexive à soi. En sa Métaphysique, il explique:

Les réalités hors de l'âme étant cause du savoir que nous en avons, il est plus vrai de dire que ce sont les réalités extérieures qui mesurent notre pensée lors de l'expérience sensible ou de la connaissance intellective, plutôt que l'inverse.

Par conséquent, c'est, pour ainsi dire, parce que quelqu'un d'autre vient prendre nos mesures que nous nous connaissons nous-mêmes. C'est comme si [lors de notre connaissance des *res*] l'on venait nous appliquer la toise qui nous mesure et nous fait connaître de quelle taille nous sommes.

De la sorte, en recevant les formes intelligibles relatives aux choses, nous faisons la découverte de notre intellect et nous en prenons connaissance (*nostrum intellectum et invenimus et cognoscimus*), ainsi que je l'ai montré, non sans me heuter à de subtiles obscurités, au livre II de mon traité De l'intellect et de l'intelligible. Protagoras estimait que l'homme doué du savoir est mesure de toutes choses. L'homme doué de savoir est celui qui exerce la connaissance intellective en même temps que les perceptions sensibles. Etant tel, il est mesure. La connaissance sensible et le savoir intellectif, nous les qualifions de mesure des choses sensibles et intelligibles du fait que l'appréhension sensible est similitude-formelle des choses sensibles (*species sensibilium*) et que la pensée intellective est similitude des réalités intelligibles (*species scibilium*), ainsi que je l'ai montré au livre III de mon traité De l'âme[24].

La Somme de théologie, plus tardive comme on le sait, explique comme suit comment notre intellect en exercice d'intellection est forme intelligible ou similitude de toutes choses et est à ce titre mensurateur sans cesser d'être en son principe mesuré:

La *mens* étant ainsi appelée par référence à mensuration, comme le dit Damascène, il semble que le terme *mens* dise seulement raison (discursive) ou pensée intellective complexe (*compositus intellectus*). Ces deux désignations expriment en effet le point de vue exclusif où les choses connues sont soumises à mensuration. Témoin ce qu'affirme Pythagore [= Protagoras], quand il déclare que l'homme sage est par sa pensée intellective mesure de tous les intelligibles et par sa connaissance sensible mesure de tous les sensibles[25].

---

[23] Ibid. (32,72 s).

[24] Metaph. X tr 1 c 6 (43,61 s; ibid. 49 s: Protagoras). Par ‹similitude-formelle› je tente de restituer le sens épistémologique de *species*.

[25] S. Theol. I p 1 tr 3 q 15 c 2 a 2 § 1: De imagine (Col. 34,1; 65,38 s).

Face à cette objection, la Solution, qui use d'arguments tirés d'Aristote, se développe à l'aide du thème de mesure interprété en un sens conjointement augustinien et dionysien:

La *mens* est ainsi appelée, c'est bien assuré, parce qu'elle exerce une mensuration. C'est ce qu'expose Pythagore [Protagoras] (. . .). Puisque les actes sont antérieurs aux facultés, ainsi que l'enseigne Aristote, ce pouvoir mensurateur de l'homme ne peut s'entendre que pour les facultés de réception passive. Celles-ci reçoivent en elles-mêmes la forme-similitude (*species*) relative aux choses qui, objet d'opération, la causent en elles. Ces pouvoirs réceptifs de connaissance la reçoivent comme un acte qui vient les déterminer, leur conférer forme et les actuer.
Les facultés rationnelles ou intellectives ne sont pas déterminées par une nature matérielle, ainsi que l'enseigne Anaxagore. Elles n'ont aucune nature commune avec aucune chose. Aussi sont-elles susceptibles d'être déterminées par toutes les réalités existantes. C'est dire qu'elles sont réceptives des formes intelligibles relatives à toutes les choses.
Et, comme toute chose, l'être et l'essence (*quidditas*) étant mesurés par la raison spécifique qui les définit au titre de principe non divisible et le plus simple en ce même genre, ainsi qu'Aristote l'enseigne au livre X de la Métaphysique, il s'ensuit que les facultés intellectives sont mensuratrices de toutes choses du fait qu'elles sont constituées dans l'être par les principes de l'être même. Aussi est-ce toutes ces facultés qui sont au sens propre la *mens* ou des parties de la *mens*[26].

On peut maintenant formuler avec assez d'assurance la raison qui permet à Albert de tenir pour compatibles les caractères actif et passif de la mensuration ici considérée. Au titre d'apport de lumière noétique venant constituer notre intellect jusque là en puissance, la forme intelligible issue à la fois de la réalité connue et de la Pensée créatrice vaut à l'intellect humain d'être principe mensurateur de tout ce qu'il connaît.

III. Commensuration de la pensée et du connu selon Thomas d'Aquin

Sur le thème de mensuration active du connu par notre pensée, Thomas, répétons-le, est nettement réservé. Par contre il professe avec constance l'idée de mensuration par la *res* à l'égard de la pensée intellective chez l'homme. Les raisons proposées pour la justifier sont semblables et souvent identiques à celles d'Albert. Cependant elles s'inscrivent dans une conception générale vraiment différente. La motivation principale de cette relative disparité résulte, je crois, d'une acception distincte de la théorie fondamentale de la vérité. Là où Albert rattache de manière directe la vérité de notre pensée à la vérité ontologique que les réalités créées détiennent, Thomas, qui invoque comme un axiome une sentence d'Aristote: ‹le vrai

---

[26] Ibid. Sol. (66,36 s).

est dans l'âme, tandis que le bien est dans la chose›, insiste sur le caractère principal de la vérité qui est d'appartenir à la relation unissant la pensée et la res[27]. Avant d'être propriété absolue d'une réalité antérieurement à la connaissance, plutôt donc que d'être de statut ontologique, la vérité est notion à la fois réelle et d'ordre opératif, car elle suppose toujours un intellect en exercice d'intellection. En son sens premier, la vérité appartient à l'intellection en acte qui met en rapport l'être de la réalité connue et le sujet intellectif.

Passant en revue les différentes définitions de la vérité chez les maîtres contemporains (dont Albert), l'Ecrit sur les Sentences estime que chacune vise un aspect plus ou moins latéral et leur préfère celle d'Isaac (en fait issue d'Avicenne): la vérité est accord ajusté, *adaequatio*, de la res et de la pensée intellective[28]. La confirmant adroitement par celle d'Anselme jusque là interprétée en un sens ontologique, il l'explicite comme résultant d'une mise en rapport de mesure comparative, *commensuratio*, de ce qui se trouve au sein de l'intellect et de ce qui est dans la res. Le thème anselmien de rectitude est engagé dans l'idée d'unité exactement instaurée par l'intellection selon la vérité, *in rectitudine tangitur commensuratio*[29].

C'est donc l'être de la réalité connue et non sa vérité qui fonde la vérité de notre connaissance[30]. Il y a certes une vérité première qui, éternelle et transcendante, concerne les choses créées en tant qu'elles sont connues par la pensée créatrice, mais en son caractère non adapté à la réceptivité humaine, Thomas la qualifie de vérité extrinsèque et de mesure extrinsèque[31].

Ce statut opératif de la vérité, confirmé par la doctrine aristotélicienne de l'opération du jugement comme moment précis de la vérité, impose un sens actif et dynamique aux termes signifiant la relation de la pensée et de la res objet d'intellection[32]. Le terme *adaequatio*, qui jouit chez Thomas d'une nette préférence pour expliciter la notion de vérité, présente le sens

---

[27] Aristote, Met. VI, 4,1027 b 25s. Thomas d'Aq., In I S. d 19 q 5 a 1 Sol.; d 30 a 3 ad 3; II S. d 39 q 1 a 2 Sol.; III S. d 27 q 1 a 4 Sol. (Moos n° 26); QD de verit. q 1 a 2 Cont. (éd. crit. 43 s); a 3 (17 s); q 4 a 2 ad 7 (236 s); q 15 a 2 Resp (243 s); q 21 a 1 Resp (188 s); q 26 a 3 Resp (166 s); Iᵃ P. q 16 a 1 Sed C.; In Metaph. VI lect 4; etc.

[28] QD de verit. q 1 a 1 Resp (186 s). Voir F. Ruello, La notion de vérité chez s. Albert le Gd et chez s. Th. d'Aq., Louvain-Paris 1969, surtout 251 s: l'adaption de la définition dite d'Isaac (*adaequatio*) constitue une initiative de Thomas.

[29] In I S. d 19 q 5 a 1 Sol.; cf QD de verit. q 1 a 5 (début).

[30] Iᵃ q 16 a 1 et a 2; a 5 ad 3: c'est l'être de la res, non sa vérité, qui cause la vérité de notre connaissance; q 17 a 1 Resp; QD de ver. q 1 a 2 Resp (79 s): *per posterius invenitur verum in rebus, per prius autem in intellectu*; a 4 Resp; I ScG 67 (n° 558); In Periherm. I lect 3 n° 7-9.

[31] QD de ver. q 1 a 5 Resp (194 s et 221 s). Voir, malgré quelques déductions discutables, l'étude de J. Vande Wiele, Le problème de la vérité ontologique dans la philosophie de s. Thomas, in: Rev. Philos. Louv. 52 (1954) 521-541.

[32] Pour le jugement et la réflexion qu'il suppose, cf Iᵃ q 16 a 2; In I S. d 19 q 5 a 1 ad 7; QD de ver. q 1 a 3 et a 9; In Metaph. VI lect 4 (n° 1236); In Periherm. I lect 3 n° 9.

d'accord obtenu par la réflexion soumettant l'intellect à la *res* seule mesure et critère[33]. Le terme d'*assimilatio* lui aussi est à entendre chez Thomas avec sa connotation d'une mise en similitude, en commensuration, de la pensée avec ce qui est connu.

Toute connaissance s'exerce par mode de mise en rapport de similitude (*assimilatio*) du sujet connaissant envers la chose connue, car l'*assimilatio* est cause de connaissance; (. . .) c'est la mise en relation comparante (*comparatio*) de l'être (connu) et de la pensée, de telle manière qu'il y ait accord entre lui et elle. C'est ce qu'on désigne par ‹adéquation›, accord ajusté de la pensée et de la chose[34].

Ce sens de confrontation de deux corrélatifs, la pensée et la réalité connue, suppose qu'on appréhende la distinction de l'une et de l'autre dans le moment de leur union opérative, d'où l'intérêt pour le terme «commensuration». Le même sens de mise en synthèse réfléchie est à identifier dans les termes *conformitas* (ou *conformari*), *configurari*, *concordia*[35]. Le plus souvent, c'est le verbe ‹mesurer› ou un dérivé qui exprime la même acception. La source principale du thème de mesure est ici le texte du livre X de la Métaphysique déjà relevé chez Albert, mais interprété de façon différente, malgré la référence commune à Averroès[36]. La sentence de ce dernier, qui est souvent invoquée par Thomas (puis Eckhart), l'a aidé à acquérir une acception originale de la fonction mensuratrice du créé qui revient à la Pensée créatrice[37]. Il en déduit, non pas d'abord, comme Albert, la transcendance de notre pensée, mais bien plutôt l'infinité de la tâche qui lui échoit face aux exigences d'une vérité fondamentalement une.

La pensée pratique (*intellectus practicus*) est mesure des réalités qu'elle cause; tandis que l'intellect spéculatif (*intellectus speculativus*), qui est réceptif à l'endroit des choses qu'il connaît et est mû en quelque sorte par elles, possède en elles sa mesure. Ceci fait comprendre que les réalités de l'univers, lesquelles sont source de notre savoir, mesurent notre pensée, ainsi qu'il est enseigné au livre X de la Métaphysique, alors qu'elles sont elles-mêmes mesurées par la pensée divine en qui toutes choses sont présentes à la façon dont tous les ouvrages de l'art sont présents dans la pensée de l'artiste.

---

[33] I ScG 59 (n° 495); 62 (n° 518); Iᵃ q 16 a 1; q 21 a 2.

[34] QD de ver. q 1 a 1 Resp (162s); de Pot. q 7 a 5 Resp.

[35] In II S. d 3 q 3 a 4 Sol: *configurari* (avec Algazel); *conformitas*: Iᵃ q 16 a 1 Resp.; a 2; QD de ver. q 1 a 1 Resp (171): *conformitas sive adaequatio*; *concordia*: QD de ver. ibid. (168); *consonare*: I ScG 62 (n° 519); I—IIᵃᵉ q 93 a 1 ad 3.

[36] In I S. d 19 q 5 a 2 ad 2; III S. d 33 q 1 a 3 sol III ad 1 (Moos n° 106); QD de ver. q 1 a 2 (98s); a 8 (106s); q 21 a 3 (5s); Iᵃ q 14 a 8 diff. 3 et ad 3; I—IIᵃᵉ q 64 a 3 Resp; q 91 a 3 ad 2; QD de virt. in c. a 13 Resp.

[37] Averroès, In Met. X c 7 (257A); Thomas, In I S. d 8 q 4 a 2 ad 3; d 19 q 1 a 1 ad 4; d 24 q 1 a 1 sc 2; d 38 a 1; QD de ver q 2 a 14; q 23 a 7; de Pot q 7 a 3 ad 7; a 10 sc 2; I ScG 62—62; Iᵃ q 3 a 5; q 14 a 8; Qlbt V a 7; In Jo c 14 lect 2. Eckhart, Qu. Par. I § 8 (LW V, 44); § 10 (46); II § 10 (54); In Gen. § 8 (LW I, 192); Par. Gen. § 61 (528); In Ex. § 133 (LW II, 123).

Ainsi la pensée divine est mesurante et non mesurée; tout être du monde réel est à la fois mesurant et mesuré; et notre pensée est mesurée et n'est pas mesurante à l'égard des réalités de la nature. (Mesurante), elle l'est seulement pour les choses artificielles[38].

La vérité, c'est un rapport issu d'une mise en accord ajusté de la pensée et de la réalité. (. . .) La pensée qui est cause de la réalité est pour celle-ci règle et mesure (*regula et mensura*). C'est l'inverse pour la pensée qui recueille son savoir à partir des choses.

Pour ce dernier cas qui est le nôtre et où les réalités sont mesure et règle de la pensée, la vérité consiste en ceci que la pensée se met en accord ajusté (*adaequatur*) avec la *res*. C'est en effet d'après ce que la *res* est ou n'est pas que notre sentence et notre discours sont vrais ou faux.

Mais dans le cas où c'est la pensée qui est règle et mesure des choses connues, la vérité consiste en ceci que ce sont ces dernières qui s'ajustent à la pensée. En ce sens l'on parle d'un artiste qui accomplit une œuvre véritable, parce que celle-ci concorde avec l'art[39].

L'efficace des causes secondes, selon la conception de Thomas, découle de l'assistance que leur assure la Cause Première. La mensuration de tout par la pensée divine n'est pas concurrente mais au contraire exaltante pour la causalité mensuratrice du connu à l'égard de notre pensée. Ceci fonde la dissociation des deux plans respectifs de la vérité divine extrinsèque et de la vérité créée intrinsèque seule propre à la pensée humaine au prix du labeur de la raison. Sans éliminer la référence à la vérité transcendante, l'acception thomiste de la vérité (résultat, avant tout, d'une opération intellective nôtre), en retenant de façon exclusive le thème de mensuration active exercée par la *res*, en assigne le moment précis au terme du travail rationnel d'ajustement et d'adéquation opéré par le sujet humain. Cette tâche rationnelle interne au connaissant, avec son poids de réalité ainsi accusé, supporte, de pair avec la *res*, la relation de vérité. Suscitée par la *res*, elle est en état de commensuration avec elle. «La raison de vérité résulte de deux choses: l'être de la réalité connue, et son appréhension par un pouvoir cognitif dont la capacité réceptive est commensurée (*proportionata*) à l'être de cette réalité[40]».

Le caractère réel du travail rationnel de mise en adéquation n'est pas à entendre au seul sens d'empirisme psychologique, comme l'atteste le cas des

---

[38] QD de ver. q 1 a 2 Resp (83–97).
[39] I^a q 21 a 2 Resp.
[40] In I S. d 19 q 5 a 2 Sol. (début); cf ad 2; QD de ver. q 1 a 5 Resp.; In Joan. c 18 lect 6 (n° 2365). Par ‹capacité réceptive commensurée›, je tente de rendre le sens des termes grecs de Denys: ‹analogia› (traduit par le latin *proportio*) et ‹symmetria› (par *commensuratio*). Ils expriment le degré de capacité, d'aptitude réceptive de chaque intellect créé à se hausser jusqu'à un accord harmonieux (mais toujours déficient) avec l'illumination transcendante. Cf De C. Hier. c 13 § 3 (301 A 9; Dionysiaca 948,3); ibid § 4 (305 A; Dca 967,2); De DN c 4 § 5 (fin, 701 A; Dca 174,4). Voir R. Roques, L'univers dionysien. Structures hiérarchiques du monde selon le ps-Denys, Paris 1954, p 59s: § B) Les dérivés de ‹metron› et de ‹logos›.

propositions portant sur le futur ou sur un objet strictement intelligible[41].
La causalité mensuratrice de toute *res* connue sur notre pensée n'est pas
davantage à situer ailleurs qu'au niveau rigoureusement intelligible.

. . . dans notre esprit qui recueille son savoir auprès des *res* connues, les formes
(intelligibles) existent par suite d'une certaine action assurée par les *res* à l'endroit
de notre âme. Aussi ces formes intelligibles apparues en notre intelligence
reportent, à titre premier et principal, à ces réalités hors de l'âme considérées en
leur forme substantielle[42].

Interne au sujet connaissant, la forme intelligible, par cette référence,
opère la mensuration «passive» de l'intellect. Cette conception relève,
chez Thomas, de la notion si peu aristotélicienne de cause formelle exemplaire[43]. Elle suppose le discernement fondé de plusieurs modes distincts
pour une même forme substantielle: selon qu'elle se trouve dans la *res* et est
pour l'intellection détermination exemplaire; ou selon qu'interne au sujet
intellectif elle est forme intelligible visant la forme substantielle de la *res*[44].
Ce sens à la fois réel et exemplariste est souvent chez Thomas désigné
de façon laconique: la forme intelligible est principe selon lequel, à mesure
duquel, l'intellection s'accomplit, *secundum quam intelligitur*; ou plus
brièvement encore: *quo* (ou *qua*), grâce à quoi, en raison de quoi, il y connaissance intellective vraie[45].

Le caractère réel de la mensuration de la pensée par la *res* doit être sou-
ligné car il commande la vérité de l'intellection. En raison de sa nature de
forme participée, la forme intelligible en son acception thomiste n'est pas
chose intermédiaire entre sujet connaissant et réalité connue. Elle constitue
la motion causale exercée par l'objet d'intellection:

L'intellect n'est pas mû par la forme intelligible qu'il reçoit ni par la vérité qui
lui est consécutive. Il est mû par la réalité extérieure qui imprime en lui cette forme
intelligible[46].

Un exposé d'Aristote sur le sens de corrélatif à identifier en des termes
tels que ‹père›, ‹fils›, ‹mesuré›, ‹connu›, permet à Thomas d'insérer, avec
sa conception de la forme intelligible comme réalité formelle exemplaire,
une notion héritée de la théologie trinitaire: la relation d'origine ou de
dépendance.

[Réalité] sentie, (rationnellement) connue, (intellectivement) connue: ces expressions ont un sens relatif car elle désignent ce qui est objet de référence. ‹Connue›,

---

[41] QD de ver. q 1 a 5 Resp (203s) pour la vérité de la proposition ‹*Antichristus nascetur*›.
In Metaph. VI lect 4 (n° 1241–1242).

[42] QD de ver. q 10 a 4 Resp (80s).

[43] Voir In Metaph. I lect 15 (n° 233) où, contre la censure d'Ar., Th. justifie le thème des
Idées divines causes exemplaires des réalités créées.

[44] Cf I^a q 18 a 4 ad 2; q 47 a 1 ad 2; III^a q 24 a 3 ad 3.

[45] I^a q 85 a 2 Resp.

[46] QD de ver. q 22 a 5 ad 8 (289s).

scibile, a un sens relatif du fait que le savoir s'y réfère. (. . .) Aux réalités ainsi désignées on ne confère pas d'être relatives en considérant ce qui relève de leur nature, qualité, quantité, action ou passion, (. . .) mais en raison d'une opération qui est exercée par un autre sujet et qui n'a pas en elles son terme (produit). Si en effet voir était une opération qui aboutit comme en son terme dans la chose objet de vision, ainsi qu'il en est pour l'échauffement qui a son terme dans le corps échauffé, la réalité vue serait relative au sujet en acte de voir, tout comme le corps échauffé est corrélatif de celui qui est source de chaleur.

Mais voir, connaître, et les opérations de ce genre, comme il est dit au Livre IX, demeurent immanents au sujet agent et ne passent pas dans la chose qu'ils prennent pour objet. Aussi la réalité vue ou connue ne subit aucun pâtir du fait qu'elle est objet de vision ou de connaissance. Telle est la raison de ne pas la dire relative mais bien plutôt objet de référence. (. . .) Il en est de même pour les désignations telles que ‹de gauche› ou ‹de droite› appliquées à une colonne. Car ‹à gauche› ou ‹à droite› signifie en premier l'orientation du mouvement chez le vivant. On ne les applique à la colonne ou à quelque chose d'inanimé qu'en considération du mouvement développé par un être animé, comme lorsqu'on dit: ‹la colonne est à droite›, parce qu'un homme est à gauche.

Il en est de même pour l'image par rapport à l'exemplaire. (. . .) Dans ces cas, toute la raison de la relation qui unit les deux termes est en dépendance d'un seul. Cela vaut pour ‹chose mesurée› et ‹mesure›, car une chose est mesurée par cela dont elle dépend (*ab eo quaelibet res mensuratur a quo ipsa dependet*). Si même le terme ‹savoir›, *scientia*, apparaît relatif à la fois au sujet qui sait et à la réalité connue – on parle en effet du savoir du savant et du savoir de la chose connue, d'intellect par rapport au sujet intelligent et par rapport à la réalité intelligible –, toutefois ‹intellect›, pris au sens de réalité relative, ne vérifie pas cette acception par rapport au sujet. Il est évident qu'‹intellect› se dit par rapport à la réalité intelligible comme à son objet[47].

La même relation de référence ou de mensuration « passive » est soulignée dans le Commentaire du Livre X de la Métaphysique. A la différence d'Albert qui, on l'a noté, centre sa lecture sur l'intellect agent mensurateur, Thomas, sans méconnaître la présence réflexive de l'intellect à son opération, souligne l'aspect reçu, passif (du fait de la forme intelligible) de la référence mensuratrice.

Voici pourquoi l'on parle de mesure pour désigner la connaissance intellective: c'est qu'elle subit une mensuration bien plutôt qu'elle ne l'exerce. Ce n'est pas en effet parce que (. . .) nous connaissons que la réalité connue est telle. Au contraire, parce que la réalité connue est telle, alors en vérité nous connaissons (. . .) ce qui est.

Voici comment, au cours de l'opération intellective, nous subissons une mensuration effectuée par les réalités qui nous sont extérieures. Pendant notre activité de connaissance qui reste bien prise [active] de mesure, tout se passe comme si quelqu'un d'autre venait nous appliquer la toise. Nous prenons alors, au moyen de cette toise (*per mensuram cubitalem*) qui nous est apposée, connaissance de quelle taille nous sommes.

---

[47] In Metaph. V lect 17 (n° 1026–1028); QD de ver. q 21 a 1 Resp.

Comme la régle graduée qui nous est apposée de l'extérieur est dite mesure de notre taille, ainsi la réalité connue est qualifiée de mesure par laquelle nous pouvons juger de la vérité de l'activité cognitive exercée par notre intellect[48].

IV. Participation à la mensuration créatrice selon Albert

Privilégiant le thème de mensuration active, Albert justifie son option par des motifs qui, issus d'une inspiration surtout dionysienne et nourris de raisons puisées dans le péripatétisme arabe, dessinent une doctrine de la participation de notre pensée à la pensée créatrice. On se limite ici à quelques brèves indications qui éclairent sa thèse d'une mensuration active d'ordre *a priori*.

Le thème dionysien d'illumination théarchique est ici la source principale. Pour s'en convaincre il suffit de lire l'explication de ce que Denys nomme le mouvement circulaire de l'âme. Albert y montre que la lumière noétique descendue depuis l'Intellect Agent Primordial permet à l'âme de rassembler la multiplicité des saisies relatives à la raison de la chose connue. Il souligne la tension anagogique qui suscite la remontée réflexive vers la simplicité de l'âme[49].

Lors du mouvement circulaire développé par l'intellect de l'ange, le don noétique illuminateur issu de la Pensée une de Dieu est à entendre comme don d'un principe causal tel que l'intellect agent. Il suscite chez l'ange un savoir intellectif acquis, à la manière de l'intellect acquis (*intellectus adeptus*) produit par l'irradiation de l'intellect agent sur l'intellect réceptif («possible»). Demeurant présent en cet acte de connaissance prégnant de la Bonté et de la Beauté primordiales, ce principe noétique suscite le retour conversif de l'esprit angélique vers le Principe qui est le Beau et Bien [par essence], tout comme la pensée intellective opère un retour conversif vers la chose connue dans le moment de la forme intelligible qui s'y réfère[50].

L'illumination transcendante se fragmente, chez l'esprit créé, par adaptation à la *proportio* ou *commensuratio* (capacité réceptive) de chaque sujet[51]. Mais cette adaption n'élimine pas la fonction de cause anagogique. Chez l'intellect séparé de l'ange, l'illumination confère de participer à la propriété de principe noétique *a priori* qui est propre à l'Idée divine créatrice[52].

La forme intelligible dont use l'intellect humain, pour être acquise par voie d'abstraction, partage elle aussi d'une certaine manière le caractère

---

[48] Ibid. X lect 2 (n° 1957 s).

[49] Albert, In DN c 4 § 103 (202,60 s).

[50] Ibid. § 98 (199,72−83). On traduit *Primum Pulchrum* par la formule platonicienne ‹Beau et Bien› en raison de *Primum Pulchrum et Bonum* (ibid., 80).

[51] Pour la *proportio*, ou *commensuratio*, mesure de capacité de l'intellect créé, cf ibid c 1 § 28 (14,31 s); In De C. Hier. c 4 § 1 (Bᵉᵗ 14,98); In De E. Hier. c 2 § 9 (ibid. 542 a): *analogia commensurationis uniucuiusque ad sacra quantum ad proportionem recipientis ad receptum*.

[52] In DN c 4 § 62 (170,61−171,36).

de principe noétique *a priori*. Similitude des constituants essentiels de la *res* connue, elle participe de la causalité noétique propre à l'Idée divine. Albert synthétise de la sorte le moment actif de la mensuration impliquée par la conception dionysienne de l'illumination et la «passivité» enseignée par l'empirisme aristotélicien. L'intellect agent riche de la lumière dionysienne et la réalité objet d'intellection exercent une causalité commune à l'égard de l'activité intellective chez l'homme[53]. De leur synergie résulte ce qu'Albert nomme ‹intellect acquis›.

L'intellect acquis est ce que l'homme acquiert grâce à la réduction de toutes les réalités connues en acte jusqu'à la lumière intelligible qui brille dans tous les intelligibles. (. . .) Cette lumière intellective est la substance même de l'intellect[54].

Fruit de l'union de l'intellect humain avec un principe noétique transcendant, l'intellect acquis, interprété conjointement comme lumière dionysienne et irruption de l'Intellect séparé lors de sa jonction (selon le péripatétisme arabe) avec la pensée humaine, intègre plusieurs composantes: la réception de tous les intelligibles par notre intellect et leur restitution à l'unité dans la lumière théarchique.

Notre intellect possible, qui par nature détient les intelligibles primordiaux (*intellecta speculativa*), les premiers principes de la pensée, en acquiert d'autres de façon spontanée, par l'invention ou l'écoute d'un maître. L'ensemble, sous l'influx illuminateur de l'intellect agent qui à tout irradie l'intelligibilité, devient réalité une, homogène et séparée.
Au terme de ce processus noétique, ayant acquis tous les intelligibles, (notre intellect) est en possession de la lumière de l'intellect agent au titre de forme inhérente. Comme l'intellect agent n'est autre que sa lumière noétique − car celle-ci est son essence même et ne lui est pas extrinsèque −, alors notre intellect possible est en état d'union avec l'intellect agent, à la façon dont la forme est unie à la matière[55].

Albert opine ainsi pour une acquisition progressive, sous les traits de l'intellect acquis, de la réalité même de notre *intellectus*, de notre intellect et de notre pensée tout ensemble. Ce bénéfice que le sujet intellectif retire de son opération de connaissance s'éclaire pour une part par le fait qu'avec ses contemporains Albert professe une conception de la vérité qui, à la suite d'Anselme, est entendue comme propriété des réalités elles-mêmes.
A plusieurs reprises Albert examine les diverses définitions de la vérité: celles d'Augustin, Hilaire, Avicenne, Bernard et Anselme[56]. Les débats contemporains sur ce thème et sur les notions transcendantales: être, vrai, bien, dépendent du premier traité qu'y venait de consacrer Philippe le

---

[53] Ibid. c 2 § 68 (87,8 s); cf c 4 § 18 (126,1 s).
[54] Metaph. XI tr 1 c 9 (473,40−47); cf tr 2 c 11 (498,33 s).
[55] De anima III tr 3 c 11 (Col. 7,1; 221,73−272,17); cf Metaph. VII tr 1 c 6 (326,41 s); De int. et intelligibili II c 8 (B[et] 9,514 s).
[56] In I Sent a 8 aa 1−2; d 46 aa 11−18 (B[et] 25,221 s; 26,442 s); De bono tr 1 q 1 aa 8−10 (Col. 28,15 s).

Chancelier[57]. En adoptant la définition d'Anselme: ‹rectitude perceptible uniquement par l'esprit› (interprétée en général au sens de correspondance à la pensée créatrice, à la vérité ontologique des *res*), Albert s'octroie un appui notable pour sa thèse de la lumière de l'intellect agent qui participe de la fonction mensuratrice *a priori* de l'intellection créatrice[58].

Tels sont les principaux présupposés de l'obscure formule notée plus haut et relative à la mensuration active à l'endroit soit de la raison propre à la *res* connue, soit de ses principes constitutifs[59]. Ces termes désignent l'essence de la chose telle que la pensée créatrice la connaît et la cause. Ici intervient la doctrine de l'universel antérieur à la *res*, *ante rem*, ou *a priori*, lequel est rejoint par la pensée qui bénéficie de l'illumination théarchique[60].

La réception de la lumière noétique transcendante et l'élaboration de la forme intelligible par l'intellect agent sont deux aspects complémentaires d'une même et unique participation à la pensée créatrice et à la mensuration souveraine qu'elle exerce. Grâce à cette participation, la pensée humaine se constitue elle-même dans l'être, au gré d'Albert:

. . . quand, par voie de réduction [aux premiers principes de la raison] et grâce à la réception de la forme intelligible, (l'intellect) s'est constitué lui-même (*adeptus est seipsum*), de même, par voie de réduction au Premier Principe Intelligible et grâce à la réception achevée, de par [l'attrait de] cet Intelligible suprême, de la lumière qui désormais devient propre à l'intellect, celui-ci acquiert l'Intelligible Premier et Pur[61].

V. Mensuration par les *res* que mesure l'Un (Thomas; Eckhart)

Par son épistémologie centrée sur la mensuration «passive» de la pensée par la *res*, Thomas réserve à la forme intelligible la capacité d'embrasser une multiplicité de degrés dans le rapport d'adéquation. Ecartant la thèse d'Albert qui assigne à l'intellect agent l'efficace mensuratrice, il met en œuvre une acception de la forme intelligible qu'inspirent Denys et le De causis. Il souligne que la forme intelligible suscite une attraction anago-

---

[57] Cf H. Pouillon, Le premier traité des propriétés transcendantales. La Summa de Bono du Chancelier Philippe, in: Rev. néosc. de phil. 42 (1939) 40–77.

[58] In I S d 46 a 11 (443); cf Ad aliud (444): *Et hoc est quod dicit Anselmus, quod unumquodque est verum quando est in hoc et ad hoc quod est in Veritate Prima: sicut mensuratum dicitur vere mensuratum quando principia et media et finis continuantur mensuranti.* Cf De Bono tr 1 q 1 a 8 (18,38 s): *rectitudo ab Anselmo vocatur adaequatio rei ad id quod est in Veritate Prima.* Cf Ruello, ibid p 167 s.

[59] Cf In DN c 1 § 5 (32) et réf. proposées ci-dessus note 9.

[60] Pour l'universel *ante rem* chez Albert, multiples références: In DN c 2 § 84 (97,36 s); c 5 § 37 (325,9 s); c 7 § 9 (343,49 s); Metaph. V tr 6 c 5 (285,57 s); VII tr 5 c 1 (372,48 s); XI tr 2 c 12 (499, 71 s); De an. III tr 2 c 10 (190,53 s); De nat. et orig. an. tr 1 c 2 (Col. 12; 4,74 s); De causis I tr 1 c 3 (B^et 10, 366 b); Phys. I tr 3 c 3 (B^et 3,53)..

[61] Metaph. XI tr 2 c 11 (498,34 s).

gique transcendante vers le Principe-Un d'où chaque chose tire son être et son sens. Eckhart cultivera ceci avec brio.

Le caractère «passif» de notre pensée est à entendre l'aide de la sentence d'Aristote: «la connaissance intellective est un certain pâtir»[62]. Averroès confirme: «l'objet intelligible est perfection, forme perfective, du sujet connaissant»[63]. D'où, chez Thomas, l'axiome (chargé du sens de la doctrine de la composition de l'essence et de l'être-acte):

La réalité intelligible en acte, en tant qu'objet de l'opératon de connaissance, est en quelque sorte cause agente à l'endroit de l'intellect réceptif, car elle le promeut de l'état de puissance à celui d'acte[64].

Cette «passivité» ou réceptivité rend raison de la modalité imposée par la nature du sujet intelligent à ce qui est noétiquement reçu. Ici appui sur un autre axiome hérité de Denys et du De causis: «tout sujet connaissant exerce l'intellection selon le mode qui lui est propre»[65]. Eckhart rappelle souvent la «passivité» de notre pensée et l'explique à l'aide d'une formule cueillie dans le De Trinitate (IX, 12,18) d'Augustin: la forme intelligible est, en notre intellect, rejeton de la res connue, proles objecti[66].

Conformément à l'acception de la vérité comme adéquation mensuratrice de la pensée par la res, l'intellection et la forme intelligible qui en est le principe relèvent de deux considérations: l'une par rapport à la res connue, l'autre au sujet connaissant[67]. La première a été notée avec le thème de vérité; la dernière concerne l'union de l'intellect sujet avec la forme intelligible.

Cette union vérifie une diversité de degrés dont chacun est déterminé par la nature ou essence du sujet intellectif. Thomas se fonde ici sur la doctrine dionysienne de la hiérarchie des esprits créés, qui a pour critère la

---

[62] Aristote, De anima III, 4,429 a 13 et b 25; Th. d'Aq.: In II S. d 17 q 2 a 1; III S. d 14 a 1 Sol II; d 15 q 2 a 1 Sol. II; QD de an. a 3; De spir. creat. a 9; Iᵃ P. q 79 a 2; q 56 a 1 (l'esprit séparé); II ScG 60 (n° 1375, 1377); c 62 (n° 1408−1409); c 73 (n° 1506); etc. Tous les textes de la controverse averroïste traitent de cette «passivité»: pour rester bref, je renvoie à mon étude: L'homme en discussion à l'Univ. de Paris, Paris 1970, notamment 221 s.

[63] Averroès, In Metaph. XII comm. 51 (335 F). Thomas: QD de ver. q 2 a 3 diff. 1 et ad 1; Iᵃ P. q 12 a 2 ad 2; q 14 a 5 ad 2; IIIᵃ P. q 9 a 3; I ScG 46 (n° 391); 53 (n° 444); De subs. sep. c 13 (26 s); c 16 (71 s).

[64] QD de ver q 15 a 2 Resp.; cf II ScG 46; 53; 73 (n° 1526); In de causis, prop 15 (Saffrey 92,8 s); etc.

[65] In I S. d 8 q 1 a 3 Sol (Boèce); d 3 q 1 a 1 ad ult.; d 38 q 1 a 2 Sol. (Boèce; De Causis pr. 10); In II S. d 17 q 2 a 1 diff. 3.

[66] Eckhart («passivité»-nudité de l'intellect, d'où son non-être, absolu avant l'intellection, relatif pendant): Qu. Par. I § 12 (47 s); II § 2 (50); § 6−7 (52); Par. Gen. § 31 (I, 501); § 138 (604); In Eccli § 62 (II, 291); In Jo. § 100 (III, 86 s); § 141 (118); § 241 (202); § 247 (205 s); § 318 (265 s); § 396 (337 s).
Species proles objecti: In Gen. § 199 (346); Par. Gen. § 150 (620); § 152 (622); § 219 (697 s); In Jo. §§ 23−27,57,107,109,364,401,426,486,505,562.

[67] QD de ver. q 10 a 4 Resp; q 3 a 2 ad 5.

mesure de réceptivité propre à chacun. Nullement contraire à la référence principale dont la *res* est objet, cette co-référence à la nature propre au sujet intellectif créé est une loi universelle. Elle comporte, en plus d'une détermination par la nature ou essence du sujet (humain), un coefficient personnel, individuel, car c'est selon une mesure adaptée à chaque intellect créé que la lumière noétique divine se communique[68].

Cette commensuration par la nature du sujet, Thomas la désigne du terme *modus*, mode, modalité, module, qui, hérité d'Augustin, présente le sens de mesure, d'ajustement judicieux: *modus scientis*, modalité consécutive au sujet connnaissant, imposée par celui-ci à son intellection vraie, ou encore: *modus cognitionis*, mode propre à (telle) intellection[69].

«Considéré en son absolu [c'est-à-dire en sa limite théorique, compte non tenu de l'inachèvement de l'effort d'adéquation], le mode de connaissance propre à un sujet connaissant est déterminé par la mesure de sa capacité réceptive (*mensura capacitatis eius*)[70].

Le mode d'union entre l'intellect récepteur et la forme intelligible s'entend en référence au cas suprême de l'identité parfaite en Dieu. En deçà de l'unité privilégiée du cas divin se situent l'intellect séparé et l'intellect humain. Chez ce dernier, qui recueille son information auprès des choses matérielles et doit l'ordonner par le travail de la raison, l'union de la forme intelligible et de l'intellect constitue le degré le plus affaibli de l'unité. L'esprit pur, lui, vérifie un degré supérieur, qui exerce la connaissance en vertu de formes intelligibles infuses par le créateur et douées du caractère *a priori*[71].

Cette loi de la capacité ou commensuration individuelle, même chez l'intellect angélique, se manifeste le plus clairement lors du cas limite de la vision bienheureuse de Dieu en son essence même. Un argument fait valoir la suffisance d'une assimilation objective à la *res* connue, donc d'une référence exclusive à l'objet d'intellection[72]. La Solution, qui engage la thèse cardinale de l'épistémologie thomiste de la vision béatifique (le don à

---

[68] L. in Dion. De DN c 4 lect. 4 (Marietti n° 330). Le cas de l'ange n'est pas seul concerné, cf n° 332: *et rationalia, i. e. homines.*

[69] QD de ver. q 20 a 5 Resp (128s): *in cognoscendo duo sunt consideranda: id quod cognoscitur et modus cognoscendi* . . .; cf q 2 a 1; a 13 Resp. (89s); q 10 a 4 Resp. (68s): *modus cognoscendi rem aliquam est secundum conditionem cognoscentis, in quo forma recipitur secundum modum eius;* q 15 a 2 Resp (262s); In I S. d 38 q 1 a 2 Sol.; In DN c 7 lect 3 (n° 724, 726); Iᵃ q 12 a 4 Resp.; a 6 ad 1; q 14 a 1 ad 3; De unit. intel. c 5 (12s).

[70] QD de ver. q 8 a 2 ad 2; cf ad 3: *secundum modum intellectus capientis;* cf ibid a 1 ad 7; In DN c 4 lect 4 (n° 330): *mensura, proportio;* lect 8 (n° 385); c 1 lect 2 (n° 51).

[71] Iᵃ P. q 12 a 4 Resp; q 55 a 2 Resp; q 85 a 1 Resp; q 118 a 3 Resp; QD de ver. q 16 a 1 Resp; etc.

[72] QD de ver. q 8 a 1 diff. 6. Pour le problème de l'épistémologie de la vision bienheureuse à l'époque de Thomas, voir mon étude: Dialogue et dissensions entre s. Bonaventure et s. Th. d'Aq., Paris 1974, 97s et 211s.

l'intellect créé que l'essence divine assure d'elle-même comme forme intelligible), se centre sur le thème d'union *per essentiam* entre le sujet intellectif et la forme intelligible. Accusant à la fois la nécessité d'un connaturalité entre l'un et l'autre et, dans ce cas précis, sa radicale impossibilité, elle établit que le don noétique surnaturel est seul apte à suppléer à cette absence de commensuration entre sujet et objet d'intellection.

L'assimilation [au connu] est requise dans la connaissance pour que le sujet de l'intellection soit d'une certaine manière uni à la réalité qu'il connaît. L'union *per essentiam* [= unité par identité] du connaissant et du connu est plus parfaite que celle qu'entraîne une similitude représentative de la réalité connue. L'essence divine étant unie à l'intellect angélique, celui-ci ne requiert plus, plus la connaître, d'être informé par une similitude qui, relative [seulement] à cette essence, l'habiliterait à cette intellection[73].

Autre version de la même exigence de commensuration entre sujet et objet: le thème des degrés dans l'efficace propre à l'intellect créé:
L'intellect se porte vers la réalité qu'il connaît en vertu de la forme intelligible. La perfection de la connaissance intellective dépend donc de deux conditions: la première est que la forme intelligible soit en parfaite adéquation avec la réalité objet de connaissance.
La seconde est que cette même forme intelligible soit unie à l'intellect d'une manière parfaite. Cela s'accomplit selon l'efficace plus ou moins intense qui est propre à l'intellect[74].

Sur cette notion d'efficace qui détermine la modalité plus ou moins parfaite de l'union du sujet et de l'objet d'intellection, Thomas fonde en toute rigueur sa doctrine du sur-naturel. La nature et l'efficace à surmonter ici sont très précisément celles de l'intellect créé[75].

Troisième version: la doctrine du caractère plus ou moins universel des formes intelligibles infuses à l'esprit pur. L'universalité dont il s'agit est celle dont traitent Denys, le De causis et Proclus, Eckhart le souligne[76]. Tout autre que celle de l'universel aristotélicien, elle dit référence à l'Un selon un degré de tension anagogique qui est déterminé par la nature du sujet intellectif.

Au niveau humain, là où se vérifie le degré le plus modeste d'universalité, la forme intelligible, parce qu'elle est d'origine transcendante, assure une fonction anagogique d'entraînement noétique vers l'Un que

---

[73] Ibid. ad 6. La Resp. (205s) énonce le principe épistémologique: *ex essentia divina et intellectu creato, fit unum in intelligendo* . . .

[74] I ScG 47 (n° 396).

[75] Iª q 12 a 4 Resp: *cognitum autem est in cognoscente secundum modum cognoscentis. Unde cuiuslibet cognoscentis cognitio est secundum modum suae naturae. Si igitur modus essendi alicuius rei cognitae excedat modum naturae cognoscentis, oportet quod illa cognitio illius rei sit supra naturam illius cognoscentis.*

[76] Thomas, In II S. d 3 q 3 a 2; QD de ver q 8 a 10; II ScG 98 (n° 1836); Iª q 55 a 3; q 89 a 1; In De causis, pr. 10; etc. Eckhart, In Jo. §§ 180, 396, 513, 518 (Proclus, De causis).

Thomas désigne par *vis suae universalitatis*, force d'élévation vers l'Un[77]. Eckhart en fait grand cas et y appuie sa doctrine de l'indispensable référence à l'Idée créatrice, à la *ratio* de chaque réalité connue, à l'universel *ante rem*[78].

Constitutif de toute intellection vraie, ce discernement que la *res* connue relève de l'unité transcendantale de l'univers de l'être s'accompagne de la conscience des limites étroites de l'adéquation accessible à la pensée humaine[79]. Vivement soucieux de cet accès à l'Unité suprême, Eckhart rappelle souvent la nécessité de restituer toute *res* connue à cette unité transcendante qui, propre à la connaissance créatrice, est sa vraie mesure et la source de son vrai sens. Il déclare que chaque être créé présente la saveur de l'Un divin et indique que le moment ultime de la connaissance vraie est à expérimenter lors de la remontée à ce fondement ultime[80].

VI. Le Moi et la mesure de l'agir

En domaine éthique, Albert, Thomas et Eckhart engagent le thème de mesure pour rendre raison de la notion de bien. Ils usent à cette fin des termes *modus, convenientia, conformitas, connaturalitas*. Toutes ces expressions concourent à manifester la référence à la nature du sujet actif. Albert, analysant la notion de *bonum*, montre que l'amour, considéré en son être comme en son activité, possède un mode propre, car il instaure une commensuration entre aimant et aimé[81]. Le thème *mens-mensura* lui permet d'expliquer la complaisance ou la répugnance avec laquelle la *mens* est en rapport éthique avec le réel[82].

Pour Thomas, l'amour implique, à l'intime du sujet, un rapport d'union harmonieuse, *convenientia*, de communion, *connaturalitas*, entre les natures respectives de l'objet et du sujet[83]. Le bien consiste en un accord ajusté, une commensuration, dont le principe est la règle de la raison[84]. Il

---

[77] Thomas, In de causis, pr. 4 (Saffrey 33,27s); Iª q 16 a 2; De subs. sep. c 16.

[78] Eckhart, Par. Gen. § 59 (526); § 62 (528); In Eccli § 9 (238); in Jo. §§ 9; 11; 29: *ratio rebus prior, causa rerum et ratio, quam (. . .) intellectus accipit in ipsis principiis intrinsecis*; §§ 45; 189; etc.

[79] Limites sévères de notre connaissance des formes substantielles: Thomas, In II S d 3 q 1 a 6; d 37 q 1 a 2 ad 3; III q 26 a 1 ad 3; QD de ver q 1 a 1 ad 8; q 10 a 1 ad 6; de Pot q 9 a 2 ad 5; de spir. cr. a 11 ad 3; Iª q 29 a 1 ad 3; q 77 a 1 ad 7; I–IIae q 49 a 2 ad 3; In de an. I lect 1 (n° 9); in Post An II lect 13; In Metaph VII lect 12 (n° 1522).

[80] Eckhart, Par. Gen. § 53 (521); In Ex. § 52 (55); § 120 (113); In Sap. § 22 (343); § 32 (352); In Eccli § 9 (237); In Jo § 12 (11s); § 30–31 (23s); cf ci-dessous n. 89.

[81] Albert, De Bono, tr 1 q 2 ad 7 (§ 43 p 24,75s).

[82] De Sacram., tr VI p 2 q 1 a 1 (§ 117; 81,63s).

[83] Thomas, In III S d 26 q 2 a 3 Sol II; a 1 a 3 Sol; d 27 q 1 a 3 ad 3; I S d 15 q 4 a 1 ad 3: *amor conjungit ipsi cognito secundum rationem convenientis*; I–IIae q 27 a 1 Resp explicite ‹bien connaturel› par le terme dionysien *proportionatum*.

[84] I–IIae q 19 a 1 ad 3; q 73 a 3 Resp; q 90 a 1 Resp; q 91 a 3 ad 1.

vaut à l'opération sa règle et sa mesure[85]. Pour notre agir la raison est la
mesure prochaine et homogène, tandis que Dieu en son vouloir en est la
mesure ultime et transcendante[86]. Si notre volonté trouve dans le vouloir
divin sa règle et sa mesure suprêmes, c'est à la manière dont l'œuvre d'art
a sa mesure dans la pensée de l'artiste. La mesure divine, ici, c'est ce que
Dieu veut que notre volonté veuille[87]. La raison de bien, qui définit la fin
ultime ou bien parfait, à savoir la béatitude, dit parachèvement et plénitude pour le sujet agent[88]. Eckhart, qui rappelle souvent l'universelle mensuration de tout par Dieu, l'explique comme finalisation suprême. Avec
vigueur il souligne l'urgence de pousser l'appréciation de tout, et d'abord
de nous-mêmes, jusqu'à ce sens et cette valeur ultimes qu'assure, au-delà
de l'Idée divine, la réalité même de Dieu[89].

La formule de Thomas: ‹le bien est parachèvement du sujet›, *perfectivum suiipsius*, entend accuser la référence au moi du sujet lors de l'appréciation éthique. Cette référence mensuratrice à la nature du sujet est
constitutive de la raison de bien. Une formule d'Aristote favorise la précision qu'il s'agit de la nature du sujet entendue comme fin en vue de
laquelle se développe l'agir[90]. Ce n'est ni empirisme ni naturalisme, car ici
‹nature du sujet› signifie ce qu'en ce dernier la Pensée créatrice prévoit
et ordonne[91]. Une illustration éloquente de cette loi de la mensuration par
la nature du sujet est proposée. Même dans le cas de deux vouloirs opposés,
il peut y avoir égale rectitude morale: celle du juge qui d'après la loi juste
décrète la sentence de mort pour un brigand, et celle de l'épouse de ce
condamné qui refuse ce verdict et le contrecarre[92].

L'agir surnaturel, Thomas l'explique en précisant que les dons infus de la
grâce communiquent la capacité d'une opération (intellective ou volitive)

---

[85] QD de malo q 1 a 3 Resp; de virt. in comm. a 13 Resp (début).

[86] II–II[ae] q 16 a 1 Resp; I–II[ae] q 19 a 4; q 71 a 6; III S d 23 q 1 a 1 Sol (Anselme), QD de
virt. card. a 2 Resp; In DN c 9 lect 4 (n° 841); In Ps. 32 n° 1 (Fretté 18,409a).

[87] QD de ver q 23 a 7 Resp (168–178); a 8 ad 3 in c (208s).

[88] I–II[ae] q 1 a 5 Resp: *illud appetit aliquis ut ultimum finem, quod appetit ut bonum
perfectum et perfectivum et completivum suiipsius.*

[89] Dieu mesure suprême: Eckhart, In Eccli § 64 (294: Met. X); In Sap § 59 (386); Sermo
XII, 2 § 141 (IV, 132); Pred. 48 (DW II, 403). Avec Albert, ‹*universum*› = *uni-versus*, tourné
vers l'Un: In Jo § 517 (447). In Sap XI, 21 § 219 (553): Toute réalité qui est produite et
émanée, c-à-d éduite à l'extérieur du [Créateur] l'Immense, de ce fait tombe sous une mesure,
Dieu l'Immense, c-à-d sans mesure.
Ce qui déchoit de l'Un tombe sous le nombre, nombre étant entendu au sens de multiplicité. Or Dieu est Un.
Toute réalité émanée, sortie [de sa cause] et distante de sa fin tombe sous le poids qui la meut et
l'entraîne vers sa fin. Dieu est cette fin. Donc toutes les réalités qui, créées, sont produites et
causées à l'extérieur de Dieu l'Immense, de l'Un-et-fin dont le propre est d'être immuable,
tombent sous ‹la mesure, le nombre et le poids› qui les entraîne vers autre qu'elles.

[90] Thomas, I–II[ae] q 49 a 2 Resp.

[91] S. Ethic. I, 10 (p. 35,55s): *secundum naturam = quod est ordinatum ratione divina.*

[92] I–II[ae] q 19 a 10 Resp.

dont la mesure est supra-humaine, *supra modum humanum*, et n'est autre que celle de Dieu lui-même, *ipsum Deum habet pro mensura*[93]. Selon Eckhart, la vision bienheureuse de Dieu s'opèrera sous le signe de cette unité qui pour l'heure reste hors de notre atteinte[94]. Cet accès promis à l'intégralité de la vérité et du sens sera le fruit d'un accueil «passif» du don gracieux que Dieu fait de lui-même en communiquant sa propre mesure d'activité à l'âme bienheureuse[95].

Une formule de s. Bernard devenue fameuse: «le motif d'aimer Dieu, c'est Dieu lui-même; le mode [de cet amour], c'est d'aimer sans mode [limitatif]»[96] est justifiée comme suit par Thomas:

La détermination mensuratrice impliquée par le *modus* se trouve de façon différente dans la mesure et dans le mesuré. Dans la mesure, elle est présente à titre essentiel, car de soi la mesure est principe de détermination du mode qui est propre à des sujets. Chez le mesuré, la mesure se trouve de façon relative, en tant qu'il rejoint la mesure. Donc on ne peut dans la mesure déceler rien de non ordonné, *immodificatum*, tandis que le mesuré demeure privé, soit par défaut soit par excès, d'ordonnancement, *immodificata*, à moins de rejoindre sa mesure.

Dans l'ordre de l'agir et du vouloir, la mesure, c'est la fin, car c'est par rapport à la fin que l'on doit prendre la raison de tout ce qu'on a à faire et à vouloir. (. . .) La fin est donc en elle-même dotée d'un *modus*. Les réalités qui conduisent à la fin ont leur *modus* en tant qu'elles sont proportionnées à la fin. (. . .) Le médecin n'impose pas une limite à la santé, mais la suscite aussi parfaite qu'il lui est possible. Tandis que le remède, lui, comporte détermination limitative. Le médecin ne prescrit pas une quantité de remède la plus grande possible, mais seulement dans la mesure requise pour recouvrer la santé. Si le remède dépassait cette mesure ou s'il ne l'atteignait pas, il serait inadapté.

Chez l'homme, la fin de l'agir et de l'amour, c'est la dilection par laquelle nous atteignons notre fin ultime. Aussi pour l'amour de Dieu il n'y a aucune modalité limitative à imposer, comme s'il s'agissait d'une réalité mesurée de façon à en prendre plus ou moins. Mais il y a [toujours] mode, au sens de mesure où l'excès est impossible. Car plus l'amour se rapproche de cette mesure, meilleur il est. Ainsi donc, plus Dieu est aimé, meilleur est cet amour[97].

Chez Eckhart, l'âme étant attirée à l'Un que Dieu est[98], la charité, infuse et de réception «passive», n'a en principe d'autre mesure que celle, infinie,

---

[93] In III S d 34 q 2 a 1 Sol III (Moos n° 202); d 36 a 3 Resp (n° 45); QD de carit. a 2 ad 17.

[94] Eckhart, In Ex. § 147 (133).

[95] Pred. ‹Ubi est qui natus est . . .› (Pfeiffer 15,32 s): . . . an dem sî diu sele gote ebenmêzic. J. Quint (D. Pred. u. Traktate, München ³1969, 431,13 atténue l'idée de mesure: . . . darin sei die Seele Gott ebenbürtig.

[96] Bernard, De dil. Deo, c 1 n° 1 (Opera, Rome 1963,3; 119,19), cité Th. d'Aq, II–II^ae q 27 a 6 sc.

[97] Thomas, II–II^ae q 27 a 6 Resp; In Ep. ad Rom. c 12 lect 1 (Fretté 20,551 a): l'acte intérieur de charité est fin et donc mesure; l'acte externe doit être modelé selon une mesure judicieuse, *discretionis mensura*, sur l'acte intérieur de charité. Cf In III S. d 27 q 3 a 3.

[98] Eckhart, Götl. Tröst. c 2 (DW V; 46,16).

de Dieu et reste par rapport au sujet créé sans mesure (restrictive)[99]. La mesure adaptée que celui-ci impose aux dons de grâce définit son degré d'assimilation à Dieu, mais elle doit être dépassée, car il faut «mesurer Dieu sans mesure»[100].

---

[99] In Jo. § 369 (314); § 414 (351); Pred. 9 (DW I, 144 s). Pour ‹mesure› au sens de restriction avec abandon de ce qui dépasse, cf Pr 60 (DW III; 21,4−6). La «passivité» est ici celle de Denys (DN c 2 § 9, PG 3, 648 B; Dionysiaca 104), cf In Jo § 191 (160,1 s).

[100] Pr 47 (DW II; 402,3 s); 49 (449,5 s); cf Pr. 36 a (188,10 s); 36 b (201,4 s); Pr 47 (DW II; 402,3 s); 49 (449,5 s); cf Pr. 36 a (188,10 s); 36 b (201,4 s) où ‹mesure› exprime la fonction de source-critère que, selon la hiérarchisation du système avicennien des substances séparées, revêt, pour chaque esprit angélique, l'intellect qui le précède, l'ange du degré suprême ayant Dieu pour «mesure sans mesure». Pour «mesurer Dieu sans mesure» (restrictive), cf Pr. 71 (fin; DW III; 231,4 s; avec ps-Bernard, PL 184,44 C, note J. Quint).

MENSURA FIDEI

ZAHLEN UND ZAHLENVERHÄLTNISSE BEI BONAVENTURA

von Klaus Bernath (Bonn)

Die Zahlensymbolik ist im Mittelalter nahezu allgegenwärtig. Darüber unterrichten V. F. Hopper[1], U. Großmann[2] und Heinz Meyer[3]. Das Werk Bonaventuras wird von diesen Autoren nicht untersucht. Dabei wäre er an erster Stelle zu nennen. Bei Bonaventura ist die Zahlensymbolik nicht nur eine Hilfswissenschaft der Exegese, sondern sie ist in allen, auch den dogmatischen und mystischen Werken, das tragende Element der systematischen Konstruktion. Gesehen wird dieser Sachverhalt bisher nur in einer kleineren Arbeit von C. Casci[4], in der die Zahl als Ausdruck der göttlichen Harmonie beschrieben wird.

Wurde die Zahlensymbolik bereits bei Irenaeus von Lyon[5] und Hippolyt von Rom[6] heftig verurteilt, so ist in der neueren Literatur über Bonaventura geradezu eine Berührungsangst gegenüber diesem Thema festzustellen. Die Abwehr des christlichen Altertums ist verständlich, denn die Zahlenspekulation bildet auch eine bevorzugte Denkform der häretischen Gnosis[7] und des Manichäismus[8]. Es erstaunt dagegen, daß das Werk von J. Bissen[9] über den Exemplarismus die Zahlensymbolik nicht behandelt, während sie bei

---

[1] Medieval Number Symbolism, New York 1938 (= Columbia University Studies in English and Comparative Literature 132).

[2] Studien zur Zahlensymbolik des Frühmittelalters, in: ZKTh 76 (1954) 19–54.

[3] Zahlenallegorese im Mittelalter, München 1975 (= Münstersche Mittelalter-Schriften 25).

[4] Il numero come armonia divina nella teologia di San Bonaventura, in: Doct. Seraph. 14 (1967) 53–56.

[5] Adv. haer. II, 24,3; PG 7, 791–793; cf. N. Brox, Offenbarung, Gnosis und gnostischer Mythos bei Irenäus von Lyon, Salzburg und München 1966, 45 n. 15; 84; 198 (= SPS 1).

[6] Widerlegung aller Häresien VI, 52; BKV² 40, 188.

[7] Cf. H. Leisegang, Die Gnosis, Stuttgart ⁴1955, 42–49; 294f.; 317; Hopper, l.c., 50–68.

[8] Cf. Die Gnosis. Dritter Band. Der Manichäismus. Unter Mitw. von J.P. Asmussen eingel., übers. u. erl. von A. Böhlig, Zürich und München 1980.

[9] L'Exemplarisme divin selon saint Bonaventure, Paris ³1953 (= Études de philosophie médiévale IX).

E. Gilson[10] immerhin erwähnt wird. B. Rosenmöller[11] nennt „die Vorliebe für den Gleichklang der Zahlen." G. Söhngen[12] vermerkt die Verwendung der Drei, und R. Guardini[13] findet das „Zahlengesetz des Ternar"[14]. Auch W. Dettloff[15] übernimmt dieses „Zahlengesetz", fügt jedoch hinzu, „manchmal verlieren sich diese Aufzählungen im Unentwirrbaren"[16]. J. A. Wayne Hellmann[17] arbeitet über *Ordo*, kommt aber mit einer knappen Erwähnung der Dreizahl[18] aus. H. Mercker[19] verkennt die Zahlensymbolik als „Vorliebe für Einteilungen" und rügt „die Häufung solcher Reihen, die den Leser oft an den Rand des Überdrusses zu führen vermögen"[20]. Ernster genommen wird die Zahlensymbolik nur bei B. Welte[21], J. Ratzinger[22] und U. Leinske[23], der in der Zahl „das Prinzip der Ordnung des Kosmos"[24] erkennt und von der „Gottbezogenheit der Zahl"[25] spricht.

Bedauernd stellt J. Kaup[26] fest: „Die Gedanken Augustins und Bonaventuras über die Zahlen sind bis heute nicht ganz geklärt." Dieser Versuch möchte dazu einen Beitrag leisten. Zu diesem Zweck wurde die Zahlenverwendung in zwölf Schriften[27] Bonaventuras untersucht. Dabei meint Zahlenverwendung nicht nur das Auftreten von Kardinalzahlen, Ordnungs-

---

[10] Die Philosophie des heiligen Bonaventura, dt. von P. A. Schlüter, Köln und Olten 1960, 260 f.; 390 f.

[11] Religiöse Erkenntnis nach Bonaventura, Münster i. W. 1925, 140 (= Beiträge XXV 3/4).

[12] Bonaventura als Klassiker der Analogia fidei, in: WiWei 2 (1935) 97–111; 103.

[13] Systembildende Elemente in der Theologie Bonaventuras, hg. W. Dettloff, Leiden 1962 (= SDF III).

[14] Op. cit., 150–154; 170 f.

[15] Himmlische und kirchliche Hierarchie bei Bonaventura, in: Soziale Ordnungen im Selbstverständnis des Mittelalters, hg. A. Zimmermann, Berlin–New York 1979, 41–55 (= MM 12,1).

[16] Op. cit., 47.

[17] Ordo. Untersuchung eines Grundgedankens in der Theologie Bonaventuras, München–Paderborn–Wien 1974 (= VGI NF 18).

[18] Op. cit., 28–31.

[19] Schriftauslegung als Weltauslegung. Untersuchungen zur Stellung der Schrift in der Theologie Bonaventuras, München–Paderborn–Wien 1971 (= VGI NF 15).

[20] Op. cit., 10.

[21] Die Zahl als göttliche Spur. Eine Bonaventura-Interpretation, in: Antidoron, FS Heinrich-Suso-Gymnasium Konstanz, Konstanz o. J. [1954], 147–158.

[22] Die Geschichtstheologie des heiligen Bonaventura, München und Zürich 1959.

[23] Res et Signum. Das Verständnis zeichenhafter Wirklichkeit in der Theologie Bonaventuras, München–Paderborn–Wien 1976 (= VGI NF 26).

[24] Op. cit., 89.

[25] Op. cit., 90.

[26] Bonaventura, Pilgerbuch der Seele zu Gott. Die Zurückführung der Künste auf die Theologie, eingel., übers. u. erl. von J. Kaup, München 1961, 187 f.

[27] Breviloquium, Itinerarium mentis in Deum, De reductione artium, Collationes in Hexaemeron, Quaest. disp. de scientia Christi, De triplici via, Soliloquium, De perfectione vitae, De sex alis Seraphim, De mysterio Trinitatis, Collationes de septem donis Spiritus sancti, Collationes de decem praeceptis.

zahlen oder Zahladverbien. Als Träger der Aussage sind auch die Anzahl von Adjektiven, Attributen oder Satzteilen von Bedeutung. In den vollständig ausgewerteten Schriften wurde eine Zahlenverwendung in diesem Sinne an 3235 Stellen gezählt. Den größten Anteil hat die Drei, nämlich in 62% der Fälle. Es folgen die Vier (10%), Sieben (fast 8%), Zwei (7%) und Zwölf (5%). Aus Raumgründen werden nur Beispiele für die Zahlen von 1 bis 6 besprochen.

1

Am Anfang der Zahlenreihe steht die Eins, aber daß sie als Zahl gilt, ist bereits eine Einebnung ihrer Individualität. Nach dem Verständnis der Alten ist die 1 eher das Prinzip, das allen Zahlen zugrundeliegt, selbst aber verborgen bleibt. Darum spricht Augustinus von „jenem Verborgensten, durch das wir zählen"[28], und bei Bonaventura tritt die 1 so selten auf, daß die wenigen Autoren, die seine Zahlenverwendung behandeln, sie vollständig übersehen konnten.

Die 1 deutet auf die Einheit und Einzigkeit Gottes: *Omnes veri philosophi unum Deum coluerunt*[29]. Die Einzigkeit Gottes ist denknotwendig und unbezweifelbar[30]. Bonaventura gebraucht dafür ein Bild: So wie der Kreis nur einen Mittelpunkt hat, kann es nur einen Gott im Universum geben[31]. Ebenso kann jede hierarchische Ordnung, etwa die Kirche, nur eine Spitze haben[32].

Das ewige Licht ist das eine Grundprinzip, das sich in allen Seienden widerspiegelt: *Ubi enim est speculum et imago et candor, necessario est repraesentatio et pulcritudo*[33]. In diesem Zusammenhang steht auch die augustinische Definition der Schönheit: *Pulcritudo nihil aliud est quam aequalitas numerosa*[34]. Das Schöne wird als *aequalitas* ausgelegt und näher bestimmt als *aequalitas numerosa*. Um das Gewicht dieser Aussage zu ermessen, muß man den Begriff *pulcritudo* ins Griechische zurückübersetzen. Er lautet dann *kosmos*: die Welt als ganze in ihrer Ordnung und Schönheit. Deren Grund ist die Harmonie, *aequalitas*, und diese wird erkennbar in den Zahlenverhältnissen als *aequalitas numerosa*.

Diese Einsicht hat weitreichende Konsequenzen. Es ist nicht nur eine Aussage zur Zahlentheorie, wenn es heißt: *unitas est pars essentialis numeri*[35], die Einheit ist Wesensbestandteil jeder Zahl. Dieser Satz ist viel-

---

[28] De ordine II, 15, 43; PL 32, 1015.
[29] Hex V, 15.
[30] De myst. Trin. II, 1, Conclusio.
[31] Ibid.
[32] Hex XXII, 15.
[33] Hex VI, 7.
[34] Hex VI, 7; cf. Aug. De musica VI, 13, 38; De civ. Dei XXII, 19, 2.
[35] Hex III, 5.

mehr die grundlegende Fassung der pythagoreischen und plotinischen Sicht der Welt. Das Verströmen des Einen spiegelt sich in der Anwesenheit der Eins in jeder Zahl, und die Schönheit der Dinge macht etwas vom Wesen Gottes sichtbar.

Darum sind auch die ersten Zahlen so bedeutsam: „fundamental für die Pythagoreer . . sind die Zahlen von 1 bis 10, nicht die Myriaden"[36]. Je näher eine Zahl an der 1, umso höher ist ihr Rang, und umso deutlicher wird sie als Gestalt erfahren. Die 1 stellt damit die ruhende Mitte des Zahlenkosmos dar, wie der eine Gott als unbewegter Beweger das Zentrum des Kosmos bildet: *omnia mobilia manant ab uno immobili primo*[37]. Dieser Satz ist aus mehreren Traditionen gespeist. Er ist aristotelisch: *ab uno immobili*; plotinisch: *omnia mobilia manant*; pythagoreisch: *ab uno*.

2

Die Zwei weist auf das paarweise Zusammengehörige hin wie auf den Urgegensatz[38]. Ihre Bedeutung ist also selbst zwiespältig. Die beiden Bedeutungen liegen jedoch nicht auf derselben Ebene. Das paarig und symmetrisch Zusammengehörende wird in der Erfahrung des Alltags sichtbar, während die Erkenntnis des Urgegensatzes dem mythischen Denken entstammt. Es entspricht der einfachen Erfahrung, daß ein Vogel nur mit zwei Flügeln fliegen kann und der Mensch 2 Beine zum Gehen braucht[39]. Eine andere Ebene wird bei der Ehe deutlich: *Matrimonium debet esse coniunctio duplicis personae, differentis secundum rationem agentis et patientis, scilicet virilis sexus et muliebris*[40]. Das Überbrücken dieses Gegensatzes ist so schwierig, daß es an zwölf verschiedenen Hindernissen[41] scheitern kann. Es geht hier nicht nur um moraltheologische oder kirchenrechtliche Vollständigkeit, sondern das Männliche und das Weibliche werden als Urgegensatz erfahren.

Der theologisch bedeutsamste Gegensatz im Werk Bonaventuras ist der des Alten und des Neuen Testaments. Die zwei Cherubim auf der Bundeslade (Ex 25, 18—22) weisen auf die beiden Testamente hin[42], ferner die zwei Söhne Abrahams[43] (Gen 17, 16), von denen einer von der Magd, der andere von der Freien stammt (Gal 4, 22—24), ebenso wie die zwei

---

[36] W. Burkert, Weisheit und Wissenschaft. Studien zu Pythagoras, Philolaos und Platon, Nürnberg 1962, 38 (= Erlanger Beitr. z. Sprach- u. Kunstwiss. X).
[37] De myst. Trin. VIII, Conclusio.
[38] Cf. J. Schwabe, Archetyp und Tierkreis, Basel 1951, 58; 175.
[39] Coll. de decem praecept. II, 14.
[40] Brev VI, 3.
[41] Brev VI, 5.
[42] Hex IX, 19.
[43] Hex II, 15.

„Hörner" auf der Mitra des Bischofs[44]. Weit stärker als das Zusammenge-
hören betont Bonaventura in immer neuen Wendungen den Gegensatz der
beiden Testamente. Bei der Erörterung des Sechstagewerkes wird im
Rahmen einer Zahlenkomposition der Unterschied in paarweise angeord-
neten Begriffen dargelegt: *Secundum rationem unitatis duo sunt testamenta:
unum in servitutem generans alterum in libertatem; unum secundum
timorem, alterum secundum amorem; unum secundum litteram, alterum
secundum spiritum; unum secundum figuram, alterum secundum veritatem;
et sic distinguuntur ista duo tempora ut nox et dies*[45]. Der Gegensatz von
Tag und Nacht ist auch im Deutschen sprichwörtlich; aber die anderen
Gegensatzpaare sind nicht weniger deutlich: Sklaverei und Freiheit, Furcht
und Liebe, Buchstabe und Geist, Abbild und Wahrheit. Was zunächst zu-
sammengehörig schien, wird unter ständiger Vertiefung des Grabens aus-
einandergehalten, bis am Ende ein Gegensatz von kosmischen Dimensionen steht. Das Darstellungsmittel ist die Zahl 2, die das Zusammengehörende und den Gegensatz sichtbar macht.

Damit kann selbst das scheinbar Absurde im Ablauf der Geschichte noch
verständlich gemacht werden. Dazu ein extremes Beispiel: In seiner Paral-
lelsetzung von Epochen des Alten und des Neuen Testamentes kommt
Bonaventura zum sechsten Zeitalter und stellt fest: *hoc autem tempus est
geminum*[46], dies ist das Zeitalter der Zwillinge. Darum wird auch das Auftreten zweier Päpste möglich: *tempore Henrici quarti fuerunt duo Papae, et
similiter tempore Frederici magni duo*[47]. Selbst der skandalösen Rivalität
von Papst und Gegenpapst wird durch die Zahl als „Archetypus der Ordnung"[48] noch ein Sinn abgewonnen.

3

Wie eingangs erwähnt, ist die häufige Verwendung der Drei bei Bona-
ventura manchen Bearbeitern aufgefallen. Daß die Dreizahl sein ganzes
Werk durchzieht, ist also nicht strittig. Überraschend ist aber doch das
Ausmaß der Herrschaft dieser Zahl.

Hopper[49] hatte bereits ihre Bedeutung als universale Zahl der Gottheit
angegeben. Es heißt ferner bei Aristoteles[50]: „Die Dreiheit ist die Zahl des

---

[44] De septem donis Spir. s. IV, 17.
[45] Hex XV, 13.
[46] Hex XVI, 29.
[47] Ibid.
[48] C. G. Jung, GW 8 § 870; cf. M.-L. v. Franz, Zahl und Zeit, Frankfurt am Main 1980,
48 (= st 602).
[49] L.c., 6.
[50] De caelo I; 268a 12.

Ganzen", und Augustinus[51] sagt: *ternarius numerus in multis sacramentis maxime excellit*. Dabei ist *sacramentum* gleichbedeutend mit *mysterium*.

Galt die Dreizahl allgemein als vollkommen[52], so entspricht sie bei Bonaventura dem Vater, *quia ternarius est numerus perfectorum*[53]. In der Regel verweist sie jedoch auf die Trinität, wobei Bonaventura immer dreigliedrige Aussagen verwendet. So ordnet er Gottvater das *apparere*, dem Sohn das *descendere* und dem Heiligen Geist das *mitti*[54] zu. Auch wenn er von der Trinität ohne nähere Unterscheidung oder allgemein von Gott spricht, teilt er meist 3 Attribute zu. So nennt er Gott *incircumscriptibilis, invisibilis, incommutabilis*[55]. Will er den Unterschied betonen, weist er dem Vater die Effizienz, dem Sohn die Exemplarität und dem Geist die Finalität zu, oder, verbal ausgedrückt, *posse, scire, velle*[56]. Bonaventura ist unerschöpflich, ganze Ketten solcher dreigliedrigen Bestimmungen zu bilden.

Von Gott geht die Dreizahl über auf sein Heilswirken, und so faßt Bonaventura die Heilsgeschichte in der Rede von den drei Zeiten: *tria tempora . . . tempus legis naturae, tempus legis scriptae et legis gratiae*[57]. Entsprechend wird auch das Wirken Gottes in der Schöpfung als dreifache Kausalität beschrieben: *Creatura est effectus Trinitatis creantis sub triplici genere causalitatis: efficientis, a quo est in creatura unitas, modus et mensura; exemplaris, a quo est in creatura veritas, species et numerus; finalis, a quo est in creatura bonitas, ordo et pondus*[58]. Das Wort der Schrift, *omnia in mensura, et numero, et pondere disposuisti* (Sap 11,21), klingt hier an[59]. Dreifach sind auch die Geschöpfe: Sie sind von körperlicher, geistiger oder zusammengesetzter Natur[60]. Darum sagt Kaup[61]: „So ist das ganze Universum ein feinverzweigtes System durchschimmernder Symbole des einen und dreieinigen Gottes." Jede Beschreibung der Schöpfung gerät Bonaventura zum trinitarischen Hymnus[62]. Die Schöpfung verweist in allen ihren Aspekten auf den Schöpfer, der darum *exemplar*, Urbild, genannt wird. Mit Recht bezeichnet Bougerol[63] den Exemplarismus als die Mitte des bonaven-

---

[51] Ep. 55,18, 33; PL 33, 220.
[52] Cf. Meyer, l.c., 117.
[53] Hex XV, 20.
[54] Brev I,5, 3—5.
[55] Brev I,5,1.
[56] Brev I,6,4—5.
[57] Brev Prol. § 2,1.
[58] Brev II,1,2.
[59] Cf. H. Krings, Ordo. Philosophisch-historische Grundlegung einer abendländischen Idee, Halle—Saale 1941.
[60] Brev II,1,2.
[61] Bonaventura, Pilgerbuch, l.c., 22; cf. J. Bougerol, Introduction à l'étude de saint Bonaventura, Tournai 1961, 45 (= Bibliothèque de Théol., sér. 1, vol. 2).
[62] Brev II,1,4.
[63] Cf. Bougerol, l.c., 45.

turianischen Denkens. Die Aussagen über die Zahlenverhältnisse in der Theologie Bonaventuras konkretisieren diesen Satz.

Die gesamte Schöpfung, insofern sie das Werk des trinitarischen Gottes ist, steht unter der Ordnung der Drei. So bedarf es dreier Himmel, weil einer die Fülle der Gottheit nicht fassen könnte: *tres caelos principales, scilicet empyreum, crystallinum et firmamentum*[64]. Das nächste Abbild der Gottheit bildet die reich gegliederte Welt der geistigen Geschöpfe: die Engel, *perfecte ordinati in operatione sive contemplatione sive ministrativa*[65]. Bonaventura wendet die Unterscheidung der *vita activa* und *contemplativa* auch auf die Engel an, und, damit der Dreizahl Genüge getan wird, führt er eine dritte Art ein: *ministrativa*. Ein vollkommenes Abbild der Trinität findet sich in der menschlichen Seele. Sie ist *forma beatificabilis* und *capax Dei per memoriam, intelligentiam et voluntatem*[66]. Wieder eine andere Weise der Abbildhaftigkeit zeigt die übrige Kreatur. Bonaventura vergleicht sie mit einem offenen Buch, aus dem das Bild der Trinität hervorleuchtet: *Creatura est quasi quidam liber, in quo relucet, repraesentatur et legitur Trinitas fabricatrix secundum triplicem gradum expressionis scilicet per modum vestigii, imaginis et similitudinis*[67]. Aus dem Schöpfungsbericht (Gen 1,26) entnimmt Bonaventura die Ausdrücke *imago* und *similitudo*. Als eine schwächere Weise der Abbildung stellt er noch den Begriff *vestigium* voran, um auf die Dreizahl zu kommen. Wie sich in der Rede von Gott immer wieder die Drei durchsetzt, zeigt auch diese Stelle: *Deus omnia fecit potenter, sapienter et optime seu benevolenter*[68]. Auf den ersten Blick zählt man hier vier Adverbien. Das liefe dem Prinzip zuwider, wonach die Drei die Zahl ist, die auf Gott verweist. Darum werden die beiden letzten nicht durch *et* verbunden, sondern durch *seu* gleichgesetzt. Dadurch ergeben vier Adverbien die vom System geforderten drei Bestimmungen.

4

In einem älteren Werk über Bonaventura steht: „Die *Vierzahl* erhält ihren tiefsten Sinn durch die Beziehung der 1 zu 3 im innertrinitarischen Leben"[69]. Das trifft nicht zu. Richtig ist dagegen, wenn U. Großmann[70] feststellt: „Der Symbolcharakter der Zahl 4 ist ursprünglich ganz der Kreatur, soweit sie nicht Geist ist, zugeordnet," In der Zahlensymbolik

---

[64] Brev II, 3, 1.
[65] Brev II, 8, 1.
[66] Brev II, 8, 3.
[67] Brev II, 12, 1.
[68] Brev IV, 1, 2.
[69] Rosenmöller, l.c., 140.
[70] L.c., 31.

herrscht keine Beliebigkeit, und Schöpfer und Geschöpf können nicht mit derselben Symbolzahl bezeichnet sein.

Übereinstimmend mit der gesamten älteren Überlieferung, wie sie etwa bei Philo[71], Augustinus[72], Pseudo-Isidor[73], Alkuin[74], Rhabanus Maurus[75], Hinkmar von Reims[76] und Hugo von St. Viktor[77] vorliegt, ordnet Bonaventura die Zahl 4 der Erde, dem Materiellen und der sichtbaren Schöpfung zu. An mehreren Stellen seines Werkes führt er ganze Reihen kosmologischer Entsprechungen am Leitfaden der Zahl 4 an. Wie die Sonne die 4 Weltteile erleuchtet und 4 Himmelsrichtungen unterschieden werden, so wird das menschliche Leben von den 4 Kardinaltugenden geleitet, die wieder mit den 4 Seiten der Stadt der Apokalypse (21,16) in Verbindung stehen[78]. Den 4 Tugenden entsprechen die 4 Einflüsse des Lichts, die 4 Haupteigenschaften der Elemente, die 4 Grundbestimmungen der Gesundheit sowie die 4 Weisen der Verursachung[79]. Die Tugenden werden auch durch die 4 Ströme des Paradieses[80] bezeichnet, die 4 Vorhänge des Tempels (Ex 26, 1), die 4 Farben des Tempels und die immer wieder genannten 4 Seiten der Stadt der Apokalypse[81]. Diese Stadt wird auch mit der Seele gleichgesetzt: *anima tunc videt civitatem Dei, scilicet se ipsam*[82]. Innerhalb der Seele werden 4 Aspekte unterscheiden[83], und das seelische Leben wird von 4 Affekten beherrscht: *timor, dolor, laetitia, fiducia*[84].

Ontologisch kann ein vierfaches Sein der Dinge unterschieden werden: *in materia, in anima, per gratiam, in arte aeterna*[85]. Entsprechend gibt es eine vierfach gestufte Schönheit: *in machina mundana, in Ecclesia, in Ierusalem superna, in Trinitate*[86]. Bekannt ist ferner der vierfache Sinn der Schrift[87], obwohl sie nur einen wesentlichen Inhalt hat: *ostenderem, veritatem sacrae Scripturae esse a Deo, de Deo, secundum Deum et propter*

---

[71] De opificio mundi §§ 49—52.
[72] Ep. 55,15,28; PL 33, 218; cf. B. Bronder, Das Bild der Schöpfung und Neuschöpfung als *orbis quadratus*, in: FMSt 6 (1972) 188—210 (m. Abb.).
[73] Liber numerorum V; PL 83, 183f.
[74] Ep. 203; PL 100, 477; Enchir., Praef.; PL 100, 572.
[75] De universo XVIII, 3; PL 111, 490.
[76] Explan. in ferculum Salomonis; PL 122, 828.
[77] Didasc. II,6; PL 176, 754f.
[78] Hex VI,14.
[79] Hex VI,20—23.
[80] Hex VII,16.
[81] Hex VII,17; cf. IX,9; XXIII,7.
[82] Hex XXIII,9; zu Parallelen in alchemist. Vorstellungen cf. M.-L. v. Franz, Die alchemistische Makrokosmos-Mikrokosmos-Idee im Lichte der Jungschen Psychologie, in: Symbolon 1 (1960) 27—38; „die quaternäre Struktur des Bewußtseins", op. cit., 38.
[83] Hex XXIII,6.
[84] Hex VII,7.
[85] Brev Prol. § 3,2.
[86] Brev Prol. § 3,3.
[87] Brev Prol. § 4,1; cf. A. Epping, Seraphische Weisheit, in: FS 56 (1974) 221—248.

Deum[88]. Wenn Gott Urheber und einziger Inhalt der Schrift ist, sollte man nach dem früher Gesagten eigentlich dreigliedrige Bestimmungen erwarten. Die Schrift tritt jedoch in die Bedingungen der geschaffenen Welt ein, und so ist die 4 angemessen. Darum wird nicht nur die Welt unter Verwendung der 4 beschrieben, sondern auch die Grundwahrheiten der Heilsgeschichte und des geistlichen Lebens. Die Inkarnation wird in dieser Weise behandelt, denn Christus hat alle Bedingungen des Irdischen außer der Sünde angenommen[89]. Wird vom Ganzen der Heilsgeschichte, also vom Wirken Gottes, ausgegangen, ist die Unterscheidung des dreifachen *status innocentiae, naturae lapsae, gloriae* angemessen. Wird die Auswirkung in der Inkarnation betrachtet, ist die 4 am Platz.

Vierfach ist die Ordnung dessen, was mit Verdienst zu lieben ist, nämlich Gott, wir selbst, der Nächste und der eigene Leib[90]. Vierfach ist die Strafe der Sünde: *ignorantia, malitia, infirmitas et concupiscentia*[91]. Auch bei der Reue werden 4 Gesichtspunkte unterschieden[92]. Sogar das Höllenfeuer entfaltet seine strafende Gewalt durch das Zusammenwirken von 4 Arten des Feuers[93], und die Strafen der Verdammten werden *varia, aspera, horribilia et intolerabilia*[94] genannt, während dem verklärten Leib 4 Gnadengeschenke[95] zuteil werden. Die ordnende Kraft der 4 reicht bis in die lateinische Sprache hinein. Am Verbum werden *indicativus, imperativus, optativus et subiunctivus*[96] unterschieden, und die Grammatik *determinat de littera, de syllaba, de dictione, de oratione*[97].

Einmal erwähnt Bonaventura die Übereinstimmung aller Menschen: *in hoc concordant christiani, iudaei, saraceni et etiam haeretici*[98]. Neben den Angehörigen der Religionen des Christentums, des Judentums und des Islam werden die Häretiker als eigene Gruppe angeführt, die doch eine abweichende Gruppierung innerhalb des Christentums sind. Aber hier waltet eine Logik eigener Art. Es ist „die Auswirkung der im Unbewußten wurzelnden Symbol-Vier, . . . (die) überall dort eingesetzt wird, wo es darum geht, in eine schwer übersehbare Mannigfaltigkeit Ordnung und Übersicht zu bringen"[99]. Die 4 stellt damit den *numerus universalitatis in mundo*[100] dar, die Zahl der innerweltlichen Ganzheit.

---

[88] Brev Prol. § 6, 6.
[89] Brev IV, 7, 3.
[90] Brev V, 8, 1.
[91] Brev VI, 3, 2.
[92] Brev VI, 10, 4.
[93] Brev VII, 4, 4.
[94] Sol III, 6.
[95] Brev VII, 1.
[96] Hex IV, 19.
[97] Ibid.
[98] De myst. Trin. I, 2, Conclusio.
[99] L. Paneth, Zahlensymbolik im Unbewußtsein, Zürich 1952, 151; cf. 154—168.
[100] Hex XVI, 10.

Die „innere Gewalt der Zahlen"[101] läßt es auch dahin kommen, daß
Bonaventura von einem „dreifachen Weg" spricht, wo er tatsächlich 4
Glieder aufzählt: *triplex est modus exercendi se circa hanc triplicem viam,
scilicet legendo et meditando, orando et contemplando*[102]. Trotzdem liegt
hier keine Fehlleistung vor; denn bevor der Mystiker sich in die Höhen der
via purgitiva, illuminativa und *unitiva* aufschwingen kann, hat er einen
langen Weg auf der Erde zurückzulegen. Ihn bezeichnet Bonaventura mit
den vorbereitenden Übungen des Lesens (der Schrift), des Meditierens, des
Gebetes und der Betrachtung. An der Grenzlinie der 3 und der 4 begegnen
sich Göttliches und Menschliches, Himmliches und Irdisches. Heidegger[103]
hat das im „Geviert" angesprochen.

Bonaventura hat die Symbolbedeutungen der 3 und der 4 in der Tradition
vorgefunden: *Secundum Hugonem*[104] *quaternarius respondet corpori, ternarius respondet spiritui*[105]. „Drei und Vier, das ist also Transzendenz und
Immanenz. Das ist Gott und Mensch oder Gott und das Universum"[106].
Besteht also hinsichtlich der 3 und der 4 weitgehende Übereinstimmung der
Tradition und der Interpreten, so gibt das Verständnis der 5 größere Rätsel
auf.

5

Für das frühe Mittelalter stellt U. Großmann[107] fest: „Eine etwas geringere Rolle spielt die Zahl 5 in der Zahlensymbolik. Sie wird wohl öfters
erwähnt und entweder auf die 5 Sinne, oder, wegen der 5 Bücher Moses,
auf das Gesetz bezogen." Hugo von St. Viktor[108] erwähnt die 5 Sinne,
Hinkmar[109] desgleichen, dazu die 5 Bücher Moses. Rhabanus Maurus[110]
nennt beides, dazu die 5 törichten und die 5 klugen Jungfrauen des Evan-
geliums (Mt 25, 1—12) und die 5 Talente (Mt 25, 15—16), während Ps.-
Isidor[111] neben den Sinnen, den Jungfrauen, den 5 Broten der Synoptiker
(Mt 14,19; Mk 6,41; Lk 9,16) auch noch 5 Arten von Lebewesen aufzählt:
Menschen, Vierfüßer, Reptilien, Fische und Vögel.

Diese wenigen Anregungen konnte Bonaventura der unmittelbar vorher-
gehenden Tradition entnehmen[112], und so kommen auch die zum Gemein-

---

[101] Aug. De Gen. ad litt. IV,7; PL 34, 304; cf. Großmann, l.c., 23.
[102] De triplici via, Prol. 1.
[103] Vorträge und Aufsätze, Pfullingen ²1959, 163—181.
[104] Didasc. II,5; PL 176, 753f.
[105] Hex XVI,7.
[106] Cf. H. de Lubac, Exégèse médiévale, Paris 1964, II,2, 29 (= Théologie 59).
[107] Großmann, l.c., 32.
[108] De Scripturis et scriptoribus sacris XV; PL 175, 23A.
[109] Explan. in ferculum Salomonis; PL 122, 822.
[110] De universo XVIII,3; PL 490D—491A.
[111] Liber numerorum VI,27; PL 83, 184C.
[112] Cf. Meyer, l.c., 127—129.

platz gewordenen Verweise auf die 5 Sinne[113] und die 5 Brote[114] bei ihm vor. Einmal nennt er auch, was man vielleicht zuerst erwartet hätte, die 5 Finger[115]. Damit ist aber die Symbolbedeutung der 5 weder im Kern getroffen, noch erschöpft.

Bonaventura schildert Lucifer vor dem Fall, aber schon in der Absicht, zu sündigen: *praesumens de privato bono, privatem appetiit excellentiam, volens aliis superferri*[116]. Er erhält hier 3 Charakterisierungen, wie es ihm als einem geistigen Geschöpf zukommt. Nach seinem Fall bekommt er plötzlich 5 Bestimmungen: er ist „unbußfertig, verstockt, verblendet, aus der Anschauung Gottes verbannt und in eine totale Unordnung seines Handelns geraten"[117]. Die 5 damit als Symbol des Teufels aufzufassen, wäre jedoch verfrüht. Der Text weist aber auf das Thema der Sünde hin. Eine andere Stelle bestätigt das und zählt als Folgen der Sünde auf: *multiplex poenalitas, multiplex defectus, multiplex labor, multiplex morbus et multiplex dolor*[118]. Das sind 5 Arten vielfältiger Übel. In die gleiche Richtung weist, daß die Kirche sich auf fünffache Weise für die Sünden der Verstorbenen verwendet, durch *sacrificia, ieiunia, eleemosyna et aliae orationes et poenae voluntarie assumptae*[119]. Auch die weltliche Lust, *mundanum gaudium*, wird als fünffach verächtlich dargestellt[120].

Hier drängt sich die Frage der Herkunft dieser Symbolik auf. Blickt man wegen der Seltenheit der 5 bei Frühscholastikern und Vätern hinüber zu nichtchristlichen Autoren der Spätantike, kann man bei Plutarch[121] lesen, daß die Römer 5 Wachskerzen bei der Hochzeit brennen. Plutarch verbindet also mit der 5 den Gedanken der Ehe. Tatsächlich kommt auch bei Bonaventura die 5 in dieser Bedeutung[122] vor. Ferner nennt Plutarch die 5 die „Hochzeitszahl der Pythagoreer[123] mit der Begründung: „die Drei ist die erste ungerade, die Zwei aber die erste gerade Zahl, und aus beiden, wie aus Mann und Weib, entsteht durch Verbindung die Fünf"[124].

Diese Erklärung läßt mehr Fragen offen, als sie löst. Es weckt schon Zweifel, daß eine Symbolzahl durch die Addition ihrer Teile entstehen soll. Zwar gibt es die Erklärung aus Summanden und Faktoren[125], aber erst bei höheren Zahlen. Bei den Grundzahlen ist immer die ungeteilte Zahl maß-

---

[113] Brev II, 5; De reduct. art. 3; De triplici via I § 3; Sol IV § 4, 20.
[114] Hex VII, 20.
[115] Hex XV, 28.
[116] Brev II, 7, 1.
[117] Ibid.
[118] Brev III, 5, 2.
[119] Brev VII, 3, 1.
[120] Sol II, 1, 9.
[121] Über röm. Gebräuche 2; Verm. Schr., München und Leipzig 1911, III, 352.
[122] Hex XV, 19.
[123] Plutarque, Sur l'E de Delphes VIII; Texte et trad. par R. Flacellière, Paris 1943, 44f.
[124] Verm. Schr., l. c., III, 352.
[125] Cf. Meyer, l. c., 55−59.

gebend, die als Gestalt begriffen wird, nicht als Produkt oder Summe. Die komplizierten Rechenoperationen, wie sie in der Gemmatrie[126], der Kabbala[127] und in einigen mittelalterlichen Zahlentraktaten[128] auftreten, sind späte Zeugnisse einer langen Überlieferung. Auch die wortreichen Erklärungen des Plutarch gehören einer späten Epoche an.

Zu diesen allgemeinen Vorbehalten kommt aber noch ein spezieller. Wie stimmt es zu der angeblichen „Zahl der Ehe" bei den Pythagoreern, daß sie nach einer anderen Tradition ebendiese Zahl 5 „geheim zu halten trachteten"[129]? Die 5 als Summe von 2 und 3, die Weibliches und Männliches bezeichnen sollen, eine solche Banalität wäre keiner Geheimhaltung wert. Entweder ist Plutarch hier einer Mystifikation zum Opfer gefallen, oder, was wahrscheinlicher ist, er verschweigt als Eingeweihter das Wesentliche.

Einen Hinweis auf die ursprüngliche Bedeutung der 5 gibt A. Schimmel[130]: „die 5 ist die Ischtar- bzw. Venus-Zahl." Ischtar ist keineswegs die Hüterin des Ehebundes. Ihr wurde, wie Herodot[131] berichtet, durch Tempelprostitution gehuldigt, und ihre Feiern fanden einen Höhepunkt in dem großen Fruchtbarkeitsfest, das alljährlich mit dem Ritus der „Heiligen Hochzeit" zwischen König und Oberpriesterin begonnen wurde und sich zu einem „bacchantischen Treiben" der ganzen Bevölkerung steigerte, in dessen Verlauf „die Umwertung aller Werte, die Aufhebung der Ordnungen und die Außerkraftsetzung jedes gültigen Gebotes"[132] eintraten. Ischtar steht somit für den Fruchtbarkeitsrausch in seiner chaotischsten Form. Ihr Kult lebte jahrtausendelang im ganzen Orient unter dem Namen der Astarte, und sie fand als Aphrodite Eingang in die Kultur der Griechen, als Venus in die Welt der Römer[133].

Der Ischtar ist von altersher die Zahl 5 zugeordnet; ob aufgrund des *Pentagramma Veneris*[134], sei dahingestellt. Die Tatsache selbst ist unbestritten, und es lassen sich viele Belege beibringen. E. R. Curtius[135] führt Verse des Egbert von Lüttich an, die wiederum auf den verbreiteten Terenz-Kommentar des Aelius Donatus zurückgehen, wo es heißt: *quinque lineae sunt amoris, scilicet visus, allocutio, tactus, osculum sive suavium, coitus.* Weitere Beispiele nennt Heinz Meyer aus Honorius Augustodunen-

---

[126] Cf. Fr. Dornseiff, Das Alphabet in Mystik und Magie, Berlin und Leipzig ²1925, Ndr. Leipzig 1980 (= Stoicheia VII); Leisegang, Die Gnosis, l. c., 39—41.

[127] Cf. G. Scholem, Die jüdische Mystik, Zürich 1957, 163.

[128] Cf. die Übersicht bei Meyer, l. c., 40—77.

[129] R. Haase, Neue Forschungen über Pythagoras, in: Antaios 8 (1967) 401—420; 405.

[130] Art. Zahlensymbolik. I. Religionsgeschichtlich, in: RGG³ 6 (1962) 1861—1863; 1862.

[131] I, 199.

[132] H. Schmökel, Das Land Sumer, Stuttgart ³1962, 143 (= ub 13).

[133] Cf. E. Neumann, Die Große Mutter, Zürich 1956.

[134] Schwabe, l. c., 182, Anm. (2); M. Knapp, Pentagramma Veneris, Basel 1934; dagegen Paneth, l. c., 59—62.

[135] Europäische Literatur und lateinisches Mittelalter, Bern und München ⁸1973, 501; Egbert von Lüttich, Fecunda ratis, Z. 1414—1416; ed. E. Voigt, Halle/S. 1889, 187.

sis: „das Hohelied nimmt unter den sieben *libri agiographi* die fünfte Stelle ein, weil es als Buch der Liebe den fünf *gradus amoris* zugeordnet ist"[136], und aus Adamus Scotus, bei dem der innerste Raum des Tempels, das Allerheiligste, auch als *thalamus* bezeichnet wird, dem die Zahl 5 zugewiesen wird[137]. Das alles geht zurück auf die babylonische Ischtar, „denn *fünf* ist ihre Zahl"[138].

Nach W. Kirfel[139] ist die 5 das universale Einteilungs- und Ordnungsprinzip der indischen und chinesischen Kultur, mit Ausstrahlungen nach Bali und Japan. Es verbindet sich damit der Nebensinn „alle"[140]. Die 5 ist also in diesen Kulturen das Symbol des Vollständigen und Vollkommenen.

Gerade das ist sie in ihrer Ableitung von der Ischtar nicht, denn die 5 bedeutet hier das Durchbrechen jeder Ordnung, weshalb Paneth[141] von ihrem „revolutionären Charakter" spricht. Die 5 weist demnach eine „Tages"- und eine „Nachtansicht" auf, um Fechners[142] Formulierung zu verwenden. Das fruchtbare Chaos wird von dem nicht leib- und materiefeindlichen Denken Ostasiens gebändigt und in eine umfassende Ordnung eingebunden, während die gleiche Wirklichkeit im Westen seit den Pythagoreern Abwehr und Entsetzen auslöst. Nur so ist die Überlieferung zu verstehen, daß Hippasos, der Entdecker des *fünften* regelmäßigen Körpers, des Pentagon-Dodekaeders, für seinen Tabubruch ertränkt wurde[143]. Diese Legende hat Symptomwert, und sie fügt sich mit dem erwähnten „Verschweigen der 5" zu einem Bild zusammen. Daß die 5 später im Manichäismus[144] und im Islam[145] eine überragende Bedeutung gewann, konnte sie den christlichen Theologen natürlich nicht empfehlen. So setzte sich das pythagoreische Verschweigen fort, und die „hochheiligste Zahl"[146] der frühen Hochkulturen wurde in Okkultismus und Magie abgedrängt.

Um so erstaunlicher ist die Nachwirkung der 5 im Werk Bonaventuras. Allerdings ist diese so verborgen, daß sie bisher übersehen wurde. Auffallend ist dabei, daß Bonaventura die 5 mehrfach mit Christus verbindet. Bekannt sind die „fünf Wunden Christi"; sie werden nun als Folge der Sünde verständlich[147]. Das wichtigste Beispiel sind jedoch die 5 *modi co-*

---

[136] Meyer, l.c., 150; cf. Honorius, Prol.; PL 172, 351 A–B.

[137] De tripartito tabernaculo II, 17, 133; PL 198, 736 C–737 D; II, 18, 134; 738 C–D; II, 19, 137; 742 D–743 A; III, 19, 183; 789 B–C; cf. Meyer, l.c., 89; Skizze 87.

[138] V. Schneider, Gilgamesch und die drei Gerechten der Bibel, in: Antaios 6 (1964) 355–372; 364; cf. 365.

[139] Zahlen- und Farbensymbole, in: Saeculum 12 (1961) 237–247.

[140] Op. cit., 247.

[141] L.c., 66 f.

[142] Die Tagesansicht gegenüber der Nachtansicht, Leipzig ³1919.

[143] Cf. Paneth, l.c., 68–70; Burkert, l.c., 432–438.

[144] Hopper, l.c., 58.

[145] Schimmel, l.c., 1862.

[146] Fr. C. Endres, Mystik und Magie der Zahlen, Zürich ³1951, 148.

[147] De perfect. vitae VI, 1–2.

gnoscendi[148]. In Christus sind alle möglichen Weisen des Erkennens vereinigt: die göttliche Erkenntnis, die Schau der Glorie, die vollkommene
menschliche Erkenntnisweise Adams vor dem Sündenfall und die Sinneserkenntnis des leibgebundenen Menschen. Die Fünfzahl der Erkenntnisweisen zeigt, wie das einmalige und in jeder Hinsicht eine Ausnahme bil-
dende Mysterium der Inkarnation jede Begrenzung sprengt. Die 5 erweist
sich auch hier als revolutionär.

Bonaventura führt in seiner Begründung[149] aus, daß es zur Fünfzahl der
Erkenntnisweisen durch das Hinzutreten der Sinneserkenntnis kommt, die
die ursprüngliche und harmonische Vierzahl überschreitet. Zuerst nennt er
die Erkenntnis *in arte Aeterna*, bei der zwei Momente unterschieden werden: *per naturam Deitatis* und *per gloriam comprehensionis*. Dazu kommt
die kreatürliche Erkenntnis in ihrer vollkommenen, noch nicht durch die
Sünde beeinträchtigten Form, die wiederum zweifach ist: *vel secundum
habitum innatum, vel secundum habitum infusum*. Zu diesen vier Weisen
tritt nun die Erkenntnis *in proprio genere*, und zwar *via sensus, memoriae et
experientiae*. Das ist die Erkenntnis des Menschen. Sie ist jedoch bei Christus derart abgewandelt, daß sie jede Abhängigkeit vom Gegenstand der
Erkenntnis ausschließt. Darum vollzieht sich diese Erkenntnis bei Christus
umgekehrt wie bei den übrigen Menschen: *in nobis facit rem incognitam
cognosci, in Christo vero rem cognitam secundum unum modum cognosci
fecit secundum alium*. Bei den Menschen wird ein zuvor unbekannter
Gegenstand erkannt; Christus erkennt einen auf eine andere Weise bereits
erkannten nun auf eine andere Weise, denn sonst würde diese Erkenntnisweise seiner Göttlichkeit widerstreiten.

Weist dieser Text die fünfte Bedingung als die besondere, „irdische", des
Erkennens, so tritt dieselbe Zahl auch bei der Passion Christi auf. Diese ist
*generalissima, acerbissima, ignominiosissima, interemptoria, sed vivificati-
va*[150]. Sein Leiden ist das allgemeinste, härteste, schimpflichste und mörde-
rischste, aber es ist lebensspendend, nämlich für die Menschen. Den vier
negativen Bestimmungen im Sichtbaren tritt eine fünfte auf der unsicht-
baren Ebene der Gnade gegenüber. Die 5 sprengt auch hier die Reihe der
zuerst genannten Bestimmungen und weist auf eine davon vollständig verschiedene Wirklichkeit hin.

Nach diesen schwierigen Fragen der Christologie noch ein Blick in die
Hagiographie. Vom heiligen Franziskus heißt es einmal, eine unermeßlich
große Zahl von Dämonen habe sich zusammengerottet, um den Heiligen zu
plagen. Ihre Zahl muß also in die Tausende gehen, denn Tausend ist die
Zahl des ungeheuer Großen[151]. Wieviele Tausend aber sind es genau?

---

[148] Brev IV, 6, 1.
[149] Brev IV, 6, 3.
[150] Brev IV, 9, 1.
[151] Hex XXIII, 31.

Bonaventura läßt keinen Zweifel darüber: *contra ipsum (scil. Franciscum) congregati quinque millia ad ipsum deiiciendum*[152]. *Fünf*tausend Dämonen bedrängen den Heiligen.

6

Auch der Abschnitt über die Sechs kann mit einer irrigen Feststellung eingeleitet werden. O. Rühle[153] behauptet: „Die Sechszahl hat unter den heiligen Zahlen kaum irgendwelche Bedeutung." Das Gegenteil ist wahr, wie die vielen Kommentare zum Sechstagewerk beweisen, und bei Bonaventura tritt die 6 zweimal im Titel wichtiger Werke auf, in den *Collationes in Hexaemeron* und in der mystischen Schrift *De sex alis Seraphim*. Außerdem ist die 6 ein vielfach verwendetes Einteilungsprinzip.

Die Tradition betont einhellig die Vollkommenheit der Zahl 6. So heißt es bei Augustinus[154] im Genesis-Kommentar: *Invenimus ergo senarium numerum primum esse perfectum, ea ratione quod suis partibus compleatur.* Der arithmetische Grund der Vollkommenheit wird darin gesehen, daß die *partes aliquotae*, also die Zahlen 1, 2 und 3, durch die die 6 teilbar ist, in ihrer Summe wiederum 6 ergeben. Dabei ist es jedoch wahrscheinlich, daß die mathematische Erklärung der Vollkommenheit eine spätere Bearbeitung darstellt, denn allem Komplizierten geht das Einfachere voraus. Darum dürfte das Erfassen der 6 als Gestalt, als runde und einleuchtend vollkommene Zahl, historisch älter sein. Dagegen spricht auch nicht, daß die 6 ihrerseits die Hälfte einer noch umfassenderen Einheit ist, wie die geläufige Mengenbezeichnung des „halben Dutzend" zeigt. Ferner ist die 6 als Teilungsprinzip von Scheidemünzen wichtig, wie noch vor kurzem in England, was auf den Karolingischen Münzfuß zurückgeht.

Wenn ein Einteilungsprinzip eine derart verbreitete Geltung aufweist, kann man auf ein hohes Alter schließen. F. Herrmann[155] bestätigt, daß „in Babylon die Sechs die Grundzahl war, von der man vorzugsweise ausging", und führt aus: „in Babylon kannte man Zahlworte, die die jeweils konkrete Einheit in der Art unseres ‚Dutzend' zusammenfassen, sowohl für 60 . . . wie auch für 600 . . . sowie für 3600"[156]. Von Babylon sind dann die 6, die 60, die 600 und Vielfache davon als Rundzahlen in das Alte Testament übergegangen. Wenn somit die Vollkommenheit der 6 aus der ältesten Überlieferung des Zweistromlandes stammt, wird man nicht mehr mit H. Meyer[157] annehmen können: „Die Sechs ist die einzige Zahl, deren Deutungen einen so einheitlichen Ursprung haben, daß nahezu jeder Beleg

---

[152] Hex XVIII, 23.
[153] Art. Zahlen, in: RGG² 5 (1931) 2063—2068; 2065.
[154] De Gen. ad litt. IV, 2: De senarii perfectione; PL 34, 296—299; 296.
[155] L. c., 146.
[156] Op. cit., 146 f.
[157] Meyer, l. c., 129—133; 129.

darauf zurückweist: Die Sechszahl der Schöpfungstage bildet die gemeinsame Wurzel verschiedener Auslegungen, die im einzelnen auf die Weltalter, den Kreuzestod Christi oder die guten Werke des Menschen ausgerichtet sein können."

Daß die Zuordnung so eindeutig nicht sein kann, erweist die Streitfrage der Väter, ob die 6 eine vollkommene Zahl sei, weil Gott die Welt in 6 Tagen geschaffen hat, oder ob Gott die Welt in 6 Tagen geschaffen habe, weil die 6 eine vollkommene Zahl ist. Augustin[158] entscheidet sich für die zweite, Gregor der Große[159] für die zuerst genannte Möglichkeit.

Diesen Streit wird man heute so entscheiden können: Augustin kommt der Wahrheit näher. Das ist jedoch nicht mißzuverstehen, als ob damit der Schöpfer von der vollkommenen Zahl 6 abhängig würde. Es geht vielmehr um den biblischen Bericht, der nach dem Maß der Sechszahl stilisiert wurde.

Auch bei Bonaventura ist Vollkommenheit die Grundbedeutung der Sechszahl: *licet primum principium sit immensum et incircumscriptibile, sit incorporeum et invisibile, sit aeternum et incommutabile*[160]. Gott als erstes Prinzip erhält 6 Prädikate. Aber auch den Seinsbegriff, *esse*, interpretiert Bonaventura als *primum, aeternum, simplicissimum, actualissimum, perfectissimum ideo summe unum*[161].

Vollkommen ist auch die Gnade, die das Sakrament der Eucharistie gewährt. Deren Empfänger *purgentur, illuminentur, perficiantur, reficiantur, vivificentur et in ipsum Christum . . . transferantur*[162]. Ebenso hat jede menschliche Kunst oder Wissenschaft 6 Wirkungen: *Omnis ars . . . aut est ad solatium, aut ad commodum; sive aut est ad excludendam tristitiam, aut indigentiam; sive aut prodest, aut delectat*[163]. In der Vollendung des ewigen Lebens lebt die Seele in der Mahlgemeinschaft, *convivium*, der „Patriarchen, Propheten, Apostel, Märtyrer, Bekenner und Jungfrauen"[164], also 6 Gruppen von Seligen. Die Vollkommenheit Gottes umfaßt *summam unitatem, simplicitatem, immensitatem, aeternitatem, immutabilitatem et actualitatem*[165]. Die Vollkommenheit der Kirche ist in ihren 6 Ständen gegeben: *praesidentes et subditi, docentes et discipuli, regulantes et regulati*[166].

Besonders bedeutungsträchtig sind die 6 Flügel des Seraphen (Jes 6,2), denen Bonaventura eine eigene mystische Schrift[167] gewidmet hat. Ihr war

---

[158] De Gen. ad litt. IV, 7; PL 34, 301.
[159] In Hiezech. II, Hom. V, 12; CCL 142, 285; cf. Meyer, l.c., 130.
[160] Brev I, 5, 2.
[161] Itin V, 6.
[162] Brev VI, 9, 7.
[163] De reduct. art. 2.
[164] Sol IV, 18.
[165] De myst. Trin. VIII, Conclusio.
[166] Hex XXII, 9.
[167] De sex alis Seraphim.

bereits ein Werk gleichen Inhalts von Alanus ab Insulis[168] vorausgegangen. Die 6 Flügel des Engels in der Nähe Gottes werden von Bonaventura an vielen Stellen[169] erwähnt, wie auch die 6 Flügel der Tiere der Apokalypse (4, 8)[170]. Ferner werden 6 Stufen des Aufstiegs der Seele zu Gott mit 6 verschiedenen Seelenvermögen in Beziehung gesetzt[171]. Infolge der „inneren Gewalt der Zahl"[172], die sich auch in der Formung des Schöpfungsberichtes durchgesetzt hat, ist die 6 immer gefordert, wo es um eine Weise der Vollkommenheit geht. Dazu ein letztes Beispiel. Für den Eifer der Prälaten der Kirche nennt Bonaventura diese Merkmale: *Sufficit eis tantum vigilare, tantum orare, tantum pro Deo dare, vel ieiunare vel laborare . . .*[173]. Es genügt ihnen, zu wachen, zu beten, Almosen zu geben, zu fasten und strenge Übungen auf sich zu nehmen. Das sind jedoch erst fünf verdienstliche Werke. Bonaventura sieht sich daher genötigt, auch noch eine sechste, nicht näher bezeichnete, Art hinzuzufügen: *et huiusmodi*[174]. Ein angehängtes „und dergleichen" füllt die Sechszahl auf.

Die Vollkommenheit der 6 ist noch steigerungsfähig. So heißt es im Hohenlied: „Seht Salomons Lager, sechzig Helden rings um ihn her" (3,7). Bonaventura interpretiert: *Sexagenarius numerus est perfectus et resurgit ex duplicatione senarii in denarium*[175]. Die Sechzig war bereits die Grundeinheit der Babylonier. Sie lebt in unserer Zeiteinteilung fort.

Symbolisches Denken, das den Zahlenverhältnissen nachgeht, bildet eine der Grundlagen des mystischen Verständnisses der Schrift. Zur Methode schreibt H. Meyer[176]: „Nach Augustinus sind die mathematischen Berechnungen (*ratio numerorum*) und das biblische Vorkommen (*testimonium Scripturarum*) die beiden sinnstiftenden Momente für ihre Bedeutung. Als dritte Quelle kommt die *auctoritas majorum* hinzu, von der der Exeget Deutungen übernehmen kann." Diese drei Quellen der Zahlendeutung sind auch für Bonaventura maßgebend. Dabei spielt die arithmetische Berechnung die geringste Rolle. Voll wirksam ist dagegen die Autorität der Väter, speziell Augustins, der Bonaventura besonders durch Hugo von St. Viktor[177] vermittelt wird, den er aber auch aus direktem Studium der Texte kennt, wie viele Zitierungen beweisen.

---

[168] De sex alis Cherubim; PL 210, 265—280.
[169] Itin Prol. 3; VII, 3; Hex VIII, 8; VIII, 12; De sex alis Seraph. I, 4.
[170] Hex VII, 22; De sex alis Seraph. I, 4.
[171] Itin I, 6.
[172] Aug. De Gen. ad litt. IV, 7; PL 34, 304.
[173] De sex alis Seraph. II, 3.
[174] Ibid.
[175] De septem donis Spir. s. V, 3.
[176] L.c., 78, unter Hinweis auf Aug. De Trin. IV, 6, 10; PL 42, 895.
[177] De Scripturis et scriptoribus sacris; PL 175, 9—28; Didasc. II, 5—6; PL 176, 754f.; De quinque septenis; PL 175, 405—414; cf. Richard von St. Viktor, In Apocalypsim Joannis libri septem; PL 196, 683—888.

Die wichtigste unter den von Meyer[178] angeführten Quellen ist jedoch
für Bonaventura die Schrift selbst. Alle vorkommenden Zahlen werden als
hochbedeutsame Sinnträger gewürdigt, deren jede eine sorgfältige Auslegung erfährt, um möglichst viel von der unendlichen Fülle des Heilssinnes
zu erfassen. Darum ist die Deutung der biblischen Symbolzahlen für ihn
auch nicht nur ein historisches oder antiquarisches Interesse. Die Berührung mit dem Wort der Schrift bringt eine verwandte Saite in seiner eigenen
Seele zum Mitschwingen. Diese *cognitio per quandam connaturalitatem*[179]
ermöglicht ein Verständnis der Schrift, das die Wissenschaft hinter sich
läßt, und das er Weisheit nennt.

Die Grundlage dieser *connaturalitas* liegt also in seiner inneren seelischen
Erfahrung. Sie stellt ihn neben den biblischen Autor und läßt ihn dieselben
Bilder erblicken, die jener in seiner Schau erfahren hat. Das geht über jedes
historische und philologische Textverstehen weit hinaus und ist daher von
einem Interpreten, der nicht über vergleichbare Erfahrungen verfügt, kaum
zureichend darzustellen. Darum können nur Ansätze zu einer Deutung gegeben werden.

1. Wenn ein Autor des 13. Jahrhunderts, ein wissenschaftlich arbeitender Theologe an der bedeutendsten Hohen Schule des Abendlandes, in eine
derartige Nähe zu einem biblischen Autor gebracht wird, etwa dem Seher
von Patmos, oder einem der Propheten, dann muß, wenn diese Behauptung einen faßbaren Sinn haben soll, das *tertium comparationis* genannt
werden, das die Erwähnung beider im gleichen Atem rechtfertigt.

2. Die Brücke zwischen Bonaventura und der Schrift bildet die Zahl.
„Dabei muß ein von unserem numerischen Zahlenverständnis verschiedenes . . . Denken vorausgesetzt werden, das die Zahl in erster Linie als Ausdruck eines Verhältnisses versteht"[180]. Über dieses Verhältnis sagt Bonaventura: *Cum igitur omnia sint pulchra et quodam modo delectabilia; et
pulcritudo et delectatio non sint absque proportione; et proportio primo sit in
numeris; necesse est omnia esse numerosa; ac per hoc ‚numerus est praecipuum in animo Conditoris exemplar‘ et in rebus praecipuum vestigium ducens in Sapientiam*[181].

3. Das Verhältnis ist also mehrfach vermittelt, und es gilt, die verbindenden Begriffe genau zu erfassen. Nach der Welt- und Glaubenserfahrung
Bonaventuras sind alle Dinge schön und angenehm. Das Schöne und Angenehme ist aber nicht möglich ohne Proportion. Die Proportion wiederum
besteht in einer bestimmten Zuordnung von Zahlen zueinander und in ihrer

---

[178] L.c., 78.

[179] Thomas von Aquin, S.Th. I, 1, 6 ad 3; cf. J. Rivera, Konnaturales Erkennen und verstehendes Denken, Freiburg–München 1967 (= Symposion 23); V. Berning, Das Prinzip der
Konnaturalität der Erkenntnis bei Thomas von Aquin, in: ThGl 72 (1982) 291–310.

[180] Leinske, l.c., 89.

[181] Itin II, 10.

Einordnung in das Gefüge eines Ganzen. Daraus folgt, das alles von Zahlenverhältnissen durchwebt ist. Das spricht Bonaventura mit den Worten des Boethius aus, wonach die Zahl das erste Urbild im Geiste des Schöpfers ist. Darum ist sie auch dasjenige in den Dingen, das als das bedeutsamste Zeichen zur Weisheit zu führen vermag.

4. Damit ist die Bedingung der Möglichkeit genannt, diese Geheimnisse zu erfahren. Es heißt ferner: *in anima est mira numerositas, summus ordo, summa proportionalitas*[182]. Die Seele findet auch in ihrer eigenen Tiefe dieses wunderbare Verhältnis von Zahlen, Ordnung und Proportion. Das gehört nach Bonaventura zu den grundlegenden Einsichten des kontemplativen Lebens, und diese Weise der inneren Erfahrung hält Bonaventura ausdrücklich für normal und allgemein: *Quaelibet anima contemplativa habet quandam perfectionem, ut videat visiones Dei*[183].

5. Diese *visiones Dei* stellen aber die stärksten seelischen Erschütterungen dar, denen ein sterblicher Mensch ausgesetzt sein kann. Sie müßten ihn überwältigen und seine Identität völlig auslöschen, wenn es ihm nicht gelänge, die Fülle zu umgrenzen und für ihn handhabbar zu machen, wenn sich das auch ausnimmt, als wolle er das Meer mit einer Nußschale ausschöpfen. Er folgt dabei dem Zwang, seine ungeheuerliche Erfahrung zu bearbeiten. „Auch der Mystiker *denkt*"[184], und die Bearbeitung seiner Visionen ist „die verstandesmäßige Seite der Ekstase"[185]. Ermöglicht wird die Bearbeitung durch gewisse Hohlformen, die er in seiner Seele vorfindet — eben jene Nußschalen — die sich überraschenderweise als geeignet erweisen, die Fülle aufzufangen und zu bergen wie den Edelstein in der Fassung.

6. Zu diesen Hohlformen, die vorgeformt in der Seele bereitliegen, den Einstrom des göttlichen Lichtes in unterscheidbare Gestalten zu gliedern, gehören die Zahlen, aber nicht als Ziffern im numerischen Verstande, sondern als symbolische, d.h. archetypische Zahlen. „Die Symbolzahlen, und zwar *alle* Symbolzahlen, sind Archetypen im Jungschen Sinn"[186].

7. Die Zahlbegriffe eignen sich auch nach Alanus ab Insulis[187] mehr als jeder konkrete Begriff dazu, auf Gott angewandt zu werden, weil sie formal und hinreichend weit sind. Dagegen ist jeder anschauliche Begriff festgelegt und eng. Ein enger und konkretistischer Begriff von Gott führt zum Götzendienst. Es heißt darum: *Omne nomen mathematicum minus improprie dicitur de Deo, quam concretivum. Mathematica enim magis tendunt ad simplicitatem . . .* Alanus erkennt, daß jede menschliche Rede von Gott un-

---

[182] Hex XX, 8.
[183] Hex XXIII, 4.
[184] H. Leisegang, Denkformen, Berlin ²1951, 73.
[185] J. Beumer, Zwei schwierige Begriffe in der mystischen Theologie Bonaventuras („raptus" und „ecstasis"), in: FS 56 (1974) 249–262; 259.
[186] Paneth, l.c., 215.
[187] Theologicae Regulae XXXI; PL 210, 638A.

angemessen ist. Aber es gibt Grade der Unangemessenheit. Es ist angemessener, von Gott als dem Einen und Dreieinigen zu reden, als ihn mit einer noch so eindrucksvollen Erscheinung in der Natur zu identifizieren, sei es mit der Sonne, dem Blitz, dem Donner oder dem Sturm.

8. Wenn die Zahlen von altersher in der Rede von Gott ihren Ort haben, bedeutet ihre Erkenntnis und Deutung nicht den Beginn der Mathematik, sondern der Theologie, und zwar als mythische Rede von Gott. Immer steht am Anfang das Große und Erhabene und nicht das Banale und Nützliche. Am Anfang steht die Zahl als Gefäß des Göttlichen und nicht in ihrer Verwendbarkeit als Rechengröße. Kennzeichnend für die Gegenwart ist die Verzifferung. Diesen Wandel meint Ernst Jünger[188]: „Die Zahl als Ziffer ist den Göttern feindlich, und ihr Triumph bedeutet deren Sturz."

9. Um die Zahlenverwendung bei Bonaventura würdigen zu können, ist die Tatsache seiner mystischen Erfahrung festzuhalten, die er selbst bezeugt. Trotz des unpersönlichen Ausdrucks ist es unmittelbar einsichtig, daß die *excessus ecstatici* und *excessus mentales*[189] sein eigenes Erleben sind. Eine Erklärung des Gesehenen kann es nicht geben. Dennoch verlangt diese Erfahrung nach einem Ausdruck. Dieser Ausdruck kann nur ein symbolischer sein. Dafür gibt es einige wenige, in allen Religionen und Kulturen immer wieder auftretende Möglichkeiten. Eine davon ist die Zahl.

10. Die Echtheit seiner Erfahrung wird auch von der Weise seines Umgangs mit den Zahlen bezeugt. Der Unterschied etwa zu den Spekulationen eines Hinkmar[190] ist offensichtlich. Bonaventuras Verwendung der Zahlen ist einfacher, achetypischer. Darum überwiegen bei ihm die Grundzahlen. Selbst wo er höhere Zahlen behandelt, wie die 666 der Apokalypse[191], ist seine Erklärung ungekünstelt und einleuchtend.

11. Wie bei der Traditionsverbundenheit seiner Lehre nicht anders zu erwarten, übernimmt Bonaventura auch in der Zahlensymbolik ein reiches Erbe, zu dem mittelalterliche Lehrer und Väter, biblische Autoren und griechische Philosophen beigetragen haben.

12. Daneben ist als nicht minder bedeutsame Quelle sein seelisches Erleben wirksam. Folgt man dieser Spur, lassen sich die Wurzeln der Symbolbildung bis in den Mythos und die Kultur des Zweistromlandes zurückverfolgen. Wenn hier überhaupt eine Erklärung möglich ist, läßt sich in Anlehnung an C. G. Jung sagen, daß die Gewalt des mystischen Erlebens das Meer seines Unbewußten derart aufgewühlt hat, daß er mit den Tiefenschichten des kollektiven Unbewußten in Berührung gekommen ist. Bonaventura hat die andrängende Flut der Bilder gebändigt und zu Werken von

---

[188] Zahlen und Götter. Philemon und Baucis, Stuttgart 1974, 94.
[189] Hex XIX, 4.
[190] Zu Hinkmar cf. Großmann, l. c., 54.
[191] De septem donis Spir. s. VIII, 1; cf. F. M. Delorme, Saint Bonaventure et le nombre apocalyptique 666, in: FrFr 8 (1925) 519—525.

großer Geschlossenheit gestaltet. Ermöglicht wurde diese Bearbeitung seiner Erfahrungen durch die archetypischen Formen, die er in der Tradition wie in seiner eigenen seelischen Tiefe vorgefunden hat. Dabei kommt ihm die innere Gewalt der Zahlen zu Hilfe, die sich als ordnungstiftende Kraft konkretisiert. „Psychologisch läßt sich daher die Zahl als ein bewußtgewordener Archetypus der Ordnung definieren"[192].

---

[192] M.-L. v. Franz, Zahl und Zeit, l.c., 48; cf. 99 Anm. 1.

MENSURA IM WERK DE MENSURA ANGELORUM DES AEGIDIUS ROMANUS

von Barbara Faes de Mottoni (Rom)

Das Maß — sowohl in seiner allgemeinen Bedeutung, als auch in seinen speziellen Bestimmungen als Maß gewisser Realitäten, wie Ewigkeit, *aevum*, Zeit — taucht oft in den Werken des Aegidius Romanus auf. Es wird schon in dem Kommentar zum 1. Buch Sententiarum behandelt[1], dann in den Quaestiones metaphysicales[2], in den Kommentaren zur Physica[3] und zu De causis[4], schließlich in einer der letzten Schriften des Aegidius, nämlich im Kommentar zum 2. Buch Sententiarum[5]. Zudem ist ein ganzes Werk, De mensura angelorum[6], der Ergründung dieses Themas gewidmet.

Dieser Traktat, welcher meiner jetzigen Meinung nach gegen 1288–1290 entstanden ist[7], steht im Werk des Aegidius Romanus nicht isoliert. Vielmehr durchzieht seine ganze theologische Produktion die Fragestellung des Engelproblems: diese führte, vielleicht in rascher Folge[8], zur Niederschrift

---

[1] In primum librum Sententiarum, Venetiis 1521, bes. d. 8, q. 1, a. 1: Utrum Deus sit mensura omnium substantiarum; a. 2: Utrum Deus sit mensura omnium entium; a. 3: Utrum Deus dicatur mensura entium proprie; q. 2, a. 1: Quid sit aeternitas; a. 2: Utrum alia a Deo mensurentur aeternitate; a. 3: Utrum Deus mensuretur aeternitate (ff. 47 K–50 C).

[2] Quaestiones metaphysicales, Venetiis 1501 (ff. 35 va–38 vb).

[3] Commentaria in octo libros physicorum Aristotelis, Venetiis 1502, bes. f. 97 ra–114 va.

[4] Super librum de causis, Venetiis 1550, bes. comm. prop. XXXI, ff. 103 v–108 r.

[5] In secundum librum Sententiarum, vol. 2, pars I, Venetiis 1581, d. 2, a. 2–5, ff. 107–137.

[6] De mensura angelorum, Venetiis 1503. Ich beabsichtige, eine kritische Ausgabe dieses Werks herzustellen. Einstweilen werden sämtliche Zitate nach der venetianischen Ausgabe angegeben, nachgeprüft und verbessert unter Berücksichtigung folgender Handschriften: Erfurt, Wiss. Allg. Bibl., Ampl. F 316, Bordeaux, Bibl. Mun. 143, Nürnberg, Stadtbibl. Cent. I, 67.

[7] Da De mensura (q. 9, f. 68 va) auf *quodlibet III* verweist, und die q. 20 des *quodlibet V* (Lovanii 1646, 325) sich auf De mensura beruft, ist De mensura zwischen den beiden *quodlibet* entstanden. Unter Berücksichtigung der für diese *quodlibet* von P. Glorieux vorgeschlagenen Datierung (La littérature quodlibétique I, Paris 1935, 140), vermute ich, zumindest vorläufig, daß dieses Werk zwischen 1288 und 1290 verfaßt worden ist.

[8] Da alle diese Werke aus *quaestiones disputatae* bestehen, würde ich, zumindest vorläufig, annehmen, daß sie zwischen 1285 und 1291 entstanden sind, d.h. während seiner Tätigkeit als *magister theologiae*. Daß De cognitione De mensura vorangeht, ergibt sich dadurch, daß dieses auf jenes verweist (f. 68 vb); De motu folgt auf De mensura, da in diesem (f. 70 rb) Aegidius die Absicht äußert, De motu niederzuschreiben. Was das noch zum Teil unedierte De compositione betrifft, vermag ich mich einstweilen nicht auszusprechen.

der diesem Problem spezifisch gewidmeten Werke, und zwar zu De cognitione angelorum (das De mensura vorangeht), dann De compositione angelorum, schließlich De motu angelorum[9].

De mensura besteht aus zehn *Quaestiones disputatae*, die, wie schon die Überschrift zeigt, sich mit dem Maß der Engel befassen[10], genauer, mit den Maßen der Engel. Außer dem *aevum*, das Maß der Dauer deren Seins ist, sind solche Maße auch das *nunc aevi*, oder Maß deren Substanz[11], die einfache, d.h. göttliche Ewigkeit (das einzige, getrennte und äußerliche Maß, auf das sich alle einzelnen *aeva* zurückführen lassen), und schließlich die Zeit, als Maß gewisser engelhafter Handlungen (*operationes*). Die Zeit wird dadurch als engelhaftes Maß angesehen, da gewisse engelhafte Handlungen — wie die Fortbewegung der Himmelskörper und ihre Bewegung darüber, das durch die Spezies Erkennen (*per species intelligere*) und die Willenstätigkeit (*velle*)[12] — einer gewissen Reihenfolge unterzogen sind[13]. Es ist ja die Zeit, die der Reihe nach mißt (*successive, scilitet partem post partem*), anders als die Ewigkeit und das *aevum*, die stets mit etwas Fortdauerndem oder Gleichzeitigem zusammenhängen[14].

---

[9] Unter diesen Werken haben die ersten beiden eine größere Verbreitung gehabt. Dies zeigt die größere Anzahl von Manuskripten in dem von G. Bruni verfaßten Verzeichnis (Le opere di Egidio Romano, Firenze 1936, 123—125). Zu den von Bruni angeführten Manuskripten des De mensura, sind folgende hinzuzufügen: Nürnberg, Stadtbibl. Cent. I, 67, Roma, Bibl. Ap. Vat. lat. 13001, Leipzig, Universitätsbibl. 529, Paris, B.N. 3121A, Salamanca, Bibl. Un. 2028.

[10] Die Titel der *quaestiones* lauten: 1. Utrum aevum sive aeternitas participata sit mensura angelorum. 2. Utrum sit unum aevum omnium aeviternorum. 3. Utrum aevum sit idem quod esse aeviternorum et quid addat super ipsum. 4. Utrum aevum in aeviternis faciat per se praedicamentum sicut quando et utrum unum reducatur in aliud. 5. Quaeritur in quo praedicamento sit aevum, utrum sit idem quod suum nunc. 6. Utrum nunc aevi et temporis differant realiter. 7. Utrum in aevo sit successio. 8. Utrum angelus quantum ad suas operationes mensuretur tempore. 9. Utrum tempus quod mensurat operationes angeli sit compositum ex instantibus. 10. Quaeritur in quo praedicamento sit tempus quod mensurat operationes angelorum.

[11] *Nam et philosphus in IV Physicorum plane hanc sententiam innuit, videlicet quod tempus mensurat motum et nunc temporis mobile; ergo et in proposito ex quo aevum mensurat esse, quia se habet ad esse sicut tempus ad motum, oportet quod nunc aevi mensuret illud cuius esse est actus. Esse autem est actus existentis in eo quod existens: habet enim se suo modo esse ad existens, sicut motus ad mobile. Ipsum ergo nunc aevi mensurabit ipsum existens vel ipsam substantiam aeviterni, et quia substantia aeviterni est realiter differens a suo esse, ideo nunc aevi et aevum realiter differunt* (De mens., q. 5, f. 52 vb).

[12] *Dicemus enim triplicem esse operationem angelicam, unam qua movet corpora, aliam qua movet se super corpora ut per aerem vel per aquam, tertia autem qua movet se ad intelligendum corpora et ea quae sunt in corporibus vel etiam alia quae nec sunt corpora nec in corporibus* (q. 9, f. 70 ra).

[13] Dagegen wird das Gottessehen der Engel, als übernatürliche Handlung, in welcher keine Reihenfolge sondern nur Fortdauer vorhanden ist, durch das *aevum* gemessen, vgl. q. 8, f. 64 ra—b, und auch In II Sent., f. 126 A—B.

[14] Vgl. z.B. in dieser Beziehung: *Propter primum sciendum quod aevum est mensura cuiusdam totalitatis. Est enim aevum mensura divisa contra tempus. Spectat enim ad tempus*

Übrigens ist die Möglichkeit und die theoretische Begründung, verschiedene Maße für dasselbe Ding zu benutzen, ausdrücklich an einer Stelle des Kommentars zum 1. Sententiarum besprochen worden:

Nam quod alicui rei respondeant mensurae plurimae duplex potest esse causa: vel quia in ea sunt diversae formae, . . . vel quia sunt ibi actus diversi qui ad successionem et permanentiam non aequaliter comparantur. Potest enim unum et idem mensurari uncia, albo et ulna, ut secundum quod grave, mensurabitur uncia, quae ponitur minima in ponderibus, secundum quod coloratum, albo, secundum quod extensum, brachio vel ulna. Plurificantur autem tripliciter mensurae unius rei, eo quod in una re quantitas, color, et gravitas non sunt idem . . . Secundo diversificantur mensurae in eodem, eo quod esse, qui est actus primus, est quid invariabile, operari autem, qui est actus secundus, variationem suscipit; ideo angelus qui secundum esse mensuratur aevo, eo quod in suo esse varietatem non habet, secundum affectiones mensuratur tempore, quia in eo est affectionum varietas (f. 106 P–Q).

Auf die zehn *quaestiones* werde ich hier nur zum Teil eingehen, nämlich auf den den Maßbegriff in seiner Allgemeinheit behandelnden Abschnitt. Ich vernachlässige eine Reihe von verwickelten speziellen Fragestellungen, die in den übrigen *quaestiones* diskutiert werden: es sei hier nur kurz darauf hingewiesen, daß Aegidius sie behandelt hat durch Annahme der Zeit, gesehen als Maß der Bewegung, als Bezugspunkt zur Erörterung des *aevum*, was aus dem an einer Stelle von De mensura implizit angeführten aristotelischen Prinzip folgt, daß jede Erkenntnis einen sinnlichen Ursprung hat[15], und deshalb *per ea quae videmus in istis sensibilibus et mobilibus oportet in illa intelligibilia ascendere* (q. 8, f. 63 ra). Zum Beispiel wird die Frage untersucht, ob es ein einziges *aevum* für alle *aeviterna* gibt, genauso wie man eine einzige Zeit für alle zeitlichen Realitäten zuläßt: die von Aegidius vorgeschlagene Antwort, die offensichtlich der thomistischen Lösung widerspricht, legt eine Mannigfaltigkeit von *aeva* nahe, eines für jedes *aeviternum*[16]. Eine andere ausführlich durchdachte Frage besteht darin, ob auch das *aevum*, wie die Zeit, irgendeiner Kategorie angehört. Nach einer eingehenden Untersuchung der Bedeutung und Ordnung der aristotelischen Kategorien, wird das *aevum* von Aegidius der Kategorie der Substanz zugeschrieben. Unter den dazu angeführten Begründungen sei hier die folgende besonders erwähnt: *materialiter* stimmt das *aevum* mit dem engelhaften Sein überein (wie die Zeit *materialiter* mit der Bewegung übereinstimmt[17]), nicht aber *formaliter*, da es diesem Sein gewisse Anlagen

---

mensurare aliqua successive, partem scilicet post partem, ad aevum autem spectat totum simul mensurare (q. 1, f. 36 va–b).

[15] Vgl. An. Post. II 19, 99 b 31 sqq.

[16] In diesem Zusammenhang darf ich auf meinen Beitrag verweisen „Un aspetto dell'universo angelologico di Egidio Romano: utrum sit unum aevum omnium aeviternorum" (7. Intern. Kongreß für mittelalterliche Philosophie, Louvain-la-Neuve, 1982).

[17] *Dicemus quod sicut idem est materialiter tempus quod motus, ita materialiter idem est aevum quod esse aeviternorum. Addit enim ipsum aevum quandam habitudinem supra esse aeviternorum, sicut tempus addit quandam habitudinem supra motum. Quod autem tempus*

(*habitudines*) hinzufügt, d. h. gewisse Seinsmodi, die aus Gleichzeitigkeit und Fortdauer bestehen[18]. Da das *aevum* mit dem Sein *materialiter* identisch ist, gehört es in dieselbe Kategorie wie das Sein[19]. Das Sein ist in der Kategorie der Substanz enthalten, zwar nicht eigentlich als Substanz, sondern als deren Akt[20]: daraus ergibt sich, daß das *aevum*, welches eine auf das Sein begründete Beziehung ausdrückt (*dicit*), der Kategorie der Substanz zuzuschreiben ist[21]. Als letztes Beispiel sei das Problem ange-

---

nihil realiter addat supra motum, patet per commentatorem in IV Physicorum dicentem quod non potest aliquis dicere quod tempus est, si anima non erit, non quia motus est, si anima non fuerit; tolle ergo animam, remanet motus, sed non remanet tempus; est ergo tempus aliquid praeter animam et habet esse praeter animam, sed habet esse materiale, formalitatem autem et complementum habet ab anima, quia solum dicit quandam habitudinem supra motum ad quam habitudinem facit anima. Sic ergo et aevum idem erit materialiter quod esse aeviterni, quia non addit nisi quandam habitudinem supra illud esse . . . (q. 3, f. 42 vb).

[18] Genauso wie die Zeit der Bewegung die Zahl hinzufügt: *Dicemus ergo sicut tempus addit supra motum numerum, sic aevum esse addit unitatem vel simultatem* (q. 3, f. 43 ra). Und weiter: *Ex hoc ergo quod scimus quid addit aevum supra esse aeviterni, quia addit quendam modum essendi, ut quia addit simultatem, scire possumus quod aevum non addit rem aliquam supra esse aeviterni. Illud enim idem esse aeviterni, consideratum secundum se est quoddam esse, consideratum autem ut est totum simul et ut non habet partem post partem, habet rationem aevi* (q. 3, f. 43 rb). *Nam habere esse simul et esse perpetuum non dicunt aliquam aliam rem supra esse, sed dicunt quendam modum essendi. Cum enim dicimus quod aeviternum habet esse et postea dicimus quod habet esse simul, in hac secunda locutione non dicimus aliquam rem supra esse, sed exprimimus quendam modum essendi. Exprimimus enim cuiusmodi sit illud esse, quia est totum simul. Si autem ulterius dicamus quod illud esse sit totum simul et sit perpetuum, in hac etiam tertia locutione nullam rem dicimus supra esse, sed solum exprimimus modum essendi. Exprimimus enim cuiusmodi sit illud esse quod est totum simul, quia est perpetuum. Ex hoc ergo possumus sic arguere ad propositum: aevum supra esse addit simultatem, sed hoc non dicit aliquam rem supra esse, sed dicit quendam modum essendi; ergo ex parte ipsius esse patet quod aevum nullam rem addit supra esse, sed exprimit quendam modum essendi* (q. 3, f. 43 va). Der Vergleich zwischen Zeit und *aevum* wird angemessen an einer Stelle In II Sent. (f. 127 D–A) zusammengefaßt: wie die Zeit *materialiter* und *realiter* mit der Bewegung des ersten Beweglichen zusammenfällt, sich aber *formaliter* von diesem unterscheidet, da die Anlage (*habitudo*) von Bewegung verschieden ist (es heißt nämlich: *Ratio motus sumitur ex eo quod est actus mobilis, ratio vero temporis ex eo quod ibi reperitur numerus prioris et posterioris*), so stimmt das *aevum materialiter* und *realiter* mit dem Sein des *aeviternum* überein, nicht aber *formaliter*, da die oben erwähnten Anlagen dazukommen: *Illa enim eadem res quae est esse aeviterni, considerata ut est actus entis in eo quod est ens, dicitur esse, considerata ut est quid unitum et quid simul, dicitur aevum* (In II Sent., f. 127 B).

[19] . . . *et quia aevum supra esse aeviterni non addit nisi habitudinem quandam, oportet quod sit in eodem praedicamento cum huiusmodi esse, quia nulla habitudo immediate fundata super eo quod est in praedicamento substantiae trahit rem illam extra praedicamentum substantiae, sed omnis habitudo sic fundata ad praedicamentum substantiae pertinet* (q. 5, f. 51 vb).

[20] *Esse ergo per se et primo est ipsius substantiae; substantia ergo est existens per suum esse, accidentia autem existunt ex eo quod sunt in substantia. Et quia sic est, esse per se et primo est ipsius substantiae et pertinet ad praedicamentum substantiae tamquam actus substantiae et tamquam id per quod actualiter existit substantia* (q. 5, f. 52 ra).

[21] *Quinto et ultimo pertinet ad praedicamentum substantiae habitudo fundata super actum substantiae, et sic pertinet ad tale praedicamentum aevum quod dicit habitudinem fundatam super esse quod est actus substantiae* (q. 5, f. 52 rb).

deutet, ob im *aevum* (wie im Falle der Zeit) eine Reihenfolge *secundum partes* vorhanden ist. Üblicherweise stellt das Ausmessen eine Reihenfolge von gemessenen Abschnitten dar[22]; im Gegensatz dazu hat das vom *aevum* gemessene engelhafte Sein keine Teile, sondern es ist von der Schöpfung an als *totum simul* vorgegeben, und deshalb gibt es im *aevum* keine Reihenfolge *secundum partes*. Eine Reihenfolge *secundum totum* gibt es aber im folgenden Sinne: Gott, die Engel schöpfend, hat sie nach dem Nichtsein mit dem Sein *totum simul* versehen; wollte er sie vernichten, so hörten die Engel auf einmal und gänzlich (*simul et totaliter*) zu existieren auf, so daß sie nach dem Sein das Nichtsein hätten[23].

Um zur *quaestio I* zurückzukehren, so heißt es in ihrer Titelfrage: „Utrum aevum sive aeternitas participata sit mensura angelorum". Sie ist in zwölf Argumente *contra*, zwei *pro*, ein *respondeo*, und die Antwort darauf gegliedert. Das *respondeo* besteht aus vier Punkten: die ersten zwei, womit die vorliegende Untersuchung sich hauptsächlich befaßt, dienen als Einleitung der in den folgenden *quaestiones* behandelten Themen: sie legen nämlich den Grundstein jenes Maßbegriffes fest, welcher später im Aufbau des ganzen Werkes in seinen einzelnen Bestimmungen und Anwendungen durchgehend benutzt wird. Das sind im besonderen das *aevum*, und in bezug darauf, die Zeit und die Ewigkeit.

Die Einleitung des *respondeo* zeigt folgendes Zitat:

> . . . *primo videndum est ubi primo reperitur mensura et quomodo nomen mensurae transfertur ad omnia, quia omnia dicuntur esse facta in numero, pondere et mensura. Secundo videndum est quid mensura mensurat in quolibet. Tertio descendendum est ad mensuram quae dicitur aevum, quot modis accipitur et quomodo hic de aevo loquimur. Quarto et ultimo adducendae sunt rationes quod oportet ponere talem mensuram esse mediam inter aeternitatem et tempus, quod dicitur aevum, qua mensura media mensurantur angeli* (q. 1, f. 36 ra).

Die Absicht des Verfassers in den ersten zwei Punkten des *respondeo* ist die Rechtfertigung der Behauptung, daß jedes Geschöpf, welches dem biblischen Zitat nach, nach Zahl, Gewicht und Maß entstanden ist, ein eigenes Maß besitzt. Deshalb sollen auch die Engel, als vollkommenste und höchste Schöpfung Gottes, ein Maß haben. Das Maß aber, einerseits als Maßeinheit, andererseits als Ausdruck der gemessenen Quantität, gehört eigentlich der Quantitätskategorie zu. Es stellt sich nun als notwendige

---

[22] Es gibt nämlich in der Zeit Reihenfolge deshalb, weil in der Bewegung, die von der Zeit gemessen wird, sich eine Reihenfolge auffinden läßt, so daß ein Zeitabschnitt einem anderen nachfolgt (vgl. z. B. in II Sent. f. 114D).

[23] *Deus enim creans angelum et dans ei esse post non esse, non dedit ei successive esse secundum partes, sed dedit ei totum esse simul; sic si annihilaret angelum non acciperet ei suum esse successive secundum partes, sed simul et totaliter desineret angelus esse, ita quod post esse haberet angelus non esse. Sicut ergo in creatione fuit esse post non esse, sic in annihilatione esset non esse post esse, et sicut in creatione accepit angelus simul totum suum esse, sic in annihilatione simul perderet angelus totum suum esse* (q. 7, f. 58 vb).

Vorstufe die Frage, wie und unter welchen Umständen dieser Begriff, der wie gesagt zunächst dem Quantitativen zugeordnet ist, auch auf andere kategoriale Bereiche (*ad alia*), und im besonderen auf die engelhafte Welt, übertragen werden kann. Das zeigt folgendes Zitat:

Propter primum sciendum quod, ut dicitur in X Metaphysicae, mensura est illud per quod cognoscitur quantitas rei; illud enim per quod certificamur et per quod cognoscimus quantitatem rei mensuratae dicitur mensura eius. Ex hoc enim dicimur aliquam rem mensurare, quia scimus quantitatem eius; propter quod mensura primo reperitur in quantitate et primo in quantitate discreta quam in continua. Nam certificari de quantitate magis possumus per unum quod mensurat quantitatem discretam quam per palmum vel per ulnam quae mensurant quantitatem continuam. Nam magis sumus certi de unitate quae est indivisibilis et quae est mensura minima, quam de quacumque mensura continua. Si ergo de ratione mensurae est quod nos certificet de quantitate rei, ratio mensurae primo reperietur in quantitate discreta et postea a quantitate discreta transferetur ad alia. Hoc ergo est quod Commentator dicit super X Metaphysicae, quod natura mensurae primo et essentialiter reperitur in quantitate discreta et de quantitate discreta et ex uno numerali transumitur hoc nomen mensura ad alia genera (f. 36 ra).

Wie schon die Berufung auf das 10. Buch der Metaphysik zeigt, ist die Darlegung des Aegidius aristotelischer Prägung[24]. Hier lassen sich leicht die zwei Gedankengänge der aristotelischen Konzeption, die unser Verfasser seiner Erörterung zugrunde legt, erkennen, und zwar: der Maßbegriff läßt sich eigentlich der Quantitätskategorie zuschreiben, und in deren Rahmen, zunächst der diskreten, d. h. abzählbaren Quantität, deren Maßeinheit das Eine ist (Metaph. I 1, 1052 b 20—24). Davon ausgehend (ἐντεῦθεν) wird auch in den anderen Gattungsbereichen (ἐν τοῖς ἄλλοις) als Maß — eigentlich Maßeinheit — der erste Term erklärt, wodurch ein Ding erkannt wird, und das Maß jedes Dinges ein Eines und ein Unteilbares ist (ibid. b 24—25 und 31—32).

Genauer als Aristoteles, unterscheidet aber Aegidius im Rahmen der Quantitätskategorie die diskrete von der kontinuierlichen Quantität: zudem betont er mehrmals daß der Maßbegriff im ersten und eigentlichen Sinne dem Diskreten zuzuschreiben ist, und von da auf andere Bereiche übertragen wird (*translatur*); schließlich behauptet er nachdrücklich innerhalb der Quantitätskategorie eine Zurückführung (*reductio*) des Maßes des Kontinuums auf das Diskrete:

Immo ipsi quantitati continuae non competit mensurari nisi per quantitatem discretam, ut ex hoc scimus mensuram panni per ulnam quando scimus quotiens et in quo numero ulna continetur in panno. Inde est quod in X Geometriae quantitates dicuntur symmetriae et commensurabiles ad invicem quando una se habet ad aliam sicut numerus ad numerum (ibid)[25].

---

[24] Für den Maßbegriff in Aristoteles vgl. Metaph. I 1, 1052 b 20 sqq. und auch Δ 6, 1016 b 17—24 und N 1, 1087 b 33—1088 a 14.

[25] Vgl. auch Comm. Phys., f. 104 vb.

Meines Erachtens bezeugen die oben erwähnten Elemente, daß Aegidius den aristotelischen Text unter Benutzung der Darlegung des Averroes vertieft hat. Wie auch er selbst darauf hinweist, ist nämlich Averroes der ausgesprochene Befürworter der Auffassung, wonach das Eine Maß zunächst und hauptsächlich des Diskreten ist[26], und dann auf andere Gattungsbereiche übertragen wird. Und es ist auch Averroes, der die Ansicht vertritt, daß schon innerhalb des Quantitativen dieser Maßbegriff einer wesentlichen Umwandlung unterliegt. Während im Diskreten die Maßeinheit das Eine ist, das an sich unteilbar ist, nimmt man im Kontinuum als Maßeinheit etwas an, was nur nach Vereinbarung (*per institutionem*) eins ist, und was der arithmetischen Einheit nur ähnlich ist[27].

Als Zusammenfassung der oben angeführten Darlegungen fügt Aegidius noch hinzu:

> *Per se igitur et primo ratio mensurae reperitur in quantitate discreta, prout per unum, quod est indivisibile, multotiens replicatum, adaequat se et mensurat quemlibet numerum divisibilem* (ibid.).

Die beiden Begriffe *replicare* und *adaequare* bezeichnen für Aegidius die Weise des Ausmessens mit Hilfe des Einen: dieses mißt eine gewisse teilbare abzählbare Quantität, d.h. vergewissert (*certificat*) welches ihr Maß ist; indem man nämlich das Eine so oft als nötig an sie anlegt, bestimmt man die Vielfachheit des Einen in ihr, um die zu messende Menge genau wiederzugeben. Dies gilt auch für das Kontinuum; die Maßeinheit eines Kontinuums mißt das Kontinuum durch wiederholtes Anlegen[28]: das Maß eines Tuches wird bestimmt, wenn man weiß, wievielmal die Elle in ihm enthalten ist.

Nachher setzt Aegidius folgenderweise fort:

> *Ex quantitate autem discreta transfertur ratio mensurae non solum ad quantitates continuas, sed etiam ad alias formas et ad alia quae sunt in aliis generibus. Nam sicut*

---

[26] . . . *ideo necesse est ut unum in unoquoque genere, secundum quod est indivisibile, sit prima mensura illorum, quae sunt in illo genere, idest quod natura unius est natura mensurae et praecipue in generibus habentibus mensuram primam et essentialiter, scilicet in quantitate discreta, hoc enim est in eis prius aliis rebus quibus accidit mensurari* (In Met. X, tex. comm. 2, f. 251 I–K).

[27] . . . *et intendit* [sc. Aristoteles] *quod similiter est in quantitate continua. Et intendit declarare quod in ista non invenitur aliquod unum, scilicet indivisibile per naturam, sed, cum homines voluerint mensurare in istis rebus, posuerunt unum per institutionem et inspexerunt quod esset valde simile uni numerali* (op. cit. ibid., tex. comm. 3, f. 252 H–I). Vgl. auch: . . . *non omnes unitates quae accipiuntur ad mensurandum sunt indivisibiles eodem modo, sed quaedam sunt indivisibiles simpliciter, ut unum in numero, et quaedam per institutionem, ut pes et palma* (op. cit. ibid., tex. comm. 4, f. 254 A).

[28] *Nam si cum ulna debet mensurari pannus, ulna apponitur toti illo panno cui adaequatur, ideo si pannus excedat ulnam, totiens applicatur panno et totiens apponitur ei, quotiens continetur in panno. Appositio ergo in mensuris idem est quod applicatio et adaequatio mensurae ad mensurata* (Super De caus., prop. 2, f. 8 X). S. auch . . . *sicut unitas replicata reddit quemcumque numerum, sic uncia replicata reddit quodcumque pondus et palmus replicatus reddit quodcumque continuum* (Comm. Phys., f. 102 rb).

*in quantitate discreta reperitur indivisibile, idest unum quod habet rationem men-
surae, et divisibile, ut numerus, qui habet rationem mensurati, sic et in aliis generibus reperitur aliquid quod assimilatur indivisibili, ut simplex, et istud habet rationem mensurae, et aliquid quod assimilatur divisibili, ut compositum, et istud
habet rationem mensurati* (f. 36ra−b).

Durch Ähnlichkeit läßt sich also der Maßbegriff aus dem Quantitativen
auf andere Bereiche erweitern, wo er aber die ihm im Falle des Diskreten
zugehörige genaue und eigentliche Bedeutung nicht mehr besitzt. Als
Maßeinheit nimmt man nämlich dasjenige an, was der Unteilbarkeit des
Einen ähnlich ist (*assimilatur*), d.h. was einfach ist[29], oder vielmehr was in
einem bestimmten Bereich als einfachstes existiert.

Wie die von Aegidius angeführten Beispiele der Farbe und der Substanz
zeigen, untersucht er nach dem Quantitativen die Qualitäts- und Substanz-
kategorie, nämlich:

*ut in genere colorum, album, quod est color simplicior, est mensura omnium alio-
rum colorum. Album enim plus habet de luce, alii autem colores simul cum luce
participant quandam opacitatem et tenebrositatem plus quam faciat color albus; et
ideo color albus est simplicior coloribus aliis; ideo est mensura omnium colorum. Sic
etiam et substantia prima quae est Deus, quia est simplicior substantiis aliis, ideo est
mensura omnium substantiarum, et ens primum quod est Deus, quia est simplicius
entibus reliquis, ideo est mensura omnium entium* (f. 36rb).

Auch dem Beispiel der Farbe und dem Hinweis auf die Substanz liegt die
aristotelische Metaphysik zugrunde[30]; auch hier läßt sich, was sowohl die
Bezeichnungen als auch die Auslegung angeht, ein bestimmter Einfluß des
Averroes nachspüren. Die Bezeichnung *assimilare* befindet sich nämlich in
der lateinischen Übersetzung der von Averroes kommentierten Metaphysik
und des dazugehörigen Kommentars, während der aristotelische Wortlaut
in den Übersetzungen der Metaphysica media und in deren Überarbeitung
durch Wilhelm von Moerbeke durch *imitari* wiedergegeben wird[31]. Und es
ist ja Averroes, der in diesem Zusammenhang die Substanz, die als Maßeinheit dient, Gott gleichsetzt. Während nämlich Aristoteles sich mit einem
Vergleich zwischen dem im Farbenbereich und dem in der Substanzkategorie zu erwartenden Einen begnügt[32], schreibt Averroes sofort der Substanz, die Maßeinheit der anderen ist, die göttlichen Attribute zu[33]. Zudem

---

[29] Vgl. auch Ar., Metaph. I 1, 1052b33−35.

[30] Was das Beispiel der Farbe angeht, vgl. Metaph. I 2, 1053b28−34, für den Hinweis
auf die Substanz, vgl. ibid., 1054a11−13.

[31] . . . *et mensura cui assimilant alias mensuras est illud quod non dividitur* (Averroes,
op. cit. X, tex. comm. 3, f. 252L). *In aliis vero imitantur tale* (Metaphysica. Translatio anonyma sive „media", in: Aristoteles latinus XXV, 2, 186, 1. 12). Moerbeke hat in seiner Revision
der Translatio anonyma diese Stelle ungeändert übernommen (diese Auskunft verdanke ich
Frau Dr. G. Vuillemin-Diem).

[32] Metaph. I 3, 1054a11−13.

[33] *Deinde dicit: sed sicut in coloribus etc., idest quod est principium esse substantiarum est
principium numeri eorum, quae existunt in substantia. Et intendit quod cum huic fuerit iunc-*

fügt Aegidius den Hinweis auf das erste Seiende hinzu, welches als Gott erklärt wird, und, als das einfachste aller Seienden, deren Maß bildet[34]. Nicht nur − setzt dann Aegidius im Abschluß dieses Teils des *respondeo* fort − geht die *ratio mensurae* von der Quantitätskategorie in andere kategoriale Bereiche über, sondern es wird auch das *nomen mensurae* auf die Akte der Formen übertragen, d.h. es besitzen solche Akte ein eigenes, aus ihrer Natur entnommenes Maß. Dies läßt sich im Lichte einer Stelle des Kommentars zum 1. Buch Sententiarum erläutern:

> *Mensura sumitur ex actualitate, quia mensura est illud per quod certificamur de mensuratis . . . illud autem per quod certificamur per se est actus, quia potentia non cognoscitur nisi per analogiam ad actum* (f. 49 K).

Auf diese Weise, setzt Aegidius in De mensura fort, werden auch das *ipsum esse* der Dinge, welches deren erster Akt ist, und das *ipsum operari*, welches deren zweiter Akt ist[35], von irgendeinem Maß gemessen. Genauer

---

tum quod declaratum est in Physicis, scilicet hoc esse primum motorem aeternum et absolutum ab omni materia et declaravit post quod hoc non solummodo est principium tamquam motor, sed tamquam forma et finis, declarabitur, quod illud est unum de quo declaratum fuit hoc quod est principium substantiae, sicut est declaratum quod est actus ultimus, cui non admiscetur potentia omnino (In Met. X, tex. comm. 7, f. 257 A). Vgl. auch was Aegidius im Kommentar zum 1. Buch Sententiarum feststellt: Unde Commentator in X Metaphysicae ait quod sicut in coloribus est unus color mensura colorum, ita in substantiis est una substantia mensura omnium substantiarum, et ita est primus motor aeternus, absolutus ab omni materia, actus purus cui non admiscetur aliquid de potentia, scilicet Deus ipse (f. 47 O).

[34] Die Frage, ob Gott Maß aller Seienden sei, wurde bereits im Kommentar zum 1. Sententiarum (d. 8, q. 1, a. 2, ff. 47 P−48 E) besprochen.

[35] Wie es sich aus dem Kontext von De mensura ergibt − und auch aus einer ähnlichen Stelle von In II Sent. (f. 125 C), und ausdrücklicher aus dem Kommentar zum De causis: cum reperiamus duo genera actuum, quorum unus est perfectus ut esse, alius vero imperfectus ut motus . . . (prop. II, f. 6 E) − ist der zweite Akt etwas Unvollkommenes hinsichtlich des ersten Aktes. Weiterhin läßt sich die Unterscheidung zwischen erstem und zweitem Akt unter Benutzung einer Stelle des zweiten Teils des respondeo erläutern: Assignantur autem actus formarum esse et operari. Nam cum forma sit duplex, substantialis et accidentalis, a substantiali progreditur esse et maxime in rebus creatis, ab accidentali agere. In rebus enim creatis nulla forma substantialis est immediatum operationis principium, sed semper operatio procedit ab aliqua forma accidentali substantiae superaddita. Nam sicut in rebus creatis operari non est esse, sed est superadditum ipsi esse, sic in eis operari non immediate egreditur a substantia, sed ab aliqua forma accidentali superaddita substantiae; duo ergo sunt actus formarum, esse et operari, aliter tamen et aliter . . ., attamen sub ipso operari potest comprehendi omnis motus, quia movere quoddam agere et quoddam operari est (f. 36 va). Zur Erörterung dieser Stelle dient die Berufung auf einige in den Theoremata de esse et essentia (Hrsg. E. Hocedez, Louvain 1930) festgestellte Prinzipien: i) . . . omnis forma sive sit substantialis, sive accidentalis habet rationem actus respectu sui susceptivi, quia semper forma est actus et perfectio eius in quo suscipitur (Theor. XIV, S. 85); ii) eo ergo ipso quod materia est in potentia ad formam substantialem et forma substantialis unitur ei per essentiam, oportet quod ipsa substantialis det aliquod esse ipsi materiae . . . (ibid., S. 86): iii) einst als Vereinigung der Form mit ihrer Materie entstanden, ist die Substanz selbst noch in potentia in Bezug auf weitere Bestimmungen, die die akzidentiellen Formen angeben mögen: Et quod dictum est de forma substantiali et materia veritatem habet de forma accidentali et de suo subiecto, quia

gesagt, gehören solchen Akten der Formen verschiedene Maße an, da
solche Akte unterschieden sind: einige davon sind nämlich fortdauernd,
andere aufeinanderfolgend. Einigen Realitäten entspricht nämlich ein fort-
dauerndes Sein, anderen ein aufeinanderfolgendes[36]. Maß des fortdauern-
den Seins (solche sind das göttliche Sein und das engelhafte Sein, welches
aber, im Gegensatz zum göttlichen, aus einem anderen entnommen ist) ist
für Gott die Ewigkeit, für die Engel das *aevum*; Maß des aufeinander-
folgenden Seins, sowohl im Falle einer Handlung, wie das Erkennen oder
das Wollen, wie im Falle der Bewegung, ist die Zeit oder der Zeitaugen-
blick[37].

Wie der erste Teil des *respondeo*, der, wie gesagt, der Definition der
Maßeinheit hauptsächlich gewidmet ist, ist auch der zweite Teil in drei
Punkte gegliedert. Hier untersucht Aegidius, was man durch die Maßein-
heit in jeder Gattung von Seienden mißt, und zwar in den Kategorien der
Quantität, der Formen und deren Akte[38]. Der von Aegidius hier einge-

---

*eo ipso quod subiectum est in potentia ad formam accidentalem et huiusmodi forma unitur
suo subiecto per essentiam, oportet quod ab huiusmodi essentia fluat aliquod esse, ita quod
omnis forma sive sit substantialis sive accidentalis dat aliquod esse suo susceptibili* (ibid. S. 86).
Dies meint wohl Aegidius, wenn er behauptet, daß in den erschaffenen Dingen das Handeln,
Wirkung irgendeiner akzidentiellen Form, nicht mit dem Sein übereinstimmt (und zwar, mit
dem Sein welches eigentliche Wirkung der substantiellen Form ist, da auch die akzidentielle
Form, als Akt, ein gewisses Sein zustandebringt) sondern dem Sein selbst hinzugefügt ist
(*superadditum est ipsi esse*). Was die Behauptung angeht, wonach das *operari* aus einer akzidentiellen Form hervorgeht, ist dies Prinzip bereits z. B. im Theorema VII (S. 35—36) angeführt worden: *Nam semper virtus activa in agente naturali est aliqua forma accidentalis, ut
virtus activa ignis est calor. Immediatum enim principium actionis non est forma substantialis,
sed accidentalis, ut plane probat Commentator in VII Metaphysicae, ubi ostendit quod non
est in igne virtus activa nisi caliditas . . .* (Für die Berufung auf Averroes, vgl. In Met. XII,
tex. comm. 18, f. 143 ra). Zusammenfassend vermute ich, daß das *operari* zweiter Akt genannt wird, da es in den erschaffenen Dingen, als Wirkung einer akzidentiellen Form, der
Entstehung der Substanz durch Vereinigung der substantiellen Form mit der Materie folgt;
außerdem auch deshalb, weil, hinsichtlich des Seins, das *operari* unvollkommen ist.

[36] *Nam aliter loquendum est de esse successivorum et de esse permanentium. Nam per-
manentia habent esse ex simultate partium, esse autem successivorum non in simultate partium, sed in ordine partium . . .* (q. 6, f. 54 ra). Vgl. auch Comm. Phys. f. 97 va.

[37] Die von Aegidius vorgeschlagene Lösung entspricht der des Thomas von Aquin (In
I Sent. d. 19, q. 2, a. 1 sol.).

[38] *Viso ubi primo reperitur mensura, quia in quantitate discreta et quomodo ab hoc trans-
fertur ad alia, restat declarare secundum, videlicet quid mensura mensurat in unoquoque,
quod de facili declaratur. Nam si mensura est illud per quod cognoscitur quantitas rei et si per
mensuram certificamur de quantitate rerum, . . . oportet quod mensura in unoquoque genere
entium mensuret quantitatem rerum existentium in illo genere. Nisi enim nomen quantitatis
et magnitudinis posset transumi ad omnia entia, nomen mensurae non posset reperiri in unoquoque genere entis; sed quia in omnibus entibus reperitur aliquis modus quantitativus et aliquis modus magnitudinis, mensura transumitur ad omnia entia vel genera. In unoquoque
igitur genere entis mensura mensurat quantitatem rerum existentium in illo genere. Prout
igitur in rebus reperitur quantitas et magnitudo, sic ibi diversimode reperitur ratio mensurae;
et quia in aliquibus reperitur quantitas et magnitudo extensionis et multiplicationis, in ali-*

schlagene Weg entspricht genau dem Übergang in die anderen Kategorien, wovon im ersten Teil hinsichtlich des Maßbegriffs die Rede war, und wird durch Wiederaufnahme und Erweiterung derselben Beispiele durchlaufen. Wie im eigentlichen und ersten Sinne gehört der Maßbegriff dem Quantitativen an, während in den anderen Bereichen als Maß das angenommen wird, was dem eigentlichen Einen (d. h. des Diskreten) ähnlich ist, so stellt im eigentlichen und ersten Sinne die Quantität, die das Gemessene ist, die wohlbekannte aristotelische Kategorie dar, wohingegen in den anderen Bereichen sich keine eigentliche Quantität auffinden läßt, sondern bloß ein Quantitätsmodus (*modus quantitativus*)[39]; dies ist möglich, da etwas, was einer bestimmten Kategorie zugehört, trotzdem den Modus einer anderen Kategorie (in diesem Falle, der Quantität) besitzen kann. Es ist deshalb die Einführung dieses Quantitätsmodus, den Aegidius an anderen Stellen als *quantitas secundum dici* (um ihn von der *quantitas* im echten Sinne, d. h. *secundum esse*, zu unterscheiden[40]) bezeichnet, die ihm erlaubt, vollständig zu rechtfertigen, wie jede Realität – also nicht nur die quantitative – ein Maß besitzt, dem biblischen Wort nach.

Noch einmal geht Aegidius vom Unterschied zwischen Diskretem und Kontinuum aus – nun aber das letzte an erster Stelle erwähnend:

Nam, quia in quantitate continua reperitur quantitas cuiusdam extensionis, nihil est aliud cognoscere mensuram quantitatis continuae quam certificari de extensione

---

quibus autem reperitur magnitudo perfectionis, in aliquibus autem reperitur magnitudo durationis, ideo mensura non eodem modo mensurat quantitatem in omnibus rebus, sed aliter mensurat quantitatem in hiis quae sunt in genere quantitatis, aliter in formis, aliter in actibus formarum (f. 36 rb).

[39] Zur Moduslehre des Aegidius vgl. D. Trapp, Aegidii Romani De doctrina modorum, Romae 1935. Der engelhafte Quantitätsmodus wird In II Sent. folgenderweise erläutert: *Ad primum dicendum quod mensura certificat de quantitate rei et mensurat in re quantitatem eius, quia nomen mensurae, ut patet ex Metaphysica, a quantitate translatum est ad alia, et potissime a quantitate discreta. In quantitatibus ergo mensura certificat nos de quantitate rei. In hiis vero quae non sunt quantitas, est mensura prout in eis reperitur aliquis modus quantitativus. Cum ergo dicitur quod mensura nos certificat de quantitate rei, oportet accipere quantitatem large, non solum pro quantitate proprie dicta, sed pro omni modo quantitativo. Dicemus ergo quod, ut in prosequendo patebit, ipsum esse angelorum habet quendam modum quantitativum in quantum durat semper et est quid perpetuum et durabit in infinitum. De hoc ergo modo quantitativo, ut de hac perpetuitate et infinitate ipsius esse angelici, certificamur per aevum* (f. 121 D–A). Zum Quantitätsmodus der Formen vgl. auch In I Sent., f. 107 K.

[40] *... Sic possumus distinguere de quantitate, quia est quantitas secundum esse et secundum dici. Quantitas enim secundum esse est id quod secundum id quod est pertinet ad praedicamentum quantitatis, ut linea, superficies et talia. Quantitas vero secundum dici est id quod habet quendam modum quantitativum, secundum se tamen non est in praedicamento quantitatis, ut virtus, quae secundum se quaedam qualitas est, habet tamen quendam modum quantitativum, ut comparatur ad suum obiectum. Ideo dicimus quod tanta virtus potest in tantum obiectum, et inde est quod virtutes dicuntur augmentari, et dicitur una virtus esse maior alia, quae omnia ideo vera sunt, quia virtus, quae de se est qualitas quaedam, habet quendam modum quantitativum* (q. 5, f. 52 va).

eius. In quantitate autem discreta reperitur quantitas multiplicationis, ideo per mensuram quantitatis discretae certificamur de multitudine talis quantitatis . . . (q. 1, f. 36 rb)[41].

Was soll die Behauptung bedeuten, daß sich im Diskreten eine *quantitas multiplicationis* auffinden läßt? Ich vermute, daß Aegidius darauf hinweisen will, daß jede Zahl als Vielfaches der Einheit aufgefaßt werden kann, nämlich als Ergebnis einer Multiplikation, bzw. wiederholten Addition (*appositio*), die eine Zunahme (*ascensio*) in sich schließt. Aegidius fährt dann nämlich fort:

> *Et quia multiplicatio numeri fit per appositionem unitatis et per ascensum, transferendo mensuram a quantitate discreta ad alia, aliqua mensuramus secundum quantitatem appositionis, aliqua secundum quantitatem ascensus, secundum quem modum mensuramus pondera et sonos* (ibid.).

Nochmals, und dem ersten Teil des *respondeo* genau entsprechend, versucht er am Beispiel des Diskreten das grundlegende Maßprinzip der ganzen quantitativen Realität aufzuzeigen; während aber vorher die Übertragung den Übergang vom Diskreten zum Kontinuum betraf, wird nun die Übertragung auf andere, nicht weiter klassifizierte Quantitäten (z.B. die Gewichte und die Töne) durchgeführt. Wie gesagt, erkennt Aegidius im arithmetischen Multiplikationsverfahren zwei wesentliche Bestandteile, die *appositio*, d.h. Hinzufügung einer Zahl zu einer anderen, und den Aufstieg (*ascensio*), da das Ergebnis die Einheit übertrifft. *Appositio* und *ascensus* kennzeichnen nämlich die Quantität im Rahmen der Gewichte bzw. der Töne:

> . . . *de sonis certificamur per ascensum, de ponderibus per appositionem, ut si uncia sit mensura ponderum, per unciam certificabimur quantum in qualibet re appositum sit de pondere, et si dyagis, idest semitonium, est mensura sonorum, per dyagim certificabimur quantum ascendit quilibet sonus* (ibid.).

Anders ist der Sachverhalt im Falle der Formen. Wie bereits erwähnt, läßt sich in den Formen keine Quantität im eigentlichen Sinne auffinden, wohl aber ein Quantitätsmodus. Dieser wird durch die Intensität der Vollkommenheit einer Form bestimmt, denn: *nomen formae est nomen perfectionis*. Deshalb erkennt man das Maß einer Form, wenn man die Quantität ihrer Vollkommenheit kennt[42]. Daraus folgt − behauptet Aegidius, zur Besprechung der Maßeinheit und des Ausmessens im Bereich der Formen zurückkehrend − daß die Maßeinheit der Formen einer vorgegebenen

---

[41] Zu dem Unterschied zwischen Diskretem und Kontinuum vgl. z.B. Cat. I 6 und Metaph. Δ 13, 1020 a 9−14.

[42] *Eodem etiam modo si nomen mensurae tranfertur ad formas, mensurabit quantitatem formarum prout in eis reperitur ratio quantitatis. Et quia nomen formae est nomen perfectionis, ideo in formis mensurabit mensura quantitatem perfectionis, ut ex hoc scimus mensuram alicuius formae quando sciemus quantitatem perfectionis eius* (f. 36 va).

Gattung die allervollkommenste Form derselben Gattung ist. Die Quantität
der Vollkommenheit einer Form wird nämlich durch ihren jeweiligen
Abstand vom Allervollkommensten bestimmt. Also läßt sich die Quantität
der Vollkommenheit einer Form durch ihre Beziehung zur allerhöchsten
Stufe erkennen[43]:

> Ut si in genere colorum color albus sit perfectissimus, oportet album esse mensuram
> colorum omnium, per cuius accessum et recessum scitur quantitas perfectionis in co-
> loribus omnibus. Secundum enim quod colores magis et minus accedunt et recedunt
> ab albo, sic in eis reperitur magis et minus de perfectione; esse enim album mensuram
> colorum omnium nihil est aliud quam per album cognoscere quantitatem perfectionis
> in coloribus omnibus. Nam ille est color perfectior qui est albo proximior et ille
> imperfectior qui est ab albo remotior per album ergo quasi per mensuram quandam
> certificari possumus de perfectione omnium colorum (f. 36va).

In diesem Gedankengang kann man die Annahme einer hierarchischen
Ordnung neuplatonischer Prägung nachweisen, welche durch die Berufung
auf eine analogische Partizipation an einem ersten Prinzip den tiefen Einklang zwischen der sinnlichen Formenwelt und der Welt aller Seienden und
Substanzen hervorhebt. Das Maß ist nämlich in der Welt der Substanzen
und der Seienden die allererste Substanz und das allererste Seiende, d. h.
Gott: er ist das Allervollkommenste, und es ist der Abstand von ihm, der
die jeweilige „Quantität" der Vollkommenheit aller einzelnen Substanzen
und Seienden bestimmt[44]. Aber, fügt Aegidius hinzu, wenn man behauptet,
daß die vollkommenste Form in jeder Gattung Maß der Vollkommenheit
der Formen dieser Gattung ist, soll dementsprechend der Gattungsbegriff
im erweiterten Sinne (large) aufgefaßt werden[45]. Diese Feststellung wird

---

[43] Et inde est quod in quolibet genere formarum forma perfectissima in illo genere est
mensura omnium aliorum, quia per accessum et recessum a perfectissimo in aliquo genere
scitur quantitas perfectionis cuiuslibet existentis in illo genere (ibid.).

[44] Isto etiam modo prima substantia est mensura omnium substantiarum et primum ens
entium omnium, quia primum ens, sive prima substantia, vel quod idem est ipse Deus, est
perfectissimus in quo sunt perfectiones omnium; ideo per accessum et recessum ab eo scitur
quantitas perfectionis in omnibus substantiis et in omnibus entibus (ibid.). Die neuplatonische
Auffassung Gottes als Maß und die besonders aus Proklus und Dionysius stammenden Gedankengänge der hierarchischen Abstufung, der Teilnahme, des Abstiegs und Aufstiegs im
Werk des Aegidius Romanus hat neuerdings E. Mahonney eingehend untersucht (Meta-
physical Foundations of the Hierarchy of Being According to Some Late-Medieval and
Renaissance Philosophers, in: Philosophies of Existence, Ancient and Medieval, ed. Parviz
Morewedge, New York 1982, 165–257; für Aegidius, s. im bes. 175–177).

[45] Ex hoc ergo apparet quod, cum dicimus quod perfectissima forma in omni genere formarum est mensura perfectionis cuiuslibet existentis in illo genere, quod oportet accipere genus
large. Nam si primam substantiam sive Deum dicimus hoc modo esse mensuram substantiarum omnium, certum est quod Deus non est in eodem genere, accipiendo genus proprie, cum
substantiis aliis. Sic enim primum ens, idest Deus, est mensura omnium entium; et per hoc
patet quod omnia entia non sunt in uno genere et Deus non est in eodem genere cum aliis
entibus, quia ipse in nullo genere clauditur, propter quod in talibus oportet accipere genus
large (ibid.).

angeführt, um zu rechtfertigen, in welchem Sinne Gott als Maß bezeichnet werden kann. Nämlich im strengen Sinne ist das aristotelische Prinzip, wonach jedes Maß dem jeweiligen Gemessenen gleichartig ist, auf Gott nicht anwendbar, da dieser sich in keine Gattung zwingen läßt (*in nullo genere clauditur*)[46]. Aus diesem Standpunkt würde sich ergeben, daß Gott Maß der Realitäten einer bestimmten Gattung nicht sein kann. Versteht man aber die Gattung nicht eigentlich (*proprie*) sondern in erweitertem Sinne – d.h., wie Aegidius im Kommentar zum 1. Buch Sententiarum behauptet, gehört das Maß, kraft einer gewissen Analogie und Gleichartigkeit derselben Gattung des Gemessenen zu[47] – so darf man Gott als Maß auffassen. Und zwar ist Gott Maß in eigentlichem und nicht in erweitertem Sinne (*transumptive*) dadurch, da sich alle Elemente, die den Maßbegriff ausmachen, bei Gott auffinden lassen:

> *Cum . . . quaeritur utrum Deus sit mensura transumptive, dicendum quod non, quia omnes transferentes secundum aliquam similitudinem transferunt; Deus autem non secundum aliquam similitudinem est mensura, quia omnia quae sunt de ratione mensurae in Deo inveniuntur. Nam si accipitur mensura ex eo quod habet rationem minimi, in Deo invenitur omnis ratio minimi superius assignata. Ipse enim est simplex . . ., ipse est indivisibilis . . ., ipse est vere unus . . . et est semper in eo uniformitas . . . Si autem consideramus mensuram ratione adaequationis, sic ipse proprie est mensura quia res . . . imitantur ipsum . . . quantum ad totum, quia secundum se totas, non solum quantum ad formam, sed etiam quantum ad materiam, a primo processerunt in esse* (In Sent., f. 48 L–M).

Schließlich ist in den Akten der Formen, d.h. wie Aegidius vorher angedeutet hat, im Sein und im Handeln (*operari*), das Gemessene eine Quantität der Dauer (*quantitas durationis*): die Quantität der Dauer des engelhaften, vom *aevum* gemessenen Seins ist seine Fortdauer *in perpetuo*[48]. Und da sich die Dauer des Seins von jener der Handlung (*operatio*) unter-

---

[46] Die Aussage *Deus in nullo genere clauditur* wird von Aegidius In I Sent. folgenderweise gerechtfertigt: *Omne ergo quod proprie est in genere, est determinatum ad aliquid, habet naturam compositam, habet quidditatem distantem ab esse, sive in natura eius est potentialitas aliqua* (f. 53 E–F).

[47] [*Mensura*] *dicitur esse in eodem genere* [*cum mensuratis*] *ratione cuiusdam analogiae et unigeneitatis quae est inter ipsa* (In I Sent. f. 47 O). Die analogische Gleichartigkeit zwischen Gott und den Geschöpfen besteht darin, daß die Geschöpfe, ihrer Fähigkeit nach, Gott nachahmen, vgl. z.B.: *. . . quidquid perfectionis est in quolibet genere reperitur in primo principio. Cum igitur non sit aliquod creatum quod non habeat aliquod esse, cuilibet creaturae competit aliqua perfectio (nam negare omnem perfectionem ab aliqua creatura est dicere ipsam esse nihil et non habere esse); et quia perfectio omnis reperitur in primo principio, quaelibet creatura imitatur Deum et habet similitudinem cum suo creatore, in quantum habet in se perfectionem aliquam, quae perfectius et abundantius reperitur in causa prima* (In I Sent., f. 177 L–M).

[48] *Scimus enim per aevum quantum durat esse angelicum, quia durat in perpetuum; ipsa enim perpetuitas essendi potest dici quantitas ipsius esse vel ipsius durationis angelicae* (In II Sent., f. 131 A).

scheidet, sind, so betont Aegidius, die zu benutzenden Maßeinheiten verschieden[49].

Dies ist die Maßauffassung des Aegidius, wie sie in ihren allgemeinen
Richtlinien aus der ersten *quaestio* hervorgeht. Man kann sie in einigen
Punkten zusammenfassen, woraus sich folgende Schlüsse ergeben: Zunächst
gehört das Maß eigentlich dem Quantitativen an, und zwar hauptsächlich
der diskreten Quantität; durch Ähnlichkeit läßt es sich auf andere Gattungsbereiche erweitern. Maßeinheit des Diskreten ist das Eine, welches
wegen seiner Unteilbarkeit und Minimalität überhaupt das allgemeine Maß
ist. Seine Eigenschaft besteht darin, eine vorgegebene abzählbare Menge
durch sein wiederholtes Anlegen zu messen, d. h. es einer solchen Menge so
oft anzulegen, wie es nötig ist, um sich ihr genau anzupassen, und dadurch
das Gemessene wiederzugeben. Anders gesagt hat die Quantität ihre eigene
Zahl, d. h. ein bestimmtes Maß, welches das Eine, nach Beendung des Ausmessens, wiederzugeben hat. Die zwischen Maßeinheit und Gemessenem
bestehende Beziehung ist deshalb eine Proportion vergleichbarer Größen
(*commensuratio*).

Die Maßeinheit des Kontinuums ist, mit dem Diskreten verglichen,
weniger bestimmt: man nimmt nämlich in diesem Falle als Maßeinheit das,
was nach Vereinbarung minimal ist (was sich aber aus dem Text nicht explizit ergibt). Auch in diesem Falle mißt die Maßeinheit durch ihre Wiederholung eine gewisse Ausdehnung[50]: das Verhältnis zwischen Maßeinheit
und Gemessenem stellt stets eine Proportion vergleichbarer Größen dar,
die sich durch eine Zahl ausdrücken läßt.

In den anderen Fällen nimmt man als Maßeinheit das an, was dem Minimum der Quantität ähnlich ist, und zwar das, was es am einfachsten und
vollkommensten in der betreffenden Gattung gibt[51]. Dies mißt zwar keine
Quantität, vielmehr einen Quantitätsmodus, d. h. eine Intensität der Vollkommenheit in den Formen, und eine „Quantität" der Dauer in den Akten. Außerhalb der Quantitätskategorie mißt die Maßeinheit nicht mehr
durch wiederholtes Anlegen — es gibt nämlich kein arithmetisches Verhältnis zwischen Maßeinheit und Gemessenem — wohl aber ein Ordnungs-

---

[49] *Sic etiam et in ipsis actibus formarum mensura mensurat quantitatem et magnitudinem
aliquam, sed mensurat in eis quantitatem et magnitudinem cuiusdam durationis. Assignantur
autem actus formarum esse et operari . . . Cum ergo esse et operatio sive motus habeant
quandam magnitudinem durationis non solum in formis et in quantitatibus, sed etiam in ipsis
actibus formarum, mensura mensurat quantitatem aliquam. Sed huiusmodi quantitas est
quantitas durationis, ut secundum quod aliquid esse et aliqua operatio aliter et aliter durat, sic
alia et alia mensura mensuratur* (ibid.).

[50] *. . . replicatio non est de ratione mensurae simpliciter, sed de ratione mensurae repertae
in quantitate* (In Sent., f. 48N).

[51] *Secundum simplicitatem sumitur mensura in qualitatibus. Sic enim dicemus album esse
mensuram colorum . . . quod non est nisi ratione simplicitatis, quia color ille plus accedit ad
lucem et ad actualitatem, et per consequens, ad simplicitatem quam aliquis color; et sic
minimum in talibus idem sonat quod simpliciter* (In I Sent., f. 48H−I).

verhältnis zwischen einem Ersten und verschiedenen Stufen einer vorgegebenen Realität[52], das sich durch *magis* und *minus* „quantifizieren" läßt.
Solches Erste wird als Maß (eigentlich Maßeinheit) bezeichnet nicht deshalb, weil es im Gemessenen wiederholt wird, sondern weil es, innerhalb
einer bestimmten Gattung, als Erkenntnisprinzip einer gewissen „Quantität" wirkt; es ermöglicht nämlich, als das bekannteste und das vollkommenste solcher Gattung, die Erkenntnis aller Realitäten, die dieser
Gattung zugehören[53]. Das Weiße ist Maßeinheit der anderen Farben, weil
es, als die vollkommenste Farbe, die Erkenntnis der übrigen Farben ermöglicht:

Mensura aliquando accipitur secundum aequalitatem: et hoc modo habet esse in
rebus quantis, quia mensura quanta per sui replicationem adaequatur mensurato, ut
ulna replicata adaequatur panno. Aliquando vero accipitur mensura ratione cogni-
tionis, ut album est mensura omnium colorum non quod album replicatum mensuret
omnes colores, sed quia cognitio albi facit ad cognitionem omnium colorum, et pri-
mum ens, Deus ipse gloriosus, est mensura omnium substantiarum et etiam omnium
entium non quod ipse replicatus mensuret entia, sed quia cognitio ipsius facit ad
cognitionem omnium (Comm. Phys. f. 112 rb).

Die Beispiele des Weißen und Gottes als Maßeinheiten lassen sich als Anwendung des aristotelischen Prinzips verstehen: ἐντεῦθεν δὲ [sc. ex quantitate discreta] καὶ ἐν τοῖς ἄλλοις λέγεται μέτρον ᾧ πρώτῳ [τε] ἕκαστον
γιγνώσκεται (Metaph. I 1, 1052 b 24—25). Im Übergang vom Diskreten in
andere Bereiche verliert für Aegidius der Maßbegriff den Charakter einer
wiederholten Anlegung, um bloß Erkenntnisprinzip zu bleiben. In dieser
Beziehung ist es vielleicht nicht zufällig, daß Aegidius, die aristotelische
Maßdefinition am Anfang des *respondeo* umschreibend, beide Ausdrücke
certificare und *cognoscere* benutzt, im Laufe seiner Behandlung des *respon-*
deo aber *certificare* nur hinsichtlich des Quantitativen, *cognoscere* hingegen
im Zusammenhang mit den anderen kategorialen Bereichen verwendet, und

---

[52] . . . *licet inter Deum et substantias creatas non sit proportio commensurationis, est*
tamen ibi proportio ordinis et hoc sufficit ad rationem mensurae (In I Sent., f. 47 P).

[53] *Aliquando vero huiusmodi translatio non fit propter replicationem, sed per notitiam et*
manifestationem. Dicimus enim album esse mensuram colorum non quod per sui replicatio-
nem reddat omnes colores, sed quia plus habet de natura lucis et quia est notior coloribus
ceteris ponimus ipsum mensuram colorum omnium. Sic etiam et primam substantiam ponimus
mensuram omnium substantiarum, quia est notior substantiis omnibus (Comm. Phys., f.
102 rb). Hier auch entspricht sogar im Wortlaut die Ausführung des Aegidius der des Averroes, vgl. nämlich: *Mensura in omni re est magis manifesta apud nos, quoniam per illam*
cognoscitur mensurabile et propter istud cognoscuntur reliqua in illo genere (Averroes, In
Met. V, tex. comm. 12, f. 114 M sqq.). Thomas von Aquin erläutert in seinem Kommentar
zu derselben aristotelischen Stelle (Metaph. Δ 6, 1016 b 19—20) mit vorbildlicher Klarheit,
warum das Maß Erkenntnisprinzip ist: . . . *ratio unius est in hoc, quod sit principium alicuius*
numeri. Quod ex hoc patet, quia unum est prima mensura numeri, quo omnis numerus men-
suratur: mensura autem habet rationem principii, quia per mensuram res mensuratae cogno-
scuntur, res autem cognoscuntur per sua propria principia (In Met. V, 6, l. 8, n. 872).

daß er, an der einzigen Stelle, wo von *certificare* bezüglich der Formen die Rede ist, diesen Ausdruck durch Zufügung eines *quasi per mensuram quandam* abschwächt. Dieser Vermutung nach würde also *certificare* ein schärferes *cognoscere* bedeuten, das aus einer Nachprüfung hervorgeht, die ein bestimmtes arithmetisches Verhältnis voraussetzt. Die Tatsache, daß *cognoscere* überhaupt nicht dort erwähnt wird, wo die Rede von *certificare* ist, ließe sich dadurch erklären, daß *certificare cognoscere* in sich schließt. Im Einklang mit der averroistischen Interpretation würde also *certificare* für die strengste Form des Ausmessens stehen, wohingegen *cognoscere* eine Beziehung bestimmen würde, in der eine ähnliche Nachprüfung nicht möglich ist, d.h. ein ungenaueres Ausmessen, und zwar ein uneigentlicheres als jenes, das eine quantitative Realität mißt. Um zur aristotelischen Maßdefinition zurückzukehren (*mensura est illud per quod cognoscitur quantitas rei*) liegt die Vermutung nahe, daß Aegidius sie in ihrem allgemeinsten Sinne aufgefaßt hat: d.h. daß die *quantitas rei* von Aegidius im Wortlaut solcher Definition nicht nur als eigentliche Quantität gedeutet wird, nämlich, um die scholastische Bezeichnung zu verwenden, als *quantitas molis*, woher die im Aufbau seiner Argumentation benutzte Bestimmung *certificare* stammt, sondern auch als *quantitas* in einem erweiterten Sinne, woher die Bestimmung *cognoscere* hervorgeht.

ORDO UND MENSURA BEI OCKHAM UND AUTRECOURT

von Wolfgang Hübener (Berlin)

Der Cartesianismus hat in der scholastischen Annahme der Endlichkeit der Welt, ohne die sich die ontologische Analyse und der gnoseologische Gebrauch von Maß- und Zuordnungsbeziehungen nicht wohl denken lassen, eine Verkleinerung der Werke Gottes gesehen. Die Schulphilosophie, sagt Johannes Clauberg, „trit . . . mit dem gemeinen mann herein" – die lateinischen Übersetzungen des 17. Jahrhunderts geben dies wieder als *cum communi plebe procedit* oder *vulgi vestigia premens*[1] –, „achtend die werck des Herrn kleiner und geringer als die Cartesianische thut / sich vnterstehend denselben ihre gewisse zahl / maaß vnd ziel zu geben / vnd sie dergestalt zu vmgräntzen vnd zu beschreiben"[2] (*iisdem certum suum numerum, mensuram, finemque ponere atque sic illa definire et circumscribere* haben die alten Übersetzungen[3]). Die Cartesianische Philosophie dagegen „setzet ihm ohne gewisse erkante uhrsach kein ziel oder verkleinerliche maaß / hütet sich mit allem fleisse / daß es nit das ansehen habe / als wolte sie die anzahl / menge / grösse der Creaturen verschmälern oder durch maaßgebung an alle dinge (*omnium fines, numerum, terminos magnitudinis assignando*) Gottes arm gleichsam verkürtzen"[4]. Der Hintergrund dieses Abgrenzungsversuches ist Descartes' Begriff der *extensio indefinita* der Welt. Henry More hatte ihm entgegengehalten, daß diese grenzenlose Ausdehnung, wenn sie nur *quoad nos* keine Grenzen habe, in Wahrheit begrenzt sei, denn unser Geist sei weder das Maß der Dinge noch der Wahrheit (*neque enim mens nostra aut rerum aut veritatis mensura est*)[5]. Descartes stimmt diesem letzteren Grundsatz zu, hält aber daran fest, daß unser Geist das Maß von Bejahung und Verneinung ist. Wir können kein Urteil fällen über das, was uns vorstellbar ist. Von dieser Art aber sind die Grenzen der Ausdehnung. . . . *dicendo eam esse indefinite extensam, dico ipsam latius extendi quam omne id quod ab homine concipi potest*[6]. Oder noch

---

[1] Cf. J. Clauberg, Differentia inter Cartesianam et alias in Scholis usitatam Philosophiam, Berlin 1679 (1680), 23. – Id., Opera omnia philosophica, ed. J.T. Schalbruch, Amsterdam 1691, 1227.

[2] Id., Unterscheid zwischen der Cartesianischer und der sonst in Schulen gebräuchlicher Philosophie, Duisburg a.Rh. 1657, 34.

[3] Differentia, locis cit.   [4] Unterscheid, 33 sq.

[5] R. Descartes, Œuvres, edd. Adam-Tannery, 5 (Paris ²1974), 242.

[6] Ed. cit. 275.

prägnanter: *Repugnat conceptui meo, sive, quod idem est, puto implicare contradictionem, ut mundus sīt finitus vel terminatus, quia non possum non concipere spatium ultra quoslibet praesuppositos mundi fines . . .*[7].

Nicole d'Autrecourt hätte sich keiner der streitenden Parteien anschließen können. Für ihn ist das Universum nicht nur endlich, sondern in seiner Endlichkeit vollständig geordnet (*totum connexum*) und in allen seinen Teilen ständig im Zustand unüberbietbarer Vollkommenheit (*semper aequaliter perfectum*)[8]. *sicut in domo patrisfamilias bene ordinata non debet esse aliquid superfluum neque aliquid diminutum, sic neque in regno Dei.* (254) Für die geistige Erfassung und Terminierung der regelrechten Disposition der endlichen Dinge bedarf es der Idee des Guten als Maßstabes jeglicher Einzelbewertung. *. . . bonum est apud intellectum pro mensura in quantificando entia et universaliter in determinando dispositiones contingentes in eis ut accipiat quod entia universi sunt rectissime disposita . . .* (185) Die Maßstäblichkeit des Guten gilt für die Künste und um so mehr für die Erkenntnis der von ungleich strengeren Prinzipien abhängenden Seinsbestimmtheit der natürlichen Dinge. *. . . sicut bonum et ordinatio videtur pro mensura in arte, sic videtur quod in natura sit et multo magis etiam secundum doctrinam Aristotelis pro quanto arctioribus principiis fieret dependentia in esse.* (185)[9] Die von Autrecourt selbst benannten Implikationen dieser Gnoseologie der Mensuration seien schon hier vorläufig zusammengefaßt.

---

[7] Ed. cit. 345.

[8] Tractatus universalis Magistri Nicholai de Ultricuria ad videndum an sermones Peripateticorum fuerint demonstrativi („Exigit ordo executionis"), ed. J.R. O'Donnell, in: Mediaeval Studies 1 (1939) 186. — Alle Seitenangaben im Text beziehen sich auf diese Edition. Zahlreiche Textemendationen finden sich in: The Universal Treatise of Nicholas of Autrecourt, transl. by L.A. Kennedy, R.E. Arnold, A.E. Millward (Med. Philos. Texts in Transl. No. 20), Milwaukee, Wisc., 1971. Über die bei W. Totok, Handb. d. Gesch. d. Philos. II, Frankfurt/M. 1973, 576f. verzeichnete neuere Literatur hinaus wurde benutzt: L.J. Walker, Nicolaus of Autrecourt's Refutation of Aristotelianism, in: DR 67 (1949) 26—42. — R. Paqué, Das Pariser Nominalistenstatut. Zur Entstehung des Realitätsbegriffs der neuzeitl. Naturwiss. (Occam, Buridan und Petrus Hispanus, Nikolaus von Autrecourt und Gregor von Rimini), Berlin 1970 (= Quellen u. Stud. z. Gesch. d. Philos. 14). — T.K. Scott, Jr., Nicholas of Autrecourt, Buridan and Ockhamism, in: JHP 9 (1971) 15—41. — L.A. Kennedy, Introduction, in: The Univ. Treat., ed. cit. 1—29. — F.C. Copleston, The logical Empirism of Nicholas of Autrecourt, in: PAS, NS 74 (1973/74) 249—262. — A.L. Townsley, Nicholas of Autrecourt as Anti-Metaphysician: the Principles of the Good and the Eternity of Things in the „Exigit ordo executionis", in: GM 31 (1976) 133—147. — F. Bottin, La polemica contro i moderni loyci (G. di Ockham e N. di Autrecourt) nella Decas loyca di Leonino da Padova, in: Medioevo 4 (1978) 101—143. — R. Hissette, Note sur Nicolas d'Autrecourt, in: Bull. de philos. méd. 23 (1981) 94—96. — Die ungedruckte Wiener Autrecourt-Dissertation von W. Neugebauer (1923) ist in Wien (U.B., Nat.-B.) nicht vorhanden. Auf eine fortlaufende Auseinandersetzung mit der Literatur mußte aus Zeitgründen verzichtet werden.

[9] Es versteht sich, daß sich das konzessive *etiam secundum doctrinam Aristotelis* aus der für Autrecourt charakteristischen grundsätzlichen Infragestellung der Beweiskraft aristotelischer Prinzipien erklärt.

(1) Die Konvertibilität des Seienden und des Guten ist vom Guten her legitimiert. Die ontologische Analyse verliert dadurch ihre relative Autonomie und gerät unter das Regiment kognitiver Güteerwägungen. Nicht das *ens* als das Ersterkannte aller Erkenntnis zieht einen *appetitus boni* nach sich, sondern das Wohlgefallen des Verstandes am Sein läßt ihn allererst das *ens* als ein *bonum* einschätzen. Umgekehrt darf es Vergänglichkeit nicht geben, weil sie unser Mißfallen erregen würde, und sie würde es noch in viel höherem Maße tun, wenn diese Reaktion nicht durch Gewöhnung gedämpft wäre. (*Quod ens et bonum convertantur, hoc pervenit apud intellectum ex eo quod ipsum esse semper est in placentia apud intellectum; unde et in nobis accidit displicientia cum credimus transivisse rem ad non esse, et inesset plus nisi quia remotum est per consuetudinem.* 186 sq.) Wir haben mithin guten Grund zu glauben, daß die Weltdinge auch wirklich derjenigen Disposition unterstehen, die dem richtig urteilenden Verstand liebenswerter erschiene (*existimandum quod entia universi sunt sub illa dispositione quae esset magis placens intellectui recto*, 185). Zwar führt die Orientierung der Seinserkenntnis am Placet des Intellekts nicht zu *rationes demonstrativae*, aber sie erlaubt in Problembereichen, in denen sich nach Autrecourt ohnehin nichts bündig beweisen läßt, ontologische Konjekturen, die befriedigende Antworten ermöglichen. Ein solcher Problembereich ist die Ordnung des Seienden nach Vollkommenheitsgraden. Dem Intellekt erscheint dasjenige ranghöher und vollkommener, was in höherem Grade sein Gefallen erweckt und ihm Befriedigung verschafft (. . . *ex parte intellectus illud ens videtur nobilius et perfectius quod magis ei complacet et in quo magis naturaliter delectatur vel quod sibi magis complacens est ex sui natura*, 190). Am Beispiel der Himmelskörper erweist sich, daß sich der Geltungsbereich solcher Konjekturen für Autrecourt noch über unser hinlänglich gesichertes Wissen hinaus erstreckt. Aufgrund der Gestalt, Größe und Bewegung der Gestirne, ihres Lichtes und der durch sie ausgelösten Veränderungen stellen wir Vermutungen über ihre Nobilität an (*conjecturamus ibi esse nobilitatem, unde et multum placent*, 191). Und er fährt fort: *et conjecturamus quod magis placerent et quietarent si sciremus omnia quae ipsis insunt* (191). Die Ausgangsfrage *qualiter nobilitas unius rei supra aliam possit probari* (190) findet so für ihn eine hinlängliche Beantwortung (*quae dicta sunt sufficiunt ad quaesiti responsionem*, 191).

(2) Eng verwandt mit dem Kriterium der *placentia rerum* ist das der zweckbezogenen Ausnahmslosigkeit. Die *bonitas* eines Hauses hängt davon ab, daß ihm keiner seiner integralen Bestandteile fehlt. Der Baumeister, der sich das *bonum* zur *mensura* setzt, kann daher nur eine einzige Disposition treffen, um dem Zweck und Ziel seines Tuns gerecht zu werden. Jede Abweichung von dieser Zielorientierung führt ins grenzenlose Belieben, denn das Übel hat im Verhältnis zum Guten den Charakter einer *negatio infinitans*. *Finis* im Sinne von Ziel und Zweck tritt hier in eine versteckte semantische Beziehung zum *infinitum*. Das Gute ist nur eines, die

Zahl seiner möglichen Verneinungen aber ist unendlich (. . . *malum sive negatio boni est infinita, et ideo qua ratione fieret* [sc. *domus*] *secundum unam dispositionem, eadem ratione secundum aliam, vel modis infinitis vel nullo modo*, 185). Dasselbe gilt vom Universum. Als vollkommenstes Ganzes muß es alle seine möglichen Teile, vornehmlich aber seine Hauptbestandteile besitzen (*omne totum perfectissimum . . . debet habere omnes suas partes, praecipue . . . maximas; universum est hujusmodi . . .*, 202). Denn es hat das Gute zum Zweck und Ziel, das folglich auch sein Maßstab sein muß (*oportet constituere in universo bonum pro mensura cum habeat rationem finis*, 202). Jede Unvollkommenheit in einem seiner Teile aber fällt auf das Ganze zurück. Was von einem zerstörten Haus in einer Stadt gilt, muß a fortiori vom ganzen Universum gelten (*si in deformitatem civitatis videtur redundare ruina contingens circa domum aliquam illius civitatis, multo magis in toto universo existimandum quod deformitas circa partem contingens redundat in deformitatem totius*, 202). Könnte irgendeine mögliche Vollkommenheit fehlen, dann ist nicht einzusehen, warum nicht auch mehrere oder unendlich viele (*infinitae infinities*), und wir gerieten ins Grenzenlose. Hier setzt Autrecourt den Ausdruck *terminus* ein, den er ebenso wie die *ordinatio universi*, die dem Intellekt als *mensura* dient, in der Schwebe zwischen gnoseologischer und ontologischer Verwendung hält: *et ita non esset terminus . . .* (201); und er fügt die nicht näher erläuterte Feststellung hinzu: *nec circa mensuram mensurandi veritates divinas*. Damit zeigt sich, daß für ihn das Vollständigkeitskriterium ebensowenig ein rein sachanalytischer Kalkül ist wie die Konvertibilität des Seienden und des Guten. Es geht hier wie dort um die Terminierung ontologischer Fragestellungen durch die Einführung von Erklärungsprinzipien, die uns eine befriedigende kognitive Weltorientierung erlauben. Würden wir die Idee des Guten nicht als Maßstab anlegen, könnten wir niemals erkennen, warum die Dinge dieser Disposition unterstehen und nicht einer anderen, und wüßten nicht, von woher wir Fragen nach der Entität der Dinge beantworten sollten (*tunc non esset intelligibile quare magis fierent sub una dispositione quam sub alia, nec sciremus e quibus haberemus terminare quaesita naturaliter quae oriuntur in nobis super consideratione dispositionis circa entitatem rerum in quantitate et qualitate*, 185).

(3) Wir werden vermuten können, daß auch Autrecourts Parteinahme für den Atomismus aus seiner prinzipiellen Aversion gegen Annahmen, die Nichtterminierbares einschließen, resultiert. Die Anhänger der unendlichen Teilbarkeit des Kontinuums gehen nach ihm von einer *extensio sine terminis* aus, genauer von einer *infinitas extensiva per negationem terminorum omnino*, in der auch unendlich viele Agentien in alle Ewigkeit niemals auf etwas Unteilbares stoßen würden (*si infinita agentia ab aeterno divisissent, numquam pervenirent ad indivisibilia, immo nec infinities infinitia agentia in infinities infinitis temporibus numquam pervenirent*, 212 sq.). Einen ähnlichen Einwand hat noch Henry More Descartes gemacht, der ihn durch

Rekurs auf die Unbegreiflichkeit der göttlichen Allmacht abgewiesen hat (*scio Deum plura posse facere, quam ego cogitatione mea complecti*)[10]. Autrecourt sichert seine Leugnung der unendlichen Teilbarkeit in einer doppelten Rücksicht ab. Er will einerseits die Konsequenz vermeiden, daß dann alle Dinge kommensurabel werden, und doch auf der anderen Seite am Prinzip der Teilbarkeitsgrenze festhalten. Bestünden nämlich Diagonale und Seite eines Vierecks — das klassische Beispiel für Kommensurabilität — gleichermaßen aus einer endlichen Punktmenge, hätten sie ihre *communis mensura* an der Einheit, die nach Aristoteles jede Zahl als Menge von Einheiten mißt, und wären so kommensurabel geworden. Kein sinnlich wahrnehmbares oder imaginierbares Kontinuum genügt jedoch dieser Voraussetzung. Vielmehr besteht jedes *continuum signatum* auf diesen beiden Ebenen von Gegenständlichkeit aus unendlich vielen Punkten (*continuum demonstrabile ad sensum vel imaginationem ex punctis finitis non componitur*, 213). Dies schließt nicht aus, daß es *in re* — und diese *res* ist keine *res imaginationis* mehr, sondern eine *res intellectus* (cf. 212) — eine Grenze seiner Teilbarkeit gibt.

Der Versuch, im Gegenhalt zur cartesianischen Leugnung von Begrenzung, Maß und Ziel die korrespondierende Problemstellung bei Nicole d'Autrecourt aufzusuchen und so zugleich einige Linien seines Systems nachzuzeichnen, hat zu Resultaten geführt, die so gar nicht zu den gängigen Etikettierungen dieses Autors stimmen wollen. Immer noch wird er auch in der Spezialliteratur mit Rashdall als mittelalterlicher Hume oder aber als Antimetaphysiker apostrophiert und unter die nominalistische Schultradition subsumiert. Historiographische Klischees haben etwas von der Natur von Langzeitgiften. Sie sind rasch in die Welt gesetzt, lassen sich aber nur langsam wieder abbauen. Zwar hat sich, entscheidend gefördert durch O'Donnells Edition des „Tractatus universalis", in der Autrecourt-Forschung in den letzten vierzig Jahren ein ähnlicher Klärungsprozeß vollzogen wie in der Ockham-Interpretation. Die textnahen Darstellungen von O'Donnell, Weinberg, dal Pra, Paqué und anderen haben die älteren, einer gänzlich anderen Quellenlage entsprungenen Charakterisierungen Zug um Zug eliminiert. Die alten Einschätzungen wirken jedoch weiter, und dies um so mehr, als auch die quellenanalytische Literatur kein einheitliches Bild bietet. Als durch Weinberg und Paqué hinlänglich gesichert können wir die Einsicht ansehen, daß Autrecourt in seiner Ontologie und in seiner Universalien- und Suppositionslehre alles andere als ein Nominalist gewesen ist. Weinberg, der seinen Universalienrealismus auf der realistischen Seite des Spektrums noch jenseits des Skotismus ansiedelt[11], hat hier sicher richtiger gesehen als Paqué, der ihn zu einem gemäßigten Realisten einer eher

---

[10] Descartes, ed. cit. 5, 274.
[11] Cf. J. R. Weinberg, Nicolaus of Autrecourt. A Study in 14th Century Thought, Princeton 1948, 205.

skotistischen Richtung erklärt[12]. Nicht von der Hand zu weisen ist der von
Paqué formulierte Eindruck, daß Autrecourt in mancher Beziehung, so in
der für unser Thema wichtigen Frage der Rangordnung des Seienden — was
immer dies heißen mag — „mittelalterlicher" wirke als Ockham oder Buridan[13]. Freilich müßte diese Vermutung doktrinell substantiiert werden.
Der systematische Standort Autrecourts dürfte sich vornehmlich deswegen
niemals einhellig bestimmen lassen, weil er sich in seinem Bestreben, seine
metaphysischen Grundannahmen bis in ihre letzten Konsequenzen durch-
zudisputieren, um ihnen so ein möglichst hohes Maß an Wahrscheinlich-
keit zu verleihen, von Fall zu Fall konjektural an Erklärungsmodelle der
philosophischen Tradition, wie den platonischen Ideebegriff (200, 266), die
averroische Lehre von der numerischen Einheit des intellectus possibilis in
allen Menschen (206) oder die skotischen *formalitates* anlehnt, die er in
anderen Argumentationszusammenhängen und unter veränderten Beweis-
ansprüchen wiederum in ihrer Geltung einschränkt oder verwirft. Sein er-
kenntnistheoretisches Credo ist jedoch von aller nur wünschenswerten Ein-
deutigkeit. Er wendet sich einerseits scharf gegen die absurden Konsequenzen der akademischen Skepsis und bekennt sich zur evidenten Gewißheit
der Sinnesgegenstände und der eigenen Akte (*sum certus evidenter de obiec-
tis quinque sensuum et de actibus meis*)[14]. Auf der anderen Seite verteidigt
er die metaphysische Gewißheit (*certitudo per . . . medium metaphysicum*)
dessen, was seiner Natur nach nicht sinnenfällig herzeigbar ist (*non omnes
veritates sunt a nobis praeostensibiles*). Vieles kann nicht sinnlich evident
gemacht werden (*multa sunt quae non sunt nata venire in evidentiam apud
sensum*, 189), wie etwa die metaphysische Annahme, daß ein *desiderium
naturale*, das wir Menschen haben, nicht für die gesamte *species* nichtig sein
kann, oder auch die Beweisgründe für die Ewigkeit der Dinge, die man
nicht ridikulisieren soll, denn sie sind metaphysischer Art und darum im
höchsten Grade gewiß (*dependent ex propositionibus quae non accipiuntur a
sensu nisi occasionaliter*, 192). Was von den Sinnen gilt, läßt sich auch von
der Einbildungskraft sagen. Vieles ist auf den ersten Blick nicht recht vorstellbar (*multa sunt quae non sunt bene imaginabilia primo aspectu*, 189). So
haben die Aristoteliker sich in der Frage der *multiplicatio specierum* schließlich von der Einbildungskraft gelöst und sich der Vernunft zu bedienen versucht (*tandem spreverunt imaginationem et adhaeserunt rationi*, 189).
Autrecourt mißbilligt dies nicht grundsätzlich, denn auch ihm fällt es nach
eigenem Eingeständnis schwer, etwa das Problem der *compositio continui*
auf der niederen Abstraktionsebene der Einbildungskraft zu behandeln (*res
quae dicuntur imaginationis minus bene veniunt ad spiritum meum quam*

[12] Paqué, l. c. (Anm. 8) 190.
[13] L. c. 195 sq.
[14] J. Lappe, Nicolaus von Autrecourt. Sein Leben, seine Philosophie, seine Schriften
(= BGPhMA 6, 2), Münster 1908, 6[+].

res intellectus quae dicuntur majoris abstractionis, 212). Dieses Bekenntnis
zur Metaphysik wäre zunächst nur dazu angetan, Joseph Lappes Formel
vom skeptischen Phänomenalismus Autrecourts in Frage zu stellen, wenn
sich für diesen mit der Abhebung der Erkenntnisweisen gegeneinander
nicht eine reale Unterscheidung der ihnen entsprechenden Realitätsebenen
verbände. Damit grenzt er sich unüberbrückbar von der erkenntnistheore-
tischen Position Wilhelms von Ockham ab. Dies muß jeder Versuch, den
Stellenwert von *ordo* und *mensura* im Denken von Ockham und Autrecourt zu bestimmen, berücksichtigen.

Für Ockham sind die intuitive und abstraktive Erkenntnis Weisen der
Erkenntnis ein und desselben Gegenstandes *sub eadem ratione*[15]. Durch sie
wird nicht Verschiedenes, sondern ein und dasselbe, wenn auch auf verschiedene Weise, erkannt (*idem totaliter et sub omni eadem ratione cognoscitur per utramque notitiam*)[16]. Dies gilt für Autrecourt nicht mehr. Nach
ihm kann es niemals in Rücksicht ein und desselben Dinges eine klare wie
eine dunkle Erkenntnis geben (*cognitio clara et obscura numquam possunt
esse respectu ejusdem rei*, 238). Dies heißt zugleich, daß nichts Erkennbares
sinnlich wahrgenommen und nichts Wahrnehmbares erkannt wird (*nihil
intelligibile sentitur sicut nihil sensibile intelligitur*, 241). Damit verliert das
alte Axiom, daß die Erkennbarkeit der Seiendheit folgt, seine ontologische
Allgemeingültigkeit. Nicht alles Seiende nämlich ist auch erkennbar (*falsum
est dicere quod omne ens sit intelligibile*). Das Erkennbare hat als solches ein
eigenes Sein, das unterschieden ist von dem des Wahrnehmbaren (*intelligibilia habent suum esse proprium distinctum sicut sensibile*). Diese Seins-
sphären haben wahrhafte Existenz, sind *ex parte rei* unterschieden und
werden nicht erst durch die Erkenntnis konstituiert (*ita erit verum quod
quaelibet virtus praesupponet suum subjectum esse et nulla constituet ipsum*,
241). Freilich sind sie nicht *realiter simpliciter* voneinander getrennt,
sondern — und hier schwenkt Autrecourt ungeachtet seiner Zustimmung
zu Ockhams Kritik an der Hypostasierung kategorialer und sonstiger
begrifflicher Unterscheidungen unversehens auf die skotistische Linie ein —
formaliter unterschieden. Was von der Zuordnung der Erkenntnisvermögen zu ihren spezifischen „Subjekten" gilt, gilt auch von dem Verhältnis
der Begriffe zu ihren ontologischen Korrelaten: *quot sunt conceptus tot sunt
formalitates inexistentes vel realitates* (239). Auf diesem Wege gewinnt er
sogar gegen Ockham die Realitätsgeltung der zehn aristotelischen Kategorien zurück: *sunt decem praedicamenta realiter vel formaliter distincta quia
tot sunt conceptus: igitur tot res vel formalitates.* (240)

Es steht zu vermuten, daß auch die Begriffe *ordo* und *mensura* in diesem
erkenntnismetaphysischen Kalkül einen anderen Geltungssinn haben als im

---

[15] Wilhelm von Ockham, Opera philosophica et theologica, St. Bonaventure, N.Y.,
1967sqq., Opera theologica 1, 15, 15.
[16] Ib., 31, 8sqq.

ockhamistischen Modell. Ockham thematisiert den *ordo*-Begriff im Kontext der Erläuterung seiner Relationentheorie. Er ist zu seiner Klärung herausgefordert durch Einwände von Duns Scotus gegen die Leugnung der erkenntnisunabhängigen Eigenrealität der Relationen. Heinrich von Gent hatte die Auffassung vertreten, nur vermöge ihrer Fundierung in einer *vera res*, nämlich ihrem Träger, dürfe die Relation selbst als *res* verstanden werden. Als Relation jedoch habe sie keine *propria realitas*, sondern sei eine *habitudo nuda*. Er referiert in diesem Zusammenhang aus Simplikios die stoische Ansicht, die Relation bestehe *tantum . . . in actu intellectus comparantis*[17]. Scotus wendet sich in einem Zug gegen beide Annahmen. Wären die Relationen nicht als solche real von ihrem Fundament verschieden und in diesem Sinne *aliae res* oder *aliae realitates*, dann sei die Einheit des Universums in Gefahr (*hoc destruit unitatem universi, . . . destruit omnem compositionem in universo substantialem et accidentalem*). Denn diese Einheit bestehe nach Aristoteles in der Hinordnung der Teile aufeinander und auf ein Erstes (*in ordine partium ad se invicem et ad primum*). Wer leugne, daß die Relation eine *res extra actum intellectus* sei, mache mit einer aristotelischen Formel, die auf Speusipp gemünzt war, die Substanz der Welt zusammenhangslos („episodisch"): *tales qui sic dicunt, „inconnexam faciunt universi substantiam"*[18].

Ockham weist diese Konsequenz von folgenden Voraussetzungen her zurück: (1) Ungeachtet aller Dependenzen und Koexigenzen der Dinge ist in der Welt nichts vorstellbar als Absolutes (*in re nihil est imaginabile nisi absolutum vel absoluta*). Folglich ist auch die Relation *in re* nichts anderes als diese Absoluta (*relatio nihil penitus importat in re nisi absolutum vel absoluta*)[19]. − (2) Entweder ist daher die Relation selbst etwas Absolutes, wie etwa ein Volk aus mehreren Menschen besteht, oder sie ist ein Begriff im Intellekt, der derartiges Absolutes beinhaltet (*vel relatio . . . est . . . tantum intentio et conceptus in anima importans plura absoluta, vel est plura absoluta, sicut populus est plures homines*)[20]. − (3) Als Begriff im Intellekt trägt die Relation nichts dazu bei, daß etwas wahrhaft so beschaffen ist, wie sie es anzeigt (*non est imaginandum . . ., quod nihil vere sit tale nisi propter actum intellectus vel propter aliquid causatum in intellectu*). Sokrates ist Platon ähnlich *propter sola absoluta* und nicht, weil der Intellekt beide unter den Begriff der Ähnlichkeit faßt[21].

Damit ist implizit bereits die Frage nach dem Sinn der Rede von der Einheit und Ordnung der Welt beantwortet. Sie wird nicht vom Intellekt ge-

---

[17] Cf. Heinrich von Gent, Quodlibeta, Paris 1518 (Repr. Louvain 1961), f. 349 T−V, 347 M−N.
[18] Johannes Duns Scotus, Opera omnia, Città del Vaticano 1950 sqq., 7, 111 sq.
[19] Ed. cit., Opp. theol. 4, 309, 19−21.
[20] L.c. 314, 16−18.
[21] Cf. 316, 4 sqq.

stiftet (*intellectus nihil facit ad hoc quod universum sit unum*)²². Daß das
Universum eines ist (*universum esse unum*), besagt nicht mehr, als daß seine
Teile aufeinander hingeordnet sind (*partes sic ordinari*), und nicht etwa, daß
der *ordo* und die Einheit eine von den Weltdingen unterschiedene Eigenrealität besitzen (*non quod ordo vel unitas sit aliquid in re distinctum ab
omni parte et ab omnibus partibus universi*)²³. Dies ergäbe einen infiniten
Regreß, denn der Welt-*ordo* müßte seinerseits auf die Weltteile hingeordnet
sein, so daß es außer der *res* „ordo“ und den einzelnen Dingen eine weitere
res geben müßte, die nun der *ordo* ihrer beider wäre. Das Ökonomieprinzip
(*numquam ponenda est pluralitas sine necessitate*) gebietet daher, daß schon
bei den Weltdingen Halt gemacht wird. *Ordo* und *unitas* sind darum lediglich ein Begriff oder eine *intentio relativa* im Intellekt. Dies schließt nach
Ockham gerade nicht aus, daß die Welt geordnet und einheitlich ist, denn
wie ein jeder Mensch die Eigenschaft des Lachenkönnens nicht dem syn-
kategorematischen Begriff *omnis* verdankt, mit dessen Hilfe ich diesen
Sachverhalt aussage, so ist die Welt auch ohne den *ordo*-Begriff, der ja zu
ihrem Geordnetsein selbst nichts beiträgt, so beschaffen, wie sie mittels
seiner begriffen wird (*sine quo tamen conceptu nihilominus est unum vel
ordinatum*)²⁴. Damit hat Ockham kategorialanalytisch vollendet, was
Heinrich von Gent zur Beunruhigung von Duns Scotus begonnen hatte.
Der ontologische Status der Weltordnung war auch bei Thomas von
Aquino prekär geblieben. Die Vorgaben der aristotelischen Onto-Logik
reichten nur bis zur Bestimmung des *ordo* als *proportio* und *habitudo* und
implizierten damit seine Subsumtion unter die Kategorie des *ad aliquid*.
Wenn Thomas den *ordo* der Weltteile darüberhinaus als *forma universi* bestimmt hatte, durch die dieses *in sua totalitate* konstituiert werde²⁵, hatte er
zumindest innerhalb einer aristotelischen Erstsubstanz-Ontologie Neuland
betreten. Eine solche Totalform, die ihrem Begriffe nach mehr ist als eine
teleologische *coordinatio ad unum*²⁶, läßt sich mit den geläufigen Unterscheidungen von *forma subsistens*, *substantialis* und *accidentalis* nicht
fassen. Als Ensemble bloßer Zuordnungsbeziehungen verstanden hätte sie
jedoch nur einen geringen Seinsgehalt. Schon für Heinrich von Gent ist
dementsprechend das *esse ad aliud* als Formalbegriff der Beziehung überhaupt nichts Reales, sondern ein bloßer *modus rei*²⁷. Durch die Suspension
der Eigenrealität des *ordo* wird freilich nach der Intention ihrer Verfechter
nicht im mindesten in Frage gestellt, was mit dem *bonum ordinis* signalisiert
werden sollte: daß die Dinge dieser Welt durch einen Welturheber aufs
beste geordnet sind.

---

²² 316 sq.
²³ 317, 9 sq.
²⁴ Cf. 317.
²⁵ Thomas von Aquino, S. c. g. 2, 39, n. 1156 sq.
²⁶ Cf. Aristoteles, Met. 12, 10, 1075 a 18 sq.
²⁷ Heinrich von Gent, l. c. f. 349 T–V.

Der Begriff der *mensura* hat seit altersher ein sehr viel engeres Verhältnis zum Erkenntnisvollzug als der des *ordo*. Ockham widmet ihm im zweiten Sentenzenbuch eine gründliche Erläuterung, die sich vielfältig an ältere Autoren anlehnt, aber noch in der Reportationsform, in der sie einzig überliefert ist, wohl nur von Aegidius Romanus an Ausführlichkeit übertroffen wird. Schon dadurch, daß er den zweiten Teil der Ausgangsfrage, nämlich ob das Maß höheren Ranges sei als das Gemessene (*utrum mensura sit . . . nobilior mensurato*), überwiegend negativ beantwortet, läßt er erkennen, daß er bemüht ist, der *mensura* kein nennenswertes Eigengewicht gegenüber dem durch sie Gemessenen einzuräumen. Dennoch liegen hier die Dinge anders als hinsichtlich des *ordo*-Begriffes. Für die geläufigen Formen der *mensura* – die *mensura extensionis, durationis* und *multitudinis* – gilt, daß das Maß unvollkommener ist als das Gemessene[28]. Nur die *mensura extensionis* kann, wie er an dem traditionellen Beispiel von Elle und Tuch zeigt, auch *in re extra subiective* liegen und ist insofern vom *mensuratum* real unterschieden[29]. Schon die Zeit als Maß der Dauer läßt sich nicht mehr aufgrund der Ordnung ihrer Teile als etwas positiv von den Dingen Unterschiedenes verstehen. Die Teile der Zeit sind nämlich pure Negationen, und was nicht ist, kann keinen *ordo positivus* besitzen[30]. Die Einheit als Maß der Vielheit schließlich hat als *numerus quo numeramus* nur ein gegenständliches Sein in unserem Intellekt und ist schon darum unvollkommener als ein *ens reale*[31]. Die Besonderheiten der *mensura*-Lehre Ockhams lassen sich in folgende allgemeine Annahmen zusammenfassen: (1) Wenn die *mensura* auch im eigentlichen Verstande dasjenige ist, durch dessen Erkenntnis ich zur Erkenntnis der Größe des Gemessenen gelange (*cuius cognitio ducit in cognitionem quantitatis mensurati*)[32], so lassen sich doch darüberhinaus zwei allgemeine Weisen von *mensura* unterscheiden. Einmal können die Teilursachen der Erkenntnis, nämlich der Intellekt, das Erkenntnisbild (*species rei*), sofern man ein solches annimmt, und das wirklich existierende Ding als *mensura* verstanden werden. Zum andern kann das Bild einer Sache, das die Erinnerung an etwas Bekanntes auslöst – für Ockham der einzig legitime Gebrauch der Figur eines *repraesentativum rei* – als *mensura* gelten[33]. Freilich heißt dies nicht, daß die res extra das Maß des Erkenntnisaktes wäre. Wohl aber ist das Wißbare (*scibile*) insofern im uneigentlichen Sinne das Maß des Wissens (*scientia*), als die *veritas quae est in re* das Maß der *veritas in conceptu* ist[34]. – (2) Das *unum in conceptu* ist ganz allgemein einfacher und in höherem Maße unteilbar als das *unum in re* und

---

[28] Ockham, ed. cit., Opp. theol. 5, 169.
[29] Cf. ib., 166, 168.
[30] Cf. 186.
[31] Cf. 167 sq.
[32] 165.
[33] Cf. 165.
[34] Cf. 176.

hat darum in höherem Maße den Charakter eines Maßes als ein Einzelding[35]. Maß im eigentlichen Sinne ist die *mensura cognoscendi solum vel cognitionis* und nicht das, was als Seinsprinzip des Gemessenen[36] oder in anderer Form außerhalb unseres Geistes existiert. – (3) Die aus Aristoteles[37] entwickelte Lehre, daß immer das jeweils Kleinste in jeder ein Mehr oder Minder zulassenden Gattung das Maß alles übrigen dieser Gattung sei, versteht Ockham im Sinne eines *minimum in perfectione*[38]. Er leugnet, daß Aristoteles das Vollkommenste jeder Gattung zum Maß alles übrigen mache. Zwar gibt es in jeder Gattung etwas Derartiges, aber es hat keinen *mensura*-Charakter[39]. – (4) Gott ist *pro statu isto* für uns nicht das Maß alles übrigen[40]. Er kann für uns jedoch insofern als *mensura perfectionis* fungieren, als wir aus der intuitiven Erkenntnis Gottes sowie der Kreaturen erkennen können, daß eine Kreatur näher an die Vollkommenheit Gottes heranreicht als eine andere und darum vollkommener ist. In ähnlichem Sinne ist die weiße Farbe die *mensura perfectionis* aller übrigen Farben[40a]. Den für diese Form des Maßes in der Tradition gebräuchlichen Begriff der *mensura excedens*[41] vermeidet Ockham anscheinend mit Bedacht, kann aber nicht umhin einzuräumen, daß in diesem Falle das Maß vollkommener ist als das durch es Gemessene[42].

Autrecourt hat die Begriffe *mensura* und *ordo* in den wenigen von ihm erhaltenen Texten nicht eigens erörtert. Obwohl er sie relativ häufig gebraucht, ist die Zahl der Okkurrenzen – rund fünfzig Belege im „Tractatus universalis" – naturgemäß recht gering. Dennoch sind Akzentverschiebungen augenfällig, so in der schon eingangs behandelten Umdeutung des *bonum*, das Thomas noch aus der *convenientia entis ad appetitum* verstanden hatte[43], zum Maßstab der kontingenten quantitativen und qualitativen Dispositionen der natürlichen Dinge. Man könnte versucht sein, hier einen verborgenen Einfluß Augustinus zu vermuten, der Maß und Ordnung als allgemeine ontologische Güter verstanden hatte (*modus, species, ordo, tamquam generalia bona sunt in rebus a deo factis siue in spiritu siue in corpore*)[44], wenn er nicht im Unterschied zu Autrecourt, der Werden und Vergehen aus seiner Metaphysik verbannt, nachdrücklich die Vergänglichkeit, die der Welt eine eigene temporale Schönheit verleiht, in

---

[35] Cf. 167 sq.

[36] 180, 21 sq.

[37] Met. 10, 1, 1052 b 18.

[38] 170, 22.

[39] 171, 12 sq.

[40] 173, 15 sqq.   [40a] 219, 5 sqq.

[41] Cf. Thomas von Aquino, I Sent., d. 35, 1, 4, ad 2, Johannes Duns Scotus, ed. cit. 7, 208, 14.

[42] Cf. 169, 13.

[43] Thomas von Aquino, Qq. dd. de ver. 1, 1 co., Opera omnia, ed. Leon., 22, 1, 2, 5, 155 sq.

[44] Aurelius Augustinus, De natura boni liber, c. 3, CSEL 25, 2, Wien 1892, 856.

seinen *ordo*-Kalkül einbezogen hätte: *fit . . . decedentibus et succedentibus rebus temporalis quaedam in suo genere pulchritudo, ut nec ipsa, quae moriuntur uel quod erant esse desinunt, turpent ac turbent modum et speciem et ordinem uniuersae creaturae . . .*[45]. Von einem solchen *desinere esse quod erant* aber wissen wir nach Autrecourt nichts (*homines hujus temporis non possunt dicere sub certo se scire quod aliqua res transiverit de esse ad non esse*, 201).

Auffälliger noch als die Verwendung der *bonum pro mensura*-Formel ist bei Autrecourt die Erhebung des Erkenntnislichtes zur *prima mensura* der Wahrheit. Alles, was im eigentlichen Sinne und mit letzter Evidenz erscheint, ist wahr (*quod apparet proprie et ultimate est verum*, 231). Das voll entfaltete Erscheinen (*apparentia plena* oder *lumen plenum*) ist die Wahrheitsregel, an der sich die Formung unserer sprachlichen Mitteilungen bemißt. Die Menschen sind um so verständiger (*melioris intellectus*), je besser sie alle ihre *actus dicendi* auf das *lumen inexistens* als ihre *prima mensura* zurückzuführen vermögen (233). Die rechte Einsicht (der *intellectus bonus*) ist immer dieser *mensura* gemäß. Aber auch hier gilt das Gesetz, daß das rechte Maß nur eines und jede Abweichung ein Abfall in Maßstablosigkeit ist. Das Heraustreten des Intellekts aus dem vollen Licht der Evidenz (sein *egredi terminos apparentiae*) führt zum Verlust des Maßstabes selbst (*lumen non plenum non habet rationem mensurae*, 231).

Auf welcher Referenzebene Autrecourt schließlich von der *bona ordinatio universi* redet, liegt nicht am Tage. Als hinlänglich gesichert kann gelten, daß er es nicht auf der des Wechselspiels der Atome tut. Lappe hatte seinerzeit von den ihm bekannten Texten her argumentiert, weil die Atome, aus denen die einzelnen Dinge bestehen und die ihr eigentliches Wesen ausmachen, ewig seien, seien auch die einzelnen Dinge ewig[46]. Damit hat er Autrecourt nicht weniger als drei Annahmen unterstellt, die dieser an keiner Stelle ausdrücklich macht: daß die Atome ewig seien, daß die einzelnen Dinge ewig seien und daß ihr Wesen in ihrer Zusammensetzung aus Atomen besteht. Freilich haben die Atome für ihn ein Sein in Permanenz, aber Permanenz ist nicht schon Ewigkeit. Der Gegenbegriff zu den *res permanentes* ist *res successivae* (vgl. 225). Er kann darum die Frage nach der Ewigkeit der Dinge auch damit exponieren, daß er fragt, woher wir denn dessen gewiß seien, daß diejenigen permanenten Dinge, von denen man gemeinhin sage, daß sie entstehen und vergehen, nicht ewig sind (198). Die Frage nach dem Sinn von *ordo* im Denken Autrecourts muß darum höher angesetzt werden.

Das Grundgerüst der autrecourtianischen Ontologie besteht in Corollarien zu zwei in die metaphysische Tradition zurückweisenden Prinzipien: daß es nichts in der Welt gibt, von dem es nicht besser wäre, daß es ist, als

---

[45] Ib., c. 8, 858.
[46] Lappe, op. cit. 38.

daß es nicht ist (*nihil est in universo quin ipsum sit melius esse quam non esse*, 196) – ein Totalsetzen des Prinzips der *perfectio simpliciter* –, und daß es in ihr weder im Besonderen noch im Allgemeinen irgendetwas Überflüssiges geben kann (*videtur quod nihil in universo neque in particulari neque in universali possit esse frustra quia si esset, tunc esset melius illud non esse quam esse*, 186). Im Begriff des allervollkommensten Ganzen liegt für ihn nicht nur Vollständigkeit, sondern beständige Aktualität. Alles der Welttotalität zur Vollkommenheit gereichende mögliche Seiende ist auch (*omnis entitas possibilis, cujus positio esset conveniens et ad ornatum universi, est*, 225), und es ist fortwährend (*omnis res quam nunc esse est ad bonum et ornatum totius multitudinis alicujus totius semper aequaliter perfecti est semper*, 186), denn es kann nicht fehlen, ohne daß dadurch das Ganze deformiert würde (*nihil videtur posse removeri quin ex hoc contingit deformitas in toto sicut in domo rectissime disposita in qua nihil esset superfluum neque diminutum non posset intelligi fieri ablatio alicujus rei quin cederet et ad deformitatem totius domus, sic existimandum in tota multitudine entium*, 186), und das Ganze ist vollkommener, wenn seine Teile, vornehmlich seine beständigen, ewig sind (*videbitur universum magis perfectum si ponantur aeternae suae partes, praecipue permanentes*, 201). Also sind sie als ewig zu setzen, zumal daraus nichts Unmögliches resultiert: *illud est ponendum in universo ex quo apparet major perfectio in universo, si ad positionem illius nulla sequitur impossibilitas* (201). So aber ist es hier. Die Ewigkeit aller Dinge ist eine ontologisch und gnoseologisch unabweisbare Annahme. Sie folgt aus dem Begriff des Seienden selbst (*ex conceptu entis magis videretur concludi aeternitas quam deficientia et corruptibilitas*, 187). Aus ihm kann ich gar nicht wissen, daß es anders sein könnte (*haec conclusio: non omnes res sunt aeternae, est formata in terminis entis et non scibilis per tales conceptus*, 187). Andernfalls wäre ein Grundbedürfnis des Menschen leer und nichtig, was unmöglich ist (*desiderium naturale hominum quod est ad aeternitatem non est frustra, ut videtur*, 193), denn sonst wäre die Weltordnung nicht in sich stimmig (*aliter videretur ordinatio inconveniens universi quod sic esset universalis appetitus ad illud quod numquam inerit*, 203).

Auf welcher Seinsebene aber ist der in sich stimmige Welt-*ordo* angesiedelt? Nicht auf derjenigen der Lagebestimmungen der körperlichen Atome: *individuum loci . . . non . . . est de perfectione universi.* (251) Dasselbe gilt für jedes individuierende Prinzip, welches das Wesen (*natura*) eines Dinges *ad essendum in certo loco* kontrahiert. Es ist ohne irgendeine eigene Tätigkeit und schon darum niederen Ranges als die Dingnatur, die *principaliter* für die Akte und Tätigkeiten eines Dinges zuständig ist (vgl. 245). Nur nach einem langen aporetischen Diskurs ringt sich Autrecourt zur Anerkennung eines *individuum naturae* durch, das für ihn neben der Dingnatur eine *talitas finalis* enthält, die – vergleichbar der skotistischen *haecceitas* – die Dingnatur zu einer diesen macht (251). Zuvor hatte er versucht,

aus der sinnlichen Gewißheit einen Stützbeweis für die Ewigkeit der Dinge
zu gewinnen. Danach werden eine Weiße in Paris (*albedo quae est Parisius*)
und eine ihr gänzlich ähnliche Weiße in England (*albedo quae est in Anglia*)
– schon die Einsetzung von *albedo* als Sinnesgegenstand wäre nach Ockham *de virtute sermonis* falsch – durch ein und denselben numerisch iden-
tischen Akt gesehen. Denn *in ratione albedinis* ist keinerlei Unterschied
zwischen ihnen. Also wird die englische Weiße immer dann gesehen, wenn
die mit ihr numerisch identische Pariser Weiße gesehen wird, und zwar in
Paris (*non aspiciendo ad ubi Angliae, sed ad ubi Parisius*, 239). Erst wenn
ich eine Zweiheit von *albedines* annähme, würden Probleme auftreten: das
gleich deutliche Erfassen zweier Dinge von unterschiedlicher Distanz, von
denen, wären sie beide gleich vollkommen, eines überflüssig wäre, von
denen es aber, soll die Welt vollständig sein, unendlich viele geben müßte,
wenn sich ihre Vollkommenheiten addieren würden (245f.).

Autrecourt nimmt dieses Raisonnement später aus kausalanalytischen
Erwägungen wieder zurück. Die Weißen in Paris und England bedürfen
einer je verschiedenen *causa efficiens*. Wären sie ununterscheidbar ähnlich,
müßte eine einzige *virtus activa* sie beide und außerdem alle übrigen zugleich hervorbringen können. Daher ist davon auszugehen, daß es nicht
zwei gänzlich ähnliche Wirkungen in der Welt gibt. Diese Kontraindika-
tionen sind jedoch nicht aus der sinnlichen Apparenz selbst gewonnen. Von
welcher Art ist aber dann das ununterscheidbare sinnliche Sein der *albedo*?
Nur ein *esse objectivum* im Intellekt, dem kein gleichartiges *esse subjectivum* entspricht? Hätte so am Ende Paqué doch recht, wenn er Autrecourt
eindeutig an dem Prozeß der Verlagerung des Seienden ins Subjekt sowie
seiner Verankerung in der Subjektivität teilnehmen läßt?[47] Und hätte dieser
eben dies mit der Erhebung des *lumen plenum* zur *prima mensura* unseren
Aussagen ausdrücken wollen?

Ich glaube nicht. In der Tat macht er die Apparenz zum Wahrheitskriterium und zum *medium judicii* (240). Aber er ordnet sie Seinsweisen zu,
die ihr nach seiner Überzeugung voraufliegen und nicht durch sie konstituiert werden. So haben für ihn – und dies ist nicht weniger paradox oder
contra consueta als die sensualessentialistische Identifikation der räumlich
voneinander weit entfernten Weißen – auch die Gegenstände der Imagination eine wahre Existenz, die dem Akt der Imagination präexistiert und
nach seinem Aufhören erhalten bleibt. In diesem prägnanten Sinne gilt für
ihn: *chimaera existit* (241). Auf der Intellektualebene schließlich folgt er
Platon. Das Allgemeine als Gegenstand des Intellekts präexistiert dessen
Tätigkeit und hört nicht auf zu sein, falls diese Tätigkeit aufhören sollte.
Insofern ist es *ubique et semper* und nicht unter Raum und Zeit begriffen.
Ontologisch kann man es als ein dem *universale objectivum* entsprechendes
esse universale subjectivum verstehen, das entsprechend den Setzungen Pla-

---

[47] Paqué 196.

tons die *quidditas singularium* und ihr Seins- und Erkenntnisprinzip wäre. Solche Quidditäten existieren freilich nicht in der Luft, sondern sind – was für Ockham absurd wäre – Teile der Einzeldinge (*ipsum universale subjectivum est pars Socratis, non tamen adaequate idem Socrati, sed est in plus, cum etiam quidditas sit Platonis*, 267). Wie unzulänglich Autrecourt das Verhältnis der Eigenrealität der *universalia subjectiva* zu derjenigen der verschiedenen Ebenen des *esse objectivum* auch bestimmt haben mag – die Apparenz eröffnet für ihn einen Zugang zum Quidditativen, der unabhängig ist von den ontischen Bestimmtheiten der Einzeldinge. Verschiedene Apparenzen – eine klar erkannte und eine dunkel erkannte Weiße – bleiben selbst dann verschieden und Erkenntnis von Verschiedenem, wenn sie über Lagebestimmungen ein und demselben Subjekt zugeordnet werden können. Die *identitas situs* stellt die durch diverse Apparenz durchbrochene *identitas secundum quidditatem* nicht wieder her (240).

Ich verbinde mit diesem doxographischen Befund zwei Schlußfolgerungen und eine Schlußbemerkung. (1) Es spricht nichts dafür, daß Autrecourt den *ordo universi* in der Welt der Atome verankert und die Subjektivität der Erkenntnis zur *mensura* der Wahrheit erhebt. Vielmehr zielt seine ontologische Axiomatik auf Gegebenheiten außerhalb von Raum und Zeit und damit auf die Welt in ihrem quidditativen Bestand. Von ihm her denkt er auch die Natur unserer Erkenntnisakte. Sie sind selbst ewig, wenn die Dinge ewig sind, und wären numerisch identisch, wenn ihre Gegenstände quidditativ völlig gleich wären. (2) Der Versuch, eine gemeinsame Basis für eine Vergleichung von Ockham und Autrecourt „sub specie ordinis et mensurae" zu finden, scheitert an den konträren ontologischen Voraussetzungen beider Autoren. Der Standpunkt der *res absolutae* ist unvereinbar mit dem Ausgang von einem subjektiv Allgemeinen. (3) Das Beispiel Autrecourts lehrt, daß es nicht sinnvoll ist, mit dem Auftreten des Venerabilis Inceptor eine epochale Zäsur zu setzen und zu sagen: von jetzt ab regiert – und sei es auch nur in der mater scientiarum Paris – der Nominalismus die Geschicke der Theologie und Metaphysik.

ZUM BEGRIFF DER MENSURATIO BEI CUSANUS
EIN BEITRAG ZUR ORTUNG DER CUSANISCHEN ERKENNTNISLEHRE

von MICHAEL STADLER (München)

Mit einer heftigen Polemik gegen all jenes Wissen, das statt aus der eigenen Vernunft sich aus Büchern nährt, leitet Cusanus die Schrift über die Weisheit ein. Der in zwei Bücher unterteilte Dialog eines Laien mit einem römischen Rhetor über die Weisheit ist Auftakt zu zwei weiteren Schriften, die sich des gleichen stilistischen Aufbaus bedienen: ‚Der Laie über den Geist‘ und ‚Der Laie über die Experimente mit der Waage‘. Diese in rascher zeitlicher Folge entstandenen Schriften zeichnen sich nicht nur durch ihre einheitliche Komposition als Dialog eines Laien mit einem Gelehrten aus, sondern sie sind auch thematisch an einen Grundgedanken gebunden: An den Gedanken des Maßes und des Messens. So stellt sich in den beiden Büchern über die Weisheit die Frage nach dem absoluten Maß, nach Gott. Die Schrift ‚Idiota de mente‘ behandelt den menschlichen Geist als „lebendes Maß“, während die Abhandlung ‚Idiota de staticis experimentis‘ Ansätze zu einer „naturwissenschaftlichen“ Vermessung der Welt zeigt. Allein schon die spezifische Thematisierung des Maßgedankens innerhalb dieser Schriftenreihe zeigt, daß der cusanische Begriff des Maßes als ein zentraler Begriff der cusanischen Erkenntnislehre aufgefaßt werden muß. Gilt doch das Hauptwerk dieser Schriftenreihe, die Abhandlung ‚Über den Geist‘, der Cusanus-Forschung zumindest seit den Arbeiten Ernst Cassirers als erkenntnistheoretisch bedeutendstes Werk[1]. Aber auch in einer Reihe anderer Schriften wird der Gedanke des Maßes immer wieder und oft in sehr dichter Weise aufgegriffen, so daß auch von daher die zentrale Bedeutung dieses Begriffes für die cusanische Erkenntnislehre legitimiert werden kann. Die gänzliche Einbindung des Maßbegriffes in die Erkenntnisproblematik kann als cusanisches Spezificum gegenüber anderen Traditionen der Verwendung des Maßbegriffes — etwa als ethischer oder ästhetischer Begriff — gelten. Folgt man dieser Einschätzung, so ergibt sich

---

[1] In Hinsicht auf die Schrift ‚Idiota de mente‘ kennzeichnet E. Cassirer Cusanus als den ersten „modernen Denker“, weil dieser um die Klärung der Voraussetzungen des Wissensbegriffs bemüht ist: Individuum und Kosmos in der Philosophie der Renaissance, Darmstadt ²1963, 11. L. Gabriel betrachtet diese Schrift als eine erste „Kritik der reinen Vernunft“: Nikolaus von Kues, Philosophisch-Theologische Schriften, III, Wien 1967, XIX.

daraus, daß jeder Versuch der Ortung der cusanischen Erkenntnisauffassung, deren Deutung seit jeher ein Feld kontroverser Versuche darstellt[2], auf eine Analyse des cusanischen Begriffes von Maß und Messen nicht verzichten kann. So versteht sich die folgende Abhandlung als Versuch einer solchen Analyse und zwar anhand der Schriften ‚Idiota de sapientia‘, ‚Idiota de mente‘ und ‚Idiota de staticis experimentis‘[3].

Ego autem tibi dico quod sapientia foris clamat in plateis[4]. Diesen Spruch stellt der Laie in provokanter Weise einer Wissenshaltung entgegen, die überstarker Autoritätsgläubigkeit verhaftet ist und den Gebrauch der eigenen Vernunft, zu urteilen über wahr und falsch, verlernt hat. Über diese, manche verkrustete Tradition scholastischen Schulbetriebes betreffende Polemik hinaus ist aber zu fragen, worin das Rufen der Weisheit nun bestehen soll. Worin zeigt sie sich so offenkundig, daß sie gewissermaßen vor aller Augen, auf dem Marktplatz anzutreffen ist? Welcher Ruf der Weisheit ist es, den der vom Laien zum Disput herausgeforderte Rhetor vernehmen soll? Der Laie fordert seinen Gesprächspartner auf, in den Schatten eines kleinen Geschäftes zurückzutreten und von dort aus das grelle Marktgetümmel zu beobachten. Was dem Beobachter sich zeigt, ist das Treiben der Händler und Geschäftsleute, ihr Wiegen, Messen und Zählen. *Video ibi numerari pecunias, in alio angulo ponderari merces, ex opposito mensurari oleum et alia*[5]. Dieser Vorgang des Messens, Zählens und Wiegens ist Cusanus Gleichnis des Erkennens. Es stellt sich damit die Frage, wie diese Lehre, die vom Erkennen in der Metapher des Messens spricht, zu deuten ist. Folgen wir dazu dem weiteren Argumentationsvorgang des Dialoges: Hier stellt sich das Messen zunächst dar als eine Tätigkeit der ratio, als ein unterscheidendes Ordnen, denn — so lautet die Antwort des Rhetors — das Messen geschieht durch Unterscheidung (per discretionem)[6]. Diese Bestimmung gibt Anlaß, nach dem eigentlichen Prinzip des Messens zu fragen, nach dem Maß selbst, denn alles Messen bedarf eines Maßes. Im Gleichnis ist dieses Maß das kleinste Maß oder das kleinste Gewicht. *Sicut igitur unum est principium numeri, ita est pondus minimum principium ponderandi, et mensura minima principium mensurandi*[7]. Das Maß ist die zugrundeliegende Einheit, durch die alles Gemessene zum Vielfachen dieser Einheit bestimmt wird. Damit ist die Grundstruktur des Meß- und Zählvorganges offengelegt. Es ergeben sich zwei Momente: Zum einen die Maß-

[2] Einen Überblick über die verschiedenen Richtungen der Cusanus-Deutung gibt K. Jacobi: Die Methode der Cusanischen Philosophie, Freiburg–München 1969, 37–129.
[3] Im folgenden werden die Schriften des Cusanus zitiert nach den Ausgaben: Nikolaus von Kues, Philosophisch-Theologische Schriften, hg. L. Gabriel, 3 Bde, Wien 1964ff. und der 3-bändigen Pariser Ausgabe von 1514.
[4] Idiota de sapientia (de sap.) I; III, 498; P I 82v. Cf. Prov. 1, 20.
[5] de sap. I; III, 424; P I 75r/v.
[6] de sap. I; III, 424; P I 75v.
[7] ibid.

einheit, mit der gemessen wird — zum anderen das Gemessene, und hier ist
darauf zu achten, daß dieses allein als das Vielfache der Maßeinheit ausgesagt wird. Was damit auf der Gleichnisebene verhandelt wird, ist allerdings nicht, wie sich auf den ersten Blick vermuten ließe, die Frage der
Quantifizierung von Wirklichkeit, sondern das Problem von Identität und
Differenz, von Maß und Gemessenem oder — um in anderer Terminologie
zu sprechen — von Prinzip und Prinzipiiertem[8]. Dem Maß und Gemessenen muß ein Modus der Identität zukommen, da im Gemessenen nichts
anderes vorkommt als das Maß selbst. Auf diese Weise ist das Gemessene
das Maß. Eine Differenz zwischen Maß und Gemessenem muß jedoch
ebenso angenommen werden, weil — auf der Ebene des Gleichnisses gesprochen — das Maß als „Einzelnes" different ist von seinem Modus der
Vervielfachung als Gemessenes. Scheint dies auf der Gleichnisebene ein
Problem bloßer Quantifizierung zu sein, so wird doch tatsächlich die Differenz und Verknüpfung zweier Seinsmodi zur Sprache gebracht, wobei
dem Maß ein höherer Modus an Allgemeinheit zukommt als dem Gemessenen. Von dieser Problemstellung her läßt sich auch die weitere Aufgliederung beider Schriften erschließen: Ausgehend von der Frage, ob das
Maß vom Gemessenen aus zu bestimmen ist[9], werden jene Weisen zu er-
fragen versucht, mit denen der menschliche Geist sich in seinem Begreifen
dem Größten und Allgemeinsten, der unendlichen Weisheit, dem unendlichen Maß zu nähern vermag. Die unendliche Weisheit ist für alle Maß-
weisen des menschlichen Geistes unerreichbar: *Unde sapientia, quam om-*
nes homines, cum natura scire desiderent, cum tanto mentis affectu quae-
runt, non aliter scitur, quam quod ipsa est omni scientia altior et inscibilis, et
omni loquela ineffabilis, et omni intellectu inintelligibilis, et omni mensura
immensurabilis . . .[10]. Als Maß umfaßt die unendliche Weisheit alles, sie ist
das genaueste Maß aller Formen: . . . *sic infinita sapientia est simplicitas*
omnes formas complicans et omnium adaequatissima mensura . . .[11]. Die
Formulierung *adaequatissima mensura* muß als spezifisch cusanischer Gebrauch eines Superlativs gesehen werden. So wie bei anderen Beispielen
vom „Größten", „Kleinsten", „Höchsten", „Schnellsten" etc. die Rede

---

[8] de sap. I; III, 428; P I 7v. *Dico autem, quod, sicut iam ante de unitate, unica et petito*
dixi, ita de omnibus quoad omnium principium dicendum. Nam omnium principium est per
quod, in quo et ex quo omne principiabile principiatur, et tamen per nullum principiatum at-
tingibile.

[9] de sap. I; III, 426; P I 75v. *Optime ais, orator. Sicut enim simplex prius est natura*
composito, ita compositum natura posterius. Unde compositum non potest mensurare simplex,
sed e converso. Ex quo habes, quomodo illud, per quod, ex quo et in quo omne numerabile
numeratur, non est numero attingibile et id, per quod, ex quo et in quo omne ponderabile
ponderatur, non est pondere attingibile. Similiter et id, per quod, ex quo et in quo omne men-
surabile mensuratur, non est mensura attingibile.

[10] de sap. I; III, 428; P I 75v/76r.

[11] de sap. I; III, 444; P I 77v.

ist, ist damit jeweils ein absolut Größtes, Kleinstes etc. gemeint, das keiner
Komparation mehr zugeführt werden kann. Das Größte, Kleinste darf
nicht mehr größer oder kleiner gedacht werden können. Das „angeglichen-
ste Maß" ist also jenes Maß, das nicht mehr angeglichener gedacht werden
kann. Solange zwischen Maß und Gemessenem eine Differenz besteht,
stehen Maß und Gemessenes im Verhältnis des „Mehr oder Weniger" zueinander. Solange dieses Verhältnis besteht, kann das Maß noch immer in
einem Zustand größerer Angeglichenheit an das Gemessene gedacht werden. Das Maß, das nicht mehr angeglichener gedacht werden kann, ist das
Maß, das in keiner Differenz mehr zu seinem Gemessenen steht – es ist mit
seinem Gemessenen identisch. Dieser Sachverhalt findet auch in anderer
Begrifflichkeit seinen Ausdruck, so, wenn von der einfachsten Form oder
von dem einzigen, allem zugrundeliegenden Urbild die Rede ist[12]. Die Annahme eines unendlichen Urbildes, einer einzigen unendlichen Idee anstatt
einer Ideenvielfalt gehört zu jenem Grundbestand cusanischer Philosophie,
der sich durch das ganze Werk hindurch verfolgen läßt[13]. Die cusanische
Lehre vom Erkennen als Messen zeigt sich so gänzlich mit der Unendlich-
keitsspekulation verbunden. Mit dem Rekurs auf ein unendliches Maß geht
die Unendlichkeits-Spekulation den Ausführungen in ‚De mente' über die
messende Tätigkeit des menschlichen Geistes voraus. Dieses Vorausgehen
darf nicht betrachtet werden als nur zufällig in der Schriftenfolge gelegen,
sondern ist zu verstehen im Sinne einer systematischen Voraussetzung. Es
wird also offenzulegen sein, inwiefern das Konzept der *mens* als lebendes
Maß erst anhand des Unendlichkeitsgedankens seine logische Konsistenz
als Erkenntnislehre zu gewinnen vermag.

   . . . *mentem esse ex qua omnium rerum terminus et mensura. Mentem
quidem a mensurando dici conicio*[14]. Mit der etymologischen Ableitung des
Wortes *mens* von *mensurare* benennt Cusanus den menschlichen Geist
seiner Funktion entsprechend. Die erkennende Tätigkeit des Geistes ist damit eindeutig als Messen charakterisiert. Dieser Satz gibt aber auch Auskunft über den Gegenstand des messenden Aktes. Alle Dinge – so heißt es
– haben ihr Maß aus dem Geist. Dabei ist nicht von einem Eigenmaß der
Dinge, sondern von einem Maß, das der Geist gibt, die Rede. Von diesem
Maß wird auch ausgesagt, daß es Grenze (*terminus*) ist. Maß und Grenze
werden von Cusanus zuweilen konvertibel verwandt: *Sic omnis rei mensura*

---

[12] de sap. I; III, 444–446; P I 77v. . . . *ut ars seu sapientia Dei patris sit simplicissima
forma, et tamen infinitarum formabilium formarum quamquam variabilium unicum aequa-
lissimum exemplar.*
[13] cf. Idiota de mente (de mente) II; III, 498; P I 82v. De apice theoriae (ap. th.) II, 384;
P I 221v. De docta ignorantia (D. ign.) I, 27; I, 248; P I 7v. D. ign. II, 9; I, 378; P I 19v.
De ludo globi (l. gl.) II; III, 288; P I 160v/161r. De non aliud (non al.) 10; II, 484. De vena-
tione sapientiae (ven. sap.) 28; I, 130; P I, 213r. De visione Dei (vis. Dei) 9; III, 130; P I,
103r.
[14] de mente 1; III, 486; P I 81v.

vel terminus ex mente est[15]. „Grenze" fungiert dabei als Wesensbegriff, der das Sein einer Sache aussagen soll. Eine Sache ist bestimmt durch ihre Grenze, sie ist ihre Grenze. Worin nun das Spezifische dieses Begriffes von Grenze liegt, läßt sich verdeutlichen, vergleicht man den Begriff Grenze mit dem der Form: Form kann als Grenze verstanden werden, sie umgrenzt das, was sie in sich birgt, sie stellt den „Umfang", den Bestimmungsrahmen, so etwa als Genus oder Spezies einer Sache dar. Der Begriff „Grenze" geht nun insofern über den der Form hinaus, da er nicht nur auf ein „Eingegrenztes" verweist, sondern ebenso auf ein „Ausgegrenztes". Grenze hat ein Diesseits und Jenseits, sie grenzt ein und zugleich aus. Die Grenze selbst subsistiert nicht, sie ist nicht ein Etwas, das zwischen zwei sich Begrenzenden anzunehmen wäre. Grenze ist allein die Relation, in der zwei Sich-Begrenzende stehen. Wird Grenze zum Wesensbegriff, heißt dies, die Dinge sind wesenhaft relational bestimmt, nicht mehr durch sich selbst *per se*, sondern ebenso durch das jede Sache begrenzende andere, *per aliud*. Cusanus sieht das Gemessene, die dingliche Wirklichkeit im Modus relationaler Bestimmungen. Dieser Sachverhalt kommt insbesondere darin zum Ausdruck, daß er sagt, die Dinge seien bloße Zahlen: *Conspicis etiam, quomodo non est aliud numerus quam res numeratae. Ex quo habes inter mentem divinam et res non mediare numerum, qui habeat actuale esse sed numerus rerum res sunt*[16]. Die Zahl ist hier nicht mathematisch zu verstehen, sondern als „Symbol"[17] einer einenden und trennenden Relation: *Nam numerus est compositus et ex se ipso compositus — ex numero enim pari et impari est omnis numerus compositus*[18]. Die Zahl wird verstanden als zusammengesetzt aus Einheit und Unterschiedenheit. Sie stellt das Grundmuster der Relation dar, nämlich die Verknüpfung von Identischem und Verschiedenem. Jede Relation sagt ja sowohl Gleichheit als auch Unterschiedenheit aus. Diese Grundfigur von Relationalität liegt jeder konkreten Verhältnisbestimmung zugrunde. Jede Aussage über eine Sache stellt eine Ähnlichkeitsrelation dar. Eine Sache wird definiert in Identität und Ver-

---

[15] de mente 9; III, 554; P I 88v.

[16] de mente 6; III, 530; P I 86r. Cf. De coniecturis (coni.) 4; II, 8; P I 42r. *Adeo enim numerus principium eorum, quae ratione attinguntur, esse probatur, quod eo sublato nihil omnium remansisse ratione convincitur.*

[17] Cusanus wendet sich gegen ein bloß mathematisches Verständnis der Zahl, cf. de mente 6; III 520f.; P I 85r.

[18] de mente 6; III, 522; P I 85r. Cf. coni. 4; II, 10; P I 42r. *Omnis igitur numerus compositus ex oppositis differentibus atque ad invicem proportionaliter se habentibus taliter existit, quod illa sunt ipse.*
coni. 11; II, 38; P I 45v. *Omnem constat numerum ex unitate et alteritate constitui . . .*
l. gl. II; III, 340/342; P I 167r. *Omnis enim numerus ex numero componitur, quia ex uno et altero.*
De principio (princ.) II 248; P II 10r. *Numerus igitur ex unitate et multitudine tamquam finito et infinito constitui videtur.*
D. ign. I, 7; I, 214; P I 3r.

schiedenheit zu einer anderen. Die Verschiedenheit begrenzt die Identität zur Teilidentität — absolute Identität läßt keine Vergleichbarkeit zu. Relation — Cusanus verwendet den Begriff Proportion (proportio) — wird zur Form einer Sache. Sie ist der Ort der Form: . . . *proportio est locus formae*[19]. Dementsprechend ist eine Sache, ist das Gemessene nicht mehr als Substanz zu denken, der Relationen bloß akzidentiell zukommen, sondern sie ist bloße Proportion. Nur wenn die Auflösung dinglich-gegenständlicher Wirklichkeit in bloße Relationalität vorausgesetzt wird, kann mit logischer Konsequenz davon gesprochen werden, daß alles Gemessene sein Maß aus dem Geist hat. Das Messen des Geistes ist ein Maß-Geben. Wird eine „Sache" als Komplex relationaler Bestimmungen verstanden, so ist es der Bestimmungsrahmen, von dem die jeweilige Bestimmtheit einer Sache als diese oder jene abhängt. Das Denken selbst ist es, das eine Sache in einen jeweiligen Horizont relationaler Bestimmtheiten stellt und so jeder Sache ihr Maß gibt. Dieser Prozeß darf nicht dahingehend mißverstanden werden, daß eine Sache erst in eine bestimmte Bezüglichkeit gesetzt wird; insofern etwas Sache ist, ist es bereits ein relational Bestimmtes. Das Maß-Geben des Geistes heißt: Den Dingen erst ihre Grenze, ihre Form geben und sie damit schaffen. Der Geist, der diese schöpferische Leistung vollbringt, ist zu denken wie eine „lebende Zahl", eine Zahl, die sich selbst bewegt. . . . *repriebant (omnes, qui de mente locuti sunt) . . . mentemque ex se notiones fabricare et sic se movere, quasi vivus numerus . . .*[20]. Wie auch bei einer Reihe anderer Beispiele wird der Geist als „lebend" (vivus) ausgesagt[21]. Dies deutet daraufhin, daß Cusanus den Geist nicht mehr als Substanz, dem seine Erkenntnis akzidentiell zukommt, denkt, sondern Geist ist aufgefaßt als die Erkenntnisbewegung selbst, der Geist ist Akt. Es ist der Gedanke der Subjektivität, der hier bereits deutlich erkennbar wird[22]. Der Geist wird als die Bewegung des Erkennens selbst verstanden, sein Sein ist Leben und sein Leben ist Denken[23]. Die Zahl ist Metapher für

---

[19] de mente 6; III, 524; P I 85 v.

[20] de mente 7; III, 532; P I 86 r.

[21] de mente 5; III, 512; P I 84 r. *Quomodo mens est viva substantia . . .*
de mente 7; III, 532; P I 86 v. *Arbitror omnes non posse dissentire mentem esse vivam quendam divinum numerum . . .*
de mente 9; III, 562; P I 89 v. *. . . ut per se mensuret (mens), quasi si circulus vivus per se mensuraret.*
de mente 12; III, 592; P I 92 v. *Sic omnis mens etiam et nostra . . . a Deo habet, ut modo quo potest sit artis infinitae perfecta et viva imago.*
de mente 9; III, 562; P I 89 v. *Quando enim attendis mentem esse . . . mensuram . . . vivam . . .*

[22] Dieser Sachverhalt berechtigt, in der cusanischen Philosophie eine „Metaphysik der Subjektivität" angelegt zu sehen, cf. E. Fräntzki, Nikolaus von Kues und das Problem der absoluten Subjektivität, Meisenheim 1972; W. Schulz, Der Gott der neuzeitlichen Metaphysik, Pfullingen 1957; im Gegensatz dazu: N. Herold, „Subjektivität" als Problem der Cusanus-Interpretation, in: MFCG 14 (1980) 146—166.

[23] de sap. I; III, 434; P I 76 v *. . . suum esse est vivere, suum vivere est intelligere . . .*

den Geist, die Strukturiertheit der Zahl als Verknüpfung von Identität und Verschiedenheit entspricht der des Geistes: *Nam mentem esse ex eodem et diverso est eam esse ex unitate et alteritate eo modo, quo numerus compositus est ex eodem quantum ad commune, et diverso quantum ad singularia . . .*[24].

In seinen Akten leistet der Geist seiner eigenen Struktur entsprechend die Verknüpfung von Identischem und Verschiedenem und erstellt so die Welt des Gemessenen. Diese ist nicht mehr die Welt substanzhaft gedachter Dinglichkeit, sondern Bestimmtheit in bloßer Relationalität. Jede konkrete relationale Bestimmung besagt Teilidentität zum Mitbestimmten, als solche ist sie die Verknüpfung von Identität und Differenz. Der Geist ist „Form" jeder so geleisteten relationalen Bestimmung, Form aber nicht im Sinne einer reinen leeren Form, denn die Bewegung des Erkennens ist ohne Inhaltsmoment nicht denkbar. Der Akt des Denkens hat immer ein Gedachtes. Als Akt ist Denken fortlaufende Bewegung, Veränderung. Soll nun ein Regreß auf identische Strukturen des Denkens geleistet werden, so stellt sich das systematische Problem, wie in einer dauernden Veränderung Identität zu bestimmen ist. Wie also können die vielen und verschiedenen Denkakte als Einheit, als ein Bewußtsein begriffen werden? Die Annahme gegenseitiger relationaler Bestimmtheit aller Akte vermag eine durchgehende Identität vieler Aktmomente zu sichern und so die Einheit des Bewußtseins zu gewährleisten. Das Verständnis des Denkens als Akt erfordert so eine Kategorialität der Bewegung. In der Relation scheint Cusanus jene Kategorie gefunden zu haben, innerhalb der sich Bewegung und Veränderung fassen lassen. Jeder Gegenstand des Denkens, jedes Inhaltsmoment des Denkaktes ist sowohl durch alles früher Gedachte wie durch alles folgend Gedachte bestimmt. Jeder neue Denkakt kann neue Bestimmungen bereits gedachter Inhalte erwirken. Eine Sache kann daher prinzipiell nicht vollständig gewußt werden, weil sie in endlose Relationen gesetzt werden kann, die, wie die Zahlenreihe, nicht zu Ende gezählt werden können; die größte Zahl ist nicht erreichbar. Darin liegt der Grund, daß Cusanus dem menschlichen Wissen „Präzision" abspricht. Die unendlich möglichen Bestimmungen einer Sache können nämlich nie erreicht werden. Oder umgekehrt: Wüßte der Mensch nur einen einzigen Gegenstand „präzise", so wüßte er alles: *Pari formiter aio, quod, si scirem praecisum nomen unius operis Dei, omnia nomina Dei operum et quidquid sciri posset non ignorarem*[25]. Dies ist nur möglich, wenn ein Einzelnes durch alles relational bestimmt ist und im Modus dieser Bestimmtheit selbst das Ganze darstellt. Da eine Sache endlos immer anders bestimmt werden kann, weil unendlichrelationale Bestimmungen denkbar sind, ist der Geist Möglichkeitshorizont endloser Bestimmungen. Der Geist ist potentiell unendlich. In diesem Sinne ist er Maß und Grenze alles Gemessenen, denn die Grenze als

---

[24] de mente 7; III, 532; P I 86r.
[25] de mente 3; III, 502; P I 83r.

„Form" des Begrenzten ist der Umfang aller möglichen relationalen Bestimmungen, die eine Sache, ein Gemessenes ausmachen können. Jeder konkrete Erkenntnisakt vermag jedoch die endlos möglichen maßgebenden Begrenzungen einer Sache nicht auszuschöpfen. Die gesamt mögliche Grenze wird im Messen aktual nicht erreicht, sondern verbleibt im Modus der Potentialität. Von hier aus wird die Differenz von Maß und Gemessenem einsichtig. Sie bedeutet nicht eine bloße quantitative Vervielfältigung der Maßeinheit, sondern die Ausdifferenzierung einer vorgängigen Einheit zur Vielheit. Löst man den Gedanken der *mensuratio* vom Beispielhintergrund des Messens und Zählens auf dem Marktplatz ab und überträgt ihn auf das Feld der Geometrie, so ist zu sehen, daß die cusanischen Beispiele von der *explicatio* des Punktes zu Linie, zur Fläche und zum Körper den gleichen Grundgedanken, die Ausstrukturierung einer Einheit in Vielheit verfolgt. Die Einheit, die im Akt des Messens ausdifferenziert wird, ist die Potentialität zu unendlichen Bestimmungen. Maß und Gemessenes stehen im Verhältnis von Möglichkeit und Wirklichkeit zueinander, wobei der Akt des Messens seine vorgegebenen Möglichkeiten nie einzuholen vermag, soweit die Bewegung des Erkennens auch voranschreitet, die in jedem Akt ausgegrenzten Möglichkeiten erneut zum Gemessenen zu strukturieren. So stellt jeder Erkenntnisakt eine Ausgrenzung gegenüber unendlich möglichen Bestimmungen dar. Diese Beschränkung des Bezugsfeldes ist gerade die maß- und formgebende Leistung des Denkens, denn das eine Sache Umgrenzende bestimmt diese. Der Geist ist es, der diese Grenze zieht. Die *mens* ist in ihrer Vermögensleistung potentiell unendlich, endlos. Zwar ist jeder Erkenntnisakt als konkreter abgeschlossen und die *mens* ist nichts außerhalb ihrer Akte. Jeder Erkenntnisakt birgt jedoch die Möglichkeit in sich, endlose Erkenntnisbewegungen folgen zu lassen. Potentielle Unendlichkeit besagt aber auch, daß aktuale Unendlichkeit nicht zu erreichen ist. Diese Implikation des Gedankens potentieller Unendlichkeit führt uns zurück zu den Überlegungen der Schrift ‚Idiota de sapientia', in der die Unerreichbarkeit des unendlichen Maßes thematisiert ist. Denn alle Aussagen, daß eine Sache nicht präzise ihrem eigentlichen Sein nach gewußt werden kann, setzen einen bestimmten Modus des Wissens von dem Unwißbaren und Unerreichbaren voraus, so vom infiniten Maß, das mit seinem Gemessenen identisch ist. Der Gedanke der aktualen Unendlichkeit, der in der Begrifflichkeit des Messens verhandelt wird, gründet in seinem Voraussetzungscharakter darin, daß Denken sich in seiner eigenen Bestimmung als potentiell Unendliches negativ vom Gedanken aktualer Unendlichkeit her definiert. Die Idee aktualer Unendlichkeit wird so zur notwendigen Bestimmungsgröße für den menschlichen Geist. Die Idee aktualer Unendlichkeit kann, dem Begriff folgend, nicht als dem menschlichen Denken transzendente Größe im Sinne einer gegenständlichen Metaphysik verstanden werden, sondern als Apriori im Denken selbst. Der Geist kann sich nicht selbst außerhalb aktualer Infinität denken, er muß sich selbst in diese Idee eingeschlossen begreifen, jedoch nicht im Modus der Differenziertheit des Einen vom Anderen, sondern im Modus der Undifferenziertheit, der Einfachheit (simplicitas). Dieser Modus der Undifferenziertheit ist es gerade, der die Idee aktualer Unendlichkeit in ihrer eigentlichen Seinsweise für das in Differenziertheit sich bewegende Denken unbegreifbar macht. Neben der Funktion als apriorische Definitionsgröße für den sich als potentiell unendlich verstehenden Geist stützt sich die cusanische Auffassung vom Erkennen als maßgebendes Schaffen noch in anderer Hinsicht auf den Gedanken aktualer Unendlichkeit. Dies wird insbesondere sichtbar, setzt man sich mit einem möglichen Einwand gegen die hier skizzierte Rekonstruktion der cusanischen Erkenntnislehre auseinander. Im Kapitel 3 der Schrift ‚Idiota de mente‘ ist die Frage nach dem Sein des Geistes gestellt, wenn dessen Tätigkeit Messen ist: *Amplius ad mentis tractatum descende et dicito: est quod mens a mensura dicatur, ut ratio mensurationis sit causa nominis, quid mentem esse velis?*[26] Im Verlauf der Beantwortung dieser Frage kommt es zu folgender Bestimmung: *Et nostrae mentis conceptio est entium assimilatio*[27]. Folgt daraus nicht, daß menschliches Erkennen als ein Prozeß der Verähnlichung mit einem Vorgegebenen verstanden ist, als ein „Nachmessen" bereits strukturierter Wirklichkeit und eben kein schaffendes Maß-Geben? Und ist damit nicht die cusanische Erkenntnislehre aufzufassen als eine *adaequatio intellectus ad rem*? Oder wird hier ein Widerspruch, eine Inkonsistenz dieser Philosophie sichtbar, die gerade in der Erkenntnislehre auftritt? Die Schwierigkeiten einer Ortung der cusanischen Erkenntnislehre sind immer wieder thematisiert worden[28]. Diese Schwierigkeiten zeigen sich brennpunktartig im 3. Kapitel der Schrift ‚De mente‘. Dort nämlich, so scheint es, vertritt Cusanus zwei sich widersprechende Erkenntniskonzepte. Ganz im Sinne der bisher skizzierten Deutung bringt der menschliche Geist die Dinge hervor. Der Geist ist erstes Abbild Gottes, ihm f o l g e n die Dinge, deren Urbild er ist: *. . . ut mens sit imago Dei et omnium Dei imaginum post ipsum exemplar. Unde, quantum omnes res post simplicem mentem de mente participant tantum et de Dei imagine, ut mens sit per se Dei imago et omnia post mentem non nisi per mentem*[29]. Der göttliche Geist schafft die Dinge vermittels der *mens*, die als Urbild der Dinge diese hervorbringt. Diese sind nicht, wenn nicht durch den Geist. Im krassen Gegensatz dazu scheint jedoch eine Bestimmung zu stehen, die nur wenige Sätze vorher sich findet. Dort heißt es: *Conceptio divinae*

---

[26] ibid.

[27] ibid.

[28] Eine Problemdisposition gibt J. Stallmach, Die cusanische Erkenntnisauffassung zwischen Realismus und Idealismus, in: MFCG 6 (1967) 50—54; K. Bormann, Zur Frage der Seinserkenntnis in dem wahrscheinlich letzten philosophisch-theologischen Werk des Nikolaus von Kues, dem „Compendium", in: Archiv für Geschichte der Philosophie 50 (1968) 181—188.

[29] de mente 3; III, 504; P I 83 v.

mentis est rerum productio. Conceptio nostrae mentis est rerum notio. Si mens divina est absoluta entitas, tunc eius conceptio est entium creatio. Et nostrae mentis conceptio est entium assimilatio[30]. Der göttliche Geist begreift, indem er schafft und Produkt seines Schaffens sind die *res creatae*. Der menschliche Geist dagegen verähnlicht sich in seinem Erkennen; Produkt seiner Tätigkeit sind *notiones* bzw. *similitudines rerum*. Nur naheliegend scheint es, in den *res creatae*, die dem menschlichen Erkennen vorgeordneten Gegenstände zu sehen und dieses Erkennen somit als einen Prozeß des Angleichens an die vorgegebene Strukturiertheit der Dinge zu deuten. Damit zeigt sich offensichtlich ein Widerspruch: Einmal sind es die Gegenstände, die dem Geist als seine Abbilder nachgeordnet sind, zum anderen scheinen sie als *res creatae* dem menschlichen Denken vorgeordnet zu sein. Beides setzt unterschiedliche Erkenntniskonzeptionen voraus. Auflösen läßt sich allerdings dieser Widerspruch unter der Voraussetzung, daß Cusanus göttliches wie menschliches Erkennen als Akt versteht, eine Annahme, die schon zur Sprache gekommen ist[31]. Der Text, der das göttliche und menschliche Begreifen gegenüberstellt, ist demnach zu verstehen als das Offenlegen der Strukturmomente endlicher und unendlicher Subjektivität. Dem wäre entgegenzusetzen, daß der Gedanke der Subjektivität innerhalb dieser Textpassage keine adäquate begriffliche Darstellung findet. Dies aber hieße, ein entscheidendes Problem der Cusanus-Interpretation zu übergehen: Die cusanische Begriffssprache. Gerade in jüngeren Forschungsbeiträgen mehren sich die Stimmen, die darauf verweisen, daß die cusanische Philosophie von ihren Denkgehalten her der noch verwendeten Begrifflichkeit scholastischen Denkens entwachsen sei[32]. Eine Rekonstruktion der cusanischen Philosophie wird daher über die Begriffssprache hinweg nach der logischen Konsistenz des systematischen Gehaltes zu fragen haben. Diese Konsistenz läßt sich innerhalb der vorgelegten Texte erstellen, wird der göttliche und menschliche Intellekt wesenhaft als Akt gedacht. Gegliedert ist der Akt des Begreifens in jeweils drei Momente. Sie sind im göttlichen Begreifen benannt als *mens divina, creare* und *res creatae* bzw. *entium creatio*. Dem entsprechen im menschlichen Begreifen *mens, assimilare* und *notio rerum* bzw. *rerum similitudines*. Auf den menschlichen Geist bezogen heißt dies: Der Geist (mens) als Möglichkeit zum Erkennen tritt im Akt des Erkennens (assimilare) aus sich heraus und hat seinen Erkenntnisgegenstand (notio rerum bzw. rerum similitudines). Die Struktur dieses

---

[30] de mente 3; III, 502; P I 83v.

[31] Cf. Anmerkung 23.

[32] v. H. Rombach, Substanz, System, Struktur. Die Ontologie des Funktionalismus und der philosophische Hintergrund der modernen Wissenschaft, Bd. I, Freiburg–München 1965, 169 ff. K. Jacobi, Die Methode der Cusanischen Philosophie, Freiburg–München 1969, 42–46. H. G. Senger, Die Sprache der Metaphysik, in: Nikolaus von Kues, hg. K. Jacobi, Freiburg–München 1979, 74–100. S. Otto, Nikolaus von Kues, in: Klassiker der Philosophie, Bd. I, hg. O. Höffe, München 1981, 248.

Prozesses drückt keine zeitliche Abfolge und somit die Abgetrenntheit der Momente aus, sondern die gegenseitige Verknüpfung und Bedingtheit der Momente. Der Geist ist im Begreifen schon immer möglich Begreifender. Als möglich Begreifender kann er sich nur im aktualen Begreifen fassen und insofern er begreift, hat er ein Begriffenes[33]. In jedem der drei Momente sind die beiden anderen notwendig mitzudenken, darin gründet die Einheit des Geistes, wenn auch als differenzierte Einheit. Für den infiniten Akt darf dagegen diese Differenziertheit nicht angenommen werden. Jede Art von Differenziertheit würde den infiniten Akt zum finiten begrenzen. Im infiniten Geist fallen alle Momente in absolute Gleichheit zusammen. Entsprechend sind auch die *res creatae* als Moment des infiniten Aktes infinit. Begreifen und Begriffenes sind im Unendlichen eins. Das Begreifen der unendlichen Subjektivität ist Schaffen. Auf diese Bestimmung zielt die Charakterisierung des Begreifens der endlichen Subjektivität als *assimilare*. In seinem Begreifen ähnlicht sich der menschliche Geist dem göttlichen an, dessen Tun Schaffen ist. *Assimilatio* meint nicht ein Angleichen des Denkens an vorgegebene Dinge, sondern bezieht sich auf die schöpferische Tätigkeit des unendlichen Intellekts. Menschliches Erkennen wird so selbst in radikaler Weise zum schaffenden Hervorbringen. Die Welt, von Gott geschaffen, ist in der Weise ihres wahren Seins Moment des infiniten Aktes und somit selbst infinit. In diesem Modus aktualer Unendlichkeit ist sie für das menschliche Erkennen unfaßbar. Diese, in ihrer wahren Weise des Seins unfaßbare unendliche Wirklichkeit begreift der menschliche Geist gemäß seiner Erkenntnisstruktur in Differenziertheit. Die so differenzierte Welt ist seine Schöpfung. Der Unendlichkeitsgedanke als unendliche Wirklichkeit bildet die Voraussetzung dafür, daß in einer berechtigten Weise von der schöpferischen Leistung des menschlichen Intellekts gesprochen werden kann. Jede Annahme einer vorgegebenen geformten Wirklichkeit würde das Erkennen in den Zwang versetzen, seine Akte als ein Nachbilden zu verstehen. Ein solches Erkennen könnte aber kaum noch wirklich schöpferisch genannt werden. Der Gedanke aktualer Unendlichkeit fordert, wird er in der Terminologie des „Messens" gebraucht, die absolute Identität von Maß und Gemessenem. Das unendliche Maß als *mensura adaequatissima* ist sein Gemessenes. Der Unendlichkeitsgedanke läßt eine Differenz von Maß und Gemessenem nicht zu, cusanisch gesprochen: Im Unendlichen koinzidieren Maß und Gemessenes. Damit fungiert die Idee aktualer Unendlichkeit nicht allein als Definitionsgröße für die sich potentiell unendlich begreifende Vernunft, sondern aktuale Unendlichkeit ist in allen Akten des Messens Gemessenes. Die Frage, ob der Unendlichkeitsgedanke als begründende Idee dieses Erkenntniskonzept zu tragen vermag, läßt sich nur anhand einer breit angelegten Analyse der cusanischen Unendlichkeits-Spe-

---

[33] Cf. d. ign. I, 10; I, 224; P I 4r. *Videmus unitatem intellectus non aliud esse quam intelligens, intelligibile et intellegere.*

kulation in all ihren verschiedenen begrifflichen Ausfächerungen einer Antwort näher bringen. Dies kann in diesem Rahmen nicht geleistet werden[34]. Es kann aber gezeigt werden, daß mit der hier skizzierten Rekonstruktion der cusanischen Erkenntnislehre am Beispiel des mensuratio-Begriffs einige wichtige Begriffsfelder der cusanischen Philosophie in einen systematischen Zusammenhang gesetzt werden können. So fordert der Gedanke der Proportion die Unendlichkeitsidee. Wird nämlich eine Sache allein relational bestimmt gesehen, so kann etwas nicht mehr als Einzelnes durch sein An-und-Für-sich-Sein gewußt werden, sondern allein als Moment eines Relationsgefüges. Eine Ganzheit ist immer schon mitgewußt, das Einzelne ist nur Moment der Ganzheit. Die Ganzheit stellt sich in jedem ihrer Momente dar, Ganzheit meint ein bestimmtes Feld, innerhalb dessen relationale Bestimmungen geleistet werden. Jedes begrenzte Bezugsfeld steht jedoch wiederum unter der Gesetzlichkeit relationaler Bestimmtheit. In dieser Konsequenz schreitet jede relationale Bestimmung zu immer umfassenderen Ganzheiten voran und letztlich muß eine absolute Totalität als Grenze vorausgesetzt werden. Diese infinite Ganzheit fungiert sodann als Wesensbegriff, da jedes einzelne Moment nur als Modus der Darstellung der infiniten Ganzheit begriffen werden kann. Damit klärt sich auch, warum Cusanus nur ein wahres Urbild, eine Idee, eine Form (forma infinita) für alles annimmt. So ist jedes Gemessene Darstellung, d.h. ein kontrakter Modus des unendlichen Maßes, in dem Maß und Gemessenes identisch sind. Das Denken, das sich als Darstellung unendlicher Wirklichkeit versteht, entzieht sich dem Zwang nachzuweisen, daß seine Konzepte an ein fundamentum in re gebunden sind. Unendliche Wirklichkeit kann nicht verfehlt werden. Die Differenz zum aktual Unendlichen ist, weil es sich um eine differente Erkenntnisweise handelt, immer dieselbe, so daß keine „Annäherungswerte" des Denkens an die wahre unendliche Wirklichkeit angegeben werden können. Ein Wahrheitskriterium kann also nicht an dem Verhältnis Denken und Gegenstand als zwischen *ens rationis* und *ens realis* festgemacht werden im Sinne einer Annäherung oder Übereinstimmung. Vielmehr muß dieses in einer widerspruchsfreien Einpassung eines Momentes in ein Relationsganzes liegen. In diesem Duktus läßt sich auch die Lehre von der *explicato* des Punktes zur Linie, Fläche und zum Körper verstehen. Das Modell der Dimensionenfolge symbolisiert die Gliederung von Erkenntnisweisen und zeigt damit die Ebenen auf, auf denen das menschliche Erkennen seinen abgestuften Möglichkeiten entsprechend sein vergleichendes Messen anstellt. Der Punkt ist Metapher für die allumfassende Totalität des unendlichen Maßes. Er ist für den menschlichen Geist im eigentlichen

---

[34] Eine weitergehende Untersuchung der cusanischen Unendlichkeits-Spekulation findet sich in meiner Arbeit: Rekonstruktion einer Philosophie der Ungegenständlichkeit. Zur Struktur des Cusanischen Denkens, München 1983.

Sinn unbegreifbar, nur „wißbar" als *praesuppositio absoluta*[35]. Als Verknüpfung ihrer unterschiedenen Endpunkte ist die Linie ebenso wie die
Zahl Beispiel für die Strukturiertheit des Geistes. Seine Struktur als Grundfigur von Relation ist Horizont potentiell unendlicher Bestimmungen. Die
Dimension der Fläche kennzeichnet das rationale Vermögen als Vergleichs-
ebene idealer mathematisch-geometrischer Verhältnisse. Der Bereich des
Räumlichen ist das Vergleichsfeld des sinnhaften Vermögens. Diese Auf-
fächerung in Wissensbereiche anhand der Dimensionenfolge und an anderen Beispielen, wie dem Hervorgehen der Zahlen aus der Eins, ist insbesondere in der Schrift ‚De coniecturis' in der Lehre von den vier Einheiten
ausgearbeitet. Daß Cusanus immer ein Wissen im Auge hat, das der jeweiligen Vermögensleistung entsprechend durch Vergleich zustande
kommt, läßt sich an vielen Stellen der Schriften ausweisen. Es wird aber
auch sehr deutlich in der letzten der Idiota-Schriften, der Abhandlung
‚Über die Experimente mit der Waage'. Während in der Schrift ‚De mente'
durch die Offenlegung der Struktur des Denkens der transzendentale
Grund für die relationale Bestimmtheit des Konkreten aufgewiesen wird,
zeigt nun die Schrift ‚De staticis experimentis' Methoden vergleichenden
Messens und schreitet so zur „naturwissenschaftlichen" Bestimmung der
Welt. Die Waage ist für Cusanus das für vergleichendes Messen geradezu
paradigmatische Instrument. Eine Waage zeigt eine Verhältnisbestimmung
an – diese ist das „Gewicht" einer Sache. Die ausgesprochene Intention
dieser Schrift ist es, das „Gewicht" möglichst vieler Gegenstände zu bestimmen. Gemeint ist damit nicht ein einfaches Wiegen, sondern es sollen
Verfahren gefunden werden, die den Vergleich verschiedener Eigenschaften
und Qualitäten von Gegenständen anhand eines Parameters zulassen, und
zwar als exakte Verhältnisbestimmung. Die relativ kurze Abhandlung enthält eine solche Fülle von Anweisungen zur „experimentellen" Naturbe-
stimmung, daß es in diesem Rahmen unmöglich ist, auch nur einen groben
Überblick zu geben[36]. Cusanus gibt Anweisungen zu einer Vermessung der
Welt, in der kein Bereich ausgespart scheint. Von den Gestirnen bis zu den
Tiefen des Meeres wird nach Möglichkeiten gesucht, „Gewichte", „Maße"
festzustellen. Diese Maße und Gewichte selbst sind wieder unter verschiedenen Aspekten miteinander in Verbindung zu bringen. Die Ergebnisse
dieser Naturvermessung sollen in Tabellen und Statistiken festgehalten werden, um so aus der Vielzahl der Messungen immer komplexere Zusammen-
hänge zu erkennen[37]. Zu Recht ist darauf hingewiesen worden, daß eine
Reihe dieser von Cusanus vorgeschlagenen „Experimente" im Licht der

---

[35] v. de sap. II; III, 456; P I 78v.
[36] Einen Überblick gibt A. Zimmermann, „Belehrte Unwissenheit" als Ziel der
Naturforschung, in: Nikolaus von Kues – Einführung in sein philosophisches Denken, hg.
K. Jacobi, Freiburg–München 1979, 124ff.
[37] Cf. im medizinischen Bereich: Idiota de staticis experimentis III, 614; P I 94v.

modernen Naturwissenschaften wohl tatsächlich so, wie sie gedacht waren, nicht durchführbar sind oder zumindest von einer solch geringen Genauigkeit sind, daß ihre Ergebnisse kaum brauchbar wären[38]. Für die Klärung der cusanischen Erkenntniskonzeption kann dieser Einwand unbeachtet bleiben. Allein die Intention dieser Abhandlung unterstreicht eindrucksvoll, daß Cusanus eine Theorie des Erkennens als Messen vorlegt, die von der Spekulation über das unendliche Maß bis zur konkreten Versuchsanweisung zur Bestimmung von Naturphänomenen geht. Gerade der messende Zugriff auf die Welt, in dem der menschliche Geist die Bedingungen des Messens festsetzt, erfordert ein Denken, das sich bereits losgelöst hat von der Eigenbestimmtheit der Dinge und sich selbst als Schöpfer seiner Welt begreift.

---

[38] v. Anmerkung 36.

CONTINUITY AND MEASURE IN MEDIEVAL NATURAL PHILOSOPHY

by A. George Molland (Aberdeen)

1. Introduction

Digital watches and digital thermometers tell times and temperatures by the display of a small number of numerals. In older fashioned instruments times and temperatures are represented by distances (either rectilinear or circular) on a scale, upon which numerals either appear or are understood. All this is a symbol of how ultimately measure is the expression of the size of something in terms of positive whole numbers, but also of how distances often enter into the measurement of other continuous quantities. Numbers and distances are paradigms of the discrete and the continuous, and the Middle Ages was more conscious of both the gulf and the connections between these than we usually are — especially after the so-called arithmetisation of the continuum. This is evidenced by discussions of the relation between Aristotle's definition of time as the number (or measure) of motion according to before and after, and his assertion that nevertheless time was continuous[1]. For reasons that I hope will become apparent I shall be presenting this paper as a somewhat casually ordered series of discrete units rather than as a narrative continuously developed from first principles.

2. Sources and context

The principal ancient sources are Aristotle, Euclid and Boethius: Aristotle for providing a radically non-atomistic natural philosophy in which objects and processes were essentially continuous, and Euclid and Boethius respectively for geometry and arithmetic, the mathematics of the continuous and of the discrete. This mixture is leavened by scholastic disputational procedures, which, I wish to maintain, robbed the discussions of much of the Greek axiomatic spirit, and instead gave them the character of a series of probes in which what was given but only vaguely perceived was made more precise, but in an open-ended way which did not preclude further analysis.

---

[1] Cf. A. Maier, Metaphysische Hintergründe der Spätscholastischen Naturphilosophie, Rome 1955, 65—91.

The focus of attention will be on the fourteenth century, and I shall make particular use of the Liber calculationum of Richard Swineshead[2] and the Tractatus de configurationibus qualitatum et motuum of Nicole Oresme[3]. I shall be as much concerned to identify tacit assumptions as to dwell on explicit solutions to particular problems.

3. Counting

The most basic form of measurement is the counting of a discrete collection of objects, and, if we neglect questions of the ontological status of number, it is relatively unproblematic. In it the members of the collection are paired with the units that were conceived as making up the relevant number. In such counting we have a good example of how a whole may be understood in terms of its parts, but a continuous object could seem in many ways to be prior to its parts, for *inter alia* it had in Aristotelian thought no set of ultimate parts.

4. Equality

Equality enters intimately into discussions of measure. It is not something absolute but is asserted of two or more objects in certain respects. Here we note that there are two different sorts of criteria for affirming equality: by identity of description and by comparison. If we count two flocks of sheep and find that there are twenty-nine in each, we assert equality in number on the basis of identity of description, but, if we pair off the members of the two flocks without actually counting them, we assert it on the basis of comparison. In geometry a simple example of equality by comparison was that of two straight lines which matched each other exactly when one was superposed on the other. Equality by identity of description was rather more problematic.

5. Artificial units

Aristotle's account of the measure of continuous objects was by analogy with counting discrete collections. Although lengths contained no natural

---

[2] Calculator. Subtilissimi Ricardi Suiseth Anglici Calculationes noviter emendate atque revise, Venice 1520. The best general account of this work is in J. E. Murdoch and E. D. Sylla, Swineshead (Swyneshed, Suicet, etc.), Richard, in: Dictionary of Scientific Biography 13, 184−213.
[3] Nicole Oresme and the Medieval Geometry of Qualities and Motions. A Treatise on the Uniformity and Difformity of Intensities known as Tractatus de configurationibus qualitatum et motuum, ed. M. Clagett, Madison 1968. Cf. A. G. Molland, Oresme Redivivus, in: History of Science, 8 (1969) 106−119.

indivisible units, we could pretend that they did. "Even in lines we treat as indivisible the line a foot long"[4]. This may reflect what is done in practice, but it had the theoretical difficulty of not coping easily with incommensurability, and, to a lesser extent, that of needing the use of fractions. Moreover, the use of artificial units that were often named after parts of the body could easily produce a feeling of subjectivity, and John Buridan, for example, spoke of the necessity of correlating my ell with your ell[5]. It is thus not surprising that measurement of this kind found little place in mathematical works of natural philosophy.

6. Natural units

Robert Grosseteste held that the proper measure of a line was the number of points that it contained[6]. This was infinite, but Grosseteste maintained that there were all sorts of different infinite numbers, having between them both rational and irrational ratios. In orthodox Aristotelianism on the other hand it was not permissible to speak of the totality of points in a line, for in the interior of a line points had at most potential existence, to be actualised only by division. A line could not be simultaneously divided through and through, for then, as Aristotle asked[7], what would be left? The position of Grosseteste and his followers in this regard, such as Henry of Harclay, may be regarded as epistemologically optimistic, insofar as it posits a metrical structure at the very heart of things, and I have argued elsewhere that this was very much the case with similar positions in the seventeenth century[8]. But in the Middle Ages this optimism was tempered with it being a case of infinite numbers, which were only really comprehensible to God. Other Schoolmen adopted a more radical, and *prima facie* more optimistic position, by composing continua from finite numbers of indivisibles. This conception, even more than the infinitist one, ran foul of mathematical objections[9], but these could be obviated by attacking the relevance of geometry. For instance, one finitist author denied the unrestricted validity of Euclid's

---

[4] Metaph. I.1, 1052b32—33.

[5] In Metaph. X, q.1, ed. J. Badius, 1518, repr. Frankfurt 1964, f. 60v.

[6] Commentarius in VIII Libros Physicorum Aristotelis, ed. R.C. Dales, Boulder 1963, 90—94. Cf. Die Philosophischen Werke des Robert Grosseteste, ed. L. Baur, Münster 1912, 52—54 (= BGPM 9).

[7] De gen. et corr. I.2, 316a15—317a13.

[8] A.G. Molland, The Atomisation of Motion: A Facet of the Scientific Revolution, in: Studies in History and Philosophy of Science 13 (1982) 31—54.

[9] J.E. Murdoch, "Rationes Mathematice": Un Aspect du Rapport des Mathematiques et de la Philosophie au Moyen Age, Paris 1962, 22—36; id., Mathesis in Philosophiam Scholasticam Introducta: The Rise and Development of the Application of Mathematics in Fourteenth Century Philosophy and Theology, in: Actes du Quatrième Congrès International de Philosophie Médiévale, Montreal and Paris 1969, 215—254, espec. 216—221.

first postulate[10], and was in general concerned to distinguish what was true in reality (*in re*) from what merely held in the imagination of mathematicians (*in imaginatione mathematicorum*). This means that any optimism about the possibility of measure is counterbalanced by a denial of the proper applicability of the received mathematics to nature.

7. Rational ratios, and units for the occasion

By definition there exists for any two commensurable magnitudes a third magnitude that is an integral divisor of each. This serves as a unit for measuring each, and we achieve a pair of numbers whose ratio is the same as the ratio between the two magnitudes. This ratio may then be described in the rather elaborate language given by Boethius[11], in which ratios of great inequality (where the first term is greater than the second) were divided into five species: multiple (the first term is a multiple of the second); superparticular (the first is equal to the second and some aliquot part of it); superpartient (the first is equal to the second and more than one of its aliquot parts); multiple superparticular (the first is equal to a multiple of the second together with an aliquot part); multiple superpartient (the first is equal to a multiple of the second together with more than one aliquot part). These species were then subdivisible in order to give unique descriptions, in terms of which equality of ratios could be asserted on the basis of identity of description (cf. § 4 above). "Ratios are said to be similar one to another which receive the same denomination"[12]. In this way there is achieved an absolute determination of the relative measure of two quantities without the need to posit an arbitrary unit.

8. Equality of area

This is a case of equality in a certain respect (cf. § 4 above). The equality that is called congruence may be determined directly by superposition, but equality of areas usually demands something more. In the simpler cases it essentially involves dividing the figures into equal numbers of matching parts, such that each part of one is congruent with the corresponding part of

---

[10] J. E. Murdoch and E. A. Synan, Two Questions on the Continuum: Walter Chatton (?), O. F. M. and Adam Woodham, O. F. M., in: Franciscan Studies 26 (1966) 212−288, espec. 260.

[11] De institutione arithmetica I. 22−31, ed. G. Friedlein, Leipzig 1867, repr. Frankfurt 1966, 46−66.

[12] Jordanus de Nemore, Arithmetica, ed. Lefèvre d'Etaples, Paris 1514, sig. b. v r. Cf. J. E. Murdoch, The Medieval Language of Proportions, in: Scientific Change, ed. A. C. Crombie, London 1963, 237−271, espec. 257−258.

the other. (The further complications presented by curvilinear figures may be neglected here.) The usual strategy in measuring areas was to construct a square equal in area to the given figure, for, as Bradwardine[13] put it, "A square figure is of better known measure than any other figure, for when you have it that a given surface is of two square feet or of four or according to another number, you are then informed of its measure with the final assurance. On account of which geometers have been accustomed to reduce other figures to this, and not this to others".

9. Equality of whole and parts

Bradwardine laid it down as an axiom of geometry that, "Every whole is equal to all its parts taken together, and conversely"[14], but the exact meaning and the validity of this dictum vary with circumstances. For instance, a given plane figure remains equal in area with all its parts if these are moved around without overlapping each other, but it does not usually remain congruent with the new composite figure. In his Liber calculationum Swineshead[15] concluded that the desires to reach the centre of the parts of a falling body are not always additive, but that the desire of each individual part is subordinated to the desire of the whole.

10. Equality of whole and infinite parts

A continuum may not be composed of indivisibles (either finite or infinite in number), but there was still the possibility that it contained an infinite number of parts, even though these did not form a unique set of ultimate constituents. Consider the division of a line into proportional parts, in which the line is first bisected, and then the right hand part bisected, and then the furthest right part bisected, and so on. Clearly the process can continue indefinitely, and there is a temptation to see it completed, and the line divided into an infinite number of parts, each of which is half the size of its predecessor in order. We are here in Zenonian country, and Aristotle's solution of the relevant paradox was in terms of the parts being

---

[13] A. G. Molland, op. cit. (n. 14 infra), 146–147. Cf. id., An Examination of Bradwardine's Geometry, in: Archive for History of Exact Sciences 19 (1978) 113–175, espec. 160–162.

[14] A. G. Molland, The Geometria speculativa of Thomas Bradwardine, Ph. D. diss., University of Cambridge 1967, 64.

[15] M. A. Hoskin and A. G. Molland, Swineshead on Falling Bodies, in: British Journal for the History of Science 3 (1966–7) 150–182. Cf. A. G. Molland, The Geometrical Background to the "Merton School", in: British Journal for the History of Science 4 (1968–9) 108–125, expec. 121–123.

only potentially there, although he had earlier flirted with the possibility of allowing an infinite to be traversed in a finite time[16]. There were in any case tensions in applying Aristotle's essentially temporal concept of infinity to spatially extended objects, and to more than one medieval thinker there seemed to be something very odd in denying that the parts of the line were actually there. Thus Gregory of Rimini held that the parts were only potential in the sense that they did not form a discrete collection but a continuous whole. This did little to negate their presence, and indeed, "Every continuum has at the same time and actually infinite parts"[17]. In this way a continuum was equated with its infinite parts. A further step was to move the parts around, as we may see in an example from Nicole Oresme[18], in which he took two squares with bases AB and CD of one foot each. He then divided the second square into proportional parts by means of verticals, of which the first halved the square, the second halved its right-hand half, the third halved its right-hand quarter and so on. He then heaped these parts successively upon the first square, so that the right-edge of each part was vertically above B. The result was a staircase-like figure on AB, such that, if AB is imagined to be divided into proportional parts, the height above the first part is one foot, above the second two feet, above the third three feet, and so on to infinity, but the area of this infinitely high figure is nevertheless finite, namely two square feet. The example is from a work of natural philosophy, and the frequency with which infinity entered into such medieval discussions of measure may be taken as a sign of their scanty empirical reference.

11. Equality of ratios

As we have seen (§ 7 above) equality, similarity or identity of rational ratios was usually asserted on the basis of identity of description or denomination. Campanus[19] remarked that Euclid "could not define identity of ratios by identity of denominants, like an arithmetician, because . . . the denominations of many ratios are absolutely unknown". The reference is to irrational ratios, and Book V of Euclid's Elements contained a sophisticated

---

[16] Phys. VIII. 8, 263 a 10–b 9; VI. 2, 233 a 21–31.

[17] Gregory of Rimini, Sent. I, dist. 42–44, q. 4, art. 1, Venice 1522, repr. St Bonaventure, NY 1955, I, f. 171 v. In her fine account of the medieval continuum, A. Maier, Die Vorläufer Galileis im 14. Jahrhundert, 2nd edn, Rome 1966, 172–173, maintained that Gregory composed continua from infinitely small extended magnitudes. This is in error, for Gregory makes it clear that he is thinking of proportional parts, of which each one is of finite size. See especially Sent. II, dist. 2, q. 2, ed. A. D. Trapp, Berlin 1979–82, IV, 311–312 (II, f. 37 v in the edition cited above).

[18] Op. cit. (n. 3 supra), 412–414.

[19] Euclidis Megarensis . . . opera a Campano interprete fidissimo translata . . . Lucas Paciolus . . . detersit emendavit . . ., Venice 1509, f. 37 v.

definition, usually ascribed to Eudoxus, which accomodated these as well as rational ratios: "Magnitudes are said to be in the same ratio, the first to the second and the third to the fourth, when if any equimultiples whatever be taken of the first and third, and any equimultiples whatever of the second and fourth, the former equimultiples alike exceed, are alike equal to, or alike fall short of, the latter equimultiples respectively taken in corresponding order"[20]. This theory reached the Latin Middle Ages in corrupt form, but, contrary to what is often assumed, Campanus of Novara acquired a good understanding of how the criterion for equality actually operated[21]. Nevertheless this comparison-type criterion (cf. § 4 above) was little used in the Middle Ages, appeal being made instead to an extended technique of denomination (§ 12 below).

12. Measuring ratios

Ratios clearly have a quantitative aspect, and there was accordingly a temptation to treat them like continuous quantities by measuring them, but this depended upon the way in which ratios were divided into equal parts[22], for which there was more than one candidate. For instance, one strategy for halving a ratio was to halve its first member or double its second, and this view seems particularly natural when ratios are assimilated to fractions. Another strategy, equally natural in the Middle Ages, was to find the proportional means between the terms of the ratio: in this way A:B (with A greater than B) will be divided into equal parts by C if A:C equals C:B. These two approaches led to two different interpretations of the meaning of ratios of ratios (*proportiones proportionum*). For example, in the first the ratio of 8:1 to 2:1 is 4:1, whereas in the second it is 3:1. The second tradition had the more interesting consequences, for in it an irrational ratio could have a rational ratio to a rational ratio, and this allowed numerical descriptions or denominations to be applied to a host of irrational ratios. A simple example is that the ratio of the diagonal of a square to its side becomes half the double ratio. The theory was greatly extended by Nicole Oresme, who nevertheless admitted that many irrational ratios probably still escaped this more finely meshed net[23]. The mode of thought behind this treatment of ratios is similar to that behind the early treatment of logarithms, especially in Kepler's formulation.

---

[20] The Thirteen Books of Euclid's Elements, tr. T. L. Heath, 2nd edn, Cambridge 1926, repr. New York 1956, II, 114.

[21] A. G. Molland, Campanus and Eudoxus; or, Trouble with Texts and Quantifiers, in: Physis, forthcoming.

[22] Cf. Molland, op. cit. (n. 13 supra), 155–157.

[23] Nicole Oresme, De proportionibus proportionum and Ad pauca respicientes, ed. E. Grant, Madison 1966, 160–166.

13. Intensity of quality

Inevitably medieval discussions of the intension and remission of forms borrowed from the language of spatially extended quantity[24], and even in relatively non-mathematical writers we may find frequent references to latitudes, distances, etc.. The more mathematical were often very conscious that they were using the analogy. Swineshead[25], for example, speaks of a heat being "composed from qualitative parts, as a quantity is from its quantitative parts", and Oresme[26] explicitly demands the representation of intensities of qualities by straight lines, "for whatever ratio is found between intensity and intensity (among intensities of the same kind) a similar ratio is found between line and line, and conversely". But, despite the air of mathematical precision, the empirical basis was weak, as Oresme[27] himself admitted in a particularly meiotic throwaway line: "However, the ratio of intensities is not so properly or so easily attained by the senses as the ratio of extensions". Nevertheless this did little to dampen the enthusiasm with which theoretical problems of the measure of intensities were discussed.

14. The verb "attendere"

Attenditur is a word of frequent occurrence in medieval discussions of measure, and is usually translated as "is measured". This has good authority from scholastic writings where one can even meet the phrase "attenditur sive mensuratur"[28], but it still seems to miss a nuance. This may be brought out by noting that sometimes also *mensurare* and *numerare* are used synonymously, where the emphasis is on measure as providing a numerical description. So far as I am aware *attendere* is never used in this sense. Instead it refers to another stage in the process of measurement, in which a continuous object stands in for the one that is ultimately to be measured as the representative of its size in the relevant respect, but is still itself a candidate for measurement. This should become clearer by exemplification, but for the moment we may note a geometrical example where the use of the terminology seems appropriate, even if it did not actually occur. In quadrature (cf. § 8 above) a square is constructed equal in area to a given figure, and it could well be called the "attendant" of the area of that figure, for, while it is in one sense its measure, it also itself awaits numerical measure by comparison with a given square.

---

[24] For several examples of this see E.D. Sylla, Medieval Concepts of the Latitude of Forms: the Oxford Calculators, in: AHDLMA 40 (1973) 223–283.

[25] Op. cit. (n. 2 supra), f. 2v.

[26] Op. cit. (n. 3 supra), 166.

[27] Ibid., 404.

[28] Ibid., 276.

15. Attending the intensity of quality

We have seen (§ 13 above) how in the fourteenth century it was often assumed to be meaningful to speak of ratios between intensities of qualities, and to assimilate these intensities to extended qualities, but this did not exhaust the theoretical problems of measure, as may be seen from the first tractate of Swineshead's Liber calculationum, in which it was asked how intensity and remissness (*remissio*) of quality were to be attended. Swineshead[29] listed three possible positions: (1) Intensity is to be attended by nearness to the highest degree and remissness by distance from the highest degree; (2) intensity is to be attended by distance from no degree (*a non gradu*) and remissness by distance from the highest degree; (3) intensity is to be attended by distance from no degree and remissness by nearness to no degree. Much of the trouble arose from the presence of the correlative concepts of nearness and remissness, which also had to be quantified. No full theory for the measure of nearness was presented, but any discussion had to be compatible with the meaning of such phrases as "twice as near", "four times as near", etc., which could be directly explicated in terms of distance. This had some oddities. For instance, if point A approached point B until it reached it, its nearness to B increased to infinity, whereas it only traversed a finite distance. In turn this meant that under the first position the highest grade of heat would be infinitely intense, which combined oddly with the notion of there only being a finite "distance" between the highest degree and no degree. For suchlike reasons, and with arguments that were not always above suspicion, Swineshead rejected the first two positions and accepted the third, even though it did have the inconvenience that heat at the highest degree was still remiss. By contrast Oresme's scheme appears simpler and more natural. An intensity was simply represented by a line of the proportionate length, and the concept of remissness was otiose. Similarly nearness only appeared in rather special circumstances (cf. § 20 below).

16. Comparison across genera

According to Euclid, (in the Campanus version)[30], "A ratio is a relation one to the other of any two quantities whatever of the same genus." Campanus explains that, "It is necessary that they be of the same genus, such as two numbers or two lines or two surfaces or two bodies or two places or two times, for a line cannot be said to be greater nor less than a surface or a body, nor a time than a place . . ." By this token we may expect that different kinds of quality were not mutually comparable as regards intensity,

---

[29] Op. cit. (n. 2 supra), f. 2r.
[30] Op. cit. (n. 19 supra), f. 32 r.

but this was not invariably the case. For instance, in Tractate 3 of the Liber calculationum Swineshead[31] enquires by what "the intensity of an element having two unequally intense primary qualities is to be attended." The intensities of the qualities (for example, heat and dryness) are regarded as directly comparable, as is made very clear by the three positions that Swineshead considers: (1) "the element corresponds to the mean degree of equal distance between the two qualities"; (2) "it is equally intense with its more remiss quality"; (3) "it is equally intense with the mean proportional degree between the two qualities". At first this seems to be empirically meaningless, but makes more sense when we remember that for qualities Swineshead usually assumed a finite distance between no degree and the highest degree. It was then quite natural to assume that this distance was the same for each quality. What is more difficult to rationalise is Swineshead's comparison of heat with motion[32]: "Let there be taken a motion which is as distant from no degree of motion as the highest degree of heat from no degree of heat . . . That this is possible is clear because the latitude of motion is infinite, since the latitude of ratio is infinite and the latitude of motion follows ratio or the latitude of ratio." Here it seems to be assumed that there is one point on the latitude of motion which corresponds, for no assignable reason, to the highest degree of heat, and in his Questiones super geometriam Euclidis, Oresme[33] reads similarly, for he asserts that, "If there is some linear difform quality that is to be imagined in the manner of a semi-circle, it is impossible for it to be imagined by a figure other than the semi-circle of which the subject would be the diameter." This posits direct comparability between the intensities of qualities and spatial distances, but in the De configurationibus Oresme took the opposite position and asserted that a quality that is representable by a semicircle is also representable by any other figure whose altitude is at every point proportional to the altitude of the semicircle[34]. This is well in accord with the subjectivising tendencies of this (presumably later) work, and also probably rules out direct comparability between intensities of different qualities or between intensities of qualities and those of motions.

17. Extended qualities

When a quality was uniformly intense over an extended subject, then the whole quality was of that intensity. More problems arose over non-uniform, or "difform", qualities and, here there were two principal strategies.

---

[31] Op. cit. (n. 2 supra), f. 9r.
[32] Ibid., f. 2v.
[33] Op. cit. (n. 3 supra), 540.
[34] Ibid., 198−200.

One was to say that a body thus qualified was as intense as some part of it. This is like measuring the height of the Empire State Building from its highest point. The other was to adopt some form of averaging procedure. The simplest example of this was to equate the intensity of a uniformly difformly qualified subject (where the intensity increased uniformly from one end of a linear, rectangular or cuboidal subject to the other) with that of a uniformly qualified subject having the intensity of the original one's middle degree. Swineshead[35] showed signs of wavering between the two approaches, but with his explicitly geometrical, or graphical representations, Oresme[36] came down naturally on the side of the second approach, in which the equalisation of intensities reduced to the equalisation of the sizes of geometric figures. To the modern eye arguments of this kind conspicuously lack any full discussion of the purpose for which the measures are being applied.

18. Motion[37]

In the Aristotelian tradition motion was of three kinds, namely, alteration, augmentation or diminution, and locomotion, which took place respectively in the categories of quality, quantity, and place. No one of these was reducible to either of the others. Moreover, the focus of attention was on the whole motion, conceived of as a continuous object, that is, on the motion of the whole object during the whole time, from the beginning of the motion to its end. As Oremse made clear this made motions rather like five dimensional objects, having three spatial dimensions, one temporal dimension and one dimension of intensity. "Every successive motion of a divisible subject has parts, and is divisible in one way according to the division and extension or continuity of the mobile, in another way according to the divisibility and duration or continuity of the time, and in a third way, at least imaginatively, according to the degrees and intensity of the speed"[38]. All this is very different from later conceptions in which composite motions were built up from the motions of individual mass points, and it meant that problems of measure were approached in a very different spirit.

19. Speed

There is a temptation to construe the medieval term *velocitas* as signifying instantaneous speed, and often the texts themselves do little to contradict

---

[35] Op. cit. (n. 2 supra), ff. 5r–9r.
[36] Op. cit. (n. 3 supra), 408–410.
[37] On §§ 18–20 cf. Molland, op. cit. (n. 8 supra).
[38] Op. cit. (n. 3 supra), 270.

this reading. Nevertheless it is almost always misleading. Certainly *velocitas* had connotations of swiftness, but it properly referred to the whole motion, not to an instantaneous state. One journey from Oxford to Cambridge would be swifter than another if accomplished in less time, regardless of the internal variations of speed in the two motions. The Schoolmen were of course alive to the possibility of such variations, and usually referred to them with the language of intension and remission. Oresme[39], for example, spoke explicitly of *intensio velocitatis*, and this concept was usually explicated subjunctively in terms of how a uniform speed at that degree of intensity would behave. In any motion speed could vary in intensity both with respect to time, and with respect to the parts of the mobile, and this added to the complications of measure.

20. Attending speed

The general assumption was that that degree of speed was more intense by which more of the relevant perfection would be acquired in a given time, and hence the amount of perfection, or its attendant, was the appropriate attendant of the speed. For instance, in uniform locomotion the appropriate attendant of the speed of motion was the distance traversed in a given time. But even in such apparently simple cases there could be complications, as Oresme made clear with two examples[40]. The first concerned circular motion, which could also be conceived as a "circuiting". The attendant of the intensity of speed of motion was the linear space traversed by the body, but that of the intensity of speed of circuiting was the angle subtended at the centre. The other concerned a motion of descent. Here the attendant of the speed of motion was again the space traversed, but that of the speed of descent was nearness to the centre. This meant that a body that was moved uniformly descended ever more swiftly. The case of locomotion that was difform with respect to time was relatively simple, for here the attendant of the speed of motion should clearly be the overall space traversed in a given time, and this led naturally to the so-called Merton Rule in which the speed of a uniformly difform motion was equated with that of a uniform motion with the degree of speed that the former had at the middle instant of time. Difformity with regard to the parts of the subject produced a difference of opinion similar to that concerning extended qualities (§17 above). One could either use the fastest moved point (or equivalent) to provide the attendant or one could adopt some form of averaging procedure. With respect to augmentation Swineshead[41] discussed two positions. In the first the speed

---

[39] E. g., ibid., 276.

[40] Ibid., 278.

[41] Op. cit. (n. 2 supra), ff. 22 r–25 v.

was attended by the "proportional acquisition of quantity". This meant that, if two unequal bodies were augmented equally swiftly, then when one was doubled so was the other. The other position holds that the appropriate attendant was simply the quantity acquired by the motion, and it was this position (when corrected to make clear that it was a question of nett acquisition) that Swineshead preferred. Oresme also alluded to these two positions, but regarded them not so much as rivals but as answering to different descriptions of the motions involved. "The speed of acquisition is attended by the quantity of what is acquired, but the speed of enlargement or of augmentation is attended by the ratio of the magnitude in the beginning of the motion to the magnitude in the end"[42]. This is an instance of Oresme's general position that, "According to the multiple denominations, speed is multiply varied or denominated"[43]. He has realised that many disputes about measure dissolve if the different positions are seen as being linguistically relative, but with this there may well have come a feeling that language provided a murky and possibly distorting barrier between us and the natural world.

21. Conclusion

The fourteenth century saw definite desires to mathematise the world, but the world's essentially continuous structure presented kaleidoscopic effects, and hindered the adoption of a single quantitative point of view. This was abetted by scholastic procedures, which insisted on seeing all sides of a case, rather than axiomatically pushing through a unique position. Such probing tactics were perhaps more sensitive, but they often left mathematically untidy loose ends. Moreover the tendency to accept the kernels of given opinions easily lays the Schoolmen open to charges of undue respect for authority. Nevertheless something of the spirit of their method is more appropriate to the intellectual historian than an attempt to impose a systematic axiomatic structure upon the texts. Hence this paper has proceeded in the form of a series of loosely connected forays upon the assumed theory rather than in that of a rigorously developed "rational reconstruction".

---

[42] Op. cit. (n. 3 supra), 278.
[43] Ibid., 280.

ZUM MASSTHEORETISCHEN ZUSAMMENHANG ZWISCHEN INDIVISIBILE UND KONTINUUM

von WOLFGANG BREIDERT (Karlsruhe)

Albertus Magnus schreibt mit Bezug auf das zweite Buch von Euklid in dem Kommentar zu De anima[1]: *Quadratum igitur ex unica provenit quantitate. Quadrangulum autem altera parte longius sub duabus necessario lineis et non pluribus continetur* (Das Quadrat geht also aus einer einzigen Größe hervor. Das auf einer Seite längere Viereck ⟨Rechteck⟩ aber ist in genau zwei Linien enthalten.) Wie diese Textstelle paradigmatisch zeigt, werden Flächengrößen offenbar mit Hilfe von Längen erfaßt. Schlagwortartig gesagt: Flächen können durch Strecken gemessen werden. Diese Aussage mag vielleicht auf den ersten Blick banal erscheinen, doch kann dieser Eindruck bei näherer Betrachtung auch verloren gehen. Bevor ich die mittelalterlichen Überlegungen dazu darstelle, werde ich zunächst die grundlegenden Aristotelischen Gedanken zum Begriff des Maßes als Hintergrund des folgenden kompilieren.

Überblickt man die für den Maßbegriff relevanten Stellen in der Metaphysik und der Physik des Aristoteles, so zeigt sich, daß der Begriff des Maßes verschiedene Merkmale enthält, die mehr oder weniger miteinander verflochten sind, die ich aber in sachlicher Übereinstimmung mit dem Aristotelischen Text zum Zwecke der deutlicheren Begriffsanalyse hier getrennt nebeneinander stelle.

1. Ein Maß ist ein Erkenntnisinstrument. Es ist das, wodurch wir irgendetwas zuerst erkennen[2].

Der Erkenntnisvorgang wird also mit einem Meßvorgang verglichen. Unterstützt von der fragwürdigen Etymologie (*mens − mensura*) kann dieser Vergleich dahingehend ausgeweitet werden, daß schließlich der Geist selbst zu einem lebendigen Maß (*viva mensura*) werden kann, das durch sich selbst mißt, wie es am Ende des Mittelalters bei Nikolaus von Kues heißt[3].

---

[1] Albertus Magnus, De anima, Ed. Col. t. 7,1,71/72; zit. n. Ausgewählte Texte, ed. A. Fries, Darmstadt 1981, 122.

[2] Aristoteles, Metaphysik X, 1 (1052 b 18 sqq).

[3] Nikolaus von Kues, Idiota de mente IX, in: Philosophisch-theologische Schriften, ed. L. Gabriel, III, Wien 1967, 560 sq.

2. Das Maß muß mit dem Gemessenen homogen sein.

„Immer ist das Maß dem Gemessenen gleichartig (*syngenes*), für Größen eine Größe, und im einzelnen für Länge eine Länge, für Breite eine Breite, für Laute ein Laut, für Schwere eine Schwere, für Einheiten eine Einheit[4]." Neben diese Homogenitätsforderung tritt gleichsam als Verschärfung noch die Kommensurabilitätsforderung:

3. Das Maß und das Gemessene stehen in einem ganzzahligen Verhältnis zueinander. Sie unterscheiden sich also nur durch die Vielheit (*multitudo*) oder die Pluralität.

Aristoteles selbst macht darauf aufmerksam, daß es trotz Homogenität Inkommensurabilität geben kann, so daß gleichartige Größen durch mehrere Maße gemessen werden müssen[5]. Als Beispiele dienen ihm die verschiedenen Vierteltöne in der griechischen Musik, die verschiedenen Laute in der dichterischen Metrik und die Inkommensurabilität von Diagonale und Seite des Quadrats.

4. Jedes Maß ist endlich.

Vor dem Hintergrund der engen Verbindung zwischen dem Meßvorgang und dem Erkenntnisvorgang bedeutet dies in Übereinstimmung mit allgemeinen griechischen Überzeugungen, daß das Unendliche nicht meßbar und auch nicht erkennbar ist.

5. Das Maß ist in jeder Gattung
   a) erste (d. h. kleinste) Einheit,
   b) es ist Anfang oder Prinzip (arche), und daher
   c) unteilbar (adihaireton, indivisibile).
   Als solches Kleinstes ist es entweder
   α) *indivisibile simpliciter*, d. h. ein echtes Indivisibile, oder
   β) *indivisibile secundum sensum*, d. h. das für die Wahrnehmung Kleinste oder anthropologische Indivisibile, oder
   γ) *indivisibile secundum institutionem*, d. h. eine bloß als unteilbar angenommene Größe.

Die hier aufgeführten Merkmale des Maßbegriffs werden, wie Aristoteles selbst anmerkt[6], am besten von den Zahlen erfüllt, genauer gesagt: von der Eins. Von daher sei dann der Begriff auch auf anderes übertragen worden. Die Übertragung betrifft vor allem den Übergang vom Diskreten zum Kontinuierlichen[7]. Dieser Schritt hat aber zugleich als Folge, daß nun das Maß nicht mehr ein *indivisibile simpliciter* ist.

---

[4] Aristoteles, Metaphysik X, 1 (1053 a 25 sqq).
[5] ibid. 14—18.
[6] ibid. 1052 b 20 sqq.
[7] Johannes von Jandun, Quaestiones super octo libros physicorum Aristotelis, Venedig 1551, Nachdr. Frankfurt a. M. 1969, f. 31 v (lib. II, qu. IV).

Die Begriffe der Homogenität und der Kommensurabilität sind mit zentralen mathematischen Problemen der antiken Mathematik verknüpft. Die pythagoreische Entdeckung der Inkommensurabilität zwischen Quadratseite und Diagonale führte zu einem verschärften Bewußtsein von der Bedeutung der Kommensurabilität. Ebenso steht der Begriff der Homogenität in Zusammenhang mit mathematischen Kardinalproblemen, nämlich mit den Problemen der Kreismessung und mit dem Kontingenzwinkelproblem. Sind Kreisumfang und Kreisdurchmesser überhaupt Größen gleicher Art? Lassen sie sich vergleichen, also mittels eines einzigen gemeinsamen Maßes messen? Sind geradlinige und krummlinige Winkel Größen gleicher Art?

Nähme man das Homogenitätsprinzip in voller Strenge, so dürfte man die Größe eines Rechtecks nicht durch die Ausmessung seiner Seiten bestimmen wollen. Doch offenbar kann man die Größe eines Rechtecks in gewissem Sinne durch die Größe seiner Seiten „erkennen". Man kann sogar Flächen durch Zeiten „messen". Diese Art der Flächenbestimmung gehört auch in den mittelalterlichen Alltag. So schreibt Gurjewitsch[8]: „Den Weg errechnete man nach der Anzahl der Schritte . . . Der Arbeitszeitaufwand des Menschen lag der Bestimmung des Ausmaßes des von ihm bebauten Landes zugrunde. Ackergrundstücksmaße waren „journal" und „Morgen", eine Fläche, die man innerhalb eines Tages pflügen konnte."

Die Seitenlänge eines Vierecks ist jedoch kein direktes, sondern nur ein indirektes Maß für seine Fläche, denn um diese Länge sinnvoll als Maß der Fläche gebrauchen zu können, müssen gewisse Voraussetzungen erfüllt sein, etwa die, daß es sich bei dem zu messenden Viereck um ein Rechteck mit einer bestimmten Breite handelt. Sind die entsprechenden Voraussetzungen nicht erfüllt, so ist nicht mehr garantiert, daß alle Eigenschaften, die wir normalerweise mit dem Begriff des Maßes verknüpfen, erhalten bleiben. Um ein Beispiel zu nennen: Orientiert man das Flächenmaß für Kreise nur am Durchmesser und nicht am Quadrat des Durchmessers, so kann man auf eine Kreisfläche der Größe „2" mehr als zwei Einheitskreise legen, ohne daß sich diese Kreise überdecken. Nicht alle Parameter, die bei einer Größenberechnung eine Rolle spielen, sind unmittelbare Indikatoren der zu berechnenden Größe. Z. B. sind Kreisdurchmesser und Rechteckseite keine unmittelbaren Indikatoren der entsprechenden Flächengrößen, dagegen ist z. B. die Wanderzeit ein direkter Indikator für die betreffende Weglänge. Aber selbst die Länge eines Lichtjahres ist nur unter der Voraussetzung, daß die Lichtgeschwindigkeit als konstant in Raum und Zeit gelten kann, ein sinnvolles Maß. Ähnliches gilt auch für Bewegungsmaße, die sich nur auf einzelne Teilaspekte an der Bewegung stützen, aber doch als Maße der gesamten Bewegung dienen sollen. Um auch hier ein Beispiel zu nennen: Man stelle sich vor, die Menschen hätten

---

[8] A. J. Gurjewitsch, Das Weltbild des mittelalterlichen Menschen, Dresden 1978, 55.

als Maß der Schiffsgeschwindigkeit die Drehzahl der Schiffsschraube angenommen. Was wäre dann das Maß der Geschwindigkeit eines Schiffes mit zwei Schiffschrauben gewesen? Etwa die Summe beider Drehzahlen oder der Durchschnitt der beiden Drehzahlen oder einfach die Drehzahl der schnelleren Schraube? Wo wir auf indirekte Maße angewiesen sind, bleibt immer auch ein Stück Willkür in der Festsetzung des Maßes. Ein modernes Beispiel für den Erfolg oder Mißerfolg solcher Festsetzungen ist der Streit um den Intelligenzquotienten als Maß für die Intelligenz eines Menschen. Kann man nicht beliebige Indikatoren auswählen? Das Beispiel von der Kreisfläche, bei der es sich als sinnvoll erweist, das Quadrat des Durchmessers zu berücksichtigen, zeigt, daß man dabei mehr oder weniger geschickt wählen kann.

Aristoteles hatte zwar selbst festgestellt, daß der Begriff des Maßes ursprünglich von den Zahlen auf geometrische Größen übertragen worden ist, und er kennt auch Übertragungen auf andere Bereiche, aber zum Thema allgemeiner Überlegungen wurden die indirekten Maße erst in der Scholastik. Die bekannteste Theorie zu diesem Thema findet sich bei Nicole Oresme. Am Anfang seines Tractatus de configurationibus qualitatum et motuum zeigt Oresme, daß er sich der Übertragungen voll bewußt ist. Mit Bezug auf die Messung stetiger Größen, d. h. aller Größen mit Ausnahme der Zahlen, sagt er[9]: *Ideo oportet pro eius mensuratione ymaginari puncta, lineas et superficies, aut istorum proprietates, in quibus, ut vult Philosophus, mensura seu proportio per prius reperitur. In aliis autem cognoscitur in similitudine dum per intellectum referuntur ad ista.* Alle nicht geometrischen Größen, alle Intensionen, sind aufgrund der Ähnlichkeit mit geometrischen Gebilden mittels dieser geometrischen Gebilde vorzustellen (*ymaginari*). Dementsprechend heißt es an späterer Stelle[10]: *Universaliter omnium duarum qualitatum linearum sive superficierum ac etiam velocitatum mensura sive proportio est sicut figurarum per quas adinvicem comparate ymaginantur . . . Pro mensuris igitur et proportionibus qualitatum seu velocitatum habendis remittendum est et recurrendum ad geometriam.*

Das auf Analogien, auf Proportionen konzentrierte mittelalterliche Denken half den Scholastikern, die für die Übertragung des Maßes erforderliche Ähnlichkeit zu sehen. Die Mertonsche Regel beruht auf der Voraussetzung, daß difforme Bewegungen überhaupt durch uniforme Bewegungen gemessen werden können, daß beide einander ähnlich sind, daß man sie als homogene quantitative Gebilde auffassen kann. Sie beruht also auf einer gewissen ‚Aufweichung‘ des aristotelischen Homogenitätsprinzips. Darüber hinaus wird bei der Behandlung der *latitudines formarum* voraus-

---

[9] Nicole Oresme and the Medieval Geometry of Qualities and Motions, ed. M. Clagett, Madison etc. 1968, 164.
   [10] l. c. 404.

gesetzt, daß Proportionen zwischen untereinander homogenen Größen durch Proportionen ganz anderer, wenn auch wiederum zueinander homogener Größen dargestellt werden können. Eine Größenart kann „gemäß" – also „mit dem Maß" – einer anderen Größenart quantitativ erfaßt, also gemessen werden. So werden Intensionen mittels anderer, nämlich geometrischer Größen „aufgefaßt" (*attenditur penes vel secundum . . .*). Bei der Erfassung der Kreiskrümmung wird z. B. auf die Radiuslänge „geachtet", sie ist diejenige Größe, welche die Benennung (*denominatio*) liefert, so daß man dann auch in übertragenem Sinne sagen kann, die Kreiskrümmung werde „durch" den Radius „gemessen".

Die hier angesprochene Lockerung des Homogenitätsprinzips findet sich schon bei Gerhard von Brüssel in der Mitte des 13. Jahrhunderts in seinem Traktat über Rotationsbewegungen[11]. Wenn Gerhard in seinem ersten Satz aussagt, die ‚Bewegung' eines rotierenden Radius sei gleich der ‚Bewegung' des Mittelpunktes dieses Radius[12], so vergleicht er nach aristotelischem Verständnis „Äpfel mit Birnen". Ohne eine vorherige Festlegung die Gerhard zwar nicht selbst explizit trifft, die aber wohl seine uns bekannten Vorgänger getroffen haben – ist zunächst einmal gar nicht wie die Bewegung einer Linie mit der Bewegung eines Punktes ver- werden soll. Ein solcher Vergleich setzt also eine homogenisierende tungsweise voraus, durch die bestimmt wird, unter welchem Aspekt Bewegungen quantitativ erfaßt werden sollen. Gerade bzgl. der nsbewegungen gab es in der Scholastik Meinungsverschiedenheiten , wonach solche Bewegungen zu beurteilen seien, ob sie etwa nach hnellsten der jeweils beteiligten Punkte oder nach einem mittleren zu messen seien. Die Vertreter der ersten Auffassung können für Feld führen, daß Aristoteles selbst ja sagt, daß die schnellste Bewe- die des Äquinoktialkreises) das Maß der Bewegung sei, weil – und rchbricht er selbst schon das Homogenitätsprinzip zugunsten eines ten Maßes – die schnellste Bewegung die kleinste Zeit erfordere. rtreter der Durchschnittsbetrachtungen, wozu auch Gerhard gehört, etwa darauf hinweisen können, daß ein rotierender Mühlstein eine dwie größere „Bewegung" besitzt als eine rotierende Kurbel mit der chen Radiuslänge.

Wie der Fall der „Bewegungs"messung oder, wie wir sagen würden, der Geschwindigkeitsmessung zeigt, kann die Intensio eines mehrdimensionalen Gebildes eventuell auf eine einzige Dimension reduziert werden.

---

[11] Durch Clagetts falsche Interpretation ist Gerhards Traktat in Mißkredit geraten, so daß man seine mathematische Exaktheit in Zweifel zog, z. B. M. E. Baron, The Origins of the Infinitesimal Calculus, Oxford 1969, 80 und A. G. Molland, Ancestors of Physics, in: History of Science 13 (1975) 65.

[12] M. Clagett, The Liber de motu of Gerhard of Brussels and the Origins of Kinematics in the West, in: Osiris 12 (1956) 112. Dazu W. Breidert, Das aristotelische Kontinuum in der Scholastik, 2 Aufl. Münster 1979, 53 sqq.

Anders formuliert: Ein Indivisibile kann als Maß eines Kontinuums dienen. Dabei wird aber in der Regel die Gleichheit gewisser Parameter vorausgesetzt. Die Indivisibilien können aber nicht nur zu einer solchen Reduktion verwendet werden, sondern auch zu einem Größenvergleich bei gleicher Dimension. So vergleicht Gerhard von Brüssel z. B. die Bewegungen (Geschwindigkeiten) von zwei rotierenden Figuren, nämlich einer in sich rotierenden Kreisscheibe (Töpferscheibe) und eines Dreiecks, das um eine Achse in der Dreiecksebene (Wetterfahne) rotiert. Nun behauptet er, daß die beiden Bewegungen (Geschwindigkeiten) gleich sind, wenn d[ie] beiden Flächen gleich groß sind und sich jeweils entsprechende Lin[ien] gleich bewegen. Die Konstanz der Winkelgeschwindigkeit wird bei se[iner] Betrachtung unausgesprochen vorausgesetzt. Der Begriff der „in ders[en] Proportion genommenen" oder „entsprechenden" Linien ist zwar [nicht] sehr klar, doch für den vorliegenden Fall ausreichend. Mir kom[mt es] hier auch nicht auf eine Präzisierung dieses Begriffes an, sondern [auf die] von Gerhard ausdrücklich gemachte Voraussetzung, daß beide r[otierenden]? de Flächen gleich groß sein müssen. Durch diese ausdrückliche [Voraus]setzung der Flächengleichheit zeigt Gerhard, daß er sich die Fläc[hen nicht] aus ihren einzelnen Linien zusammengesetzt denkt, sondern da[ß die] Indivisibilien, im angeführten Beispiel die einzelnen Linien, nu[r als Indi]katoren beim Geschwindigkeitsvergleich dienen. Wenn jemand [die Größe] einer Kreisfläche mit Hilfe des Radius bestimmt, so muß er [nicht] der Meinung sein, die Kreisfläche sei aus den Radien zusamm[engesetzt.] Ebensowenig kann man Gerhard eine solche atomistische [Ansicht] unterstellen[13].

Die an den aristotelischen Maßbegriff geknüpfte Endlichkeits[these,] nach der jedes Maß endlich zu sein hat, wird im theologisch[en Bereich] akut, wo sie ihre Bedeutung in Verbindung mit dem berühmten [Wort aus] dem Buch der Weisheit (Sap. XI, 21) entfaltet. Die bei Augusti[n behan]delte Frage, ob Gott bzw. wie Gott alle, d. h. die unendlich vie[len Dinge] kenne, wird ausweichend beantwortet durch die Behauptun[g, daß für] Gott solche Unendlichkeiten *quodammodo* endlich seien[14]. Äuße[rlich wird] also zunächst an der Trinität von Maß, Endlichkeit und Erke[nntnis] festgehalten. Man dämmt die erkenntnistheoretische Bedrohung d[urch das] Unendliche ein, indem man eine agnostizistische Trennung in die B[?]

---

[13] Im 17. Jahrhundert wurde auch Cavalieri eine solche Auffassung von der Zusammensetzung des Kontinuums unterschoben. Durch unglücklich gewählte Metaphern in seiner Darstellung hatte er zwar selbst Anlaß zu diesem Mißverständnis gegeben, doch hatte er immerhin ausdrücklich gesagt, daß seine Methode unabhängig davon gilt, ob man sich das Kontinuum aus Indivisibilien zusammengesetzt vorstellt oder nicht. Hegel, der von den Mathematikern und Mathematikhistorikern oft geschmähte Philosoph, hat in diesem Punkt Cavalieri besser verstanden als die „Fachleute" (Hegel, Wissenschaft der Logik, 1. Buch, 2. Abschnitt, 2. Kap. C Anm. 3).
[14] Augustinus, De civitate Dei, XII, 19.

der menschlichen und der göttlichen Erkenntnis vornimmt. Das metaphysische, göttliche Maß ist uns Menschen nicht zugänglich, wir sind auf institutionelle Maße angewiesen. Die Anzahl der Teile einer kontinuierlichen Größe ist für uns eben „maßlos", weil sie unendlich ist, doch vertreten augustinische Denker wie z. B. Robert Grosseteste und seine Schüler die Überzeugung, daß auch die Anzahl der Punkte in einem Kontinuum ein *certus numerus* sei, der allerdings nicht uns, sondern nur Gott bekannt sei. Daher kann John Wiclif sagen, daß Gott, der ja alles, was er gemacht hat, sieht, auch alle Teile eines Kontinuums äußerst deutlich erkennt. Bei Euklid werde zwar bewiesen, daß ein rechter Winkel beliebig viele Kontingenzwinkel umfaßt, doch für Gott (*quo ad Deum*) seien nur endlich viele Kontingenzwinkel im rechten Winkel enthalten[15].

Vor der Frage, wie groß etwas ist, d. h. vor der Frage, welches Maß es hat, wäre die Frage zu beantworten, ob es überhaupt ein Maß habe. Doch im Hinblick auf Winkel wurde diese Frage nicht immer einstimmig beantwortet. Und selbst dort, wo man auch ihre Meßbarkeit einsah, blieb noch der Streit um die Frage offen, ob geradlinige und unmmlinige Winkel kommensurabel seien. Solche Fragen wurden nicht klar in der uns passend erscheinenden Reihenfolge behandelt. So beweist glichen Lovicus Coronel im Anschluß an Bradwardinus, daß der Kontingenzwinkel sehr wohl eine Größe (*magnitudo*) habe[16]. Den Beweis führt beide dabei, daß er darauf hinweist, daß doch jeder geradlinige Winkel Rotation größer als der Kontingenzwinkel sei, also müsse dieser doch auch eine darüber haben. Dieser angebliche Beweis krankt daran, daß er schon stillschweigend voraussetzt, daß man wisse, wonach die Größe eines Winkels bemessen werde und wie insbesondere krummlinige Winkel zu messen seien. Diese Voraussetzung war aber, wie der Kontingenzwinkelstreit zeigt, keineswegs erfüllt.

In seinem Buch Die Legitimität der Neuzeit behandelt Hans Blumenberg indirekt aus dem Buch der Weisheit im Zusammenhang mit dem merkwürdigen Umstand, daß die spätscholastischen Physiker so wenig gemessen hätten. Er spricht in diesem Kontext von einer „theologisch motivierten irgend einseit" und sagt[17]: „Der Satz von der Gemessenheit und Meßbarkeit der Welt blieb für die Scholastik insgesamt steril, weil sie kein anderes als Gottes selbst für anlegbar hielt, aber zugleich aus den Voraussetzungen ihres Gottesbegriffes sich nicht zutrauen konnte oder zutrauen zu dürfen glaubte, jemals dieses Maß zu kennen oder gar von ihm Gebrauch zu machen." Die Kluft zwischen dem göttlichen und dem menschlichen,

---

15 Johannes Wiclif, Trialogus, ed. G. Lechler, Oxonii 1869, 84 (lib. II, cap. 3). Zu Wiclif auch W. Breidert, Infinitum simpliciter und infinitum secundum quid, in: Miscellanea Mediaevalia 13,2 (1981) 677—683.

16 Ludovicus Coronel. Physice perscrutationes, s. l. (Paris 1511), f. CXXV r.

17 H. Blumenberg, Die Legitimität der Neuzeit, Frankfurt a. M. 1966, 348 sq.

bloß institutionellen, Maß habe in Verbindung mit der Unfähigkeit, den Exaktheitsanspruch aufzugeben, zur Physik ohne Messen geführt. Dieser These ist vielleicht noch hinzuzufügen, daß die institutionellen Maße in ihrer Beliebigkeit für die meisten menschlichen Belange ausreichten. Es gab zwar beim grenzüberschreitenden Handel schwierige Umrechnungen zu bewältigen, aber das waren keine prinzipiellen Probleme. Die Genauigkeit war vor allem ein Problem im religiösen und astrologischen Bereich (Kalender- und Horoskoprechnungen). Einen anderen Aspekt berücksichtigt Blumenberg nach meiner Meinung zu wenig, nämlich den, daß in vielen Bereichen noch nicht einmal klar war, was man hätte messen sollen. Mit dem allgemeinen Diktum von der Gemessenheit und Meßbarkeit der Welt steht ja für die Menschen noch keineswegs fest, welches die Maße sind. Wie die Diskussionen um die *velocitas totalis* und auch noch der Streit um die „wahre Schätzung der Kräfte" im 17. Jahrhundert zeigen, fehlten noch die für uns wichtigsten Maße. Selbst so einfache Begriffe wie der der Momentangeschwindigkeit und die Trennung von Winkel- und Bahngeschwindigkeit wurden ja erst durch die scholastischen Dispute herauspräpariert.

ZUR MESSUNG VON ZEIT UND BEWEGUNG: EINIGE SPÄTSCHOLASTISCHE KOMMENTARE ZUM ENDE DES VIERTEN BUCHS DER ARISTOTELISCHEN PHYSIK

von JÜRGEN SARNOWSKY (Berlin)

Seit dem Erscheinen der Studien Pierre Duhems ist viel über die Rolle der Naturphilosophie des 14. Jahrhunderts in der Entstehungsgeschichte der Wissenschaft Galileis und Newtons geschrieben worden. Dabei hat man allerdings die Bedeutung der Kommentare zur Physik des Aristoteles unterschätzt, die nur unzureichend untersucht sind. Die Behandlung der Zeit am Ende des vierten Buchs der Physik war für einige spätscholastische Autoren Ausgangspunkt für eine Theorie von Maß und Messen, die auch für heutige Überlegungen noch von Gewicht ist. Ihre Äußerungen machen eine Zuwendung zu praktischen Problemen deutlich, die den Umgang mit Naturphänomenen in der klassischen Physik des 17. und 18. Jahrhunderts vorbereitet.

Das 14. Kapitel des vierten Buchs der Physik ist eine der wenigen Stellen, die Ansatzpunkte für eine Diskussion der Messung durch Zeit enthalten. Eine Theorie von Maß und Messen entwickelt Aristoteles weder hier noch sonst[1]. Andererseits spielt der Maßbegriff in der aristotelischen Theorie der Zeit (und der Bewegung) deshalb eine so bedeutende Rolle, weil die Zeit mit der Bewegung über die in der Scholastik unbestrittene Definition *tempus . . . est . . . numerus motus secundum prius et posterius*[2] verbunden ist. Diese Kopplung der Zeit an die Bewegung bedeutete für Aristoteles eine wechselseitige Beziehung als Maß und zu Messendes: Zeit wird durch die Bewegung bestimmt, kann aber ihrerseits wieder Bewegung messen: *Non solum autem motum tempore metimur, sed motu tempus, propterea, quod definiuntur ad invicem. Tempus quidem enim determinat motum, cum sit numerus ipsius: motus autem tempus*[3].

---

[1] Aristoteles, Physik, 4, c. 14, 223 a 30–224 a 15, t. c. 132–134. – Ich zitiere im folgenden den lateinischen Text in der Thomas-Ausgabe: Thomas v. Aquin, In Libros Physicorum Aristotelis Expositio, ed. P. M. Maggiólo OP, Turin-Rom 1954, /Maggiolo/ dort 308/09. – „Bewegung" hat im folgenden in der Regel den weiteren Sinn von *motus*; enger spreche ich von „Ortsbewegung".

[2] Ibid., 4, c. 11, 219 b 1, t. c. 101, Maggiolo 281. – Zur Stellung der Scholastik v. A. Maier, Studien zur Naturphilosophie der Spätscholastik, 4, Rom 1955, /Studien/, 65.

[3] Ibid., 4, c. 12, 220 b 15–18, t. c. 112, Maggiolo 291.

Aufgrund dieser Beziehung von Zeit, Bewegung und Maßbegriff haben die späteren Kommentatoren der aristotelischen Physik immer wieder einige allgemeinere Bemerkungen zum Problem von Maß und Messen gemacht. In der Regel bedeutete aber die Orientierung an der Schrift des Philosophen, daß die Äußerungen dazu wenig systematisch blieben. Im Zusammenhang mit der Diskussion der Zeit standen andere Fragen im Vordergrund: die Realität der Zeit und die Deutung des Jetzt. Aristoteles hatte mit seiner Argumentation die Realität der Zeit aus der Realität des *nunc* ableiten und die Zeit so gegen die Einwände der Eleaten sichern wollen[4]. Dieses philosophische Problem stand immer wieder im Vordergrund der Kommentierung. Noch die Expositio des Ägidius Romanus liefert eine ausführliche Auseinandersetzung mit den Problemen des Jetzt und der Realität der Zeit[5].

In den Questionen zur aristotelischen Physik, die im 14. Jahrhundert zur wichtigeren Form der Kommentierung werden, läßt sich eine gewisse Verschiebung der Interessen beobachten. Insbesondere bei den Pariser Philosophen der Mitte des 14. Jahrhunderts, Johannes Buridan, Nicole Oresme, Albert von Sachsen und Marsilius von Inghen, findet die Behandlung der Probleme des Messens der Zeit und durch die Zeit breiteren Raum[6]. Bevor diese zur Sprache kommen, sollen jedoch zunächst die philosophischen Probleme der Zeit behandelt werden.

---

[4] Zum Zeitbegriff bei Aristoteles v. F. D. Miller, Aristotle on the Reality of Time, in: Archiv f. Geschichte d. Philosophie 56 (1974) 132−155; D. Corish, Aristotle on Temporal Order: ‚Now‘, ‚Before‘, and ‚After‘, in: Isis 69 (1978) 68−74.

[5] Cf. J. M. Quinn, The Concept of Time in Giles of Rome, in: Augustiniana 28 (1978) 310−352 und 29 (1979) 5−42.

[6] Bei den Philosophen des 13. Jahrhunderts standen die Probleme der Realität und der Einheit der Zeit im Vordergrund, cf. A. Mansion, La théorie aristotélicienne du temps chez les péripaticiens médiévaux: Averroès, Albert le Grand, Thomas d'Aquin, in: Revue Néoscolastique de Philosophie 36 (1934) (= Hommage M. de Wulf) 275−307. Die Pariser Philosophen behandelten Fragestellungen wie *Utrum cuiuslibet motus tempus sit mensura* (Johannes Buridan, Questiones super octo libros physicorum Aristotelis, (Text der *ultima lectura*) Paris 1509, ND Frankfurt a. M. 1964 /Physik/, 4, qu. 14, fol. 79 vb) und *Utrum omne ens sit in tempore* (Ps.-Marsilius von Inghen, Questiones super octo libros phisycorum secundum nominalium viam, Lyon 1518, ND Frankfurt a. M. 1964 /Questiones/, 4, qu. 18, fol. 68 va. − Dieser Text, der bis vor kurzem noch durch verschiedene Autoren als authentisch behandelt wurde (so z. B. bei E. Grant, A Source Book in Mediaeval Science, Cambridge, Mass. 1974, 327; id., Place and Space in Medieval Physical Thought, in P. K. Machamer/Robert Turnbull, edd., Motion and Time, Space and Matter, Ohio State University, 1976, 162, Anm. 8), wird durch zwei neu entdeckte Handschriften in seiner schon früher angezweifelten Zuschreibung zu Marsilius von Inghen äußerst problematisch, cf. M. Markowski, Ist Marsilius von Inghen der Verfasser der in der Hs. 5437 der Österreichischen Nationalbibliothek sich befindenden Quaestiones in I−III libros ‚De anima‘ Aristotelis und Quaestiones in I−VI libros ‚Physicae‘ Aristotelis, in: Mediaevalia Philosophica Polonorum 18 (1973) 35−50; E. P. Bos, A note of an unknown manuscript bearing upon Marsilius of Inghen's philosophy of nature, Ms. Cuyk en St. Agatha (The Netherlands), Kruisherenklooster C 12, in: Vivarium 17 (1979) 61−68. Auf diese Problematik kann hier nicht näher eingegangen werden. Ich zitiere im

I

Die Behandlung des Phänomens der Zeit durch Aristoteles, in der er sich um den Beweis ihrer Existenz bemühte und dabei einen Mittelweg zwischen Subjektivierung und Absolutsetzung einschlug, legte gerade in der Problematik der Realität der Zeit keine endgültige Lösung fest, ließ den späteren Kommentatoren Raum für verschiedene Auffassungen. Das Mittelalter mußte um so mehr zu einem — zumindest begrenzten — Subjektivismus tendieren, als die erste große christliche Auseinandersetzung mit dem Zeitproblem, die des Augustin in seinen Bekenntnissen[7], den realen Fluß der Zeit in die beobachtende und messende *anima* verweist. Das Spektrum der mittelalterlichen Deutungen ist trotzdem sehr breit[8]. Es reicht von der Konstruktion eines eigenen Seinsmodus der *successiva* bei den Dominikanern und insbesondere bei Herveus Natalis bis zu der völligen Identifikation von Zeit und Bewegung (d. h. von Zeit einerseits, Bewegtem und Abfolge von Orten andererseits) bei· Wilhelm von Ockham[9]. Es wurde also sowohl eine eigene Realität der Zeit anerkannt als auch jede unabhängige Existenz der Zeit geleugnet, wobei bei Wilhelm von Ockham der Seele wieder größere Bedeutung zukam.

Die Pariser gingen in der Frage der Realität keine neuen Wege. Einerseits betonen ihre Kommentare zur aristotelischen Physik alle den schon von Aristoteles intendierten und durch Ockham betonten Bezug zur Bewegung. In irgendeiner Form findet sich überall der Schluß *tempus est motus*, wobei die Identität natürlich keine vollständige sein kann, denn die Zeit ist ja überdies Zahl und Maß der Bewegung. Diese Gleichsetzung wird aber nun mit der beiden Phänomenen eigenen Sukzessivität begründet, und in diesem Zusammenhang erscheint andererseits ein Argument, das der oben mit Herveus Natalis in Verbindung gebrachten Position der begrenzten Realität der Zeit ähnelt. Marsilius von Inghen stellt fest, *quod de ratione temporis inquantum est tempus est esse successiuum . . .*[10], und er fügt

---

folgenden die Questiones als Pseudoschrift unter dem Namen des Marsilius, ohne damit eine endgültige Entscheidung vorwegnehmen zu wollen. Die Nähe der Lösungen zur Pariser Schule rechtfertigt eine Behandlung im Zusammenhang mit den Auffassungen Alberts, Buridans, Oresmes und Marsilius'.)

[7] Augustin, Confessiones, ed. L. Verheijen OSA, Turnhout 1981 (= CC 27), 11, c. 14—28, 202—214. — *In te, anime meus(!), tempora metior . . .* (ibid., c. 27 (36), 213).

[8] A. Maier, l. c., grenzt in ihrer ausgezeichneten Zusammenstellung die verschiedenen Positionen gegeneinander ab.

[9] Herveus Natalis, In quatuor libros sententiarum commentaria, Paris 1647, ND Farnborough 1966, lib. II, d. I, qu. I, art. III, 203 b; Wilhelm v. Ockham, In Sententiarum, lib. II (= Opera Plurima IV) Lyon 1496, ND Farnborough 1966, qu. 12, D und L. — Zu Ockham cf. G. Leff, Ockham, The Metamorphosis of Scholastic Discourse, Manchester 1975, 593—96.

[10] Marsilius von Inghen, Abbreviationes libri Physicorum, Venedig 1521 /Abbreviationes/, 4, not. 3, qu. 1; ähnlich Albert von Sachsen, Questiones super libros de physica auscultatione, Venedig 1516 /Physik/, 4, qu. 14, art. 1, fol. 53 ra.

erläuternd hinzu, daß das bedeutet, daß ihre Teile nicht gleichzeitig, sondern nacheinander existieren.

Daß in gewisser Weise beide oben als gegensätzlich eingeführten Auffassungen hier nebeneinander erscheinen, wird in Bezug auf eine von den Parisern übernommene ältere Unterscheidung zwischen materieller und formaler Komponente der Zeit verständlich[11]. Bei Nicole Oresme heißt es, *quod tempus habet aliquid materiale et aliquid formale, id est, materiale est illud, pro quo supponit motus, sed formale est connotatum, quod est numeratio facta ab anima . . .*[12]. Die materielle Komponente entspricht also der Bewegung, die formale resultiert aus der Zählung und Messung durch die *anima*. Die begrenzte Realität der Zeit bezieht sich so auf ihre materielle Komponente und resultiert aus der Kopplung an die Bewegung. Zeit hat damit ein *esse successivum*, zugleich aber ist ein wesentlicher Bestandteil die Eigenschaft des *numerus*. So hat die Zeit ohne mögliche Existenz einer Seele nur ein *esse imperfecte*, wie Thomas die entsprechende Aristoteles-Stelle deutet[13].

Die Pariser Philosophen folgen damit weder Ockham[14] noch der realistischen Auffassung, sie schlagen einen Mittelweg ein. Die starke Kopplung an eine als *fluxus distinctus* gefaßte Bewegung[15] wird dabei aber nicht aufgehoben, so daß wie bei Aristoteles die Zeit durch diese bestimmt werden kann.

II

Schon Aristoteles bezog die Zeit auf Ortsbewegung, insbesondere auf die Ortsbewegungen der himmlischen Körper, denn nur diese Bewegungen

---

[11] Diese Unterscheidung wird von Maier, Studien, 65, auf Averroes zurückgeführt, auch Nicole Oresme (v. Anm. 12) nennt ihn schon. Allerdings habe ich bei Averroes nur die Bemerkung gefunden, die Zeit existiere außerhalb der Seele *in potentia*, cf. Aristotelis de physico auditu libri octo cum Averrois Cordubensis variis in eosdem commentariis, Venedig 1562, ND Frankfurt a. M. 1962 (= Aristotelis Opera cum Averrois Commentariis 4) /Averroes, Physik/, 4, t. c. 131, fol. 202 E. Auf jeden Fall findet sich die Terminologie schon bei Ägidius Romanus, Commentaria in octo libros phisicorum Aristotelis, Venedig 1502, ND Frankfurt a. M. 1968, 4, fol. 113 ra. – Übrigens fehlt dann wiederum bei Johannes Buridan diese Begrifflichkeit; erst seine Nachfolger nehmen sie auf.

[12] Nicole Oresme, Questiones in septem libros phisicorum, Sevilla, Bibl. Capitolar Colombina, Ms. 7–6–30, /Physik/, 4, qu., not. 1, fol. 55 vb.

[13] Thomas v. Aquin (v. supra, Anm. 1), Maggiolo 310, t. 629. – Bei Nicole Oresme ist die materielle Komponente mit dem Ortsbegriff zu koppeln.

[14] Wie wohl der oft zitierte Ockhamismus der Pariser Philosophen sich fast völlig auf die Logik beschränkt, cf. Maier, Studien, 89.

[15] Die Ausnahme von dieser Deutung des Bewegungsbegriffs ist Ps.-Marsilius, Questiones, 3, qu. 7, concl. 1–3, fol. 42 rb. Er folgt damit der Deutung Ockhams, cf. In Sententiarum, II, qu. 26, M, und A. Goddu, The Natural Philosophy of William of Ockham . . ., Diss. phil. masch. University of California, Los Angeles, 1979, 296 etc.

sind für ihn durch besondere Gleichmäßigkeit ausgezeichnet und daher am ehesten als Maß für die Zeit geeignet[16]. Averroes sah die Gefahr, daß die Einheit der Zeit gefährdet sein könnte, wenn nicht eine entschiedenere Festlegung des Maßes der Zeit erfolgte. Deshalb entschloß er sich zur Verbindung der Zeit mit der Ortsbewegung des *primum mobile*, der äußersten (Sternen-)Sphäre[17], die ja im Sinne der aristotelischen Kosmologie Ursache aller anderen Bewegungen ist. Seine Entscheidung begründete er unter anderem damit, daß die Bewegung dieser Sphäre mit ihrer täglichen Umdrehung leicht von allen erkannt werden kann. Er setzte so als Kriterium für ein Maß Bekanntheit und leichten Zugang voraus. In einem anderen Zusammenhang griff er den schon aristotelischen Begriff des Grundmaßes auf und erneuerte dabei dessen Forderung, Maß und zu Messendes müßten demselben *genus* angehören[18]. Bei Averroes wird also der konkrete Bezug der Zeit auf das *primum mobile* durch einen bestimmten Maßbegriff begründet.

Die Pariser Philosophen haben diesen Bezug abgeschwächt, indem sie ihrerseits einen eigenen Maßbegriff zugrunde gelegt haben. Johannes Buridan schließt wie Averroes, *quod tempus propriissime acceptus est motus primus*[19], weil sie als erste der Bewegungen am besten dafür geeignet ist, als Maß zu dienen, und weil sie nicht gleichmäßig, sondern sogar am gleichmäßigsten (*regularissimus*) ist. Doch dann führt Buridan an, daß *apud vulgares* die Sonnenbewegung als Zeit gilt; und dies ist für ihn offenbar nicht ohne Berechtigung, denn diese Ortsbewegung ist von allen als Maß geeigneten Bewegungen die bekannteste. Eines der Kriterien, die für Averroes noch den eindeutigen Ausschlag zugunsten der Bewegung des *primum mobile* gegeben hatte, trägt also hier zur Relativierung des Bezugs von Zeit auf Bewegung bei.

Die Argumentation Nicole Oresmes[20] geht zunächst in dieselbe Richtung, wenn er feststellt, *quod quelibet motus potest esse tempus*, was er damit begründet, daß im Sinne der aristotelischen Definition jede Bewegung das Vorher und Nachher in einer Dauer bestimmen könne. Dann aber betont Oresme, daß das Maß der Zeit im eigentlichen Sinne nur die grundlegende Ortsbewegung, der *primus motus*, sein könne. Diese Entscheidung begründet er mit dessen Einzigartigkeit (*raritas*), Geschwindigkeit

---

[16] *Neque igitur alteratio neque augmentatio regulares, loci mutatio autem est. Unde et videtur tempus esse sphaerae motus: quia hoc mensurantur alii motus, et tempus hoc motu.* Aristoteles, Physik, 4, c. 14, t. c. 133, 223 b 20–23, Maggiolo 308.

[17] Cf. Averroes, Physik, 4, t. c. 98, fol. 178 I–L und 179 FG, weiter t. c. 132, fol. 203 C–E. Zu der Formulierung durch Albertus Magnus v. Mansion, Temps, 292. Cf. (zum folgenden) Maier, Studien, 94/95.

[18] *Prima mensura et indiuisibilis in aliquo genere est illud, per quid mensurantur omnia, que sunt in illo genere . . .* Averroes, Physik, 4, t. c. 133, fol. 204 L.

[19] Buridan, Physik, 4, qu. 12, concl. 3,4, fol. 78 vb.

[20] Oresme, Physik, 4, qu., concl. 1,2, fol. 54 va.

(*velocitas*) und Bekanntheit (*communitas seu famositas*). Anders als bei Buridan findet so bei ihm die Bewegung der Sonne keine Erwähnung.

Albert von Sachsen geht einen Schritt über seine Vorgänger hinaus. Er stellt zunächst die Bedingungen zusammen, die ein Maß erfüllen muß[21]. Die erste geht schon auf Aristoteles zurück: Maß und zu Messendes müssen *unigenius* sein, wobei Albert allerdings pragmatisch ergänzt, *secundum quod est possibile*. Zweitens nennt Albert Averroes' Kriterium: Das Maß muß bekannt sein, und zwar bekannter als das zu Messende. Diese Bedingung verstärkt er im Sinne Oresmes, wenn er an dritter Stelle fordert, daß das Maß *commune* und *famosum* sein muß. Viertens geht er von der Betonung der Regularität bei der Bevorzugung der Himmelsbewegung aus und setzt voraus, daß das Maß unveränderlich, sicher und soweit möglich vorausbestimmbar sein müsse. Fünftens soll schließlich das Maß ein Minimum entweder für die Sinne (wie z. B. ein Getreidekorn) oder dem Gebrauch nach (wie z. B. eine *pinta quarta*) sein[22].

Diese Definition eines Maßes führt ihn zu einer stärkeren Relativierung des Bezugs der Zeit auf das *primum mobile*[23]. Er stellt allgemein fest, daß jede vom Menschen wahrnehmbare Bewegung als Zeit dienen kann, insbesondere ist jede Himmelsbewegung die Zeit *principalissime dictum*. Albert begründet dies mit seinen Bedingungen für ein Maß: Diese werden von allen Himmelsbewegungen erfüllt, insbesondere auch von den Bewegungen von Sonne und Mond. Die Bewegung des *primum mobile* spielt für Albert nur insofern eine Rolle, als jede tägliche Bewegung besonders bevorzugt ist, was ja aber auch für die Sonnenbewegung gilt. Die Bewegung der achten Sphäre allerdings, die für Albert in 36000 Jahren eine Umdrehung vollzieht (eine Bewegung, die von einigen Autoren neben anderen dem *primum mobile* zugeschrieben wird)[24], schließt Albert ausdrücklich davon aus, als Maß für die Zeit dienen zu können. Sie ist im Sinne seiner Forderung weder für den Menschen bekannt noch ein Minimum. Bei Albert von Sachsen ist somit die besondere Rolle des *primum mobile* aufgehoben.

Der Autor der Questiones folgt den Auffassungen Alberts im wesentlichen. Nachdem er die fünf Bedingungen für ein Maß nahezu wortgleich

---

[21] Albert, Physik. 4, qu. 14, art. 3, Conditiones, fol. 53 rb.

[22] Maier, Studien, 132, sieht hier eine Ablösung einer bei früheren Autoren genannten Bedingung der *simplicitas* und führt als Beispiel Richard von Mediavilla an, ibid., 116/17, Anm. 46. Interesssanterweise fordert Richard noch als Maß-Bedingung ein Maximum, wobei dies − wie Maier zu Recht betont − aristotelischen Vorstellungen näherkommt als die Aussage Alberts. Die Minimum-Forderung aber entspricht mehr der Praxis der klassischen Physik.

[23] Albert, ibid., concl. 1,3,4−6.

[24] Im Gegensatz zu einer Reihe anderer Autoren vertritt Albert von Sachsen, Questiones in libros de celo et mundo, Venedig 1492, 2, qu. 6, art. 2, die Auffassung Bacons, daß es zehn Sphären gebe, wobei die zehnte die tägliche, die achte aber die Drehung um einen Grad in 100 Jahren vollführt, cf. E. Grant, Cosmology, in: D. Lindberg, ed., Science in the Middle Ages, Chicago 1978, 265−302, v. insbes. 278, 297.

aufgestellt hatte[25], betonte er wie Albert, daß jede Himmelsbewegung als Maß für die Zeit dienen kann.

Marsilius von Inghen fügte dem in seinen Abbreviationes noch hinzu: *Tempus propriissime est motus diurnus solis*[26]. Gerade die tägliche Bewegung der Sonne ist für Marsilius bekannter und im Gegensatz zur Bewegung des *primum mobile* leichter erkennbar.

Wenn auch die Auffassungen der Pariser Philosophen insgesamt voneinander abweichen, so ist doch allen gemeinsam, daß sie das von Averroes als Maß für die Zeit definierte *primum mobile* von seiner hervorgehobenen Stellung verdrängen und die Bedeutung der Sonne betonen. Das hat jedoch nicht unbedingt die Gefährdung der Einheit der Zeit zur Folge[27], solange dabei der Vorrang der täglichen Bewegungen betont und schon ein festes Verständnis von Zeit vorausgesetzt wird. Die Lösungen der Pariser Philosophen sind in einer ausführlichen Beschäftigung mit dem Maßbegriff begründet, die sich stärker, als es bei den Vorläufern der Fall war, an pragmatischen Überlegungen orientiert. Ähnliches gilt für das Problem der Zeit als Maß für die Bewegung.

III

Die schon genannte aristotelische Definition der Zeit faßte diese als Zahl oder Maß der Bewegung. Wie aber die Messung durch Zeit vor sich gehen sollte, darüber sagt die Physik nur wenig. Auch die späteren Kommentare erwähnen diesen Gesichtspunkt nicht ausdrücklich. Erst die Questionen der Pariser bringen hier eine Änderung.

Bevor er zur näheren Erläuterung des Maßcharakters der Zeit übergeht, stellt Johannes Buridan zunächst verschiedene Arten des Messens zusammen[28]. Einmal kann Messung bedeuten, das Ganze in der Weise durch einen Teil zu bestimmen, wie in einer abzählbaren Menge das Ganze durch die Zahl der einzelnen Elemente bestimmt wird. Die zweite Weise der Messung *per mensuram intrinsecam* bedeutet die Bestimmung der Größe eines Kontinuums durch einen schon bekannten Teil. Drittens kann Messung auch *per mensuram extrinsecam* erfolgen, indem ein bekanntes Stück mit einem unbekannten verglichen wird, wie man z. B. mit einem Holz von einer Elle Länge ein Stück Leinen der gleichen Länge abmessen kann. Weiter läßt sich die Messung auf die erste und dritte

---

[25] Ps.-Marsilius, Questiones, 4, qu. 16, not. 2, concl. 1, infra concl. 2−3, fol. 57 rb−vb. − Übrigens schließt der Autor dort − mit ähnlichen Argumenten wie Albert die achte − die neunte Sphäre aus.

[26] Marsilius, Abbreviationes, 4, not. 3, qu. 1, prop. 3, fol. 20 vb.

[27] Wie das Maier, Studien, 132/33, bezüglich Albert und Marsilius gesehen hat.

[28] Buridan, Physik, 4, qu. 14, modi 1−5, fol. 80 rb−va.

Weise verbinden, wenn man ein mit Hilfe der Elle bestimmtes Stück Leinen zur Messung anderer Stoffstücke heranzieht. Die letzte Form des Messens schließlich, die für Buridan die wichtigste ist, *fit secundum proportionalem diuisionem mensure et mensurati, quamuis in partes valde inequales et quamuis in res, que sic diuiduntur, sint valde diuersarum rationum.* Buridans Beispiel dafür ist die Bestimmung des Erdumfangs, indem man den 360 Grad des Himmelsgewölbes 360 Grad des Erdumfanges gleichsetzt und die Länge eines Grades auf der Erdoberfläche bestimmt.

Buridan zieht nun aus diesen allgemeinen Ausführungen Konsequenzen für die Messung durch Zeit[29]. Zunächst läßt sich nach ihm in einigen Fällen die Zeit durch bloßes Abzählen (verschiedener Tage) oder über die zweite Weise des Messens ermitteln, indem über die Anzahl der verstrichenen Tage festgestellt werden kann, wie viele Monate oder Jahre verstrichen sind. Der dritte und vierte *modus* scheidet aufgrund der Sukzessivität von Zeit und Bewegung aus, erst der letzte ist die eigentliche Form der Messung durch die Zeit. Für Buridan lassen sich so sowohl Ortsbewegung als auch *alteratio* messen: im Fall der Ortsbewegung über die Betrachtung von zurückgelegtem Weg, benötigter Zeit oder Größe des *mobile*, bei der *alteratio* bezüglich der *intensio* und *extensio* der Qualität. Prinzipiell ist für Buridan jede Bewegung durch Zeit meßbar, wenn man einmal von Unendlichkeitsproblemen absieht. Allerdings kann für ihn die Messung der natürlichen Bewegungen nie die Genauigkeit erlangen, wie sie die Mathematik erreicht. Daran knüpft Buridan eine Bemerkung an, die recht interessant ist: Ähnlich wie im Fall der Waage, bei der das Aufwiegen der Gewichte auch nicht mit letzter Sicherheit erfolgt, weil der verbleibende Unterschied zwischen bekanntem und unbekanntem Gewicht eine so geringe Größe haben kann, daß wir ihn nicht bemerken, genügt auch eine schon annähernd genaue Messung für die Bestimmung der Bewegung[30]. Wenn auch aus der Skepsis gegenüber der Regularität im irdischen Bereich geboren, ist diese Äußerung doch eine erste Andeutung der Messung mit Angabe von Fehlergrenzen, wie sie die klassische Physik vornimmt.

Buridans Nachfolger haben seinen Ausführungen wenig hinzugefügt; sie fassen eher zusammen. Beim Autor der Questiones z. B. werden die Arten der Messung konkret auf Messung durch Zeit bezogen, wenn er in den Questiones nur zwei *modi* aufführt: die Messung des Ganzen durch den Teil, wie des Monats durch den Tag, des Jahres durch den Monat, und

---

[29] Ibid, concl. 1—5, fol. 80 va—81 ra.

[30] Ibid., nach concl. 7, fol. 81 rb: *Et notandum est etiam, quod non possumus motus naturales omnino precise et punctualiter mensurare, scilicet secundum modum mathematice considerationis. Non enim possumus per stateram scire, si precise libra cere sit libre plumbi equalis. Potest enim esse excessus in ita parua quantitate, quod non perciperemus excessum. Sed sufficit sepe mensuratio ad prope iuxta illud, quod de modico non est curandum ...*

die Messung *per correspondentiam*, indem man entsprechende Teile vergleicht[31].

In seinen Abbreviationes kommt Marsilius von Inghen an einer Stelle auf das Problem der irregulären Bewegungen zu sprechen, die entweder immer schneller oder immer langsamer verlaufen oder sogar in der Geschwindigkeit schwanken[32]. Die durch die angeführten Arten des Messens bestimmten Bewegungen müssen in der Regel gleichmäßig verlaufen. Marsilius betont, *quod prout motus mensuratur tempore, imaginatur regulariter procedere*. Das soll geschehen, indem die Bewegungen gewissermaßen auf Regularität reduziert werden — möglicherweise hat Marsilius hier das mittlere Geschwindigkeitstheorem der Oxforder vor Augen[33] — oder indem man nur einen Mittelwert betrachtet: *Nec est inconveniens, quod mensura non punctualiter notificet mensuratum*. Wenn Marsilius hier versucht, die noch nicht für komplizierte Messungen geeigneten Methoden durch ein Hilfsmittel zu ergänzen, so ist das ein Weg, den in anderen Fällen auch klassische und Quantenphysik gegangen sind.

Die Pariser Naturphilosophen haben somit sowohl im Zusammenhang mit ihren Überlegungen zur Festlegung der Zeit durch die Himmelsbewegung eine Theorie des Maßbegriffs als auch im Rahmen der Behandlung der Messung von Bewegung durch Zeit eine Diskussion der Arten des Messens geliefert. Ihre Lösungen gehen weit über das hinaus, was das 13. Jahrhundert geleistet hat. Dabei orientieren sie sich stärker an praktischen Gesichtspunkten, wie die Beispiele Buridans oder Alberts von Sachsen zeigen. Es ist die alltägliche *experientia*, die die Theorie leitet. Die Meßmethoden und das Experiment der klassischen Physik sind zwar noch fern, doch gibt es schon Andeutung des Arbeitens mit Fehlergrenzen, und einige Ergebnisse der spätscholastischen Philosophen, die in der klassischen Physik nicht mehr diskutiert wurden, haben doch immer wieder implizit Anwendung gefunden. Auch die Praxisnähe der Johannes Buridan, Nicole Oresme, Albert von Sachsen und Marsilius von Inghen ist ein Schritt in Richtung auf die Wissenschaftliche Revolution des 17. Jahrhunderts.

---

[31] Ps.-Marsilius, Questiones, 4, qu. 17, art. 2, modi 1–2, fol. 58 rb; cf. Marsilius, Abbreviationes, 4, not. 3, qu. 4, fol. 21 va.

[32] Marsilius, Abbreviationes, 4, not. 3, qu. 4, Sed contra, 2, fol. 21 va–b; ähnlich Albert v. Sachsen, Physik, 4, qu. 17. art. 2, concl. 3, fol. 55 va.

[33] Dazu cf. M. Clagett, The Science of Mechanics in the Middle Ages, Madison, Wisc., 1959 (= Publications in Medieval Science 4), 255–269.

IST DIE WELT ZU ERKENNEN ODER IST IHRE PERFEKTE REGULARITÄT ZU BEWUNDERN UND NACHZUAHMEN?

Bemerkungen zur Interpretation eines Sermo von Stanislaus de Scarbimiria

von Jerzy Drewnowski (Warszawa)

Die im Weisheitsbuch sowie an einigen anderen Stellen des Alten Testamentes enthaltene Behauptung über die Einrichtung des Gotteswerkes nach Maß, Zahl und Gewicht[1] gehört zu den verhältnismäßig seltenen Fragmenten der Heiligen Schrift, welche eine philosophisch gefaßte Charakteristik der Welt in ihren allgemeinsten und sozusagen grundsätzlichen Zügen geben. Es ist also verständlich, daß das dem mittelalterlichen Denken eigene Bedürfnis, sich auf die mit der kirchlichen Lehre übereinstimmenden Axiome zu stützen, dazu führte, daß diese Behauptung gerne benutzt und zitiert wurde, sowohl in den Texten, deren Gegenstand die Welt selbst war, als auch in jenen, in welchen ihr Bau nur einen Ausgangspunkt zu weiteren Reflexionen auf andere, beispielsweise mit Moralität oder Wert gewisser Wissenschaftsgebiete verbundene Themen bildete. Der vorliegende Beitrag beabsichtigt, am Beispiel einiger Aussagen des ersten Rektors der erneuerten Krakauer Universität, Stanislaus de Scarbimiria[2], den Einfluß zu zeigen, welchen eine gewisse Haltung gegenüber Welt und Gott auf theoretische und praktische Schlußfolgerungen aus dem uns interessierenden Axiom über Zahl und Maß als über die objektiven Kennzeichen des Daseins ausübte.

Eine von den beiden hier unterschiedenen Arten der Schlußfolgerungen aus diesem Axiom ist mit der Überzeugung eng verbunden, daß das Dasein im allgemeinen oder auch nur die materielle Welt mehr oder weniger durch die menschliche Vernunft nicht nur erkannt werden könne, sondern auch solle. Die Möglichkeit der Welterkenntnis wurde hier mit einer gewissen Entsprechung beziehungsweise Ähnlichkeit begründet, die zwischen dem

---

[1] Sap. 11, 21; cf. Is. 40,12; Jb. 28,24−27.

[2] Bibliografia literatury polskiej Nowy Korbut, Warszawa, t. 3, 234−236. Über die Schriften von Stanislaus de Scarbimiria v.: Z. Kozłowska-Budkowa, „Sermones sapientiales" Stanisława ze Skarbimierza, in: Sprawozdania PAU, 53 (1952) 291−396; C. Zawodzińska, Pisma Stanisława ze Skarbimierza pierwszego rektora UJ w kodeksach BJ, in: Rocznik Biblioteki Jagiellońskiej 4 (1960) 299−327; R.M. Zawadzki, Spuścizna pisarska Stanisława ze Skarbimierza, Kraków 1979, 268.

Geist und Erkenntnisgegenstand besteht[3]. Eben in Zahl und Maß, die in der vom Menschen erkannten Welt anwesend sind und zugleich in dem menschlichen Geist angelegt sind, sollte diese Ähnlichkeit liegen, aus welcher außerdem eine gewisse moralische Billigung der rationellen Erforschungen der Welt folgte. Wenn nämlich der Welt Eigenschaften verliehen wurden, die sich durch Berechnungen und Messungen erforschen lassen, konnte man eo ipso annehmen, daß es zulässig ist, diese durchzuführen und die Welt zu erforschen. Wenn man dazu annahm, daß die Welt selbst durch eine gewisse Würde ausgezeichnet ist und deswegen der Erkenntnis würdig ist, folgten auch gewisse Schlüsse über Wissenschaftsgebiete, die für das Verständnis der Welt als wichtig angesehen wurden. Einen besonderen Rang mußte man natürlich den mathematischen Wissenschaften zuerkennen als denjenigen, welche am meisten den Eigenschaften und sogar dem Wesen des erforschten Gegenstandes entsprachen. Hochgeschätzt waren auch die den Makrokosmos betreffenden Wissenschaften mit der Astronomie an der Spitze, wo die Übereinstimmung der auf Zahlen und Messungen gegründeten Regeln mit der Regelmäßigkeit natürlicher Erscheinungen am deutlichsten wird.

Es ist nicht schwer zu bemerken, daß es sich hier um einen Gedankengang handelt, welchen in mittelalterlicher Betrachtung, die an zahlenmäßige, in der Welt herrschende Ordnung anknüpfte, solche Gestalten wie Roger Bacon oder mutatis mutandis sein Lehrer Robert Grosseteste repräsentierten[4]. Wir erkennen hier gleichzeitig eine sehr alte, dem Augustinismus verwandte geistige Tradition, aus der diese beiden Gelehrten kommen. Auch bei Augustinus selbst folgte aus der Überzeugung von zahlenmäßiger Weltordnung die Wichtigkeit und Nützlichkeit sowohl der mathematischen Wissenschaften als auch der Astronomie[5]. Es ist dieselbe Tradition, die in der antiken Philosophie mit den Pythagoräern begann[6] und

---

[3] M. Frankowska-Terlecka, Idea jedności nauki w XII i XIII wieku, Wrocław 1976, 76−77, 95−97.

[4] Nach der Meinung von Robert Grosseteste wie auch von Roger Bacon gehen die Bewegungen und die Änderungen, die der ganzen Natur eigentümlich sind, nach gewissen entdeckbaren und erforschbaren Regeln vor sich. Das sind die Optikregeln, die man auf die Prinzipien der Mathematik, und enger genommen, der Geometrie, zurückführen kann. Mathematische Wissenschaften wurden bei solchem Grundsatz zum Hauptinstrument der Naturforschung. Cf. R. Grosseteste, De luce seu de inchoatione formarum, in: Beiträge zur Geschichte der Philosophie des Mittelalters, 9, Münster, 52−61; id., De lineis, angulis et figuris seu de fractionibus et reflexionibus radiorum, ut supra, 9, 59. Cf. R. Bacon, Opus maius, ed. J.H. Bridges, I, IV, 1, 1, 97−103.

[5] Augustinus, De ordine, PL, t. 32, 8, col. 104. Cf. eund., De senarii numeri perfectione, qui primus partium suarum quantitate conpletur, in: De civitate Dei, XI, 30, CSEL, t.1, 557−558.

[6] Nach der Lehre des Pythagoras und der Anhänger seiner Philosophie haben die menschlichen Seelen im Prinzip dieselbe Natur wie die Weltseele. Diese verursacht, daß in den oberen Teilen der Welt eine perfekte Ordnung herrscht. Die Kontemplation dieser in der Regularität der Himmelserscheinungen sichtbaren Ordnung veredelt sittlich den Menschen.

von Plato entwickelt wurde[7]. Aus seinen „Gesetzen" soll übrigens der
Meinung einiger Forscher nach der Autor des Weisheitsbuches jenen Satz
über die Einrichtung der Welt durch Gott schöpfen: πάντα μέτρῳ καὶ
ἀριθμῷ καὶ σταθμῷ διέταξας[8]. Unbestreitbar unterscheiden sich die hier
genannten Autoren sehr in ihren Ansichten bezüglich des Erkennungsob-
jektes wie auch in der Frage, wie die Wissensziele sich mit dem Leben des
Menschen verbinden. Abgesehen jedoch von jenen Zielen und davon, ob es
sich hauptsächlich um Erkenntnis Gottes oder der Ideen handelte, oder um
materielle Dinge, war der gesamten Tradition − neben der Vorliebe für
numerische Spekulationen − gemeinsam, daß sie Daseinserkenntnis für zulässig und ratsam hielt und daß sie dieser Erkenntnis keine Grenzen setzte.
Man kann das psychologisch erklären: ein Interesse am Dasein und dessen
Erkenntnis ist Voraussetzung für die obige Schlußfolgerung und für angenommene Werte. Dieses Interesse verband sich mit einem gewissen Vertrauen zum menschlichen Verstand, wenn er auch − wie bei Augustinus −
die göttliche Unterstützung und Aufklärung benötigte.

In der zweiten der beiden in diesem Beitrag unterschiedenen Interpretationen der Behauptung über Zahl, Maß und Gewicht als Prinzip der
Weltstruktur bildet nicht so sehr die Welt selbst als vielmehr die Macht,
Weisheit, Gerechtigkeit und Barmherzigkeit des Schöpfers den Gegenstand
der Reflexion. Der angesichts Gottes hinfällige Mensch soll die hier genannten göttlichen Eigenschaften verehren, sowohl dann, wenn er über
seine Handlungsweise den Sündern gegenüber nachdenkt, als auch dann,
wenn er in andächtiger Furcht das in seiner Prächtigkeit unbegreifliche
Weltall bewundert. Zahl und Maß symbolisieren sowohl Weltvollkommen-
heit als auch Gerechtigkeit und Barmherzigkeit Gottes. Bewunderung des
göttlichen Werkes und seiner perfekten Gesetze, die so unveränderlich sind
wie die auf immer festgelegten Maß, Zahl und Gewicht, soll auch den Menschen zur unbedingten Achtung der ihm vom Schöpfer gegebenen moralischen Gesetze veranlassen. Erkenntnis der Welt wie auch Gottes selbst ist
hier den ethischen und religiösen Zielen in besonders starkem Grade untergeordnet. Sie soll vor allem zu richtigen Haltungen Gott gegenüber bewegen: zur Furcht, Gehorsamkeit, Bewunderung, Dankbarkeit und Liebe.

Deswegen sollte für Pythagoras die Betrachtung des Himmels, wie die antike Überlieferung
annimmt, das Ziel des menschlichens Lebens sein. Die Erkennbarkeit der Welt knüpften die
Pythagoräer vor allem an die Zahl an, die, wie sie meinten, ebenso in der Welt wie im
menschlichen Geist anwesend sei. Cf. Sextus Empiricus, Adversus mathematicos, VII,
92−109. Cf. K. Krokiewicz, Zarys filozofii greckiej. Od Talesa do Platona, Warszawa 1971,
103.

[7] Über die Schöpfung der Welt nach Zahlen cf. Plato, Timaios, 34 b. Über die Bedeutung
der mathematischen Wissenschaften bei Plato cf. eund., Gesetze, VII, 818 C−D. Cf. ibid.,
V, 747 A−B. Id., Philebus, 56 D−57. Id., Staat, VII, 524 D−527 C. Über Zahl, Maß und
Gewicht in den Künsten cf. Philebus, 55, 55 E.

[8] Gesetze, VI, 757 b 3−4. Cf. E. des Places, Un emprunt de la Sagesse 11, 20[21] aux
Lois VI, 757 b 3−4 de Platon, Biblica 40 (1959) 1016−1017.

Wenn sie über diese Ziele hinausgeht und gewisse Grenzen überschreitet, wird sie zum Versuch, Gott seine Geheimnisse zu entreißen. Theologische Untersuchungen im Bereich der Ontologie werden dann als Anzeichen des sündigen Hochmuts behandelt, welcher die Hinfälligkeit des menschlichen Verstandes und die unermeßliche Größe Gottes nicht wahrnimmt. Sie werden auch zum Ausdruck einer leeren Neugier, welche auf Irrwege falscher Anschauungen führt. Als Frucht vergeblicher Neugier wird gleichfalls jedes übermäßige Interesse für Naturforschungen angesehen, die lediglich im geringen Grade den Erlösungsangelegenheiten nützlich sind.

Wie zu sehen ist, handelt es sich hier um eine Interpretation des besprochenen Fragmentes aus dem Weisheitsbuch, welche tief in der an Klerus und Gelehrte adressierten mittelalterlichen Moralistik eingewurzelt war. Diese Interpretation charakterisiert auch alle diejenigen theologischen und philosophischen Konzeptionen, die der moralischen Praxis den Vorzug gaben und sie den Ansprüchen des Intellekts radikal entgegenstellten. Ohne Zweifel war die Haltung Gott und der Welt gegenüber in dieser Tradition des Denkens mehr als in jener ersten (die so mit Faszination von ergründeten Geheimnissen erfüllt war) mit dem Alten Testament vereinbar.

Denn es gibt in der Heiligen Schrift weder großes Interesse für Probleme der Weltstruktur noch Ermunterung zu ihrer Lösung, trotz vieler der Weisheit gewidmeter Stellen, und nicht nur der göttlichen Weisheit, sondern auch dieser, nach welcher sich der Mensch richten soll. Als eine gewisse Ausnahme in dieser Hinsicht muß man gerade das Weisheitsbuch anerkennen. Es ist übrigens — wie angenommen wird — erst in den Jahren 88—30 von einem hellenisierten Juden geschrieben, der der griechischen Philosophie kundig war, wenigstens in ihrer populären Form[9]. Aussagen über Weltstruktur finden wir auch hier wenig, und die dem Menschen empfohlene Weisheit wird vor allem in religiösem Sinne als entsprechende Haltung Gott wie auch dem Nächsten gegenüber verstanden. Wir finden hier jedoch auch eine längere Stelle, die das Lob menschlicher, weltlicher Weisheit als des Wissens von allem, was besteht, enthält. Zu dieser Weisheit wurden, neben Rhetorik und Kenntnis von der Natur der Tiere, auch Zeitrechnungsregeln, gewisse astronomisch-mathematische mit Kalendersystemen verbundene Kenntnisse, die Wissenschaft von Elementen (στοιχεῖα) sowie von Welteinrichtung (σύστασις κόσμου)[10] gezählt. Erinnern wir uns, daß das Fragment, zu welchem der uns interessierende Satz über Maß, Zahl und Gewicht gehört, weder Struktur noch Welterkenntnis betrifft, sondern das Verhältnis Gottes zu den geistigen Wesen, besonders zum Menschen. Gerechtigkeit, Barmherzigkeit und Verzeihung, welche Gott trotz seiner

---

[9] Pismo święte Starego Testamentu, pod red. S. Łacha, t. 8, cz. 3: Księga mądrości. Wstęp, przekład z oryg., komentarz oprac. K. Romaniuk, Poznań—Warszawa 1969, 17—31.

[10] Sap. 7, 17—21.

Allmacht und Gewalt den schwere Sünden Begehenden erweist, wurde am Beispiel der Strafe gezeigt, die auf die Ägypter beim Auszug der Israeliten aus dem Land der Pharaonen herabgesandt wurde[11]. Gott hätte die Ägypter für ihre großen Sünden viel strenger bestrafen und sogar gänzlich ausrotten können. Wenn er das jedoch nicht getan hat, dann deswegen, weil er alles nach Zahl, Maß und Gewicht geschaffen hat, das heißt, wie es die Kommentatoren unterstreichen, nach Gerechtigkeit und Barmherzigkeit. Eben von diesen Eigenschaften Gottes sprechen übrigens weitere Verse des Buches[12].

Schauen wir doch, was für Schlüsse aus den Behauptungen über die Weltordnung nach Maß, Zahl und Gewicht in den oben angekündigten Aussagen des Krakauer Meisters und Universitätsrektors Stanislaus de Scarbimiria gezogen wurden und wie diese Konklusionen sich im Kontext seiner Anschauungen vom Wert menschlicher Wissenschaft im allgemeinen und Naturkenntnis im besonderen darstellen. Als illustrierendes Material werden uns hauptsächlich Fragmente seiner Predigten an den Klerus dienen, unter anderem an den Universitätsklerus aus der in den Jahren 1409–1415 entstandenen Sammlung sogenannter „Sapientialreden" („Sermones sapientiales" oder „Sermones de sapientia Dei")[13].

Das besprochene Zitat aus dem Weisheitsbuch kommt in der Predigt „Excidit columnas septem" vor. Es wird in einem Fragment angeführt, welches die Weisheit Gottes am Beispiel der in der Welt herrschenden Ordnung charakterisiert. Die ganze von Gott geschaffene Welt ist durch weitgehende Differenzierung ausgezeichnet. Es unterscheiden sich voneinander Elemente und ihre Ursachen, Verhältnisse der Sachen und Zustände der Sachen. Differenzierung herrscht auch unter Bewegungen; anders sind die Bewegungen unter Elementen, anders am Himmel, anders in lebendigen Organismen: in Pflanzen, in niedriger und höher organisierten Tieren, in der menschlichen Vernunft. Es wäre zu erwarten, daß diese Differenzenvielheit einen Zerfall des Werkes Gottes verursachen wird. Dennoch bildet es eine Einheit, welche bis zum Weltende dauern wird. Das gilt, weil Gott in dieser Differenzierung eine unverletzliche Ordnung einführte, indem er alles in ein bestimmtes Maß, in Zahl und Gewicht gefügt hat. Die von ihm eingerichtete Welt zeichnet sich darum durch eine gewisse Harmonie aus, welche Stanislaus als einträchtige Zwietracht bezeichnet (*concors discordia*).

Es sollte also niemanden wundern — schreibt der Autor weiter — daß auch unter geistigen Wesen eine Differenzierung herrscht. Es gibt bessere und schlechtere Engel, es unterscheiden sich voneinander Dämonen und Menschen. Wenn trotzdem die Welt nicht zerfällt, dann eben deswegen,

---

[11] Sap. 11,2–12,22.
[12] Sap. 11,23–12,22.
[13] Stanislaus de Scarbimiria, Sermones sapientiales, ed. B. Chmielowska, Warszawa, 1979 (= Textus et studia historiam theologiae in Polonia excultae spectantia 4, fasc. 1–3).

weil kein Ding die ihm festgesetzten Grenzen überschreitet und jedes sich den unveränderlichen Gesetzen fügt[14].

Die erwartete Haltung des Menschen, welche die so gezeigte materielle und geistige Welt suggeriert, ist vor allem eine Haltung der Bewunderung der vom menschlichen Verstand unfaßbaren Gottesweisheit. Nicht umsonst erscheinen im hier kurzgefaßten Fragment solche Formulierungen wie: *stupenda Summi Patris sapientia, Dei sapientiae inconprehensibilis altitudo, ordo mirabilis, mirum magisterium.*

Ähnliche Bezeichnungen finden wir in einem von den weiteren Absätzen, in welchem Stanislaus die Unerkennbarkeit der göttlichen Absichten zeigt. Da sind charakteristische Fragmente der Sätze: *Quis non miretur; Quis etiam sufficit admirari; cui non apparet mirabile*[15]. Nicht ohne Bedeutung für den Sinn dieses Predigtteiles ist es, daß der Autor, nachdem er eine Reihe von schwierigsten und zugleich wichtigsten Fragen des christlichen Glaubens gestellt hat, dieselben unbeantwortet läßt. Er fragt nämlich: Weshalb hat Gott eine Schar der Engel geschaffen, obwohl er gewußt hat, daß sie stürzen werden? Warum hat er den eigenen Sohn dem Kreuzestode ausgeliefert? Warum erlaubt er so viele Nichtwürdigkeiten, welche sich auf der Welt ereignen? Weshalb hat er eine große Zahl schlechter Leute geschaffen, von welchen er gewußt hat, daß sie verdammt werden müssen? Die einzige Antwort ist eine andere, gewissermaßen als Überschrift gestellte Frage: *Quis cognoscat sensum Domini?*[16].

Es ist deutlich, daß hier keine originelle Formulierung dieser theologischen Problematik vorliegt, besonders weil es sich um die Illustration der Unerkennbarkeit der Absichten Gottes handelt, eines nicht seltenen Homiletikmotivs, angefangen von der berühmten Apostrophe des heiligen

---

[14] *Ecce siquidem stupendam summi Patris sapientiam arguit motus circularis in caelis, motus rectus in elementis, motus a medio ad circumferentiam in plantis, motus extensivus in vermibus, motus progressivus in animalibus, motus rationalis in hominibus. Tota creaturarum universitas, in qua una res distat ab altera et convenit cum eadem, in qua diversi gradus relationum et habitudinum, varietas, multitudo et diversitas causatorum elementorum, concors discordia rerum, differens proprietatis ordo simul agregatorum ita mirabilis, quod nisi miro magisterio omnia fecisset in quodam pondere, numero et mensura, propter disparitatem et varietatem multimodam nequaquam diu subsistere potuisset. Ordo quippe, quem fecit ipsa sapientia Dei in entibus, est tam stabilis itaque firmus, quod usque ad consumationem universi mutabilis perdurabit. Nec mirum, cum etiam quamdiu mundus durabit, angeli archangelis, daemones daemonibus et homines hominibus praeferentur, LXXXIX d.: Ad hoc. Et ob hoc non est timendum, quod caelum ruat, aut quod mundi machina resolvatur, quoniam a Dei sapientia dependet et regitur caelum et tota natura, Primo Caeli, sic quod cum iste mundus sit contiguus lationibus superioribus et eius virtus inde gubernetur, Primo Metheorum, quamquam multa sit in creaturis varietas, unaquaeque tamen res non exit sibi terminos constitutos, sed leges antiquitus traditas servat illibatas.* Ibid., fasc. 3, Nr. 109, „Excidit columnas septem", 277—278, v. 13—39.
[15] Ibid., 280, v. 83—95.
[16] Ibid., 280, v. 83—103.

Paulus: *O altitudo sapientiae Dei*. Hier jedoch scheint dieser Topos bedeutsam zu sein, nämlich bezüglich der Übereinstimmung mit jenem Fragment über die Eigenschaften des göttlichen Werkes, die den Menschen in Erstaunen versetzen, wie auch mit anderen, Gottes- und Naturkenntnis betreffende Predigten von Stanislaus.

Nun beruht sowohl in den „Sapientialreden" von Stanislaus de Scarbimiria als auch in seinen Promotionsreden das richtige Verhältnis des Gelehrten und überhaupt jedes Menschen zu Gott vor allem darauf, sich die Gesetze Gottes und seine Befehle anzueignen und sie im Leben anzuwenden. Unter anderem erklärt sich daraus bei diesem Autor die große Bedeutung der zu den *praecepta Dei* und zum Gottesworte sowie zur Morallehre gezählten Rechtswissenschaften im allgemeinen, inclusive sogar des Zivilrechtes[17]. Deshalb wird auch ein so großes Gewicht auf alle Teile der Ethik gelegt, die als Beistand und Einführung zum Studieren der Rechte behandelt wurde. Die Theologie, welche in der Bewertung der einzelner Universitätsdisziplinen bei Stanislaus und anderen zeitgenössischen Krakauer Meistern gewissermaßen im Schatten des Rechtes bleibt, scheint auch im praktischen Sinne verstanden zu sein, das heißt nicht nur als Erkenntnis und Lehre der religiösen Gebote, sondern auch als ihre Einverleibung ins Leben. Für theologische Forschungen im Bereich der Ontologie findet Stanislaus kein einziges wohlwollendes Wort. Seine einzigen Bemerkungen zum Thema der Gotteserkenntnis sprechen von den zu weit gehenden Spekulationen in dieser Hinsicht. In Übereinstimmung mit dem oben erwähnten Kritikschema sieht er in solchen, das Maß überschreitenden Forschungen einen Ausdruck leerer Neugier und sündigen Hochmuts[18]. Er läßt bedenken, daß es sich hier um weder für Menschen noch für höhere geistige Wesen begreifliche Dinge handelt[19]. Er unterstreicht auch mit allem Nachdruck die Leichtigkeit, mit welcher man auf diesem Forschungsfeld

---

[17] Cf. besonders das „Lob der aufs neue gegründeten Universität", ed. J. Domański, Discours d'inauguration fait par Stanislas de Skarbimierz à l'occasion du renouveau de l'Université de Cracovie, Mediaevalia Philosophica Polonorum 24 (1979) 113—131.

[18] *Verum quippe a falso syllogisando dividunt, sed a falso non recedunt et usque ad considerandam divinitatem et sempiternam eius virtutem perveniunt et, licet Deum cognoscant, non tamen sicut Deum glorificant aut gratias ei agunt. Propter quod obscuratur cor insipiens eorum et in suis cogitationibus evanescunt.* Stanislas de Scarbimiria, o. c., fasc. 1, Nr. 11, 137, v. 259—265.

[19] *Dei patris, quod super omnem essentiam nominatur intelligibilem atque sensibilem ac super „omne nomen, quod nominatur non solum in hoc saeculo, sed futuro", qui lux est inaccessibilis, lumen imperscrutabile, ad quod non attingit aliud lumen, quod nullus umquam angellorum vel hominum vidit nec videre potest. Eo quod traditur a sanctis incontemptabile, supernaturale, supernarrabile, incomprehensibile, invisibile et superincontemptabile, superimmarcessibile, superinscrutabile, superintelligibile, superessentiale, superessentialiter exsuperans omnem sensum, omnem rationem, omnem intelligentiam, omnem essentiam, quod neque cogitare, neque dicere, neque intelligere, nec cognoscere comprehensive possibile est oculis angellorum.* Ibid., fasc. 1, Nr. 10 „In quo vivimus, movemur et sumus", 115—116, v. 25—39.

auf Irrwege gerät und in Ketzerei verfällt. Zur Warnung erinnert er an die Irrtümer der Hussiten und der Anhänger von Wiclif[20].

Es ist kein Zufall, daß Stanislaus eine ähnliche Zurückhaltung und sogar einen strengen Kritizismus in bezug auf die Naturwissenschaften zeigt. Er erwähnt zwar in seinem „Lob der aufs neue gegründeten Universität", in dem er über freie Künste spricht, nebst Metaphysik, Arithmetik und Geometrie, auch Astrologie und theoretische Astronomie, jedoch verbindet er mit diesen Gebieten weder positive Ziele noch Nutzen[21]. In den „Sapientialreden" widmet er den Naturforschungen etwas mehr Raum, aber wieder wie in dem Falle theologischer Spekulation spricht er ausschließlich über die negative Seite der Erkenntnisneugier[22]. Die alten Philosophen, die auf die Weltgeheimnisse neugierig waren und sich dem Weltschöpfer nicht nähern wollten, verdienen seiner Ansicht nach die ewige Verdammnis. Sie befaßten sich nämlich mit unnützen Dingen und vernachlässigten das Wichtigste, das heißt das ewige Heil der eigenen Seele. Mit ihrem Nachdenken vollbrachten sie nichts, obwohl sie sich Tag und Nacht bemühten, die Natur der Dinge zu ergründen[23]. Auf diese Art und Weise beurteilte Stanislaus die Bemühungen jeglicher, also auch christlicher, Gelehrter, welche, von leerer Neugier geleitet, die Ordnung der Sternenwelt erforschen oder Eigenschaften unbelebter und belebter Natur entdecken anstatt auf dem Wege der Demut zu Gott zu streben. Oftmals erinnert er auch daran, daß es nicht um menschliche Weisheit, sondern um wirkliche, göttliche Weisheit geht, die er mit religiösem Leben identifiziert. Ein Mensch, welcher sie nicht besessen hat, kann nicht für glücklich gehalten werden. Selbst ein von Reichtum, Familie und Freunden umgebener Astronom, der sein Gemüt nur auf den Planetenverlauf und die Natur der Dinge richtet, wird nicht wirklich glücklich[24]. Stanislaus sieht in den Naturforschungen ledig-

---

[20] Stanislaus de Scarbimiria, Promotionsrede „Vir sapiens est", Ms. BJ 2400, f. 42–42 v. Cf. eund., Sermones . . ., fasc. 3, Nr. 91 „Via impiorum tenebrosa: nesciunt, ubi corruunt", 297–312, besonders 298, v. 24–29; 299, v. 78–83; 302, v. 141–159.

[21] Cf. J. Domáński, o. c., 128–129.

[22] Zum Beispiel so: *In Christo dilectissimi, etsi magisteria seu subtilia ingenia nonnullorum vires herbarum, virtutes lapidum, qualitates complexionum, magnitudines quantitatum, distantias graduum, latitudines formarum, varietatem specificam entium cognoscunt, etsi metiantur orbes planetarum, cursus astrorum, ortum et occasum notent signorum, mira inveniant, subtilia dicant, mellita effundant, quia tamen sapientiam Dei non inveniunt nec in toto corde Deum, qui solus dat veram scientiam et sapientiam, exquirunt, ad saporem verae sapientiae non pertingunt.* Stanislaus de Scarbimiria, o. c., fasc. 1, Nr. 13 „Scientiam Dei invenies, quia Dominus dat scientiam et sapientiam", 145–146, v. 3–14.

[23] Ibid., fasc. 1, Nr. 25 „Diligite lumen sapientiae, qui praeestis populis", 260–261, v. 77–109. Cf. ibid., fasc. 1, Nr. 19 „Venerunt mihi omnia bona pariter cum illa", 206, v. 5–10. Cf. ibid., fasc. 1, Nr. 5 „Ecce ego mitto ad vos prophetas et sapientes", 78, v. 31–45.

[24] *Inspice et nunc, qui cursum planetarum, naturas rerum cognoscit, orbes caeli ac terrarum mensurat, ingenio decoratum, divitiis fulcitum, honoribus stipatum, ampla familia, prole ditatum; assit sibi sanitas, assit robur naturalium, assit decor et venustas, assit amicorum*

lich den Sinn, daß sie eine gewisse Morallehre enthalten. Am wichtigsten ist
dabei, daß sie dem Menschen die Größe und Macht Gottes verbildlichen.
Sie tun es unter anderem dadurch, daß sie die Riesenhaftigkeit des Gotteswerkes zeigen, welches durch seine Größe wie auch durch die Vielheit
seiner Teile seine Unermeßlichkeit veranschaulicht[25].

Jene in dem Wissen von Natur oder vielmehr von Eigenschaften der
materiellen Welt enthaltene moralische Lehre ist auch dank gewisser Ähnlichkeiten möglich, die diese Welt mit menschlicher Gemeinschaft verbinden. Auf diese Ähnlichkeiten lenkt Stanislaus die Aufmerksamkeit in
der oben analysierten Rede „Excidit columnas septem“. Auf deutlich parallele Art stellt er die Folgen der in der Natur wie auch unter Menschen herrschenden Differenzierung vor: hier und dort ist sie ein potentielles Element
der Destruktion. Sowohl im Kosmos als auch in der Gesellschaft beugen ihr
die von Gott bestimmten Gesetze vor, die jedem Teil seine Grenzen an-
weisen. Unter den geistigen Wesen jedoch, anders als im ganzen Rest der
Welt, führt die Differenzierung, das heißt Verschiedenheit der Bestrebun-
gen, zum Bösen, und das deswegen, weil diese Wesen einen freien Willen
besitzen. Er verursacht beim Menschen, daß dieser mehr zum Bösen als
zum Guten geneigt ist und daß die Mehrheit der Menschen von Gott zur
Verdammnis bestimmt wurde[26]. Der Kosmos, der den von materiellen

---

assistentia et multa et nobilis parantela, an iam habet omnia bona? Et videtur. Nam felicem
hunc et beatum quis negare praesumat? Sed non est ita. Nam, ut ait Augustinus super illud
Ioannis: Haec est vita aeterna, infelix, qui omnia novit et Te nescit. Beatus autem, qui Te
novit et illa nescit. Qui autem et illa novit, non propter illa beatus, sed propter Te solum.
Ibid., Nr. 19 „Venerunt mihi . . .“, 208, v. 69–80.

[25] Consideratis itaque creaturas, videte creaturarum formas et delectemini in artifice, qui
fecit eas. Qualis enim putatis est artifex, qui sic pulcherrimum mundum fecit ex nihilo? Cuius
potentia per benignitatem sapienter creat? Cuius sapientia per potentiam benigne gubernat?
Cuius benignitas per sapientiam potenter creata conservat? Cuius potentiam manifestat creaturarum immensitas, sapientiam decor et speciositas, benignitatem utilitas? Immensitas crea-
turam consistit in multitudine et magnitudine, nam quis dinumerare poterit tantam multitudinem creaturarum? Quis numeravit vel numerare potest stellas caeli, arenam maris, pul-
verem terrae, guttas pluviae, pennas volucrum, squamas piscium, pilos animalium, gramina
camporum, radices et truncos, ramos et folia, fructus arborum, vegetabilium et plantarum?
Metiatur, si quis poterit, moles montium, tractus fluminum, spatia camporum, altitudinem
caeli, profunditatem abyssi; revera mirando deficiet et deficiendo melius mirabitur. Quis,
quaeso, mensus est pugillo aquas et caelos palmo ponderavit? Qui appendit tribus digitis mo-
lem terrae et libravit in pondere montes et colles in statera? Nonne „qui sedes super gyrum
terrae et habitatores eius sicut locustae, qui extendit velut pellem caelum et expandit sicut
tabernaculum?“ Ibid., fasc. 2, Nr. 76 „Major est omni laude“, 381–382, v. 49–72.

[26] Sed videtur mirabile: cum inter res creatas ordo et lex tradita numquam deseritur,
unde venit, quod malorum maior quam iustorum numerus reperitur, et ipsa Dei sapientia
„non fecerit nec est dolus inventus in ore eius“, nec orientem scit, ut sapientia testatur, unde
subortum est, quod „multi vocati, pauci vero electi“ quodque „stultorum infinitius est numerus“ et: „perversi difficile corriguntur“, sed nimirum, quia dispares mores disparia gubernant
studia; vix ad aliquem pervenitur, in quo habitare Dei sapientia et septem columnas in eo
excidere dignetur. . . . Cum ergo damnat et reprobat, secundum iustitiam operatur; quando
vero praedestinat, operatur secundum gratiam et misericordiam, quae non excludunt iusti-

Wesen niemals zu verletzenden Gottesgesetzen gehorcht, ist also, um den Stanislausgedanken zu Ende zu denken, für den Menschen ein gewisses Muster und wenigstens Anregung zum ähnlich unbedingten Gehorsam gegenüber den von Gott festgesetzten Normen.

Solche Betonung der Bedeutung von moralischen Zielen der Wissenschaft gehörte in Krakau in den ersten Jahrzehnten der Universitätstätigkeit zu einer dort allgemein angenommenen Haltung. Eben deshalb sprechen wir von dem im Milieu der Krakauer Meister jener Periode herrschenden Praktizismus[27]. Die Anschauungen sowie das Wertsystem von Stanislaus de Scarbimiria bildeten jedoch nur eine von mehreren Varianten dieses Praktizismus, die natürlich unter dem Einfluß der augustinischen Philosophie und Theologie standen. Jenen Einfluß, abgesehen von zahlreichen Zitaten aus diesem Kirchenvater, sieht man bei Stanislaus sowohl in der von ihm verkündeten Prädestinationslehre als auch in seiner Wissenschaftsauffassung, unter anderem wegen ihrer engen Verbindung mit den letzten Zielen des Menschen. Auch seine Konzeption der Weisheitsgewinnung durch die von Gott seinen Auserwählten eingeflößten Tugenden, die so nahe dem Illuminismus steht, zeigt diesen Einfluß. Wenn es sich aber um die Aufnahme der Heiligen Schrift handelt, so wirkten auf Stanislaus mehr als das Weisheitsbuch ältere Bestandteile vom Alten Testament ein, welche in ihrer Beweiskraft strenger waren und stärker die Trennung der göttlichen Weisheit vom weltlichen, menschlichen Wissen hervorhoben. Stanislaus scheinen solche Beurteilungen des menschlichen Wissens nahe zu sein, welche wir im „Lied von der Weisheit" aus dem Hiobsbuch finden (28, 1–28). Hier ist auch von gewissen Gesetzen und Maßen die Rede, die Gott in der Natur festgesetzt hat und durch die er ihr gewissermaßen auf diese Weise seine Weisheit übertrug. Diese Weisheit ist jedoch ihm vorbehalten und lediglich er, wenn es ihm beliebt, kann sie in einem gewissen Teil dem Menschen gewähren. Für den Menschen ist ein ausgedehntes Wissen von der Welt, dank welchem er über die Natur herrscht und seine alle Grenzen überschreitenden Begierden befriedigt, keine Weisheit, denn eine echte Weisheit ist bloß Gottesfurcht und Vermeidung des Bösen[28].

Hier sollte bemerkt werden, daß Stanislaus, der eben solche Belehrungen im Geiste des ziemlich radikalen Antiintellektualismus verkündete, einen Standpunkt vertrat, welcher in seinem Milieu durchaus nicht allgemein verbreitet war. Die Priorität der moralischen Aufgaben in Leben und Arbeit eines Gelehrten verband man manchmal mit einer ganz anderen, viel positiveren Wertung des menschlichen Wissens (*scientia humana*).

---

tiam. Nec mireris, quod multi damnantur et pauci salvantur, nam salvatio est secundum specialem gratiam, damnatio vero secundum iustitiam communem. Ibid., fasc. 3, Nr. 109 „Excidit columnas septem", 278, v. 40–50 et 281 v. 127–132.

[27] J. Domański, Początki humanizmu in: Dzieje filozofi średniowiecznej w Polsce, 9, Wrocław 1981, 251, besonders Tl. 2, Kapitel 2 und 3.

[28] Jb 28, 1–28.

Als repräsentatives Beispiel können hier namentlich die Aussagen von Bartholomäus de Jasło, einem gleichfalls in Prag ausgebildeten Vertreter der ersten Generation der Meister der Jagellonischen Universität, dienen. Dabei können wir feststellen, daß er ebenso unter dem ausdrücklichen Einfluß der Philosophie des Augustinus stand[29], und daß er ebenso wie Stanislaus ein besonderes Interesse für die Rechtswissenschaft zeigte und Philosophie hauptsächlich als ein Praktizieren der ethischen Grundsätze verstand. Obwohl er sich auf grundsätzlich dieselbe gedankliche Tradition stützte, nahm er jedoch in der Beurteilung des Erkenntniswertes eine andere, tolerantere und offenere Haltung ein. Er verkündete nämlich die Nützlichkeit der gesamten Wissenschaft, ohne sie in mehr oder weniger nützliche Gebiete einzuteilen, und war überzeugt, daß Wissenschaft im ganzen der moralischen Entwicklung dient. Arbeit an sich und Geistesbildung verlaufen gleichzeitig und sind miteinander integral verbunden. Wissenschaft ist ein Bereich der Vernunfttätigkeit, dank welcher der Mensch, in anhaltender Übung den sinnlichen Teil seiner Natur überwindend, das von der Tugend untrennbare Glück erreicht und sich Gott nähert. Bartholomäus berief sich hier unter anderem auf die aristotelische Theorie der Materie und der Form. Er behauptete, die Natur, indem sie dem Menschen eine Form oder ein Lebensziel gegeben hat, habe ihm gleichfalls Mittel zu deren Erreichung gegeben, das heißt eben Wissen und Vernunft. Er führte hier Gedanken und Beispiele aus den Biographien der Wissenschaftler an, und seine philosophische Haltung ist dem sogenannten ethischen Intellektualismus zuzuordnen. Ungeachtet des grundsätzlichen, auf moralische Werte gestellten Akzentes unterstreicht er auch den anderen, mit Ethik unverbundenen Nutzen des Wissens und der menschlichen Vernunft. Er benutzte unter anderem das alte, in der Bibel schon erscheinende Motiv der Menschenherrschaft über alle lebendigen Wesen zu Lande, Luft und Wasser. Als ein Beispiel der Macht des Menschen, der mit seinem Verstand alle irdischen Geschöpfe überragt, führte er außerdem die menschliche Fähigkeit an, andere geistige Wesen wie auch den entfernten Kosmos zu erkennen[30].

Die obige Zusammenstellung ist nur eines von sehr zahlreichen Beispielen, die beweisen, daß dieselbe (wenigstens in allgemeinsten Formulierungen dieselbe) Priorität moralischer Ziele der Erkenntnis in verschiedenen Konzeptionen hervortreten kann, die bezüglich ihres Verhältnisses sowohl zum Wissen in seiner Gesamtheit wie auch zu seinen einzelnen Gebieten voneinander bedeutend abweichen. Diesen Unterschied kann die Verwandt-

---

[29] Cf. M. Kowalczyk, Bartłomiej z Jasła, in: Materiały i studia Zakładu Historii Filozofii Starożytnej i Średniowiecznej", 5, Nr. 1965, 3—23.

[30] J. Drewnowski, Dwa modele uczonego w twórczości pierwszych mistrzów Wszechnicy Krakowskiej. Próba analizy porównawczej poglądów Bartłomieja z Jasła i Stanisława ze Skarbimierza, „Studia i materiały z dziejów nauki polskiej" (im Druck).

schaft philosophischer Traditionen nicht ausgleichen, es nivellieren ihn weder ähnliche Ausbildung noch Zugehörigkeit zu demselben Milieu. Die Ursache dieser Verschiedenheiten steckt viel tiefer, und zwar in der ungleichartigen Beantwortung grundsätzlicher Fragen nach dem Wert nicht nur des menschlichen Wissens, sondern auch des Menschen überhaupt.

Die Mittelstellung des Menschen in der Hierarchie des Seienden erzeugte Unsicherheit. Da er nämlich durch seinen Körper einen Teil der materiellen Welt, und durch seine Seele einen Teil der geistigen Welt bildet, entstanden Zweifel, welcher von diesen Welten er im höheren Grade angehört. Da man in der antiken wie auch in der mittelalterlichen Philosophie mit der Körperlichkeit schlechte Eigenschaften verband, während gute aus dem Besitz der so oder so verstandenen Seele flossen, betrafen die genannten Schwierigkeiten zugleich die moralische Kondition des Menschen. Das christliche Denken erörterte diesen Zwiespalt in den Kategorien menschlicher Neigungen zum Guten wie zum Bösen, unter anderem im Kontext der Lehre über die Verdorbenheit der menschlichen Natur durch Erbsünde. Diese Lehre beseitigte keinesfalls diesen Zweifel, denn es gab kein Einverständnis hinsichtlich des Bereiches dieser Verdorbenheit. Es war nicht leicht zu entscheiden, in welchem Grade der moralische Sturz des Menschen seine intellektuellen Möglichkeiten einschränkte.

Unterschiedliche Antworten auf die ebenfalls für die heutige Philosophie grundsätzliche Frage nach den Porportionen guter und schlechter Neigungen des Menschen standen im untrennbaren Zusammenhang mit dem Bereich der ihm zuerkannten Autonomie und Freiheit auf dem Gebiet der Welterkenntnis sowie Erkenntnis des Daseins im allgemeinen. Tendenzen zur Einschränkung des Bereiches menschlicher Aktivität fanden immer ihre Begründung in theoretischen Konzeptionen, welche im Menschen die Überlegenheit der Neigungen zum Bösen annahmen. Abscheu gegenüber dem Menschen und seiner moralischen, mit körperlichen Bedürfnissen verbundenen Schwäche gehört zu jeder derartigen Konzeption. Dagegen ist jede in einen weiteren Bereich menschlicher Aktivität einwilligende Haltung mit Voraussetzungen verbunden, die ihm einen bedeutenden Grad der inneren Macht und größere Möglichkeit autonomer Erlangung des Guten zugestehen. Diese Haltung ist in der Regel mit einem gewissen Staunen über die menschliche Natur verbunden. Man sieht es unter anderem am Beispiel der hier zusammengestellten unterschiedlichen Positionen von Bartholomäus de Jasło und Stanislaus de Scarbimiria.

Der den Wert des Wissens auf allen seinen Gebieten anerkennende Bartholomäus zeigte auch ein deutliches Wohlwollen gegenüber dem Streben der Einzelwesen nach sozialem Aufstieg, größerem Freiheitsbereich und Teilnahme an Machtausübung[31]. Es scheint kein Zufall zu sein, daß er

---

[31] Bartłomiej z Jasła, die Rede „Fac, sapias animo", Ms. BJ 2102, f. 37. Id., die Rede „Quid enervatius ignorantiae caecitate", Ms. BJ 2215, f. 109v–110. Id., die Rede „Familiam cura".

seine Billigung und seine wohlwollende Gesinnung gegenüber der menschlichen Aktivität mit der Überzeugung von den großen moralischen Möglichkeiten des Menschen verband. Ohne eine Vergöttlichung des Menschen zu verkünden oder die moralische Gefahr, die vom Leiblichen ausgeht, zu unterschätzen, setzte er doch die Erreichbarkeit des Guten voraus. Die intellektuelle Erkenntnis des Guten, insofern sie allein von Liebe geleitet und gerichtet wird, führt in der Regel seiner Ansicht nach zum Sieg über Schwäche und über Neigungen zum Bösen. Dieser Sieg sei sogar für diejenigen Einzelwesen erreichbar, deren eingeborene Anlagen eine moralische Übung nicht begünstigen[32].

Der bezüglich der Erforschung der Welt und der Erkenntnis der Natur Gottes so argwöhnisch eingestellte Stanislaus de Scarbimiria verriet zugleich ein großes Mißtrauen gegenüber sämtlichen unkontrollierten menschlichen Handlungen. Moralische Übung und Entwicklung faßte er vor allem als Fehlerbekämpfung auf, und die Erlangung von Tugenden machte er nur von der Gnade Gottes abhängig. In der Arbeit sah er bloß ein Kampfwerkzeug gegen die den Menschen umringenden Versuchungen[33]. In seinen gesellschaftlichen Überlegungen betonte er besonders stark die Gefahr, die aus dem Streben der Einzelwesen, einzelner Gesellschaftsgruppen und Stände nach übermäßiger Expansion und nach unbeschränkten Eroberungen folgt[34]. Ein Mittel zur Verhütung dieses Strebens sah er unter anderem in einer starken Staatsgewalt, welche dank Rechtsprechung und eigener Streitkräfte dem Verbreiten von Verwirrung und unorthodoxem Denken vorbeugt[35]. Er verband diese Anschauungen mit einer pessimistischen Konzeption des Menschen als eines Wesens, das übermächtige Neigung zum Bösen aufweist und zur selbständigen moralischen Entwicklung unfähig ist. Als vertrauenswürdig schätzte er nur die zahllosen Auserwählten Gottes (electi) ein, die ihre wirkliche Weisheit der Göttlichen Gnade und den von Gott eingeflößten Tugenden verdanken[36]. Den Rest des Men-

---

[32] Id., die Rede „Quid enervatius . . .", Ms 2215, f. 111–111 v. Id., die Rede „Tria sunt necessaria studentibus", Ms. BJ 2192, f. 54 v–55.

[33] Stanislaus de Scarbimiria, o.c., fasc. 1, Nr. 7 „Iesum quaeritis", 93, v. 157–175. Fasc. 2, Nr. 51 „Praepara animam tuam ad temptationem", 113–139. Fasc. 2, Nr. 64 a „Angelus Domini exercituum est", 258, v. 107–122. Fasc. 3, Nr. 100 „Diligenter exerce agrum tuum", 192–193, v. 1–30.

[34] Ibid., fasc. 1, Nr. 6, „Data est vobis potestas a Domino et ab Altissimo virtus", 83. Fasc. 2, Nr. 66 „Civitates inhabitabuntur per sensum potentum", 276, v. 29–37; 283–284, v. 244–256.

[35] Ibid., fasc. 1, Nr. 28 „Perversi difficile corriguntur", 300, v. 128–136. Cf. fasc. 1, Nr. 23 „Praebete aures, vos, qui continetis multitudines et placetis vobis in urbibus nationum", 82, v. 29–34.

[36] Das Thema der Auserwählten Gottes, wie auch des ihnen gegebenen Wissens und der Rolle, die sie in der Gesellschaft spielen sollen, entwickelt Stanislaus de Scarbimiria besonders in „Sapientialreden", o.c.: Fasc. 1, Nr. 14 „Principium sapientiae timor Domini" 155–157; Nr. 3 „Sapientiam atque doctrinam stulti despiciunt", 44–46. Fasc. 2, Nr. 40

schengeschlechtes sah er als unzählbare, zur Verdammnis verurteilte Scharen an. Sein Mißtrauen erstreckte sich nicht nur auf den leiblichen Bestandteil menschlicher Natur, der seiner Sündigkeit und Schwäche wegen in ihm Mitleid und eine Art von Abscheu erweckte, aber auch, was wir hier besonders stark unterstreichen wollen, auf den menschlichen Intellekt, welcher leicht dem Bösen und dem Irrtum unterliegt[37]. Der zu seiner Zeit verbreiteten Überzeugung gemäß war er sicher, daß die Sünden des Körpers so wie alle anderen moralischen Hinfälligkeiten die menschliche Fähigkeit zur Erkenntnis der Wahrheit einschränkend beeinflussen. Wie leicht vorauszusehen ist, berief er sich, um ein derartiges Mißtrauen zu begründen, auf die Lehre über die Folgen der Erbsünde, welche die Macht des menschlichen Verstandes auf die Auffassungsfähigkeit der Glaubensgrundsätze und moralischen Gebote eingeschränkt hat[38]. In Anbetracht eines solchen Standpunktes hinsichtlich der moralischen Kondition des Menschen und seiner Erkenntnisbefähigungen überrascht nicht, daß er jenen Gedanken über die Ordnung, die in der Welt herrscht, nicht mit ihrer Erforschung, aber mit Anweisungen zum Thema richtiger Haltung gegenüber der Weisheit Gottes und seinen Gesetzen verband.

Unzweifelhaft könnten die beiden hier dargestellten Denkweisen durch Beispiele aus anderen, vielleicht interessanteren und originelleren Texten genauso gut oder besser illustriert werden. Es ist ein Zufall, der aus dem Interesse des Autors an dem Selbstverständnis der Krakauer mittelalterlichen Gelehrten folgt, daß als Beispiele die Aussagen der ersten Meister der Jagellonischen Universität dienten.

Nicht zufällig ist es aber, daß solche Relationen zwischen Tendenzen zur Einschränkung menschlicher Aktivität und Unglauben an den moralischen Wert menschlicher Natur sowie Ungunst gegenüber Erkenntnisaspirationen des Menschen als wichtig anerkannt und hic et nunc, daß heißt in diesem Beitrag, in Erinnerung gebracht wurden. Denn es scheint hier jene Entsprechung zwischen dem erforschten Objekte und dem Geist des Forschers im Spiel zu sein, wovon am Anfang die Rede war. Diese Entspre-

---

„Veni nobiscum" 1—17. Fasc. 3, Nr. 94 „Doctrinam meam magis quam thesaurum eligite", 134—140. Cf. die Rede „Ecce odor filii mei sicut odor agri pleni", Ms. BJ 723, 367.

[37] Id., Sermones . . ., fasc. 1, Nr. 39 „Si te lactaverint peccatores, ne acquiescas eis", 412—416, v. 45—154.

[38] *Delinitus tamen mulieris placentia adhaesit carni et sic errare coepit et decrescere . . . Remansit itaque in homine secundum spiritum voluntas naturaliter ferendi in bonum, ratio, qua deprecatur ad optimum, intellectus, quo cognosceret pro posse principem esse unum, memoria, qua recolligendo visibilia universi iugiter revolveret conditorum suum, sinidesis, qua remurmuraret malo. Remansit, quo recte vellet, quo recte moraliter ageret, quo fortiter malo resisteret, quo ad Deum amandum per omnia, in omnibus et super omnia anhellaret. Remansit et ab opposito in carne peccato infecto rebellio continua, lucta assidua. Remansit in ea defectus, quo caderet, quo cadendo decresceret, quo decrescendo in non esse tenderet. Remansit promptitudo concupiscentiae, pronitas mundanae petulantiae.* Id., Universitätsrede „Si spiritu vivimus, spiritu et ambulemus", Ms. BJ 191, f. 181 und 191.

chung könnte man übrigens auch in der Tatsache sehen, daß Betrachtungs-
gegenstand der letzten Mediaevisten-Tagung Begriffe und Probleme
wurden, welche nicht nur für das Verständnis mittelalterlichen Denkens
wesentlich sind, sondern auch in zeitgenössischer Reflexion über Menschen und Welt dank ihrem universalen Charakter immer gewichtiger werden. Die Behauptung über die Ordnung der Welt nach Zahl, Maß und Gewicht kann man nämlich ebenfalls auf die Entwicklungsregeln des Bewußtseins beziehen, zu denen unter anderem die Regel gehört, daß in aufein-
anderfolgenden Epochen diese und nicht jene Fäden aus dem Gewebe des
früheren Denkens fortgeführt und zeitgemäß werden.

NUMERUS UND MENSURA IN DER
KRAKAUER NATURPHILOSOPHIE DES XV. JAHRHUNDERTS

von Mieczysław Markowski (Krakow)

An den Inhalt des Verses aus dem Buch der Weisheit: *Omnia mensura et numero et pondere disposuisti* (XI, 20) knüpften im XV. Jahrhundert vor allem jene philosophischen Strömungen an, die auf die pythagoreische geometrische Vision des Weltalls und des „Gottes-Geometers" zurückgriffen. Dieser Gedanke fand am deutlichsten Ausdruck im neuplatonischen Humanismus des Marsilio Ficino[1]. Der Begriff des mit mathematischer Genauigkeit geordneten Kosmos war auch den damaligen Astronomen nicht fremd, von denen zumindest Nikolaus Kopernikus zu erwähnen wäre, der in der Astronomie den Gipfel der Mathematik sah[2]. Das Verhältnis zur Mathematik als Schlüssel zur Erkenntnis der Harmonie und Ordnung des Kosmos im allgemeinen und das Verhältnis zur Zahl als Maßelement im einzelnen waren in den philosophischen Richtungen des späten Mittelalters, die auf der aristotelischen Tradition basierten, unterschiedlich. Während die Naturphilosophen, die an die alte Schule anknüpften, die metaphysisch-qualitative Behandlung der Naturerscheinungen bevorzugten, widmeten die Vertreter der neuen Schule dem quantitativen Aspekt größere Aufmerksamkeit. Dieser Prozeß begann schon im zweiten Viertel des XIV. Jahrhunderts. Am sichtbarsten ist dies bei Nikolaus Oresme, Thomas Bradwardine und bei den sogenannten *calculatores*, für die der oben angeführte Bibelvers zur Devise wurde[3].

In der Krakauer Naturphilosophie der ersten Hälfte des XV. Jahrhunderts begann man von der traditionellen Konzeption der Naturwissenschaften und der Naturphilosophie als einheitlicher physik-metaphysischer Wissenschaft abzuweichen. Man strebte nach Trennung der Forschungsgebiete der Naturwissenschaften und der Metaphysik[4]. Dagegen traten Tendenzen zur Verwischung der Unterschiede zwischen der Naturphilo-

---

[1] E. Garin, L'umanesimo italiano. Filosofia e vita civile nel Rinascimento, Bari 1964, 212: S. Swieżawski, Dzieje filozofii europejskiej w XV wieku. II. Wiedza, Warszawa 1974, 92.

[2] Nicolai Copernici De revolutionibus libri sex, Varsaviae—Cracoviae MCMLXXV, ed. R. Gansiniec, I. Domanski, G. Dobrzycki, 7.

[3] A. Maier, Metaphysische Hintergründe der spätscholastischen Naturphilosophie, Roma 1955, 340.

[4] M. Markowski, Dzieje filozofii średniowiecznej w Polsce. IV. Filoszofia przyrody w pierwszej połowie XV wieku, Wrocław 1976, 46—49.

sophie und der Mathematik auf. Hierbei spielte Benedikt Hesse aus Krakau
(† 1456) eine bedeutende Rolle. Er war Fürsprecher der quantitativen Auffassung des Seins. Er war sich jedoch bewußt, daß die Ansicht von der
Identität der Substanz und der Quantität nicht allgemein Annahme fand.
Daher meinte er, nicht alle Substanzen seien mit der Quantität identisch.
Einen ähnlichen Standpunkt vertraten seine Schüler. Ihre Werke wurden in
Krakau zumindest bis zum Jahre 1451 kopiert[5]. Man muß nicht daran
erinnern, daß die Änderung der qualitativen Einstellung in eine quantitative einen bedeutenden Schritt auf dem langen Weg zur modernen
Konzeption der Naturwissenschaften darstellte.

In den philosophischen Strömungen der alten Schule äußerte sich die
christliche Konzeption der von Gott erschaffenen Welt und der platonische Gedanke des Gottes-Geometers am nachdrücklichsten im Albertismus. Obwohl der Krakauer Albertismus von der Erstfassung desselben abwich, knüpfte er doch in gewissem Grade an diese Gedanken an.
Der bedeutendste Krakauer Vertreter dieser Richtung, Johannes aus
Glogau († 1507), betonte, daß Gott alles in Zahl, Gewicht und Ordnung
erschuf[6]. Die Natur spiegelt dies seiner Ansicht nach in ganzem Umfang
wider[7]. Bei Andreas Wężyk, auch Serpens genannt († 1430), und bei dem
Autor des Krakauer Exercitium Physicorum aus dem Jahre 1449, die sich
mehr an den Kommentar Johannes Buridans hielten, trat das Problem
der Zahl bereits bei der Erörterung des Verhältnisses zwischen der kleineren und der größeren Zahl auf[8]. Johannes aus Glogau machte sich Gedanken über die Teilung und die Unendlichkeit der Zahl[9]. Mehr Aufmerksamkeit jedoch widmeten dem Begriff der Zahl und des Maßes in Krakau die
Naturphilosophen, besonders die Kommentatoren der Physik des Aristoteles. Die Einnahme eines bestimmten Standpunkts in diesen Problemen
war die Vorbedingung zu eingehenderen Erwägungen über den Raum
und besonders die Zeit[10].

Der in den Jahren 1403—1407 von Andreas Wężyk verfaßte Kommentar zur Physik des Aristoteles knüpfte an die Prager Tradition des Buridanismus an, der gemäßigter als die vorausgegangene Pariser Richtung war. Die Benutzung dieses Werkes in den ersten zwei Jahrzehnten
des XV. Jahrhunderts durch die Dekane der Facultas Artium als Lehrbuch

---

[5] Ibid., 90—93.

[6] *Omnia enim, que Deus fecit, in numero, pondere et ordine fecit.* (Ioannes de Glogovia,
Quaestiones super I-VIII libros „Physicorum" Aristotelis, clcr 1017, 145 r).

[7] *Natura enim est ministra Dei, modo Deus in numero, ordine et pondere omnia fecit.*
(Ibid., 144 v).

[8] Cf. Andrzej Wężyk, Exercitium I—VIII librorum „Physicorum" Aristotelis, clcr 688,
43 r; Exercitium Cracoviense I—VIII librorum „Physicorum" Aristotelis, clcr 1905, 114 v).

[9] Ioannes de Glogovia, op. c., 143 r.

[10] *Sequitur corrolarie tercio, phisicus habet considerare de loco et vacuo et tempore. Patet,
quia ista consequuntur motum. Locus enim est mensura mobilis secundum veritatem, vacuum
secundum opinionem antiquorum, tempus autem est mensura motus.* (Ibid., 130 v).

für Übungen auf dem Gebiet der Physik stellte gleichzeitig eine Approbation der Professoren der Krakauer Universität für diese Richtung dar[11]. Die Frage, ob die Zahl lediglich ein subjektives Moment im erkennenden Intellekt ist oder objektive Wirklichkeit besitzt, stellte auch für Andreas Wężyk ein Problem dar, das vor der Erörterung anderer Probleme zu lösen war. Außer den meßbaren oder zählbaren Dingen[12] unterschied er noch die sogenannten numerierenden Zahlen. Zu solchen gehört der Akt der Seele selbst, durch den man Dinge zählt, oder Dinge von bestimmtem Zahlenwert, mit Hilfe derer man etwas anderes zählt[13]. Aus der angeführten Unterscheidung ist zu sehen, daß schon allein im Begriff Zahl ein subjektives und ein objektives Moment steckt. Diese Momente machten sich auch bei der Meßtätigkeit bemerkbar, in der man dank der bekannten Menge die unbekannte Größe kennenlernt[14]. Der Begriff Zahl setzt einen zählenden Faktor voraus[15]. Eine solche Tätigkeit kann der menschliche Verstand ausführen. Wenn es ihn nicht gäbe, dann gäbe es auch den Begriff der Zahl nicht[16]. Aus den vorangegangenen Ausführungen geht hervor, daß Andreas Wężyk an der Krakauer Universität zum Fürsprecher der subjektiven Auffassung der Zahl wurde. Eine solche Lösung war die Fortführung der buridanischen Tradition, die gemäßigter war als der extreme Subjektivismus des Wilhelm Ockham.

Andreas von Kokorzyn († 1435), der ähnlich wie Andreas Wężyk an der Prager Universität studierte, schrieb wahrscheinlich im Studienjahr 1406/1407 einen Kommentar zur Physik, der auch an die Prager Orientierung des Buridanismus anknüpfte[17]. Dieses Werk blieb in seiner Originalfassung nicht erhalten. In der Krakauer Umarbeitung aus dem Jahre 1458 drückt es doktrinale Tendenzen aus, die zu jener Zeit an der Krakauer Universität herrschten.

Die schöpferische Zeitspanne im Krakauer Schrifttum auf dem Gebiet der Naturphilosophie begann nach 1420. Zu dieser Zeit, vielleicht schon 1421, jedoch sicher vor dem Jahre 1425, schrieb Benedikt Hesse aus Krakau einen umfangreichen Kommentar zur Physik des Aristoteles[18].

---

[11] *Exercicium librorum Phisicorum magistri Serpentis edicionis per titulos et per conclusiones iuxta cursum alme Universitatis Studii Cracoviensis.* (Clcr 688, 2 r).

[12] *Et supponitur, quod numerus debet capi pro rebus numeratis vel numerabilibus.* (Ibid., 43 r).

[13] *Et numerus numerans uno modo capitur pro actu anime, quo res numerantur . . . Alio modo capitur numerus pro aliqua re numerata, mediante qua vel quibus alie res numerantur.* (Ibid., 55 va).

[14] *Et nota, quod mensurare est per quantitatem notam in noticiam quantitatis ignote pervenire.* (Ibid., 56 r).

[15] *Si non potest esse numerans, non potest esse numerus, quia numerus connotat, quod sit numeratus vel numerabilis.* (Ibid., 57 rb).

[16] *Si non posset esse intellectus humanus, non potest esse numerus.* (Ibid.).

[17] Clcr 1946, 89 r–121 v.

[18] Clcr 1367, 1 ra–148 rb; clcr 2376, 1 r–373 r.

In diesem unter dem Einfluß des Johannes Buridan und des Laurentius aus Lindores bearbeiteten Kommentar blieb auch das Problem des Messens nicht unbeachtet. Beim Messen erkennt man auf der Grundlage der besser bekannten Quantitätsbestimmungen die ungewisse Größe[19]. Als Beispiel gab Benedikt Hesse die Art des Messens von einem Stück Leinen mit Hilfe einer Elle an[20]. Diese Tätigkeit beobachtete der Krakauer Bürger sicherlich oftmals im Alltag. Zu jener Zeit erlebte Krakau nämlich die Blüte seiner Entwicklung, es steigerte sich nicht nur das kulturelle Leben, auch der Handel blühte. Benedikt Hesse erwähnte drei Arten von Maßen: das gleiche, das größere und das kleinere[21]. Obwohl er ihre genauere Charakteristik angab, war dies doch eine ziemlich oberflächliche Behandlung des Problems der Maßarten. Ähnlich wie Johannes Buridan befaßte sich Benedikt Hesse mit den Arten des Messens. Während der erste vier solcher Arten anführte, faßte der Krakauer Professor sie in drei zusammen. Mit der ersten haben wir es dann zu tun, wenn man mit Hilfe bekannter Teile eines Gegenstands die Größe des ganzen erkennt. Diese Art von Maß wurde als inneres bezeichnet. Bei der zweiten Art nimmt man das äußere Maß an, mit dem man den gemessenen Gegenstand vergleicht, wie im Beispiel des Messens eines Stücks Leinen mit der Elle. Bei der dritten Art des Messens benützt man ebenfalls ein äußeres Maß, auf Grund dessen man die Proportionen des gemessenen Gegenstands feststellt. Diese Art benutzen, nach Benedikt Hesse, vor allem die Astronomen, die den Erdumfang messen, indem sie ihn mit der Himmelsbahn vergleichen, die sie in 360 Teile, Grade genannt, einteilen. Dann wieder fragen sie, wieviele Stationen (eine Station zählt 600 griechische Füße, also ungefähr 200 m) auf einen Grad kommen[22]. Benedikt Hesse erkannte sowohl das innere als auch das äußere Maß an. In Anlehnung an die aristotelische Konzeption des Seins unterschied er das potentielle und das aktuelle Maß[23]. Das, was

---

[19] *Item notandum, mensurare aliquid non est aliud nisi eius quantitatem dubiam cognoscere per quantitatem nobis magis notam.* (Benedictus Hesse de Cracovia, clcr 1367, 94 rb).

[20] *Et sic mensuramus pannum per ulnas, quantitatem panni ignotam nos cognoscimus per quantitatem ulne notam.* (Ibid.).

[21] *Item notandum, mensura est triplex: Quedam est mensura equalis sicud ulna respectu panni, quia ulna est equalis et adequata panni per replicacionem eius. Alia est maior, sicut quarte est mensura pinthe, quia si queritur, quantum continet pintha, respondetur: continet medietatem quarte. Tercia est minor, sicut numerus mensuratur per unitates, annus per menses, mensis per ebdomadas, ebdomada per dies, dies per horas, hora per minuta etc., modo unitas est minor numero etc.* (Ibid.).

[22] *Item notandum, tres sunt modi mensurandi: Primus per partes subiecti nobis notas cognoscendo quantitatem tocius . . . Secundus modus per supposicionem mensure extrinsece et adequacionem mensurato . . . Tercius per applicacionem mensure extrinsece mensurato secundum proporcionem et divisionem . . . Ex quo sequitur, quod aliqua mensuratur mensura intrinseca, aliqua extrinseca, quia primus modus est per mensuracionem intrinsecam, secundus et tercius per mensuracionem extrinsecam".* (Ibid.)

[23] *Cuiuslibet motus tempus est mensura actualis vel potencialis, extrinseca vel intrinseca.* (Ibid., 94 va).

im Gemessenen und Gezählten materiell ist, existiert potentiell im objektiven Sein, das heißt, außerhalb der menschlichen Seele. Es wird erst durch die erkennende und messende Seele aktualisiert. Obwohl der Subjektivismus in der Auffassung der Zahl und des Maßes bei Benedikt Hesse weiterhin eine große Rolle spielte, wurde er jedoch mit dem Objektivismus harmonisiert. Wenn auch das Messen mit Hilfe der Proportionen zu seiner Zeit schon jahrhundertealte Tradition besaß, so war doch die Angabe und genauere Charakterisierung dieser Art des Messens in den Krakauer Universitätskreisen jener Zeit von großer Bedeutung. Damals nämlich begann sich die Krakauer astronomische Schule zu bilden. Man begann an der Krakauer Universität bei einigen Vorlesungen astronomische Instrumente zu benutzen, und es wurden astronomische Tafeln unter Bezug auf den Krakauer Meridian angefertigt. Dies war der erste große Erfolg der Krakauer beobachtenden und rechnenden Astronomie.

Die letzte bekannte Kopie des Kommentars des Benedikt Hesse zur Physik stammt aus den Jahren 1429–1436. Angefertigt und geringfügig umgearbeitet wurde sie von Johannes aus Kęty († 1473). Auf Grund von Hesses Werk entstand möglicherweise bereits in den dreißiger Jahren, bestimmt aber in den vierziger Jahren des XV. Jahrhunderts in Krakau ein, hinsichtlich der Redaktion, anderer Kommentar zur Physik des Aristoteles. In den Jahren 1446–1451 wurde er dreimal kopiert[24]. Ähnlich wie Benedikt Hesse behandelte der Autor dieses Kommentars die Maße[25]. Er unterschied drei Arten von Maßen[26] und drei Arten des Messens[27]. In dem besprochenen Fall verband man das Problem des Maßes mit der Problematik der Zeit. Diese ist nämlich die Quantität, genauer gesagt das Maß der Bewegung mit Unterscheidung dessen, was früher und später ist[28]. Im Zusammenhang mit der von Wilhelm Ockham angeregten radikalen Subjektivisierung der Zeit war die Frage berechtigt, ob das ein objektives Maß oder lediglich ein subjektives sei. Der Autor des Krakauer Kommentars nahm in dieser Frage eine gemäßigte Stellung ein. Ein Maß, wie es die Zeit ist, besitzt materielle Existenz in der objektiven

---

[24] Clcr 2100 (ca a. 1446), 1 r–148 r; clcr 1892 (a. 1448); 140 r–305 v; clcr 2097 (a. 1451), 205 r–361 r.

[25] *Secundo nota, mensura non est aliud nisi alicuius quantitatem dubiam cognoscere per quantitatem nobis magis notam.* (Quaestiones Cracovienses secundum Benedictum Hesse de Cracovia super I–VIII libros „Physicorum" Aristotelis, clcr 2100, 92 r).

[26] *Tercio nota, triplex est mensura: Quedam equalis . . .; alia est mensura maior . . .; tercia est minor . . .*" (Ibid.).

[27] „*Quarto nota, tres sunt modi mensurandi: Primus per partes subiecti nobis notas . . .; secundus modus per supraposicionem mensure extrinsece et per adequacionem mensurato . . .; tercius per applicacionem mensure extrinsece mensurabili secundum proporcionem et divisionem . . .*" (Ibid.).

[28] „*Tercio nota, diffinicio temporis sic intelligitur: Tempus est numerus, i. e. mensura motus, i. e. cum discrecione motus secundum prius et posterius, i. e. quod dividatur in partes, quarum una est prior et alia posterior*". (Ibid., 89 v).

Wirklichkeit. Diese ist vom Verstand des Erkennenden völlig unabhängig. Ein solches objektives Maß ist die regelmäßige Bewegung der Himmelskörper, genauer gesagt, die Bewegung des ersten Bewegungverursachenden. Die formelle Existenz eines Maßes, also der Meß- oder Zählakt allein ist abhängig vom Verstand[29]. Wenn es diesen nicht gäbe, so gäbe es auch kein Maß der Zeit, wie im besprochenen Fall, die das Maß der Folgen der Bewegung ist[30]. Die Behauptung, der Akt des Zählens und Messens käme endgültig dem Intellekt zu, stellte eine Neigung in Richtung Subjektivismus dar. Dieser zeichnete sich durch keinerlei radikale Eigenschaften aus, denn er setzte voraus, daß das Maß seine Grundlage in der objektiven Wirklichkeit besitzt, die unabhängig von den erkennenden Kräften besteht.

Im Jahre 1449 entstand in Krakau das Exercitium Physicorum contra conclusiones Biridani[31]. In Wirklichkeit waren es *quaestiones dialecticae*, in denen Argumente für und gegen die Konklusionen des Johannes Buridan angeführt wurden, und kein eigentlicher Kommentar. Der Krakauer Autor des erwähnten Werks unterschied in Übereinstimmung mit der Tradition die meßbare Zahl (zum Beispiel drei Steine) und die messende Zahl (*numerus numerans*). Diese ist unterschieden in die grundlegende, wie die intellektuelle Seele, und die instrumentale, die wiederum die innere oder die äußere ist. Die innere instrumentale Zahl ist die Tätigkeit selbst oder das Wirken des zählenden Intellekts. Die äußere instrumentale Zahl ist entweder sukzessiv oder von permanenter Natur. Dank ihrer mißt man andere Dinge[32]. Die Bezeichnung „zählen" im eigentlichen Sinne des Wortes weicht von den oben angeführten Definitionen nicht ab. Der Autor des besprochenen Kommentars führte noch eine allgemeine Bezeichnung des Zählens an,

---

[29] „*Item concedendum est, quod tempus dependet a voluntate nostra quo ad esse formale, sc. prout actus nostros mensuramus in tempore. Nam dicitur quarto huius, si nullus intellectus esset, nullum tempus esset, sed non dependet quo ad esse materiale, quia ut sic est motus celi, qui non dependet a voluntate nostra vel quo ad usum dependet, non autem quo ad esse, vel dicatur, quod illa res, que est tempus, non dependet a nobis, sed tantum actus mensurandi et actus numerandi actus nostros per motum celi est in potestate nostra eo, quod talis actus dependet ab anima*". (Ibid., 64r).

[30] *Si nulla esset anima intellectiva nec posset esse et cum hoc esset motus celi, tunc ibi nulla esset potencia numerativa et ex quo ibi non esset potencia numerativa, tunc nullum esset tempus, quia solum potencie intellective attribuitur numerare, que est discrecio inter partes.* (Ibid., 94r).

[31] Clcr 1905, 1r–229r.

[32] *De tercio nota, quidam est numerus numeratus, ut est res numerata ut tres lapides etc. Alius est numerus numerans et talis est duplex: quidam principalis ut anima, alter instrumentalis et talis est duplex: quidam intrinsecus et est accio vel operacio, qua ipsa anima numerat, et dicitur intellectus, quia est in anima; alter est extrinsecus et est duplex: quidam successivus et est res successiva, per quam mensurantur vel numerantur alie res, et sic motus celi dicitur numerus numerans extrinsecus, quia per ipsum numeramus acciones nostras; alter est numerus permanens et est res permanens vel permanencia, per quam vel quas alie res mensurantur.* (Exercitium Cracoviense I–VIII librorum „Physicorum" Aristotelis, clcr 1905, 147r).

die auf der genauen Erkenntnis der Größeneinheiten beruht[33]. Er unterschied auch die mathematischen und die natürlichen Zahlen[34]. Für den Krakauer Kommentator stellte die Existenzweise der letzteren ein Problem dar. Indem er getreuer an der buridanischen Tradition festhielt als Benedikt Hesse und seine Schüler, sprach er weder vom *esse materiale* noch vom *esse formale* der Zahl. Aus der Behauptung, selbst wenn es überhaupt keinen Geist gäbe, so existierten dennoch Dinge, die gezählt werden können[35], kann man den Schluß ziehen, daß die Zahlen auch Grundlagen in der objektiven Wirklichkeit besitzen. Die Hauptrolle beim Messen kommt jedoch der intellektuellen menschlichen Seele zu, denn wenn diese nicht wäre, könnte kein Ding zur meßbaren Zahl werden[36]. Die Anschauungen des Autors des besprochenen Exercitium Physicorum sind den Anschauungen des Andreas Wężyk näher als jenes des Benedikt Hesse und dessen Schule. Die Unterstreichung des subjektiven Faktors war eine Anknüpfung an den gemäßigten Subjektivismus, wie ihn die Vertreter des Buridanismus lehrten.

In den aus der Zeit um 1458 stammenden Puncta secundem Andreae de Kokorzyno super I–VIII libros Physicorum Aristotelis[37] wurde das Problem der Zahl und des Maßes kurz behandelt. Es wurde unter anderem darauf hingewiesen, daß es, wenn es keine intellektuelle Seele gäbe die zählt, auch weder Maß noch Zahl gäbe[38]. In dieser Behauptung wurde die Rolle des Intellekts in der Tätigkeit des Zählens stark betont. Damit sprach man sich für den Subjektivismus in der Auffassung der Zahl aus. Es war dies eine Anknüpfung an die Tendenzen in der neuen Schule, die, in gemäßigter Form, der Buridanismus repräsentierte.

Im Jahre 1464 erschien in Krakau ein Kommentar zur Physik unter dem Einfluß einer anderen philosophischen Richtung als die der oben

---

[33] *Nota, numerare uno modo capitur proprie et sic est ex quantitate nota devenire ad quantitatem ignotam vel est unitates multitudinis prius incognitas distincte cognoscere, et sic numerare includit duo, sc. noticiam alicuius et cognicionem, sic non est Deo. Alio modo capitur generaliter et sic numerare est unitates multitudinis distincte cognoscere, non curando, an prius sunt cognite vel non et sic Deus numerat multitudinem stellarum.* (Ibid., 152 r).

[34] *Nota, duplex est numerus, quidam mathematicus ut in habitudo finita vel acquisita ex unitatibus sine deformacione anime. Alter est numerus naturalis et ille ultra hoc addit distinccionem unitatum ab anima, modo si non esset anima intellectiva, tunc non esset numerus naturalis.* (Ibid., 192 v).

[35] *Si non esset anima intellectiva, adhuc esset numerus . . . Sed conclusio vult, si per potenciam omnes anime destruentur, tunc adhuc esset numerus, quia adhuc esset res materialis".* (Ibid., 152 r).

[36] *Si non esset anima intellectiva humana et impossibile esset eam esse, tunc nulla res esset numerus.* (Ibid., 192 v).

[37] Clcr 1946, 89 r–121 v.

[38] *Tunc concluditur, si anima non est, que numerat, quia mensurare est unum ab alio distincte cognoscere, tunc numerus non est.* (Puncta Cracoviensia secundum Andream de Kokorzyno super I–VIII libros „Physicorum" Aristotelis, clcr 1946, 108 v).

angeführten Werke. Vier bekannte Handschriften dieses Kommentars entstanden vor 1474[39]. Daraus geht hervor, daß er in kurzer Zeit in Krakauer Universitätskreisen populär wurde. Im Jahre 1510 wurde er als Lehrbuch für Übungen im Druck herausgegeben[40]. Der Autor dieses Werks erwähnte, daß das Prinzip der Zahl die Einheit sei[41]. Mit Hilfe der Zahl bezeichnet man Mehr oder Weniger[42]. Man kann sie auf zweierlei Art auffassen: als das, was eine bestimmte Zahl ist, oder als das, wodurch man zahlenmäßig bezeichnet[43]. Im ersten Fall haben wir ein meßbares Ding, im zweiten Fall dagegen eine Zahl, mit Hilfe derer man zählt[44]. Diese kann − ähnlich wie bei Albert dem Großen − als Folge in der intellektuellen Seele oder formal im Ding selbst existieren[45]. Damit die Tätigkeit des Zählens bestehen könne, müsse also folgendes existieren: ein Ding, das sich zählen läßt; eine Zahl, mit Hilfe derer wir formal zählen; die tatsächlich zählende intellektuelle Seele[46]. Der Autor des besprochenen Kommentars fügte hinzu, daß eine so ausgedrückte Konzeption der Zahl die Anschauungen Alberts des Großen, Avicennas und des Thomas von Aquin wiedergäbe. Die Verbindung, ja sogar die Übereinstimmung der Anschauungen des ersten und des letzten der erwähnten Denker war die methodologische Hypothese des Krakauer Kommentators der Physik. Aus dem angeführten Fall ersieht man, daß er diese Verbindung sogar dann herstellen wollte, wenn die beiden Gelehrten sich in ihren Anschauungen unterschieden. Thomas von Aquin, in diesem Fall unter dem deutlichen Einfluß des hl. Augustinus, schrieb der Zahl keine volle Realität in der objektiven Wirklichkeit zu, sondern er unterstrich ihre Abhängigkeit vom erkennenden Geist[47]. Albert der Große dagegen teilte den augustinischen Subjektivismus nicht. Er nahm einen extrem realistischen Standpunkt in der Auffassung der Zahl ein[48]. An diesen knüpfte auch der Autor des besprochenen Kommentars an, obwohl er in vielen Fällen Fürsprecher des Thomismus des XV. Jahrhunderts war, der oft genug in die Nähe des Albertismus kam. Die im Geiste des albertinischen Realismus aufgefaßte Zahl als Ding hat als bestimmte Zahl eine objektive Wirklichkeit außerhalb

---

[39] Clcr 2087 (a. 1464), 200 r−206 v, 209 r−262 v; clcr 2072 (a. 1470), 3 r−103 v, 109 r−109 v; clcr 2003 (a. 1473), 1 r−75 v; clcr 2007 (ca a. 1747), 1 r−85 r.

[40] „Exercitium Physicorum exercitari solitum per Facultatis Artium decanum Studii Cracoviensis pro bacclauriandorum et magistrandorum in artibus complexione". (Cimcr 4098). Dieser Kommentar wurde von R. Palacz reediert in: Studia Mediewistyczne 10 (1969).

[41] Ibid., 164, v. 12−16.

[42] Ibid., 153, v. 33−35.

[43] Ibid., 154, v. 14−16.

[44] Ibid., 164, v. 22−23.

[45] Ibid., v. 24−26.

[46] Ibid., v. 26−29.

[47] Cf. A. Maier, op. c., 69−70.

[48] Ibid., 68.

des Geistes[49]. Eine solche Auffassung der Zahl hatte einen bezeichnenden Einfluß auf die Konzeption des Maßes[50], obwohl dessen zwei Definitionen[51] sich in der Formulierung nicht wesentlich von den bereits erwähnten unterscheiden. Während frühere Krakauer Kommentatoren der Physik des Aristoteles in der Auffassung der Zahl und des Maßes einen gemäßigten Subjektivismus repräsentierten, trat der Autor des entsprechenden Werks aus dem Jahre 1464 für den extremen Realismus der albertinischen Richtung ein.

Wahrscheinlich im Jahre 1484 schrieb Johannes aus Glogau einen umfangreichen Kommentar zur Physik des Aristoteles. Dieser ist in vier Kopien bekannt. Zwei davon entstanden vor dem Jahre 1488[52]. Außer der Einteilung der Zahlen in die materielle und die formale[53] unterschied Johannes aus Glogau noch die meßbare Zahl (z. B. zehn Menschen) und Zahlen, mit Hilfe derer man zählt (z. B. eins, zwei, drei)[54]. Er war sich der zunehmenden Rivalität bewußt, die in der klassischen und späten Scholastik zwischen den Vertretern der subjektiven und der objektiven Auffassung der Zahl herrschte. Als Anhänger der ersten Auffassung erwähnte er mit Recht Aegidius Romanus und Thomas von Aquin[55]. Nach Aegidius liegt das Problem ähnlich wie das der Konzeption der Universalien, die eine materielle Existenz in den Dingen besitzen, eine formale jedoch in der intellektuellen Seele[56]. Im Zusammenhang damit vertrat er, dem augustinischen Subjektivismus gemäß, daß die Zahl schließlich dank der Seele entstehe. Auf dem Standpunkt der subjektiven Auffassung der Zahl

---

[49] Quaestiones Cracovienses super octo libros „Physicorum" Aristotelis, in: Studia Mediewistyczne 10 (1969), 164,17–21.

[50] Ibid., 158, v. 27–32.

[51] Ibid., 156, v. 26–30; 160, v. 4–5.

[52] Clcr 2017 (ca a. 1484–1487), 2 r–246 r; clcr 2088 (a. 1488), 1 r–164 r; clcr 511 (a. 1491), 1 ra–89 v (Fragment); clprcap L 39.

[53] *Sequitur corrolarie ex dictis primo, quod duplex es numerus: numerus materialis et numerus formalis. Numerus formalis est ille, qui constituitur per unum, quod convertitur cum ente, et ergo in omni pluralitate encium salvatur numerus formalis. Numerus materialis est ille, cuius principium est unum in genere quantitatis.* (Ioannes de Glogovia, Quaestiones super I–VIII libros „Physicorum" Aristotelis, clcr 2017, 143 v–144 r).

[54] *Pro solucione huius dubii sciendum, quod numerus est duplex, scilicet numerus numeratus et numerus numerans. Numerus numeratus sunt res numerate secundum actum vel secundum potenticam numerabiles, ut decem homines, qui actu numerantur vel qui potencia numerabiles sunt, dicuntur numerus numeratus. Sed numerus numerans est ille, quo numeramus, et ille est forma numeri, quam ponimus circa res numeratas sicut unum, duo, tria.* (Ibid., 167 v).

[55] Cf. A. Maier, op. c., 69–71.

[56] *Unde dicit, quod sicut universale secundum esse materiale est in rebus, esse autem formale capit ab anima, sic eciam ipsum tempus, materiale enim ipsius temporis, quod est motus, est extra animam. Numerus autem, ut dictum est, non habet fieri nisi ab anima".* (Ibid., 173 r–173 v).

stand – wie wir uns bereits überzeugen konnten – auch Thomas von Aquin[57]. Johannes aus Glogau war der Ansicht, die subjektive Konzeption der Zahl sei nicht annehmbar, da die Realität der Zahl nicht nur von der Seele komme und nicht nur in ihr sei[58]. Ähnlich wie Albert der Große und seine Anhänger behauptete Johannes aus Glogau, daß die Einheit das Prinzip der Zahl sei und die Form in meßbaren Ding. Im Zusammenhang damit hat die Zahl ihre Grundlage in solchen Dingen. Wenn diese nicht meßbar und teilbar wären, könnte der menschliche Intellekt sie unmöglich zählen[59]. Das Zählen basiert auf der Existenz der Materie oder des meßbaren, seine Grundlage in der Natur und im Akt des Zählens findenden Dinges. Sowohl die Materie als auch die Form der Zahl besitzen objektive Realität. Lediglich der Akt des Zählens selbst geht in der erkennenden Seele vor sich, da dieser in der aktuellen Erkenntnis dessen beruht, was gezählt wird. Wenn es keine intellektuelle Seele gäbe, gäbe es auch kein aktuelles Zählen, da dieses nur aus ihr kommt. Das bedeutet keinesfalls, daß es dann keine Zahl gäbe. Diese ist Form des Dinges und stammt aus der Natur und nicht aus der Seele[60]. Aus diesen Ausführungen geht hervor, daß Johannes aus Glogau, so wie der Autor des zuvor besprochenen Kommentars zur Physik, der Ansicht war, daß die meßbare Zahl (*numerus numeratus*) ihre objektive Realität besitzt, im erkennenden Intellekt jedoch lediglich ein *numerus numerans* ist[61]. Dieser ist zweierlei Art: sowohl eine Zahl, mit deren Hilfe der Geist tatsächlich zählt, als auch eine formal aus den in den Dingen enthaltenen und erkannten Einheiten gebildete Zahl[62]. Johannes aus Glogau war, wie man sieht, ein entschiedener Kontinuator des extremen objektiven Realismus, dessen hauptsächlicher und bedeutendster Vertreter in der Epoche der klassischen Scholastik Albert der Große war; er folgte bewußt den Anschauungen dieses großen Naturwissenschaftlers des Mittelalters[63]. Der Begriff der Zahl im Geiste des extremen Realismus stellte die methodologische Basis für die Kon-

---

[57] *In hanc eciam sentenciam incidit Doctor sanctus.* (Ibid.).

[58] *Posicio ergo ista, que dicit motum esse ab anima, non est tenenda. Subiungit Albertus: Ridiculum videtur, quod quantitas realis esset ab anima et solum in anima, que nullius est quantitatis, sed forma simplex indivisibilis et immaterialis".* (Ibid.).

[59] *Dicit Albertus, quod ipsa unitas est principium numeri. Et dicit aliquam formam in re numerata et quia numerator componitur ex unitatibus, necessarium eciam est numerum ponere in rebus numeratis et quia, ut dictum est, est ante, quod omnis intencio et omnis operacio intellectus non potest nisi subiecta natura. Si ergo res non essent numerabiles in se et non haberent discrecionem numquam anima numerat eas.* (Ibid., 174r).

[60] *Ergo requiruntur primo materia numerata vel res; secundo res, cuius numerus formaliter est a natura; tercio requiritur actus numerandi vel numeracio actualis.* (Ibid.).

[61] *Numerus numerans non est preter animam, licet bene numerus numeratus.* (Ibid.).

[62] *Dicendum, quod numerus numerans est duplex, scilicet numerus numerans efficienter et numerans formaliter. Numerus numerans efficienter est ipsa anima. Numerus autem numerans formaliter sunt ipse unitates collecte ex rebus, quas anima invenit in ipsis rebus.* (Ibid.).

[63] *Hec est solucio secundum intencionem Avicenne et Alberti.* (Ibid.).

zeption des Maßes dar[64]. Das Wesen des Maßes basiert auf einer gewissen Beziehung zu dem, was meßbar ist[65]. Es muß eine bestimmte Verbindung[66] und Formgleichheit mit dem Gemessenen haben[67]. Auf verschiedenen Gebieten werden verschiedene Maße angewandt[68]. Darunter wäre zum einen das Maß zu Mengenmessungen, zum anderen das nur eine gewisse Vorstellung von etwas vermittelnde Maß zu nennen[69].

Zwischen dem Kommentar zur Physik, der zu Übungen auf diesem Gebiet an der Krakauer philosophischen Fakultät benutzt wurde, und dem besprochenen Werk des Johannes aus Glogau treten auffallende Übereinstimmungen bei der Lösung der Problematik der Zahl und des Maßes auf. Sowohl im ersten als auch im zweiten Fall haben wir es mit einem extremen Realismus zu tun, der auf Albert den Großen zurückging.

Um 1490 fertigte Jakob aus Gostynin († 1506) einen Kommentar zur Physik in Form einer Marginalglosse an[70]. Da er vor allem Wert auf die Auslegung des Textes des Aristoteles legte, widmete er dem Problem der Zahl und des Maßes keine größere Aufmerksamkeit. Deren Grundlagen suchte er nicht in der objektiven Wirklichkeit, sondern in der intellektuellen Seele[71]. Die Behauptung, die Einheit bestehe nicht unabhängig vom Menschen, kann man als Anknüpfung an die von Thomas von Aquin und Aegidius Romanus angegebene subjektive Konzeption der Zahl betrachten, obwohl sich der Autor in anderer Hinsicht, zum Beispiel über den Gegenstand der Naturphilosophie, für den Albertismus aussprach[72].

Möglicherweise bereits 1498, spätestens jedoch im Jahre 1500 entstand an der Krakauer Universität ein Kommentar zur Kleinen naturphilosophischen Summe des Peter aus Görlitz. Autor des Kommentars war Johannes aus Stobnica († 1519), der mit dem Skotismus des XV. Jahrhunderts sympathisierte[73]. Sein Werk wurde in Krakau in den Jahren 1507[74], 1513[75],

---

[64] *Racio mensure primo convenit unitati respectu numeri, ideo oportet mensuram habere aliquam condicionem numeri. Unde et mensurare, numerare dicimus esse.* (Ibid., 171 r).

[65] *Racio enim mensure designat quodammodo respectum ad mensuratum.* (Ibid., 169 v).

[66] *Omnis mensura debet esse unita mensurato.* (Ibid.).

[67] *Omnis mensura debet esse conformis mensurato.* (Ibid., 171 v).

[68] *Diversa enim mensurata requirunt diversas mensuras.* (Ibid., 175 r).

[69] *Dicendum, quod duplex est mensura: quedam est quantitativa, secundum quam aliquid mensuratur quantitative . . . Alia est mensura notificativa, eo modo quo forma dicitur mensurare illud, cuius est mensura.* (Ibid., 170 v).

[70] Clcr 505 (ca a. 1490), 1 r—150 r; clcr 2010 (post a. 1490), 3 r—220 r.

[71] *Si impossibile est animam esse, impossibile est aliquem numerantem esse. Sed si impossibile est aliquem numerantem esse, impossibile est aliquod numerabile esse. Et si impossibile est numerabile esse, impossibile est numerum esse.* (Iacobus de Gostynin, Expositio marginalis I—VIII librorum „Physicorum" Aristotelis novae translationis, clcr 2010, 113 r).

[72] Cf. M. Markowski, Filozofia przyrody w drugiej połowie XV wieku na Uniwersytecie Krakowskim, 152 (im Druck).

[73] „Parvulus philosophiae naturalis cum expositione textuali ac dubiorum magis necessariorum dissolutione ad intentionem Scoti".

[74] Cimcr 6045 und 4080.　　[75] Cimcr 4025 und 4825.

1517[76] sowie in Basel im Jahre 1516[77] gedruckt. Er vertrat die Ansicht, daß die Seele mit Hilfe der Zahl erfolgreich zählt, und wir mit deren Hilfe etwas anderes zählen[78]. In dem letzten Fall handelt es sich um mathematische Zahlen[79]. Ebenso wie wir mit Hilfe der Zahl etwas zählen, messen wir mit Hilfe des Maßes[80]. Die Theorie der Teilung der Zahl ist albertistischer Herkunft. Es tritt jedoch die Frage auf, ob man das gleiche auch von seiner Konzeption der Zahl sagen kann. Es scheint, als würden in ihr die subjektiven und die objektiven Elemente der Auffassung der Zahl vereinigt, obwohl die letzteren bei ihm wohl von größerer Bedeutung waren. Aus diesem Grunde kann lediglich von einer gemäßigten Richtung gesprochen werden, die eine Ähnlichkeit mit den Krakauer Lösungen aus der ersten Hälfte des XV. Jahrhunderts verrät und vom extremen albertistischen Realismus der siebziger und achtziger Jahre dieses Jahrhunderts abweicht.

Als Michael aus Breslau († 1534) im Jahre 1499 Dekan der philosophischen Fakultät der Krakauer Universität wurde, befaßte er sich näher mit der Problematik der philosophischen Physik. Sein Werk auf diesem Gebiet wurde in Krakau erst im Jahre 1518 herausgegeben[81]. Seine Konzeption der Einheit beruht auf der in der scholastischen Tradition allgemein angenommenen Einteilung der Zahlen in meßbare, die gezählten Dinge betreffende, und in die Zahl, mit deren Hilfe man entweder prinzipiell zählt, wie die intellektuelle Seele, oder instrumental, was auf dreierlei Art geschehen kann: als Akt und Begriff der zählenden Seele, als ausgesprochener Ausdruck oder Begriff der Zahl, mit deren Hilfe die Seele ihren Willen ausdrückt, und schließlich durch jedes Ding, mit Hilfe dessen man unbekannte Größen mißt[82]. Es scheint, daß Michael aus Breslau nicht genauer an eine bestimmte philosophische Tradition in der Konzeption der Zahl anknüpfte. Was die meßbare Zahl anbetrifft, ließe sich der Einfluß des gemäßigten Realismus feststellen. Im Falle der restlichen Auffassungen der Zahl ist der Einfluß des Subjektivismus bemerkbar, des buridanischen inbegriffen.

Aus den vorausgegangenen Ausführungen sieht man, daß die Krakauer Naturphilosophen des XV. Jahrhunderts sich mit den theoretischen Grundlagen der Zahl und des Maßes befaßten. Sie bemühten sich auf die Frage zu antworten, die vor allem die Gelehrten des klassischen und des späten Mittelalters beschäftigte, ob die Einheit selbständig in der Natur besteht, oder ob sie vom Beschluß des Menschen abhängig ist. Die Antworten

---

[76] Cimcr 4128 und 8451.

[77] Cimcr 5202, 5203, 5964, 5965 und 5966.

[78] Cimcr 4851, E II v.

[79] Ibid.   [80] Ibid.

[81] Epitoma figurarum in libros „Physicorum" et „De anima" Arestotelis in gymnasio Cracoviensi elaboratum (cimcr 4139).

[82] Ibid., e III r.

waren, wie man sich überzeugen konnte, verschieden. Wenn die Einheit in der Natur unabhängig vom Menschen besteht, dann besitzen die Dinge absolute Maße, und die Ordnung der Natur ist, wie man sagen könnte, mit mathematischer Genauigkeit festgelegt, wie das der oben angeführte Vers aus dem Buch der Weisheit ausdrückt. In diesem Fall bildet der Mensch bei der Erkenntnis der Natur nur unvollkommen die unter den Dingen herrschende mathematische Ordnung nach. Wenn jedoch die Einheit vom Beschluß des Menschen abhängig ist, so besteht ein größerer Konventionalismus im Maßsystem. Selbstverständlich handelte es sich hier nicht um extreme Subjektivisierung der Einheit oder des Maßes und ihre Beziehung auf die Zeit und die Ewigkeit (*aevum*), was bereits im Jahre 1277 verdammt worden war.

Es darf nicht angenommen werden, daß man sich an der Krakauer Universität im XV. Jahrhundert lediglich mit den theoretischen Grundlagen der Zahl und des Maßes befaßt hätte. Die Arithmetik und die Geometrie zählten zu den Pflichtfächern der Facultas Artium Liberalium dieser Hochschule. Um das Jahr 1405 stiftete der Krakauer Bürger Stobner einen speziellen Lehrstuhl für Vorlesungen über das Quadrivium. Ein Professor konnte diesen Lehrstuhl mehrere Jahre hindurch innehaben. Dies war ein gewisses novum in der damaligen Besetzung der Universitätslehrstühle, und dadurch wurde eine Spezialisierung möglich. Diese wiederum sicherte die Entwicklung der mathematischen Lehrfächer. Anfangs bediente man sich der allgemein im Mittelalter üblichen Lehrbücher[83]. Die immer intensivere Beschäftigung mit Astronomie — was bereits in den zwanziger Jahren des XV. Jahrhunderts sichtbar ist — hatte zur Folge, daß die Mathematik in immer größerem Grade zu praktischen Zwecken ausgenutzt wurde. Die zu jener Zeit angefertigten *Tabulae resolutae de mediis et veris motibus planetarum ad meridianum Cracoviensem* sind eine ausdrucksvolle Bestätigung dieser Tatsache. Die Weiterentwicklung der Astronomie in Krakau wäre ohne solide mathemathische Grundlagen unmöglich gewesen.

In der Mitte des XV. Jahrhunderts schrieb Martin aus Żurawica († 1463)[84] sein Opus de geometria[85], das ein ähnliches Werk des Mathematikers und Astronomen Prosdocimo de Beldomandi aus Padua zum Vorbild hatte. Die von Martin aus Żurawica erwähnte Zusammenstellung der Maße wie Spanne (*palmus*), Elle (*cubitus*), Zoll (*ulna*), Fuß (*pes*), Schritt (*passus*), Station (*stadium*), alte Meile (*millare*) und neue Meile (*leuca*)[86] bildete die Grundlage für die Angabe der Grundsätze der praktischen Raummessung in Breite, Höhe und Tiefe[87].

---

[83] M. Markowski, Okresy rozwoju astronomii w Polsce w epoce przedkopernikańskiej, in: Studia Warmińskie 9 (1972), 356—366.

[84] M. Kowalczyk, Przyczynki do biografii Henryka Czecha i Marcina Króla z Żurawicy, in: Biuletyn Biblioteki Jagiellońskiej 21 (1971), 89.

[85] Marcina Króla z Przemyśla Geometria praktyczna, ed. L. Birkenmajer, Warszawa 1895.

[86] Ibid., 1.   [87] Ibid., 2.

Von der Konzeption der Zahl war vor allem das System der Maße abhängig. Jedoch bis zu einem gewissen Grad beeinflußte ihre Konzeption auch die Wissenschaftstheorie. Es handelt sich dabei selbstredend nur um jene Wissenschaften, die mit Zahlen operieren, wie die Mathematik und die Astronomie. Interessant ist in dieser Hinsicht der Ausspruch des Johannes aus Glogau, der die Verstandesgründe über die Autorität stellte[88]. Er behauptete, daß sowohl die Naturphilosophie als auch die Mathematik reale Wissenschaften sind. Gegenstand der ersten sind nämlich reale Dinge, Gegenstand der zweiten reale Seiende. Ähnlich verhält es sich mit der Astronomie, die sich mit den realen astronomischen, am Himmel auftretenden Erscheinungen befaßt und die der Mathematik untergeordnet ist[89]. Die Grundsätze der *scientiae mediae* sind auch mehr mathematische als physische[90]. Wenn man berücksichtigt, daß Johannes aus Glogau nicht nur ein hervorragender Naturphilosoph war, sondern auch Astronom zur Zeit der größten Blüte der Krakauer astronomischen Schule und der Studien des Nikolaus Kopernikus an der Krakauer Universität, kann man in diesem Fall einen Einfluß nicht ausschließen. Der Schöpfer des heliozentrischen und -statischen Weltbilds verwarf nämlich das ausgedachte Modell der Exzentriker und Epizyklen und gab eine reale Vision der Wirklichkeit an.

Zusammenfassend kann gesagt werden, daß die Hauptvertreter der Krakauer Naturphilosophie des XV. Jahrhunderts zu verschiedenen Zeiten jenes Jahrhunderts Konzeptionen der Zahl und des Maßes angaben, die in den Rahmen des gemäßigten Subjektivismus und des extremen Realismus paßten. Im ersten Fall ist die Maßeinheit vom Menschen beschlossen, im zweiten Fall existiert sie selbständig in der Natur. Der Mensch bildet sie nur nach. Die Konzeptionen waren durch den Einfluß verschiedener philosophischer Richtungen bedingt, die oft aus anderen europäischen Zentren kamen, insbesondere als, nach dem Jahre 1390, die an der Prager Universität ausgebildeten Magister der Philosophie an die Krakauer Universität zurückzukehren begannen. Sie brachten Manuskripte mit, derer sie sich während ihrer Prager Studien bedient hatten. Es gab dies den Anfang zu einer passiven Rezeption des Buridanismus, nicht nur seiner bedeutenden Pariser Vertreter, wie Johannes Buridan, Nikolaus Oresme, Albert aus Sachsen und Marsilius aus Inghen, sondern auch der Prager

---

[88] *Argumentum in artibus auctoritate minimum, racione vero maximum, ideo auctoritates dimittendo raciones sunt adducende.* (Ioannes de Glogovia, op. c., clcr 2017, 85 v).

[89] *Naturalis enim philosophus est artifex realis res reales considerans, sic eciam astronomus, qui tempora coniunccionum et aspectuum considerat . . . Mathematica enim, sub qua astronomia continetur, sciencia est realis reale ens habens pro subiecto.* (Ibid., 173 v).

[90] *Alia sunt principia in scienciis mediis, in que finaliter sciencia media resolvitur et illa sunt plus mathemathicalia quam phisicalia, quia iste sciencie sunt subalternate mathematicalibus. Astrologia enim et perspectiva geometrice et musica arismetice subalternantur.* (Ibid., 102 v).

Orientierung, deren Wegbereiter in der Physik in Krakau Andreas Wężyk und Andreas von Kokorzyn wurden. Als die im Jahre 1400 erneuerte Krakauer Universität ihre eigenen Schüler auf dem Gebiet der Philosophie ausbildete und sie Vorlesungen an dieser Hochschule hielten, begannen sie eigene Werke zu schreiben. Eine große Rolle spielte in dieser Hinsicht das reichhaltige und allseitige schriftstellerische Wirken des Benedikt Hesse aus Krakau. Dies begann nach dem Jahre 1415 und dauerte bis 1451 an. Die Krakauer Autoren wissenschaftlicher Werke jener Zeit, die Fürsprecher der *via communis* auf terministischen Grundlagen waren, faßten den Buridanismus auf eigene Art und Weise auf, und in dieser Form entwickelte er sich an der Krakauer Universität. Nach dieser Zeit wurden jedoch die naturphilosophischen Werke kürzer und seltener. Darin hat man eine Symptom des Abebbens des Buridanismus in Krakau zu sehen. Am längsten überdauerte er in der Sprachlogik, nämlich bis zum Jahre 1513. Auf dem Gebiet der Naturphilosophie wurde annähernd bis zum Jahre 1460 unter dem Einfluß dieser Richtung geschrieben[91]. Der zu jener Zeit entstandenen buridanischen Schriften bediente man sich gewiß auch noch in späteren Zeiten. Seit 1461 wurden in Krakau Werke des Johannes Versor kopiert. Unter ihrem Einfluß begann man den Thomismus und den Albertismus zu verbinden. So wie man vor 1460 an der Krakauer Universität eine gemeinsame philosophische Richtung schuf, die hauptsächlich auf dem buridanischen Terminismus basierte, so gestaltete sich im Jahre 1464 eine gemeinsame Orientierung in Anlehnung an den verschieden interpretierten Realismus. Anfangs überwog der Einfluß des Thomismus des XV. Jahrhunderts, der albertistische Elemente enthielt. Um das Jahr 1484 überragte dann, dank der schriftstellerischen Tätigkeit des Johannes aus Glogau, der Albertismus den Thomismus. Die Zeit von 1490 bis 1524 kann man als Zeit des doktrinalen Pluralismus bezeichnen. Der bereits erwähnte Versorismus, der Thomismus und der Albertismus spielten weiterhin eine bedeutende Rolle im philosophischen Leben der Krakauer Universität. Außer ihnen erschienen jedoch noch andere Orientierungen, wie der historische Aristotelismus, der Skotismus, der Averroismus, der Aegidianismus und der Nominalismus. Eine Verbindung zwischen den erwähnten Strömungen war nicht selten. Es war dies die bewußte Bildung eines gemeinsamen Wegs (*via communis*) auf realistischen Grundlagen.

---

[91] M. Markowski, Burydanizm w Polsce w okresie przedkopernikańskim. Studium z historii filozofii i nauk ścisłych na Uniwersytecie Krakowskim w XV wieku, Wrocław 1971, 200—208.

HODIE TOT ANNI SUNT –
GROSSE ZEITRÄUME IM GESCHICHTSDENKEN DER FRÜHEN UND HOHEN SCHOLASTIK

von Anna-Dorothee v. den Brincken (Köln)

I. Auctoritas und natura in der Zeitrechnung

Hermann Grotefend (1845–1931), Verfasser verschiedener, ausnahmslos noch heute im deutschen Sprachraum verbindlicher Nachschlagewerke und Lehrbücher zur Chronologie des Mittelalters und der Neuzeit[1], definiert seinen Gegenstand wie folgt[2]: „Unter Zeit verstehen wir die zusammenfassende Vorstellung einer Reihe aufeinanderfolgender einzelner Zeitpunkte oder Augenblicke. Somit ist der Begriff der Zeit als etwas Vorgestelltes in uns liegend (subjektiv) und nicht außer uns vorhanden (objektiv). Wir sind daher berechtigt, die Zeit nach unserem Belieben zu messen, d.h. die unendlich erscheinende Reihe der vorgestellten Zeitpunkte durch Teilung unserem Verständnis näher zu bringen; denn messen heißt das Verhältnis suchen zwischen dem Ganzen und seinen Teilen".

Um die Zeitmessung nicht allzu ausschließlich der Subjektivität und damit der Veränderlichkeit, Unzuverlässigkeit und Mißverständlichkeit preiszugeben, haben die Kulturvölker unterschiedlichster Zeiten und Regionen sich stets an der Natur und ihrer Gesetzlichkeit zu orientieren versucht. Insbesondere der Lauf der Gestirne bietet sich hierfür an, da er „für jedermann sichtbar und begreifbar" ist und „eine regelmäßige Wiederkehr deutlich erkennen" läßt[3]; sowohl Zeitpunkte als auch die Zwischenräume zwischen ihnen lassen sich mühelos bestimmen und bilden auf diese Weise das Fundament der mathematischen oder astronomischen Chronologie. Hieraus wiederum entwickelte die Menschheit die historische – auch als technisch bezeichnete – Chronologie, die die praktische Anwendung der Beobachtung von Himmelserscheinungen durch den menschlichen Geist im

---

[1] Handbuch der historischen Chronologie, 1872, auf drei Bände erweitert als: Zeitrechnung des deutschen Mittelalters und der Neuzeit, 1891–1898; Taschenbuch der Zeitrechnung des deutschen Mittelalters und der Neuzeit, ¹1898 und zahlreiche neue Auflagen bis in die jüngste Zeit; Abriß der Chronologie des deutschen Mittelalters und der Neuzeit, ²1912 (= Grundriß der Geschichtswissenschaft I, 3, hg. von A. Meister).

[2] Ibid., Abriß p. 1.

[3] A.v. Brandt, Werkzeug des Historikers. Eine Einführung in die Historischen Hilfswissenschaften, ⁹1980, 30 (= Urban-Taschenbuch 33).

Alltag zum Gegenstand hat. Man spricht daher in der Zeitrechnung von einer Naturgesetzlichkeit und einer Menschengesetzlichkeit[4], von denen die erste ihrem Wesen nach für eine Zyklik steht, während die zweite vor allem dem Geschichtsdenken als Basis dient.

Der „Grotefend des Mittelalters", Beda Venerabilis, unterscheidet 725 in seinem Lehrbuch der Chronologie „De Temporum Ratione" ganz analog und noch detaillierter eine dreifache Weise der Zeitrechnung, nämlich *aut enim natura, aut consuetudine, aut certe auctoritate decurrit*[5]. Als Beispiel für die Zeitrechnung gemäß der Natur führt er das Sonnenjahr mit seiner Dauer von 365¹/₄ Tagen oder das gemeine Mondjahr von 354 Tagen bzw. das Mondschaltjahr von 384 Tagen an, für die Chronologie gemäß Gewohnheit den bürgerlichen Monat von 30 Tagen, der weder dem Sonnen- noch dem Mondlauf entspricht. Die Rechenweise gemäß der Autorität unterteilt Beda in eine solche nach menschlicher und nach göttlicher Vorschrift; zu der ersten zählt er die Olympiadenrechnung, weil sie staatlichen Gesetzen unterliegt, desgleichen die Nundinen und die Indiktionszyklen, zu den letzten die Woche mit der Heiligung des Sabbats[6] oder die Feier des Jobeljahres nach siebenmal sieben Jahren im 50. Jahr[7]. Zeitrechnung nach Gewohnheit wie nach menschlicher Autorität entsprechen dabei gleichermaßen der Menschengesetzlichkeit moderner Diktion, diejenige nach göttlicher Autorität würde eine säkularisierte Welt als den Kultgesetzen zugeordnet gleichfalls als menschengesetzlich einreihen, während sie im Mittelalter aufgrund ihrer Verwurzelung in der Heiligen Schrift eine absolute Unantastbarkeit und Überhöhung erhält und damit als dem subjektiven Bereich entzogen gilt.

II. Die Fragestellung

Die folgenden Ausführungen wollen nur einige erste Beobachtungen zu den Jahresrechnungen im Hoch- und beginnenden Spätmittelalter zusammentragen, die bei der Lektüre von historiographischen Erzeugnissen dieser Zeit auffielen. Die gängigen chronologischen Handbücher schweigen sich über die Epoche hinsichtlich großer Zeitabschnitte noch weitgehend aus, denn sie hat auf den ersten Blick keine bemerkenswerten Veränderungen aufzuweisen. Allerdings liegt die Edition der Geschichtsschreibung streckenweise noch recht im argen. Immerhin lassen sich hin und wieder Ansätze zu Neuerungen registrieren: Menschengesetzlichkeiten treten stär-

---

[4] Id., Historische Grundlagen und Formen der Zeitrechnung, in: Studium Generale 19 (1966) 728.

[5] C. 2, ed. C. W. Jones, Bedae Opera de Temporibus, Cambridge/Mass. 1943, 182 (cf. CC 123 B, 1977, 274).

[6] Exod. 23, 12.

[7] Levit. 25, 8—11.

ker als im ersten christlichen Jahrtausend in den Vordergrund; Aspekte verschieben sich, zumal die Geschichte und damit die Zeitrechnung des letzten Weltalters, das Christi Geburt einleitete, wächst und nach Unterteilung verlangt. Praktische Erfordernisse der Geschichtsschreibung lassen Lösungen aufkommen, die in späteren Zeiten zu neuer Grundlegung führen. Die Historiographie des Spätmittelalters rückt in jüngster Zeit erfreulicherweise stärker ins Blickfeld der Forschung[8]. Für die bescheidenen Anregungen des Folgenden steht die Geschichtsschreibung im engeren Sinne, d. h. als einfache Faktenberichterstattung, im Mittelpunkt; der Bereich der Prophetien mit ihrer Zahlensymbolik bleibt ausgeklammert. Aufgegriffen wird nur die Frage nach mensura im Sinne von Zeitmaß bzw. Maßstab, d. i. von Bezugspunkten, von Zeitrhythmen und Periodisierungen innerhalb der historiographischen Literatur.

III. Formen der Jahreszählung

„Jedes Zeitrechnungssystem ist jeweils ein äußerst komplexes Gebilde aus astronomischen, umweltlichen, kultischen und praktischen Elementen und Bedürfnissen, mithin jeweils Ausdruck einer Kultur", so kennzeichnet Ahasver v. Brandt die Bedeutung dieser Historischen Hilfswissenschaft[9]. Jeder höhere Kulturzustand[10] weist als charakteristisches Merkmal das Bedürfnis nach größeren Zeiteinheiten auf, insbesondere nach einem Mehrfachen von Jahren, sowohl aus praktischen, politischen wie administrativen als auch aus historischen und kultischen Gründen[11]. Die gängigen Handbücher behandeln diese großen Zeiteinheiten unter der Überschrift Jahreszählung, -rechnung oder -bezeichnung. Als Möglichkeiten der Jahreszählung werden drei Wege besonders herausgestellt[12]:

1. die okkasionelle, d. i. einfache Form, die Einzeljahre durch besondere Geschehnisse, etwa Naturkatastrophen oder politische Einschnitte wie Regierungs- bzw. Amtsantritt von Herrschern oder Priestern, unterstreicht und die dazwischenliegenden Jahre darauf bezieht;
2. die zyklische Form, die sowohl an Gestirnskonstellationen orientiert sein kann als auch an gewohnheits- bzw. gesetzmäßig bestimmten, regelmäßig wiederkehrenden Ereignissen, etwa Mondzyklen, Indiktions- und Olympiadenzyklen oder auch Jobeljahre; dabei wird die Stellung

---

[8] Der Konstanzer Arbeitskreis für Mittelalterliche Geschichte veranstaltet z. Z. mehrere Tagungen mit dem Thema: Geschichtsschreibung und Geschichtsbewußtsein im späten Mittelalter, deren Ergebnisse als Vorträge und Forschungen 30 erscheinen sollen.

[9] Brandt (ut supra n. 4) 722.

[10] Ibid. 725.

[11] Ibid.; cf. G. Stadtmüller, Saeculumn in: Saeculum 2 (1951) 152.

[12] Brandt (ut supra n. 4) 725 sq.

des Einzeljahres primär innerhalb des Zyklus definiert wie mit der In-
diktionszahl, und nur sekundär wird auch die Zyklenzählung angegeben
wie bei den Olympiaden, so daß in diesem Falle der lineare Ablauf
letztlich die Oberordnung ergibt;

3. schließlich die strenge lineare Form, die von einem gewöhnlich vor
allem religiös bestimmten Ausgangspunkt rechnet, etwa der Erschaffung
der Welt oder der Menschwerdung Christi im abendländischen Bereich;
man spricht dann von Ären, und diese Art der Zeitbetrachtung gilt als
charakteristisch für alle sogenannten Buchreligionen, das sind die auf
dem Alten Testament aufbauenden Bekenntnisse.

Gerade im Bereich der zuletztgenannten Form der Jahreskennzeichnung
hat man mit sehr langen Zeiträumen zu tun, die im Verlauf der Geschichte
eine Untergliederung erforderlich machen. Hierfür bieten sich weniger die
astronomisch bestimmten Zyklen als vielmehr die historischen Periodisierungen an.

IV. Unterteilung linearer Zeitabläufe im Abendland im ersten nachchristlichen Jahrtausend

Seit ihren Anfängen bei Sextos Iulios Aphrikanos zu Beginn des 3. Jahrhunderts orientiert sich die christliche Chronographie am linearen Prinzip
der Heiligen Schrift. Aus dem Buch Genesis erstellt sie die *linea Christi*, die
Generationsabfolge von Adam bis Christus, die von den Evangelisten Matthäus[13] und Lukas[14] aufgegriffen wird und die geradezu zur Anlage von
Weltchroniken ermuntert.

Die Lehre von den sechs Weltaltern, die das ganze Mittelalter hindurch
ein beliebtes Einteilungsschema des Gesamtverlaufs der Weltgeschichte
bleibt und ihre Wurzeln im vorchristlichen Judentum hat, ist durch Augustinus endgültig vom Chiliasmus befreit und zu den menschlichen
Lebensaltern in Beziehung gesetzt worden[15]: fünf ungleich lange, von heilsgeschichtlichen Einschnitten im Umfang bestimmte aetates leiten zum sechsten und letzten irdischen Zeitalter, das durch das Kommen Christi eingeleitet wird, entsprechend der Tatsache, daß Adam und mit ihm die Menschheit am sechsten Schöpfungstag in die Welt trat.

Als diese Untergliederung ihre gängige Ausprägung erhielt, war die
sechste aetas noch jung und mithin kürzer als die vorangegangenen Zeitalter. Zwar war die Periode der Naherwartung von Christi Wiederkunft

---

[13] Cf. c. 1.
[14] Cf. c. 3.
[15] K.-H. Schwarte, Die Vorgeschichte der augustinischen Weltalterlehre, Bonn 1966
(= Antiquitas I, 12); R. Schmidt, Aetates Mundi. Die Weltalter als Gliederungsprinzip der
Geschichte, in: ZKG 67 (1955/56) 287 sqq.

längst vorbei, doch glaubte niemand an eine besondere Länge des letzten Weltalters. Das Ende der Zeiten, von den Chiliasten ursprünglich um 500 erwartet, dann durch die Chronologie des Eusebios und Hieronymus — die nur 5199 statt 5500 Jahre vor Christus errechneten — zunächst einmal um 300 Jahre hinausgeschoben, wird im 8. Jahrhundert durch die Verbreitung der hebräischen Vulgata-Chronologie durch Bedas Schriften den Spekulationen der Endzeitberechner einstweilen einmal entzogen.

Beda hat seine beiden Leitfäden der Chronologie „De Temporibus" (703)[16] und „De Temporum Ratione" (725) so angelegt, daß er die einzelnen Zeiteinheiten nacheinander abhandelt; mit den kleinsten beginnend, schreitet er zu den großen fort. So folgt auf das Jahr die eingehende Behandlung von Bedas Kernanliegen, nämlich die Osterfestberechnung, in diesem Zusammenhang die der Schaltjahreszyklen, der neunzehnjährigen Mondzyklen und — als letztem Zeitmaß vor dem größten von allen, vor den aetates — der circuli magni paschae im 65. Kapitel von „De Temporum Ratione"[17]. Der 532jährige Osterzyklus fungiert hier als Zeitmaß, als eine sehr große Zeiteinheit, die von ihrem Charakter her der Rechenweise gemäß der Natur zuzuordnen wäre, da sie einen gleichbleibenden, vom Lauf der Gestirne bestimmten Zeitraum umschließt. Beda bietet in diesem Kapitel noch verschiedene Umrechnungsmodi an, bestimmt u. a. die Anzahl der Schaltjahreszyklen, die in einem großen Osterzyklus enthalten sind, desgleichen der Sonnenmonate, der Mondmonate, der Tage ohne Schalttage usw. Auf die Geschichtsschreibung überträgt Beda die Rechnung mit Osterzyklen in seiner nach den sechs Weltaltern infantia, pueritia, adolescentia, iuventus, senectus und aetas decrepita geordneten Chronik in den Kapiteln 66 bis 71 nicht.

Beda ist zur kanonischen Autorität in Zeitrechnungsfragen geworden und bleibt dies in den folgenden Jahrhunderten ausschließlich. Die erst durch ihn allgemein gebräuchlich gewordene Inkarnationsära des Dionysius Exiguus bestimmt fortan nicht nur die Anlage von Ostertafeln, sondern fördert die annalistische Geschichtsschreibung in allen Bereichen, obwohl bereits Beda selbst im 47. Kapitel von „De Temporum Ratione"[18] Zweifel an ihrer Korrektheit angemeldet hat: das von der historischen Tradition als Ostertag angenommene Kalenderdatum 25. bzw. 27. März läßt sich für 33 oder 34 nach Christi Geburt in keiner Ostertafel nachweisen[19].

---

[16] Ed. Jones (ut supra n. 5) 293 sqq.

[17] Ibid. 290 sq.

[18] Ibid. 265—268.

[19] A. Strobel, Ursprung und Geschichte des frühchristlichen Osterkalenders, 1977, 70 sqq. (= Texte und Untersuchungen zur Geschichte der altchristlichen Literatur 121).

V. Chronologische und chronographische Aktivitäten im 11. Jahrhundert

Beda wirkt mitten im zweiten Osterzyklus. Im 11. Jahrhundert läuft dieser ab, und das hat eine erhöhte Aktivität der Chronologen und Chronographen zur Folge: allenthalben erstellt man neue Ostertafeln. Daher ist es nicht erstaunlich, daß auch die Kritik an der Inkarnationsära, die schon bei Beda angeklungen ist und um 1000 bei Abbo von Fleury u. a. lauter wird, nun zu einem kleinen Chor anschwillt. Ihr bekanntester Vertreter ist der Ire Marianus Scottus, der nicht nur die Inkarnationsära, sondern auch die Weltära verbessern will, weil sich beide nicht mit dem 532jährigen Zyklus vertragen: Marianus schreibt und datiert die gesamte Weltgeschichte *iuxta veritatem Evangelii* um[20], d. h. er hält sich strikt an die Zeugnisse bei Matthäus und Lukas, überprüft alle Angaben des Alten Testaments an den Evangelien — die auf dem Alten Testament nach der Septuaginta aufbauen! — und deutet sie entsprechend, kontrolliert in der gleichen Weise die Osterfestberechnungsvorgaben und paßt die historische Überlieferung diesen Erfordernissen ein. Er benutzt hierbei nun auch wohl als einziger den 532jährigen Osterzirkel als Zeiteinheit, mit deren Hilfe er die biblisch bezeugten Daten kontrolliert. Dadurch entsteht stellenweise der Eindruck eines zyklischen Zeitdenkens, weil Marianus den Begriff *magni cycli* verwendet, in Wahrheit darunter aber nur ein Zeitmaß versteht. Nur so läßt es sich erklären, daß er nicht nur bereits von Jahren *ante incarnationem secundum Dionysium*[21], sondern sogar *ante Adam*[22] spricht: er meint damit lediglich den Standort dieser gedachten Jahre mit errechenbarem Ostertermin innerhalb des großen Zirkels und glaubt keineswegs etwa an Präadamiten. Vielmehr bewahrheitet sich hier die oben geäußerte Beobachtung, daß Zeitrechnung gemäß Naturgesetzlichkeit zu zyklischem Zeitverständnis verleitet.

Marianus findet Nachfolger wie Kollegen, die unbeeinflußt von ihm zu ähnlichen Rechnungen kommen, etwa Heimo von St.-Jakob in Bamberg[23];

---

[20] A. v. den Brincken, Marianus Scottus. Unter besonderer Berücksichtigung der nicht veröffentlichten Teile seiner Chronik, in: DAEM 17 (1861) 191–238; ead., Marianus Scottus als Universalhistoriker iuxta veritatem Evangelii, in: Die Iren und Europa im früheren Mittelalter. Internat. Colloquium des Europa Zentrum Tübingen 24.–28. 9. 79, Stuttgart 1982, 970–1009.

[21] Cf. ibid. praef., I, 7 et 8, in: DAEM 17 pp. 210, 227, 228, 230, etiam ed. J. Pistorius und B. G. Struve, Rerum Germanicarum Scriptores 1, Regensburg 1726, 469.

[22] Ibid. DAEM 17, 228 et 230.

[23] A. v. den Brincken, Die Welt- und Inkarnationsära bei Heimo von St.-Jakob. Kritik an der christlichen Zeitrechnung durch Bamberger Komputisten in der ersten Hälfte des 12. Jahrhunderts, in: DAEM 16 (1960) 155–194; O. Meyer, Weltchronistik und Computus im hochmittelalterlichen Bamberg, in: Jahrbuch für Fränkische Landesforschung 19 (1959) 241–260.

der Ire wird allenthalben lobend genannt, aber die eingefahrenen Gleise der Zeitrechnung noch zu verlegen ist ihm nicht gelungen[24].

Generell beruhen die chronologischen Diskussionen des 11. und 12. Jahrhunderts auf Kritik an der Inkarnationsära anläßlich des Beginns des dritten großen Paschalzyklus 1065 und keineswegs auf einer Auseinandersetzung mit Millenniumsprophetien: diese finden sich höchst spärlich. Chiliasmus generell ist keine spezifisch christliche Erscheinung, und er führt um 1000 bzw. um 1033 wohl zu einer Intensivierung des religiösen Lebens, aber nicht zu einer allgemeinen Katastrophenstimmung[25].

Noch weniger spielen Jahrhunderte damals eine Rolle. Das Wort *saeculum*[26] bedeutet in der Antike und entsprechend bei Isidor[27] Generation: *abeuntibus enim aliis alia succedunt*. Manche verstünden darunter jedes 50. Jahr – so erfährt man –, was dem hebräischen Jobeljahr entspreche, während *aetas* bald für ein einziges Jahr stehe wie in den Annalen, bald für sieben oder auch für hundert Jahre und viele *saecula* umfasse. *Saeculum* bilde ferner den Gegensatz zu religio, nicht aber bedeutet es Jahrhundert, das vielmehr ganz vereinzelt im Spätmittelalter im Lateinischen als *centenarius* erscheint.

Nur bei Honorius Augustodunensis in der „Imago Mundi" zu Anfang des 12. Jahrhunderts findet sich *saeculum*, abgeleitet von *sequi*, als Fachausdruck für 1000 Jahre[28], die Wortverbindung *saecula saeculorum* kennt er gleichfalls. Auch Honorius behandelt etwas unsystematisch die Zeitmaße, mit den kleinen beginnend, er nennt u. a. zuvor Jahre, Schaltzyklen, Olympiaden, Lustren, Indiktionen, aetates im Sinne von menschlichen Lebensaltern, nach *saeculum* führt er noch Mond- und Sonnenzyklen sowie *anni magni*, d. i. 532jährige Zirkel, als Zeiteinheiten auf.

VI. Die graphische Darstellung des Zeitverlaufs bei Hugo von St.-Viktor

Bald darauf legt um 1126/35 Hugo von St.-Viktor seine kleine Geschichtsdidaktik „Liber de Tribus Maximis Circumstantiis Gestorum" vor, in der als die drei Kategorien des Geschehens Personen, Orte und Zeiten benannt sind[29]. Es geht dem Autor besonders um die Schulung des Ge-

---

[24] Etiam J. Wiesenbach, Der Liber decennalis in der Handschrift Rom, Biblioteca Angelica 1413, als Werk Sigeberts von Gembloux, in: DAEM 33 (1977) 171–181.

[25] Cf. H. Focillon, L'An Mil, Paris 1970.

[26] Stadtmüller (ut supra n. 11) 152–156.

[27] V, 38, ed. W. M. Lindsay, Oxford 1911.

[28] II c. 76, Migne PL 172 col. 157: *Saeculum sunt mille anni; dicitur autem saeculum quod se sequitur, in saeculum saeculi.*

[29] Praef. ed. W. M. Green, Hugo of St. Victor, De Tribus Maximis Circumstantiis Gestorum, in: Speculum 18 (1943) 484–493.

dächtnisses für die Geschichte, um das *memoria retinere*; daher empfiehlt Hugo ein Gedächtnistraining vermittels Zuordnung dieser drei Kategorien zueinander, wobei Zeit und Zahl nach Länge, Raum nach Weite gemessen werden sollen[30]. Er verbindet daher zuerst Personen mit ihren Zeiten, indem er der Länge nach eine Linie von Anfang an auszieht; dieser werden die Orte ggf. zugewiesen: so entsteht eine lange Reihe von Personen mit ihren Zeiten. Im praktischen Tabellenteil führt er dazu aus[31]: *Dehinc conabor regnorum ac regum seriem et nomina simul ordine, quomodo ab incarnatione verbi usque ad tempora nostra cucurrerunt, explicare. Lineam namque computationis, qua presentis seculi cursum metimur, in gemina partiti sumus, superiorem eius partem ab exordio seculi usque ad incarnationem Christi porrigentes, subteriorem atque posteriorem ab incarnatione verbi deorsum ad nos usque extendimus, superiorem vero per patrum carnalem in genere vel regimine successionem texentes, posteriorem autem spiritualium patrum, id est Sancte Ecclesie prelatorum successionem, carnalia carnalibus et spiritualia spiritualibus comparantes. Sane hic computatio ambigua est propter multiplicem et numerosam vicioque scriptorum corruptam librorum auctoritatem, quam tamen prudens lector competenter adaptare studebit.*

Post tempora consulum monarchi in Romana re publica imperium obtinuerunt, primo Iulio Cesare arripiente imperium, repetitusque est Rome mos uni parendi anno ab urbe condita 712, ab exactis vero regibus 580, pro rege imperatore vel sacratiori nomine post Augusto appellato . . .

Hugo ist nicht nur einer der bedeutendsten Geschichtsdenker des Mittelalters[32], sondern er ist auch Geschichtslehrer. Er will die Universalgeschichte dem Schüler leicht faßlich und zugleich einprägsam servieren. Selbstverständlich übernimmt auch er die aetates in sein lineares Schema, aber die Gesamtlinie, mit der der Weltlauf zu fassen ist, sieht er nicht mehr primär sechsgeteilt, sondern angesichts des Gewichts der nachchristlichen Zeit zweigeteilt: der ältere Teil verläuft vom Anfang der Welt bis zu Christi Geburt — ist also noch keineswegs retrospektiv verstanden —, der jüngere von Christi Menschwerdung bis zur eigenen Zeit. Der erste Teil folgt der fleischlichen Abfolge der Väter nach Generationen bzw. Herrschaftszeiten, der zweite der Reihe der geistlichen Väter, d. i. der Abfolge der Häupter der heiligen Kirche, so daß Materielles mit Materiellem und Geistliches mit

---

[30] Ibid. 491: *Tria igitur sunt in quibus praecipue cognitio pendet rerum gestarum, id est, personae a quibus res gestae sunt, et loca in quibus gestae sunt, et tempora quando gestae sunt. Haec tria quisquis memoriter animo tenuerit, inveniet se fundamentum habere bonum . . . tempus et numerus longitudinem metiuntur, aream in latitudinem expandit locus, ut deinde cetera disponantur locis suis. Primum igitur personas cum temporibus suis ordine disponemus, in longitudinem lineam ab exordio porrigentes. Deinde loca etiam designabimus quantum capacitas abbreviationis patietur sufficienter ex universitate collecta . . .*
[31] Ms. Universitatis Lipsiensis 350 fol. 112v.
[32] Cf. J. Ehlers, Hugo von St. Viktor. Studien zum Geschichtsdenken und zur Geschichtsschreibung im 12. Jahrhundert, 1973 (= Frankfurter Historische Abhandlungen 7).

Geistlichem verglichen wird. Freilich sei diese Rechnung zweideutig wegen der vielfältigen und durch Fehler der Schreiber verdorbenen Vorlagen, die der kluge Leser zutreffend anpassen werde.

Er geht dann auf die Wiedereinführung der Monarchie in Rom durch Caesar ein, liefert dazu eine Liste der römischen Kaiser, fränkischen Könige und Historiker; darauf folgt die erste Papst-Kaiser-Chronik, die in zwei Parallelspalten annalistisch die Jahre nach Päpsten und römischen Kaisern bietet. Neu an diesem Teil ist, daß die inzwischen recht angewachsene sechste aetas in kleine Regentschaftseinheiten unterteilt wird, insgesamt gewissermaßen gleichwertig neben die fünf vorchristlichen aetates tritt und zudem erstmals an der Abfolge von Päpsten orientiert ist: die Kaiser dienen nur ergänzend der Absicherung der Datierung. Die gesamte Anlage der ersten Papst-Kaiser-Chronik erfolgt auf der Grundlage der Inkarnations-ära, um deren Problematik Hugo weiß, die er jedoch nicht ausdrücklich attackiert. Die annalistische Grundanlage erlaubt eine minutiöse Aufgliederung der jüngeren Geschichte und damit eine erneute chronologische Kontrolle, die einzelnen Pontifikate treten in der Annalentafel als graphisch kenntlicher Block hervor.

VII. Die Summenliteratur des 13. Jahrhunderts

Das 13. Jahrhundert, die Zeit der Hochscholastik, ist charakterisiert durch das Entstehen riesiger Summenwerke auf allen Wissensgebieten, selbstverständlich auch in der Geschichtsschreibung. Nach dem Symbolismus des 12. Jahrhunderts, als dessen typischer Vertreter neben Hugo auch sein Schüler Otto von Freising mit einem mehr mystischen Zahlenverständnis genannt sei − Otto nimmt z.B. wiederum genau fünfeinhalb Jahrtausende vor Christi Geburt an, ohne dies rechnerisch zu begründen −, hat die Geschichtsprophetie in Joachim von Fiore den wohl eigenwilligsten Deuter von Zahlen im Weltenlauf gefunden. In der Folgezeit ringt man um einen neuen Realismus.

Doch für den Beginn des 13. Jahrhunderts sei auf die aus Bamberg stammende pseudojoachitische Schrift „De semine scripturarum" von 1204/05 hingewiesen, in der der zukunftsträchtige Begriff der Zentenarien im Sinne von Jahrhunderten auftaucht. Der anonyme Autor rechnet seit der Gründung Roms in vollen Jahrhunderten, setzt unter dem Einfluß Heimos von Bamberg das Inkarnationsjahr mit dem Jahr der Passion gleich und nimmt die Gründung Roms daher 752 + 33 Jahre vor unserer Zeitrechnung an[33]. Jedem der 23 Buchstaben des lateinischen Alphabets ordnet er ein Jahrhun-

---

[33] Cf. B. Hirsch-Reich, Alexanders von Roes Stellung zu den Prophetien. Unter besonderer Berücksichtigung des Traktates „De gemine scripturarum" in der „Noticia seculi", in: MIÖG 57 (1959) 306−316.

dert zu, gibt auch dem *et*-Schriftzeichen ein halbes Jahrhundert und erwartet das Weltende 23½ Jahrhunderte nach dem Jahr 785 vor Christus, d.i. 1565[34]. Diese Rechenweise findet sich am Ende des 13. Jahrhunderts bei Alexander von Roes aufgegriffen.

Im übrigen haben wir eine umfassende, sammlerische Universalgeschichtsschreibung seit Ende des 12. Jahrhunderts, etwa bei Petrus Comestor um 1170/75, bei Gottfried von Viterbo ca. 1196, Siccard von Cremona 1213, Gervasius von Tilbury 1214, Helinand 1227, Alberich von Troisfontaines um 1250, Matthaeus Parisiensis, vor allem aber bei Vincenz von Beauvais um dieselbe Zeit. Diesem 1264 verstorbenen Dominikaner gebührt nicht nur der Ruhm, der erste Universalhistoriker seines Ordens gewesen zu sein, sondern er hat zugleich das Verdienst, mit seinem „Speculum Maius" die umfangreichste Enzyklopädie des Mittelalters schlechthin und mit dem Teilband „Speculum Historiale" die größte Weltgeschichte zusammengestellt zu haben. Letztgültig bis in Einzelheiten durchgearbeitet hat er seine Spiegel nicht, auch konnte er seine Sammeltätigkeit nur mit vielen Helfern gemeinsam bewältigen, wie er in der „Apologia Actoris", der Einleitung, die zugleich eine Geschichtstheorie des Spätmittelalters ist, gestehen muß[35]. Daher ist die Chronologie des Gesamtwerkes in keiner Weise vereinheitlicht. Vincenz gibt relativ wenig Zahlen an, ordnet sein Werk nicht nach Jahren und hält sich bei der Mitteilung von Daten gewöhnlich nur an das, was er gerade in seiner Vorlage vorfindet. Auch der historische Abriß, den Vincenz seinem „Speculum Naturale" am Schluß beigibt[36], bezeugt das zweideutige Bild.

Aber Vincenz hat sich in der „Apologia Actoris" mit den Fragen der Chronologie auseinandergesetzt. Bewußt vermeidet er es, Welt- und Inkarnationsären und -datierungen zum tragenden Gerüst seiner Anlage zu machen wegen ihrer Unzuverlässigkeit, vielmehr orientiert er die Einteilung des „Speculum Historiale" in annähernd gleichlange Bücher an Herrschaftszeiten und zwar solchen weltlicher Herren und nicht einmal an heilsgeschichtlichen Epochen wie z.B. Christi Geburt oder Tod: so bilden die Geburt Moses, der Aufstieg des Kyros, der Alexanders und desselben Tod, der Aufstieg Caesars, des Augustus Tod und die Regierungswechsel diverser späterer Kaiser der Römer die Einschnitte[37]. Vincenz begründet aber vor allem die Notwendigkeit der Berichterstattung über weltliche Herrschaften schlechthin und ihre Reiche mit ihrer Brauchbarkeit für eine angemessene zeitliche Fixierung und damit für die Steigerung der Glaub-

---

[34] Eine Edition ist bisher nicht erfolgt, aber bei den MGH vorgesehen.

[35] C. 3 et 10, ed. A. v. den Brincken, Geschichtsbetrachtung bei Vincenz von Beauvais. Die Apologia Actoris zum Speculum Maius, in: DAEM 34 (1978) 468 et 479.

[36] Cf. Edition Douai 1624.

[37] Genaue Aufstellung bei A. v. den Brincken, Zu Herkunft und Gestalt der Martins-Chroniken, in: DAEM 37 (1981) 706 sq., n. 47.

würdigkeit gleichzeitiger heilsgeschichtlicher Ereignisse[38]: auch der Evangelist Lukas habe — wie schon Hugo von Fleury betonte — die Geburt Christi mit der Herrschaft des Herodes und des Augustus verknüpft, weil diese Personen allen Menschen damals bekannt waren. Daher sei in einem Geschichtswerk die Abfolge der Regierungszeiten von Königen und Kaisern und nicht minder die von Päpsten äußerst wichtig, nicht nur für die gegenwärtige Geschichte, sondern auch für jede andere Zeit zwecks Sicherung und Klärung der Frage, unter welchem Kaiser, König oder Papst sich die Geschehnisse abspielten; wenn man damit noch nicht exakt genug Bescheid wisse über den Zeitpunkt, so müsse man lediglich einen Regentenkatalog für den betreffenden Bereich zu Rate ziehen: da die Überlieferung der Chronographie hinsichtlich der Jahreszählung nun einmal hoffnungslos verworren sei, erscheine ihm diese Art zeitlicher Zuordnung viel zuverlässiger[39].

De facto bedeutet das, daß Vincenz auf die als okkasionell eingestufte, simple Jahreszählung zurückgreift, die es schon seit Menschengedenken in allen Kulturen gab: ihr gibt er den Vorzug vor der abstrakt linearen, nicht etwa, weil er in archaische Denkweisen zurückfällt, sondern weil die linearen Zeiträume zu lang geworden sind und einer zusätzlichen Bestimmung bedürfen: ein kleiner Fehler, und die gesamte folgende Rechnung wird unrichtig. Im Grunde wird hier das Verlangen nach Unterteilung insbesondere der letzten aetas laut, die bereits 1250 Jahre mißt und in ihren Geschehnissen reichhaltig bezeugt ist. Vincenz plädiert nirgends für Abschaffung der Welt- und Inkarnationsära, aber sie reichen ihm nicht mehr ganz aus zur zeitlichen Fixierung, er sucht in der Datierung nach einer deutlicheren Individualisierung: die Assoziation von Geschehnissen und Personen mit gleichzeitigen, allbekannten Regenten drängt sich ihm auf, eine entsprechende Untergliederung der Zeit schafft unverwechselbare Zeiträume.

Die Rechnung nach Päpsten erwähnt Vincenz, weil er ihr bei Hugo und manchem Nachfolger begegnet. Inzwischen hat die Papst-Kaiser-Chronistik nämlich wiederholt Anhänger gefunden, u. a. in Gottfried von Viterbo, der Vincenz bekannt gewesen ist; selbst angewendet hat der Dominikaner die Papst-Einteilung nicht. Ganz offensichtlich ist er da noch unberührt von den Ansprüchen der Kanonistik, die mit ihren reichhaltigen Sammlungen und Erklärungen die Vormachtstellung des Papsttums auch in der Geschichtsschreibung herausarbeitete.

Die Summen sind Sammelbecken oder auch Spiegel der verschiedenartigen Strömungen. Den Kompendienschreibern der Folgezeit sollte dann die neue Materialauslese vorbehalten sein.

---

[38] Apologia Actoris c. 5 (v. supra n. 35) 470 sq.
[39] Ibid.

VIII. Die Papst-Kaiser-Kompendien in Quinquagenenform

Die gesamte spätmittelalterliche Geschichtsschreibung, ob Welt- oder Lokalchronistik, ist seit der zweiten Hälfte des 13. Jahrhunderts mit wenig Ausnahmen am Typus der Papst-Kaiser-Chronik ausgerichtet. Man bezeichnet diese Form der Geschichtsschreibung auch als Martins-Chroniken oder Martinianen, weil die beliebteste von ihnen auf den Dominikaner Martin von Troppau (†1278) zurückgeht, ja, man erfindet gar für verwandte, anonym überlieferte Werke Autoren, die man Martin nennt. Dabei hat Martin mitnichten als der Erfinder dieser Historiographie zu gelten, vielmehr begegnet man ihr im 12. Jahrhundert u. a. bei Hugo, Otto von Freising, Gottfried, und Gilbertus Romanus sorgt 1221 als erster für eine lückenlose Doppelsträngigkeit, weil er sich nicht auf die Kaiser beschränkt, sondern grundsätzlich auch die römischen Könige einbezieht und den Päpsten parallel setzt. Doch gelingt Martin eine besonders übersichtliche tabellarische Anlage, die seinem Werk in dieser und in mannigfachen abgewandelten Formen zu einer Verbreitung verhilft, wie sie sonst kein anderes Geschichtswerk verbuchen kann.

Martin, im Erstellen von Hilfsmitteln für Summen nicht unerfahren — seine „Margarita Decreti" ist eine Realkonkordanz zum Decretum Gratiani —, setzt seitenweise links Päpste, rechts Kaiser und Könige einander gegenüber und teilt die Seiten jeweils annalistisch in 50 Jahreszeilen auf, so daß jedem Jahr durchlaufend zwei Parallelzeilen zukommen und jede Doppelseite eine Quinquagene von Jahren graphisch übersichtlich darbietet. Die Zuordnung einzelner Mitteilungen zur linken oder zur rechten Seite richtet sich nach der Datierung in der benutzten Vorlage, nicht etwa nach dem Inhalt der Notiz. Inkarnationsjahre sind natürlich auf beiden Seiten mitgeliefert. Die ganze Tafel sollte laut Willen ihres Erfinders dem Dekret als Zeittafel oder der „Historia Scholastica" des Petrus Comestor als Fortsetzung dienen[40].

Zunächst einmal erweist Martin, päpstlicher Kaplan und Pönitentiar, sich als gewissenhafter Benutzer seines Konfraters Vincenz, denn durch dessen Forderung nach Absicherung der Datierung ist die Anlage von Martins Werk entscheidend geprägt. Im Gegensatz zu Vincenz stellt er die Päpste an die erste Stelle, wie dies in gleicher Weise auch seine Vorgänger taten. In der zweiten Hälfte des 13. Jahrhunderts bleibt dabei die Tatsache nicht ohne Wirkung, daß das Kaisertum vakant, die Stellung der Päpste aber außerordentlich gesteigert ist, zumal die Kanonistik das Ansehen des päpstlichen Stuhles weiterhin untermauert. Zudem eignet sich die Papstabfolge entschieden besser zum Datieren als die der Kaiser: die Pontifikate dauern relativ kurz, da die Päpste erst in reifen Jahren gewählt werden. Das Ver-

---

[40] Ed. L. Weiland in: MG SS 22 (1872) 377—475, praef. 397.

hältnis der Anzahl der Päpste zu dem der römischen Könige beträgt ca. 2:1, daher grenzt die Zuordnung zur Regierung eines Papstes wesentlich exakter ein. Auch folgen sich die Päpste relativ lückenlos nach kurzen Sedisvakanzen aufgrund des Wahlprinzips, es gibt hier weder Minderjährigkeitsregierungen noch Regentschaften.

Aber Martin führt noch eine weitere Technik ein, die Anordnung in Quinquagenen, vielleicht angeregt durch das einzige, bislang bekannte mögliche Vorbild, die Metzer Weltchronik in ihrer zweiten Fassung[41]. Die erste Fassung des Werkes kennt diese Eigenheit noch nicht[42]. Nun dürfte der Durchschnitt der Zeilen je Seite in mittelalterlichen Handschriften der gotischen Zeit eher um die 40 als um die 50 zu suchen sein. Hier aber spielen zweifellos die Inkarnationsjahre auf den einzelnen Seiten die entscheidende Rolle, denn nun kann man die Zeit auf einer aufgeschlagenen Doppelseite nach Jahrhunderthälften überblicken, vermittels Foliierung der Handschriften auch die Zwischenräume zwischen zwei Ereignissen mühelos errechnen, selbst wenn man von der eigenen Zeit rückwärts schreiten will.

Die Handschriftenüberlieferung von Martins Chronik ist einstweilen erst in Umrissen bekannt, und nur ein beschränkter Prozentsatz hat die Quinquageneneinteilung in ihrer Urfassung bewahrt. Sehr häufig ist ferner eine Form belegt, wo fortlaufend die Päpste einer Quinquagene von ihrem Regierungsantritt an en bloc, anschließend die Kaiser desselben Zeitraumes abgehandelt sind, worauf die Päpste der nächsten Quinquagene folgen usw.: hier haben Kopisten schlicht vergessen, daß die linke und die rechte Seite miteinander korrespondieren und der zugehörige Text jeweils auf den Verso-Seiten bzw. auf den Recto-Seiten fortläuft. Natürlich gibt es außerdem Handschriften, die Papstabfolge und Kaiserreihe völlig voneinander getrennt haben, so daß auf eine vollständige Papstchronik eine Kaiserchronik folgt, andere Manuskripte bieten den Text wahllos durcheinander; bei der Masse der Handschriften aber sind wenigstens Spuren der Quinquagenenanlage auszumachen, während bislang nur eine einzige Handschrift bekannt ist, die in Umrissen auf eine Vorlage mit Zentenarien schließen läßt[43]. Die Fülle der Zeugnisse für die Quinquagenen läßt diese als Martins ursprüngliche Schöpfung erscheinen.

Damit ist hier sicher die Rechnung in halben Jahrhunderten für das 13. Jahrhundert bezeugt, und die Magdeburger Zenturiatoren haben keineswegs als die Erfinder der Jahrhundertrechnung zu gelten, wie dies ge-

---

[41] Fragmente ed. G. Waitz in: MG SS 24 (1879) 490 sq. et 502 sqq.; cf. Ms. Paris BN Lat. 14 593 fol. 228 sqq.

[42] Ibid. fol. 264 sqq., ausdrücklich als nicht authentisch gekennzeichnet.

[43] Die Münchener Handschrift CLM 6749 aus dem 15. Jahrhundert hat zwar keineswegs einen Hundert-Zeilen-Spiegel, sondern bietet wechselnd 30 bis 35 Zeilen, allenfalls die Vorlage könnte ein derartiges Hochformat gewesen sein. CLM 6749, olim Frisingensis, stammt aus Klosterneuburg. Diese ersten Beobachtungen zur Martins-Überlieferung beruhen lediglich auf dem Studium der Münchener und Pariser Handschriften (zusammen 50 Stück).

wöhnlich angenommen wird[44]. Der Vorschlag (1555) des Marburger Theologen Andreas Hyperius[45], doch Quinquagenen statt Zenturien zu verwenden, weil dieser Zeitraum dem menschlichen Gedächtnis besser entspreche, dürfte mit ziemlicher Sicherheit der Martins-Chronistik entnommen sein; etwa die Feststellung, das Jahr 519 gehöre der 11. Quinquagene an, könnte exakt aus einer Chronik Martins von Troppau vorgelesen sein.

Ganz ohne Zweifel bot diese Tabellenform durch ihre graphische Überschaubarkeit große Vorteile. Bedenkt man darüber hinaus daß das Rechnen mit arabischen Zahlzeichen im Vormarsch war[46], so leuchtet es ein, daß man nun ein Hilfsmittel besaß, mit dem sich auch leicht retrospektiv rechnen ließ.

In den achtziger Jahren des 13. Jahrhunderts bedient sich Alexander von Roes in seiner „Noticia Seculi" der Jahrhundertrechnung des Traktates „De semine scripturarum"[47], und die Martins-Chroniken dürften ihm gleichfalls bekannt gewesen sein. Bei ihm findet sich zwecks Datierung Gregors des Großen die Mitteilung, derselbe habe vor rund 700 Jahren gewirkt[48]: Alexander rechnet von sich aus rückwärts, setzt sich mithin selbst zum Zeitmaß. Eine solche Rechenweise ist bemerkenswert, auch wenn sie sich sicherlich nicht sonderlich für ein Werk eignet, dem eine langfristige Benutzung zugedacht ist: da die eigene Zeit laufend fortschreitet[49], müssen Daten stets verändert werden.

IX. Der Rückwärtsbezug in der Jahresrechnung

Mit den „Flores Temporum" legen die Mendikanten am Ende der Hochscholastik ein Kompendium vor, daß mannigfache Überraschungen für den an der Chronologie Interessierten bereithält[50]. Gemeinhin gilt diese anonym überlieferte Papst-Kaiser-Chronik von 1292 als das Pendant eines

---

[44] Zuletzt J. Burkhardt, Die Entstehung der modernen Jahrhundertrechnung. Ursprung und Ausbildung einer historiographischen Technik von Flacius bis Ranke, Göppingen 1971 (= Göppinger Akademische Beiträge 43).

[45] Ibid. 16.

[46] Cf. praef. der „Flores Temporum", ed. O. Holder-Egger, in MG SS 24, 1879, 230.

[47] V. supra n. 33.

[48] *B. Gregorius quasi ante septingentos annos . . . dixit*, v. Noticia Seculi c.19, edd. H. Grundmann et H. Heimpel, MG Staatsschr. d. späteren Mittelalters 1, 1, 1958, 166.

[49] Lediglich in der Paläographie hat man relativ früh nach Jahrhunderten datiert, häufig auch von der eigenen Zeit rückwärts rechnend, was sich aber als unpraktisch erwies; cf. P. Lehmann, Einteilung und Datierung nach Jahrhunderten, in: Aus der Geisteswelt des Mittelalters. Studien und Texte M. Grabmann gewidmet, Münster 1935, Abdruck: id., Erforschung des Mittelalters 1, Stuttgart 1959, 114–129.

[50] A. v. den Brincken, Anniversaristische und chronikalische Geschichtsschreibung in den „Flores Temporum" (um 1292), in: Geschichtsschreibung und Geschichtsbewußtsein, v. supra n. 8.

Minoriten zum Werk des Dominikaners Martin von Troppau, und auch
diesen Unbekannten hat die Fama gern bisweilen Martin getauft.

Bei genauerem Hinsehen handelt es sich bei den „Flores" jedoch um eine
recht andersartige Chronik. Nicht nur, daß die Kaiser hier vor den Päpsten
rangieren, daß allerlei Zutaten auf enge Beziehung zum Deutschen Reich
und insbesondere nach Schwaben deuten, auch das Anliegen des Werkes ist
grundverschieden. Zunächst einmal handelt es sich um eine Chronik der
sechs Weltalter, d. h. die gesamte vorchristliche Zeit ist wieder voll einbezogen.

Im Vorwort erläutert der Autor, der sich als Franziskaner vorstellt, sein
Anliegen dahin[51], daß er stets seinen speziellen Wissensdrang auf die Frage
konzentriert habe, zu welcher Zeit die einzelnen Heiligen auf dieser Erde
geweilt haben, weshalb er mit großem Eifer die chronikalische Überlieferung wieder und wieder durchackerte. Hierbei habe er seit Anfang der Welt
bis zum Jahre 1290 nur so für den Eigengebrauch einiges kurz und in kind-
lichen Wendungen aufnotiert, versehen mit arabischen Zahlzeichen. Wenn
er nun dem Volk in der Predigt sage: *Hodie tot anni sunt, quod iste sanctus
migravit ad celos*, heute sind es soundso viele Jahre, daß jener Heilige in den
Himmel einging, hätten ihn seine Mitbrüder und der Klerus bewundert und
beharrlich eine Kopie seiner Schrift erbeten, allerdings mit den gewohnten,
d. i. römischen Zahlzeichen versehen.

Denn nicht nur die alttestamentliche Chronologie sei durch die Septuaginta verdorben, auch die christlichen Geschichtschreiber älterer und jün-
gerer Zeit hätten die Jahreszählung weiter verwirrt, weshalb der Anonymus, ängstlich und von Zweifeln geplagt — wie er ausdrücklich versichert —,
einen Mittelweg erwählt. Er sucht, sich an Orosius, Isidor und Martin zu
orientieren, doch nicht einmal hier findet er in der Jahreszählung eine einheitliche Linie. Seine eigene Rechenweise hat er daher nur für sich selbst bestimmt, erst seine Vorgesetzten veranlassen ihn jetzt zur Veröffentlichung:
man merkt hieran, daß der Chronist einen neuen Weg einschlägt, was man
im Mittelalter immer nur mit Hemmungen zu tun pflegt. Ausdrücklich
ermahnt er zu korrektem Umgang mit römischen Ziffern, gibt hierfür
eigens eine Anleitung. Die aetates 1 bis 5 behandelt er kurz, um sich der
sechsten eingehend zu widmen. Endlich beteuert er, daß er, wenn er sich
zeitlich an die Päpste bis zu Nikolaus IV. (1288—1292) halte sowie an die
römischen Könige, diese nicht zu ihrem eigenen Ruhm erwähne, sondern
sie seien nur die *spinae*, d. i. Dornen, aber auch das Rückgrat, vor denen die
Himmelsrosen und Paradieslilien der Heiligen umso herrlicher erblühten.
Der Chronist wird bewundert als Prediger, weil er Wunder und Exempla
genau zu datieren vermag: er nennt nicht etwa das Inkarnationsjahr und
auch nicht den gleichzeitig regierenden Papst, sondern er pflegt zu sagen:

---

[51] praef., (v. supra n. 46) 230.

heute ist es soundso lange her. Das ist eine sehr individuelle und für die schriftliche Tradition zudem ungeeignete Datierung, er hat sie deshalb auch nicht der Feder anvertraut, sondern mit der Chronik ein Hilfsmittel geplant, das ein möglichst problemloses Errechnen des retrospektiven Zeitbezuges jeweils ermöglichen sollte. Man hat sich das Original von des Minoriten Handbuch als annalistische Tafel zu denken, deren Spuren in der Überlieferung auch durchaus greifbar sind; für eine Quinquagenenanlage gibt es allerdings keine Belege. Möglicherweise war sie insofern entbehrlich, als die Verwendung arabischer Zahlzeichen auch so ein leichtes Errechnen des Abstandes zu einem vergangenen Ereignis erlaubte, denn die Subtraktion ist wesentlich unproblematischer als bei den römischen Zeichen. Umgekehrt erleichtern Quinquagenen oder Zentenarien das Rechnen mit römischen Zahlen[52].

Die *via media*, bei der der Autor hinsichtlich der Jahreszählung Zuflucht nimmt, dürfte die retrospektive Rechenweise generell sein, denn zunächst einmal hat er als derjenige zu gelten, der erstmals die retrospektive Inkarnationsära mit einer gewissen Systematik verwendet[53]. Der nächste Schritt ist dann die Übertragung dieser Zählweise auf die eigene Zeit, wodurch Fehler insbesondere in der Jahresrechnung der älteren Zeit umgangen werden: für die jüngere Zeit ist in der Regel die chronologische Abfolge besser gesichert. Das Grundanliegen der „Flores Temporum" ist nämlich die Lösung einer höchst schwierigen Aufgabe: der Autor will die anniversaristisch nach dem Kirchenjahr angelegte „Legenda Aurea" in eine lineare Chronik umschreiben[54], um in seinen Predigten nicht nur den Gedächtnistag zu begehen, sondern den zeitlichen Abstand des Geschehnisses fixieren zu können: die Sicherung der Historizität von Wundern und Exempla steht im Mittelpunkt, sie werden datiert durch Welt- und Inkarnationsjahre, durch Regierungsjahre von Päpsten und Kaisern und obendrein durch die retrospektive Angabe zur eigenen Zeit. Generell ist das retrospektive Rechnen außergewöhnlich. Aus früheren Zeiten ist diese Technik auch nicht aus anderen Kulturen bekannt, ausgenommen die Tatsache, daß Orosius im ersten Buch seines Geschichtswerkes[55] nach Jahren vor der Gründung der Stadt Rom datiert, Beda ein vereinzeltes Mal in der Kirchengeschichte von Christus aus rückwärts datiert[56] und Alexander von Roes einmal von sich aus rückwärts zählt[57].

---

[52] Aliter Stadtmüller (v. supra n. 11) 154 sq.
[53] A. v. den Brincken, Beobachtungen zum Aufkommen der retrospektiven Inkarnationsära, in: Archiv f. Diplomatik 25 (1979) 14 sqq.
[54] V. supra n. 50.
[55] Historiae adversum paganos, ed. C. Zangemeister, liber 1 passim, 1882 (= CSEL 5).
[56] Historia Ecclesiastica Gentis Anglorum, I, 2 bzw. V, 24, ed. C. Plummer, Oxford 1896, 13 et 352.
[57] V. supra n. 48.

X. Wandel der Bezugspunkte im Spiegel der Epochenwahl

In der Geschichtsschreibung des christlichen Mittelalters haben Ansätze zur zyklischen Jahresrechnung keine Durchschlagskraft erlangt, da lineares Zeitdenken von der Religion her vorgegeben war. Der wohl einzige Versuch, Zyklen in der Historiographie einzuführen, nämlich des Marianus Aufgreifen der circuli magni oder cycli magni bei Beda, bleibt ohne Nachahmung, denn er liefert zwar eine große Maßeinheit, paßt aber nicht mit seinem Gleichmaß in eine Weltanschauung, die individuelle Perioden wie aetates oder Regentenperioden bevorzugt.

Okkasionelle Jahresrechnungen, die es zu allen Zeiten gibt, spielen eine unterschiedliche Rolle. Als weitgehend alleinige Fixierung finden sie sich als Regentenjahre von römischen Kaisern, Konsuln, Päpsten in der Kanzlei derselben seit Hadrian I., einzige Zyklenrechnung bleibt daneben die Indiktionsangabe. Große lineare Jahresrechnungen sind allenfalls durch die Ära des Diokletian, gerechnet von 284 an, bezeugt; sie werden im 6. Jahrhundert ganz bewußt durch Dionysius Exiguus abgelöst, der ausdrücklich den heidnischen Kaiser und Christenverfolger ersetzt sehen will durch die Erinnerung an das Erlösungswerk Christi[58]. Daneben ist allenfalls noch die in Spanien seit dem 5. Jahrhundert bezeugte und bis ins 14./15. Jahrhundert gebräuchliche Ära zu nennen, die im Jahre 38 vor unserer Zeitrechnung beginnt.

Byzanz, Antiochien, Alexandrien und das Judentum haben ihre eigenen, voneinander abweichenden Weltären dem Alten Testament entnommen, das Abendland verwendet in erster Linie die von Eusebios aus der Septuaginta errechnete Ära mit 5199 bzw. die der Vulgata abgelesene mit 3952 Jahren vor Christi Geburt. Für diese lange ‚Linea' ergibt sich frühzeitig die Notwendigkeit der Unterteilung, etwa durch die aetates.

Saeculum ist im Sinne von Generation nachgewiesen, denn mit Generationen arbeiten Altes und Neues Testament. Insbesondere Joachim von Fiore hat sich ihrer eifrigst bedient, aber als Recheneinheit hat sich die Generation nur bedingt durchgesetzt. Quinquagenen erweisen sich als brauchbarer, zumal man mit ihnen im römischen Zahlensystem arbeiten kann. Mag bei Martin von Troppau zunächst die Fläche einer großen Folioseite zur Unterteilung in 50 Zeilen gereizt haben, die praktischen Vorteile sind nicht zu übersehen. Biblisch untermauern ließ sich diese Rechenweise gegebenenfalls auch noch durch die Jobeljahre des Alten Testaments, die als gesteigertes Sabbatjahr nach siebenmal sieben Jahren, d. i. im 49., in der Praxis im 50. Jahr begangen wurden und besondere soziale Vergünstigungen einbrachten. Jobeljahr, benannt nach dem Widderhorn, wurde im Abendland volksetymologisch zu Jubeljahr umgebildet. Kurz nach der

---

[58] Epist. I, ed. Migne PL 67 col. 20.

ersten Verbreitung der Chronik des Martin von Troppau, entstanden 1268 in ihrer Urfassung, und nach der Aufnahme von Spuren einer Jahrhundertrechnung durch Alexander von Roes, läßt Bonifaz VIII. für 1300 erstmals ein Jubeljahr oder Heiliges Jahr ansetzen mit besonderen Ablässen für alle Rompilger. Die Wiederholung war zunächst nach 100 Jahren geplant, wird aber 1343 wegen ihrer Einträglichkeit auf 1350 vorverlegt. Über eine Verkürzung der Zwischenräume auf 33 Jahre als Christi Lebensalter wird die Spanne am Ende des Mittelalters bereits auf 25 Jahre festgesetzt. Auch in dieser Richtung können mithin im 13. Jahrhundert Neuansätze beobachtet werden. Es erfolgt eine Unterteilung in gleiche Zeitabschnitte, die jedoch nicht naturgesetzlich vorgegeben sind, sondern willkürlich menschengesetzlich gebildet werden, bald aus praktischen, bald aus rechnerischen Gegebenheiten wie Format des Beschreibstoffs, graphische Merkmale, Zahlensystem.

Fragt man schließlich nach den Ursachen des Wandels im Umgang mit Zeitmaßen gegen Ende des Hochmittelalters und am Beginn des Spätmittelalters, so kann man mannigfache Erscheinungen geltend machen:

1. Die Linie der jüngsten Zeit wird fortwährend länger und damit schwerer überschaubar, sie verlangt nach weiterer Unterteilung, ähnlich wie dies in der modernen Zeit mit dem stets wachsenden Begriff „Neuzeit" der Fall ist.

2. Fehlerquellen in der linearen Abfolge können durch Unterteilung eingegrenzt werden, desgleichen durch Verwendung retrospektiver Rechenweisen von einem gesicherten Zeitpunkt aus.

3. Während im Alltag die Verwendung mechanischer Geräte zur Messung kleiner Zeiteinheiten allgemein Fortschritte macht, spielen in der Historiographie bisweilen praktische Gegebenheiten für die Wahl von Zeiteinheiten eine Rolle, so das Format tabellarischer Hilfsmittel.

4. Das Zeitalter der Scholastik hat eine große Vermehrung der Codices mit gelehrtem Inhalt zur Folge, die von vielen benutzt werden. Die Summenliteratur verlangt ihrerseits wieder nach neuen, überschaubaren Kompendien oder tabellarischen Erschließungshilfen. Man sucht hier nach graphisch einprägsamen Materialzusammenstellungen, die sich auch auf die Größenordnung der gewählten Zeitmaße auswirken können: während etwa die Jahrhunderteinteilung nicht gerade buchgerecht ist, kann sich die Quinquagene besser durchsetzen.

5. Die Vorrede des anonymen Autors der „Flores Temporum" ist Zeugnis, daß sich die Verwendung arabischer Zahlzeichen ausbreitet, in ihrem Nutzen auch erkannt wird, aber noch vielfach auf Unkenntnis stößt. Mit arabischen Zahlen kann man in der Tat viel müheloser rechnen, z.B. subtrahieren. Eine Redewendung wie *hodie tot anni sunt* kann sich im Grunde erst einbürgern, nachdem der Umgang mit den Grund-

rechenarten erleichtert ist, sei es durch Einführung von Quinquagenen-
tafeln, die Zeitabstände leicht ablesen lassen, sei es durch arabische
Zahlen, die dem Benutzer einer solchen Chronik auch ein schnelles Erstellen der retrospektiven Datierungen über Jahre hin ermöglichen.

6. Die Zunahme der Bedeutung des Predigtwesens im bürgerlichen Bereich erfordert die Arbeit mit leicht faßlichen Daten und Zeitangaben,
die auch den illiterati einleuchten.

7. Schließlich spielt natürlich ein Wandel in der Wertung der eigenen
Stellung und des subjektiven Standpunktes eine Rolle: man lokalisiert
die wichtigen Geschehnisse, Wunder und Exempla nicht nur nach ihrem
Bezug zum Verlauf der gesamten Heilsgeschichte, sondern auch zur
eigenen Person und Zeit. Denn das Christentum ist zunehmend Geschichte geworden. Hier wird ein neues Selbstverständnis faßbar, das
Individualität und Subjektivität duldet und das ein neues Zeitalter an-
kündet. Verschiedentlich ist der Wunsch laut geworden, den großen
Einschnitt Ende des Mittelalters früher anzusetzen, etwa um 1300 eine
Zäsur herauszuarbeiten, weil das bislang theozentrische Weltverständnis
einem mehr anthropozentrischen weiche[59]: ein äußeres Merkmal dieses
Wandels wird gern im Sturz des Papsttums nach seiner Übersteigerung
durch Bonifaz VIII. gesehen. Andererseits dürfen derartige Beobachtungen nicht überbetont werden: derselbe Flores-Autor, der die Geschehnisse zeitlich auf sich beziehen möchte, hat auch als Schöpfer der
retrospektiven christlichen Ära zu gelten, Zeugnis eines eminent christo-
logischen Denkens. Die frühen Teile seines Werkes zeigen zudem, daß er
auch für Zahlensymbolik viel Sinn hat. Endlich ist er ein guter Natur-
beobachter und weiß um die Mängel des julianischen Kalenders[60].

XI. Zusammenfassung

Während im ersten christlichen Jahrtausend die übergreifende Linie der
Weltgeschichte von der Schöpfung bis zum Weltende dominiert und die
letzte aetas zureichend durch die Inkarnationsära und die mit dieser verbundenen Annalistik aufgegliedert ist, leitet erst die Fortsetzung der Ostertafeln im 11. Jahrhundert Kritik in der Jahreszählung sowie den Wunsch
nach weiterer Unterteilung ein, zumal das letzte Weltalter unaufhörlich
wächst. Naturgesetzliche Zeitmessung erweist sich dem Historiker als
wenig adäquat, weshalb neue menschengesetzliche Formen der Zeitmessung entwickelt werden. In diesen Zusammenhang sind sowohl die Blüte

---

[59] Handbuch der Weltgeschichte, hg. von Alexander v. Randa, Bd. 2, ¹1954 u. ö., col.
1393.

[60] Ed. J. G. Eccard, Corpus Historicum Medii Aevi 1, Leipzig 1723, Sp. 1551 sqq.

der Papst-Kaiser-Chronistik zu stellen als die Ansätze zu Quinquagenen-
und Zentanariengliederung und endlich die retrospektiven Rechenweisen.
Durch Schulen, Universitäten und Städte wird der Kreis derer, die sich für
ein historisches Grundwissen interessieren, größer, und damit muß sich
auch die Geschichtsschreibung um eingängige Jahreszählungen bemühen.
Unter diesem Aspekt sind im 12. und 13. Jahrhundert mannigfache Wand-
lungen zu beobachten.

DAS GEMESSENE GEDÄCHTNIS.
ZUR POLITISCH-ARGUMENTATIVEN HANDHABUNG DER VERJÄHRUNG DURCH GELEHRTE JURISTEN DES MITTELALTERS

von Helmut G. Walther (Kiel)

I.

Bei zwei in Hanglage aneinander stoßenden Grundstücken ergeben sich leicht Schäden auf dem unteren der beiden durch das aus dem oberen abfließende Regenwasser. Was ist zu tun, wenn nun ein bislang vor solch schädigenden Wassermassen schützender Damm auf dem oberen Grundstück gebrochen ist?

Einem Grundeigentümer stand es nach altem römischen Nachbarschaftsrecht durch die sog. *actio aquae pluviae arcendae* zu, Abhilfe gegen übermäßigen Regenwasserzufluß zu verlangen, und er konnte deshalb auf Wiederherstellung des Dammes klagen[1]. Das von Kaiser Justinian am 30. Dezember 533 in Kraft gesetzte Lehrbuch der Digesten zeigt, daß dabei für die älteren römischen Juristen das Problem darin bestand, ob es sich bei dem gebrochenen Damm um eine natürliche oder um eine künstliche Anlage handelte. Bei einem natürlichen Damm erklärten sie eine Klage auf Wiederherstellung für unzulässig. Anders verhielt es sich bei einem künstlichen Bauwerk. Hier machten sie ihre Entscheidung davon abhängig, ob der Damm zu einer Zeit errichtet worden war, *cuius memoria existat vel non existat*[2].

Kontrovers war freilich unter den Juristen, welche rechtlichen Folgen aus der Errichtung einer solchen Anlage in unvordenklicher Zeit resultieren sollten. Es kam nämlich darauf an, ob man einen solchen Damm einer auf natürliche Weise entstandenen oder einer auf gesetzlicher Grundlage errichteten Anlage gleichstellen konnte. Mehrheitlich tendierten die Juristen aber offenbar dazu, ein *tempus cuius memoria non existat*, wofür

---

[1] Cf. D. 39.3. Dazu M. Kaser, Das römische Privatrecht I, München ²1971, § 31 (126), § 98 (407), (= Handbuch d. Altertumswissenschaft X. 3.3.1).

[2] D. 39.3.2.5 (Paulus mit Referat der älteren juristischen Diskussion); cf. dazu zusammenfassend D. Nörr, Die Entstehung der longi temporis praescriptio, Studien zum Einfluß der Zeit im Recht und zur Rechtspolitik in der Kaiserzeit, Köln u. Opladen 1969, 47 ff. (= Arbeitsgem. f. Forsch. d. Landes Nordrh.-Westf., Geisteswiss. Abt. 156).

man vereinfachend auch den Begriff der *vetustas* wählte, in seiner Wirkung gleich einer *lex* zu achten. In die Digesten wurden deshalb folgende Maximen des spätklassischen Juristen Ulpian aufgenommen: *vetustas vicem legis tenetur* und *longa consuetudo velut ius*[3].

Damit billigten die römischen Juristen also der Unvordenklichkeit, d. h. der Tatsache, daß etwas jenseits des menschlichen Erinnerungsvermögens entstanden war, die Qualität der Begründung eines bindenden Rechtsverhältnisses zu. Als Praktiker waren sie bereit, die normative Kraft des Faktischen anzuerkennen. Aber nicht zuletzt wegen der weitreichenden Wirksamkeit versuchte man zugleich die *vetustas* in ein möglichst genaues Verhältnis zur menschlichen *memoria* zu bringen, indem man Zeitgenossenschaft und Kenntnis vom Hörensagen in ihren rechtlichen Qualitäten unterschied. Daß die *memoria* aber gemessen werden könnte, indem man ihr bestimmte Zeitspannen zuordnete, davon war in der damaligen Phase der römischen Rechtsentwicklung noch nicht die Rede[4].

Antike Rechtsordnungen waren ohnehin gegenüber dem Faktor Zeit als Gestaltungselement von Rechtsverhältnissen, besonders im Bereich des Eigentumsschutzes, sehr zurückhaltend. Das römische Recht kannte zwar schon seit seiner Frühzeit das Institut der *usucapio*, der Ersitzung beweglicher und unbeweglicher Güter, die nach einer Frist von einem bzw. zwei Jahren eintrat. Doch war diese Regelung offenbar ursprünglich nur als Schutz eines Erwerbers gegen Ansprüche Dritter gedacht gewesen. Das bedeutete, daß die Zeit zwar eine schützende, rechtsverstärkende, nicht aber eine rechtserwerbende Wirkung besaß. Aber im Laufe der späteren Rechtsentwicklung in Rom trat letztere Funktion − vielleicht als Folge der prozessualen Praxis − in den Vordergrund. Damit besaß dann die Zeit im römischen Zivilrecht neben der *vetustas* mit der *usucapio* einen zweiten Wirkungsort[5].

Am deutlichsten erwies sich die rechtliche Wirksamkeit der Zeit dann im Institut der Verjährung. Es entwickelt sich aus einer besonderen Form der Einrede des Beklagten im Prozeß, die sich gegen die Zulässigkeit des Verfahrens richtete[6]. Die rhetorische Literatur der Kaiserzeit behandelte denn auch die Einredeform der *praescriptio* im Rahmen der *status*-Lehre. Dabei hatte die *praescriptio*, anders als die materiell-rechtlichen Einwände

---

[3] Ulpian in D. 39.3.1.23: *Si tamen lex agri non inveniatur, vetustatem vicem legis tenere [. . .] habuisse longa consuetudo velut iure impositam servitutem videatur.* Cf. Paulus in D. 39.3.2. pr.: *In summa tria sunt, per quae inferior locus superiori servit, lex natura loci vetustas.*

[4] D. Nörr (wie Anm. 2), 53f.

[5] Th. Mayer-Maly, usucapio, in: Pauly/Wissowa, Realencyklopädie der classischen Altertumswissenschaft II/IX A (= 17. Halbbd.), Stuttgart 1961, 1094−1132; M. Kaser, Röm. Privatrecht (wie Anm. 1), § 34 (134−138), § 101, 418−423.

[6] D. Nörr (wie Anm. 2), 38; M. Kaser, Das römische Privatrecht II, München ²1975, § 65 (65ff.).

(*exceptiones*), als ein rein prozessualer Einwand die Aussageform: *feci vel non feci, sed actio non iure intenditur* – Gleich, ob ich die Tat nun begangen habe oder nicht, ist die gegen mich angestrengte Klage unzulässig[7].

Ein besonderer Nichtigkeitseinwand war die *praescriptio*, die den inzwischen verstrichenen Zeitraum (*longum tempus*) zu ihren Gunsten anführte. Sie dürfte sich zuerst in den römischen Provinzen entwickelt haben, da das Institut der *usucapio* auf italischen Boden beschränkt war. Seit der Severerzeit setzte sich die *longi temporis praescriptio* mit Fristen von zehn und zwanzig Jahren als Rechtsinstitut durch, verlor aber nach Ausdehnung des römischen Bürgerrechts durch die Constitutio Antoniniana von 212 an Bedeutung für die Ersitzung von Sachen[8]. Aus einer Theodosianischen Konstitution von 424 ergibt sich, daß damals die Verjährungsfrist nunmehr auf dreißig Jahre ausgedehnt worden war[9]. Zugleich waren von den Juristen auch die Institute der *longi temporis praescriptio* und der *usucapio* parallelisiert worden, so daß beide jetzt einen Doppelaspekt enthielten: den materiell-rechtlichen der Ersitzung nach einem gewissen Zeitablauf und den prozeßrechtlichen der Abwehr von Rechtsansprüchen, was in der Praxis den Rechtsverlust des ursprünglichen Eigentümers durch Zeitablauf bedeutete[10].

Justinians Reformgesetzgebung seit 529 erfaßte auch die Rechtsinstitute der Ersitzung und Verjährung. Eine Konstitution von Oktober 531 regelte dabei den ganzen Komplex neu: Ersitzung an beweglichen Sachen sollte hinfort nur noch *usucapio* heißen und dafür eine Verjährungsfrist von 3 Jahren benötigen; Grundstücke konnten nach Fristen von 10 Jahren (*inter praesentes*) und 20 Jahren (*inter absentes*) durch *longi temporis praescriptio* ersessen werden. Voraussetzungen für beide Formen des Rechtserwerbs waren *iusta causa* (*titulus*), *bona fides* und *possessio civilis*.

Bereits 528 hatte Justinian aber eine außerordentliche Verjährung zugelassen, deren Fristen 30 und 40 Jahre betrugen. Diese *praescriptio* ermöglichte sogar eine Ersitzung gestohlener Sachen, wenn diese anfänglich *bona fide* erworben worden waren. Justinian hatte in seinen Codex aber auch eine ältere Kaiserkonstitution aufgenommen, die Kaisergut jeder Ersitzung entzog (C. 11. 67. 2). Auch lief gegenüber dem Fiskus eine besondere vierjährige Verjährungsfrist. Schließlich gewährte Justinian selbst im Jahre 535 dem Besitz der römischen Kirche eine besondere Ver-

---

[7] Cf. Quintilian, Inst. or. 3.6.83: *Quibus si deficiamur, ultima quidem, sed iam sola superest salus aliquo iuris adiutorio elabendi ex crimine quod neque negari neque defendi potest, ut non videatur iure actio intendi.* (M. Fabi Quintiliani Institutionis oratoriae libri duodecim, rec. M. Winterbottom, Oxford 1970, I, 157); dazu H. Lausberg, Handbuch der literarischen Rhetorik, Eine Grundlegung der Literaturwissenschaft, München 1960, I, § 90 (66).

[8] D. Nörr (wie Anm. 2), 74 ff.

[9] Cod. Theodos. 4.14.1 = Cod. Just. 7.39.3. Die zuvor von Konstantin d. Gr. eingeführte 40-jährige Verjährungsfrist in C. 7.39.2.

[10] M. Kaser, Röm. Privatrecht II (wie Anm. 6), § 199 (72); D. Nörr (wie Anm. 2), 104.

jährungsfrist von 100 Jahren (Novelle 9), die er aber 451 wieder auf eine einheitliche maximale Verjährungsfrist von 40 Jahren reduzierte (Novelle 111; bestätigt 545 durch Novelle 131.6), weil die ursprüngliche Regelung – wie er ausdrücklich erklärte – *experimento inveniatur inutile*[11].

II.

Als die *legum doctores* der Rechtsschulen Bolognas und anderer Städte Oberitaliens und Südfrankreichs seit dem zweiten Viertel des 12. Jhs. daran gingen, sich die Lehren des Corpus Juris Civilis Justinians durch die Methode des Glossierens systematisch anzueignen, gab es für sie nicht nur die Schwierigkeit der Textverständlichkeit dieses Rechtssystems, dessen fortdauernde Gültigkeit sie nie bezweifelten. Anders als es die Rechtshistoriker noch bis weit ins 20. Jh. ansahen, waren diese Glossatoren dabei keineswegs eine Gruppe hehrer Theoretiker, deren Rezeptionstätigkeit sich auf eine bloße Rekonstruktion spätantiker Rechtsordnung beschränkte. Vielmehr haben gerade Untersuchungen der letzten Jahre verdeutlicht, wie sehr bereits bei den ersten Generationen der sog. Legisten die Verwertung der Theorie im Vordergrund stand. Einerseits bildete sie die Grundlage für die eigene Tätigkeit der Rechtslehrer als praktizierende *iurisperiti*, *causidici* und *iudices*, andererseits war ihr Rechtsunterricht ganz auf eine praxisbezogene Ausbildung von Juristen für die sich entfaltende kommunale Welt Oberitaliens bezogen[12].

Dabei spielte in der Rechtspraxis der Kommunen wie auch sonst überall in der mittelalterlichen Welt das Gewohnheitsrecht eine wichtige Rolle, kam Vorstellungen über Dauer und Alter als legitimierenden Grundlagen von Rechtsverhältnissen ein hoher Stellenwert zu, nicht nur im Bereich des Lehnrechts, sondern auch im städtischen Statutarrecht. Wenn auch selbst im Reichsgebiet nördlich der Alpen die Überzeugung vom „guten, alten Recht" nie in solcher Ausschließlichkeit herrschte, wie dies Fritz Kern

---

[11] B. Rubin, Das Zeitalter Justinians, I, Berlin 1960, 146 ff. u. F. Wieacker, Recht und Gesellschaft in der Spätantike, Stuttgart 1964 (= Urban-Bücher 74) (zur Justinian. Gesetzgebung und ihrem Hintergrund); Th. Mayer-Maly, usucapio (wie Anm. 5), 1126 f. u. M. Kaser, Röm. Privatrecht II (wie Anm. 6), § 43 (286) (zur *transformatio usucapionis* Justinians). Bereits 530 hatte Justinian die Verjährungsfrist für Kirchen in bestimmten Fällen auf 100 Jahre heraufgesetzt (C.1.2.24 §§ 3 et 4).

[12] Cf. zuletzt P. Weimar, Die legistische Literatur der Glossatorenzeit, in: Handb. d. Quellen u. Lit. d. neueren eur. Privatrechtsgesch. I (Mittelalter, 1100–1500, Die gelehrten Rechte und die Gesetzgebung), hg. v. H. Coing, München 1973, 129 ff.; J. Fried, Die Entstehung des Juristenstandes im 12. Jahrhundert, Zur sozialen Stellung und politischen Bedeutung gelehrter Juristen in Bologna und Modena, Köln–Wien 1974 (= Forsch. z. neueren Privatrechtsgesch. 21); demnächst H. G. Walther, Die Anfänge des Rechtsstudiums und die kommunale Welt Italiens im Hochmittelalter, in: Studium und Gesellschaft im sozialen Wandel, hg. v. J. Fried, Sigmaringen ca. 1983 (i. Druck).

vor Jahrzehnten formulieren zu können glaubte[12a], so wandten sich die italienischen Legisten doch bewußt gegen solch archaisches Denken, das in der Welt sich rasch wandelnder sozialer und wirtschaftlicher Verhältnisse sich als fehl am Platz erwies.

Als man in der damals bedeutendsten Hafenstadt des westlichen Mittelmeers, in Pisa, im Jahre 1160 ein umfängliches Gesetzbuch schuf, das künftig alle Rechtsbereiche städtischen Lebens umfassend regeln sollte, begründeten die Bürger dieses Vorhaben ausführlich im Vorwort: Die Stadt Pisa lebe schon seit langer Zeit nach römischem Recht, behielte aber auch vieles aus dem Langobardenrecht unter dem übergeordneten Urteil der *Lex (Romana)* bei. Wegen des Umgangs mit vielen Völkern aus verschiedenen Weltteilen müsse aber die Stadt auch ungeschriebene Gewohnheiten besitzen, über die sie Provisoren genannte Richter jährlich bestelle. Gemäß den Grundsätzen der Billigkeit (*equitate*), zum Nutzen der Gerechtigkeit und zu Ehre und Heil der Stadt sollten die Richter bei den Bürgern wie bei den Ankömmlingen und auswärtigen Stadtbewohnern wie überhaupt bei allen die Anwendung des Gewohnheitsrechtes umfassend überwachen[13].

Für die Kodifikation verwendeten die Pisaner eben nicht nur das Mailänder Lehnrecht der Libri Feudorum, sondern auch die Digesten und Justinians Codex. Gelehrte Berufsjuristen (*legis prudentes* bzw. *periti*) fungierten nicht nur als städtische Richter, sondern seit 1164 wurden auch jeweils drei solcher Juristen als ständige Kommission zur Novellierung des Pisaner Gesetzbuches besoldet. Am Pisaner Beispiel zeigt sich damit deutlich, wie die Begrifflichkeit des Corpus Juris für die Legisten eine dop-

---

[12a] F. Kern, Recht und Verfassung im Mittelalter (1919), Nachdruck Darmstadt 1965 (= Libelli 3); H. Krause, Dauer und Vergänglichkeit im mittelalterlichen Recht, in: ZRG germ. Abt. 75 (1958), 206–251; K. Kroeschell, Recht und Rechtsbegriff im 12. Jahrhundert, in: Probleme des 12. Jahrhunderts, Konstanz–Stuttgart 1968, 309–335 (= Vorträge u. Forsch. 12); H.M. Klinkenberg, Die Theorie der Veränderbarkeit des Rechtes im frühen und hohen Mittelalter, in: Lex und Sacramentum im Mittelalter, Berlin 1969, 157–188 (= Miscellanea Mediaevalia 6); W. Trusen, Gutes altes Recht und consuetudo. Aus den Anfängen der Rechtsquellenlehre im Mittelalter, in: Recht und Staat, Festschr. f. G. Küchenhoff, Berlin 1972, I, 189–204.

[13] Constitutum usus Pisane civitatis, ed. F. Bonaini, in: Statuti della Città di Pisa II, Firenze 1870, 813–1026. Prologus: *Pisana autem civitas a multis retro temporibus vivendo lege Romana, retendis quibusdam de lege Longobarda, sub iudicio Legis, propter conversationem diversarum gentium per diversas mundi partes suas consuetudines non scriptas habere meruit, super quas annuatim iudices posuit, quos previsores appellavit, ut ex equitate pro salute iustitie et honore et salvamento civitatis, tam civibus, quam advenis et peregrinis et omnibus universaliter in consuetudinibus previderent.* (813). Zur Bedeutung der Pisaner Kodifikation A. Schaube, Zur Entstehungsgeschichte des pisanischen Constitutum usus, in: Zeitschr. f. d. ges. Handelsrecht 46 (1897), 1–47; G. Volpe, Studi sulle istituzioni comunali a Pisa, nuova ed. a cura di C. Violante, Florenz 1970, 146 ff.; P. Classen, Kodifikation im 12. Jahrhundert: Die Constituta usus et legis von Pisa, in: Recht und Schrift im Mittelalter, hg. v. P. Classen, Sigmaringen 1977, 311–317 (= Vorträge u. Forsch. 23).

pelte Herausforderung bedeutete. Einerseits galt es die eigene hochmit-
telalterliche Umwelt als Rechtsordnung im Sinne des römischen Rechts
erfaßbar zu machen, andererseits, das vorgefundene Rechtssystem zur
Regelung des Gemeinschaftslebens anzuwenden.

Fragen von Eigentum und Besitz, dann die mit ihnen verknüpften, aber
auf vielfältige Weise gestaffelten und dabei unterschiedlichen Herr-
schaftsrechte und schließlich dies alles in Zeiten, in denen noch immer
eine sehr reduzierte Schriftlichkeit die Regel war – solche Probleme
mußten den im römischen Recht Kundigen die Verjährungs- und Ersit-
zungsbestimmungen des Corpus Juris Civilis interessant machen. Wurde
doch in ihnen Eigentumserwerb und -verlust durch Zeitverlauf geregelt,
wenn zusätzlich bestimmte Bedingungen erfüllt wurden.

So trafen sich im März 1076 im kleinen toskanischen Ort Poggibonsi die
Vertreter des dortigen Michaelsklosters vor dem markgräflichen Gericht
mit dem Florentiner Bürger Sigizo. Der Florentiner verweigerte die Herausgabe von Grundstücken und erklärte vielmehr vor Gericht, er habe diese
durch Verjährung über 40 Jahre ersessen. Er berief sich also – juristisch
offenbar von einem im römischen Recht Kundigen beraten – auf die
40jährige Frist, die nach den Bestimmungen Justinians im Codex und in
den Novellen auch eine Verjährung kirchlichen Besitzes möglich machte.
Jedoch besaß die Klägerpartei einen in den Bestimmungen des römischen
Rechts nicht weniger kundigen Ratgeber! Sie verwies nämlich auf die
mittlerweile eingetretene Unterbrechung der Verjährungsfrist, da sie schon
seit geraumer Zeit Klage erhoben habe[14].

Der markgräfliche Richter Nordillus begründete schließlich die Urteils-
entscheidung auf Rückerstattung der kirchlichen Güter mit den Bestimmungen der *lex Digestorum libris inserta*, die man eigens herangezogen
habe[15]. Die in der rechtsgeschichtlichen Forschung seit langer Zeit berühmte
Urkunde enthält nicht nur den ersten Verweis auf eine Benutzung der
Digesten im Hochmittelalter, sondern spielt auch deshalb in der Diskussion eine große Rolle, weil als einer der Richter ein *Pepo legis doctor*
genannt wird, der seit langem mit der Entstehung der Schule des römischen
Rechts in Bologna in Verbindung gebracht wird[16].

---

[14] C. Manaresi, I Placiti del „Regnum Italiae" III, Rom 1960, no. 437 (333 ff.) (= Fonti
per la Storia d'Italia 97): *Huic intenzioni prefatus Sigizo temporis prescriptionem obiecit di-
cens, inter se suumque patrem predictas res quadra[g]inta annorum curricula esse possessas.
Quam Sigizonis excepzionem pars suprascripti coenobii allata replicatione infirmavit affir-
mans, infra prefata tempora huius litis factam esse proclamationem* (334).

[15] Ibid.: *Nordillus [. . .] lege Digestorum libris inserta considerata, per quam copiam ma-
gistratus non habentibus restitutionem in integrum pretor pollicetur, restituit in integrum ecclesiam et monasterium sancti Michaelis.* Der Urkundentext nennt hier wörtliche Formulierungen aus D. 4.6.26 § 4 als Entscheidungsgrundlage.

[16] Cf. zuletzt L. Schmugge, Codicis Iustiniani et Institutionum baiulus, Eine neue Quelle
zu Magister Pepo von Bologna, in: Ius Commune 6 (1977), 1–9; P. Fiorelli, Clarum Bono-
niensium Lumen, in: Per Francesco Calasso, Studi degli allievi, Rom 1978, 413–459; P. Col-

Aber nicht nur von Bologneser Rechtslehrern selbst, sondern auch von uns namentlichen unbekannten Verfassern aus anderen oberitalienischen oder südfranzösischen Städten sind seit dem 12. Jh. viele kleinere Schriften zu Besitzproblemen überliefert, in denen gerade die Verjährung mit ihren Fristen und Klageformen eine besondere Rolle spielt[17]. Das große Interesse an solchen Fragen zeigt, daß hier, wie generell auf dem Felde des Prozeßrechtes, einer der wichtigsten Bezugspunkte zwischen der gelehrtn Kommentierung des Corpus Juris und der Anwendung des römischen Rechts in der täglichen Praxis bestand.

Wie sehr sich freilich die Perspektive der mittelalterlichen Legisten gegenüber der Mentalität der antiken römischen Juristen gewandelt hatte, zeigt deutlich die Erklärung, die der in Bologna wirkende Jurist Franciscus Accursius um 1230 in seiner Glossa ordinaria zu den Digesten dem Problem der Ersitzung gab. Der antike Jurist Gaius hatte den Sinn der Einführung der *usucapio* darin gesehen, daß damit das *bonum publicum* über die individuellen Rechte gestellt werde; andernfalls würden Unsicherheiten im Eigentumsrecht zur Regel. Das Argument des notwendigen Rechtsfriedens der Gemeinschaft wandelt sich beim Bologneser Legisten zu folgendem Argument: *bonum commune, id est ad utilitatem omnium communem contra aequitatem naturalem*[18].

Gegen die *utilitas omnium* stellt Accursius also die naturrechtliche Ordnung des menschlichen Urzustandes. Dabei schimmert hinter dem kontrovers verwendeten Begriffspaar noch der große Lehrstreit durch, der in den Bologneser Rechtsschulen um die Mitte des 12. Jhs. über das richtige Verhältnis von *aequitas* und *ius* ausgetragen wurde[19]. Der berühmte Rechtslehrer Martinus Gosia und seine Schüler, die im Gefolge des Lehrstreites z. T. Bologna verließen und anderswo lehrten, identifizierten im Gegensatz zur Mehrheit der Bologneser Doktoren die *aequitas* mit Gott, trennten also die natürliche Ordnung und die positive Rechtsordnung völlig im Sinne der kirchlichen Sündenfallehre. Besonders die Kirchenrechtslehrer griffen aber die Argumentation des Martinus auf und beeinflußten mit ihrer Diskussion

---

liva, Pepo legis doctor, in: Atti e memorie della deputazione di Storia Patria per le Provincie di Romagna, ns. 29/30 (1979), 153—162. Dagegen kritisch zur Beziehung Pepos zu Bologna und den Anfängen der dort. Rechtsschule H. G. Walther, Die Anfänge (wie Anm. 12).

[17] Überblick über die entsprechenden Werke bei P. Weimar, Die legistische Literatur (wie Anm. 12), 232 ff.

[18] Gaius in D. 41.3.1: *Bono publico usucapio introducta est, ne scilicet quarundam rerum diu fere semper incerta dominia essent, cum sufficeret dominis ad inquirendas res suas statuti temporis spatium.* — Dagegen Accursius dazu (Glossa ordinaria, s. v. *bono publico*): *idest ad utilitatem omnium communem contra aequitatem naturalem, ut supra de condictione indebiti l. nam natura* [= D. 12.6.14] (Corpus Iuris Civilis, Lyon 1550, III, 412).

[19] E. M. Meijers, Le conflit entre l'équité et la loi chez les premiers glossateurs, in: Tijdschrift voor Rechtsgeschiedenis 17 (1941), 117—135; M. Boulet-Sautel, Équité, justice et droit chez les glossateurs du XIIe siècle, in: Recueil de Mémoirs et Travaux. pub. par la Soc. d'hist. du droit et des inst. des anciens pays de droit écrit 2 (1951), 1—11.

über die Unterschiedlichkeit naturrechtlicher *aequitas* und gerechter irdischer Rechtsordnung auch die Lehren der Legisten[20]. Accursius merkte deshalb auch an anderer Stelle an, daß bei der *usucapio* wie bei anderen Einzelfällen das Naturrecht außer Kraft gesetzt werde[21].

Der bedeutendste Kanonist des 13. Jhs., Heinrich von Susa, der Hostiensis, konnte sich also in seiner Summe zum Liber Extra Decretalium die Accursianische Deutung der Funktion der *usucapio* ganz zueigen machen und zitierte Formulierungen der Glosse des Legisten: Das Naturrecht, nach dem alle Dinge allen gemeinsam seien, sei durch die Einführung des Privateigentums durchbrochen, so wie die Institution der Knechtschaft jetzt gegen die ursprüngliche allgemeine Freiheit stehe[22].

Was im antiken Rom Anlaß für eine der typischen pragmatischen Erörterungen der damaligen Juristen war, geriet der mittelalterlichen Jurisprudenz in den Kontext der von Augustin so stark geprägten Lehre über Ursprung von Herrschaft des Menschen über Menschen und Privateigentum durch den Sündenfall. Dabei war es weder den Legisten noch den Kanonisten zweifelhaft, daß in der Welt, so, wie sie nun einmal war, *usucapio* und *praescriptio* überaus nützliche Institute der menschlichen Rechtsordnung darstellten. Auch für diese Einsicht findet der Hostiensis wieder die treffende Formulierung, wenn er der *usucapio* einen Doppelzweck zuschreibt: Eigentum zu sichern und Rechtsstreitigkeiten darüber beizulegen.

Gerade der Fall des toskanischen Michaelsklosters zeigt beispielhaft, wie sehr der Besitz der Kirche im Mittelalter stets der Gefahr von Zugriffen von

---

[20] Cf. E. M. Meijers u. M. Boulet-Sautel, l. c.; Zum Weiterwirken in der legist. Tradition cf. N. Horn, Aequitas in den Lehren des Baldus, Köln–Graz 1968 (= Forsch. z. neueren Privatrechtsgesch. 11).

[21] Accursius, Glossa ord. ad. D. 1.1.6 s. v. *iuri communi: Detrahitur ergo iuri naturali in usucapione, que est contra ius naturale et est de iure civili, ut insti. de iure natu § penult.* [= Inst. 1.2.11], *quia illud verum in suo genere, in certis autem capitulis mutatur; vel dic, licet mutetur quoad observantiam, ipsum tamen semper bonum et equum est [. . .] Respondeo secundum Y[rnerium], non detrahitur iuri communi in sua corporis universitate, sed in casibus specialibus.* (Ed. cit., 157). Zur Naturrechtslehre der Legisten zuletzt zusammenfassend R. Weigand, Die Naturrechtslehre der Legisten und Dekretisten von Irnerius bis Accursius und von Gratian bis Johannes Teutonicus, München 1967 (= München. Theolog. Stud., Abt. III/26); ibid., 26 ff. zur Bologneser Unterscheidung von *aequitas scripta (constituta)* und *aequitas rudis (nondum constituta)*. Zur kanonistischen Tradition ferner E. Wohlhaupter, Die aequitas canonica, Eine Studie aus dem kanonischen Recht, Paderborn 1931 (= Veröff. d. Görres-Ges. 56) u. U. Gualazzini, Natura, idest deus, in: Studia Gratiana 3 (1955), 411–424.

[22] Accursius, Glossa ord. ad. D. 1.1.11 s. v. *bonum ac equum: Si semper bonum est quod est de iure naturali, quomodo ergo dici potest vel servitutem vel usucapionem de bono publico introductam, cum hec iuri naturali sint contraria, et dicat non esse bona; [. . .] Respondeo bonum est de iure naturali omnes esse liberos.* (Ed. cit., 17) – Hostiensis, Summa ad II. 26 *De usucapionibus § 2 Quare fuerit introducta: Pro bono publico, idest utilitate publica contra equitatem naturalem secundum quam omnia sunt communia [. . .] Est autem usucapionis introductionis duplex ratio: prima, ne dominia sint in incertum . . ., secunda ut aliquis sit litium finis . . .* (Ed. Lyon 1537, Repr. Aalen 1962, fo. 112 vb).

Laien ausgesetzt war. Da die Kirchenreformer des 11. und 12. Jhs. die
libertas der Kirche nicht nur ideell, sondern auch ganz materiell-rechtlich
schützen wollten, war es natürlich, daß sie das antike Verjährungsrecht mit
seinen Schutzbestimmungen gegen eine Ersitzung mobilen wie immobilen
Eigentums der Kirche durch Laien aufgriffen und verstärkten. Dies ge-
schah in jenen Jahrzehnten des frühen 12. Jhs., in denen die Juridifizierung
der römischen Kurie ohnehin entscheidende Fortschritte machte. Dabei hat
man erst in den letzten Jahren richtig erkannt, welche Schlüsselstellung dem
Kurienkanzler Haimerich zukam. Er war nicht nur der Wortführer der
schließlich siegreichen Partei im Papstschisma von 1130 und förderte die
Neugestaltung des kurialen Prozeßrechts nach römischrechtlichem Vorbild
als Hilfsmittel zur Beilegung der aus der Spaltung resultierenden inner-
kirchlichen Auseinandersetzungen. Auch der Bologneser Kamaldulenser-
mönch Gratian dürfte mit seiner epochemachenden Sammlung des kanonischen Rechtes dem Umkreis Haimerichs zuzurechnen sein[23].

In der 3. und 4. Quaestio der 16. Causa seiner Concordia discordantium
canonum widmet sich Gratian ausführlich dem Problem der *praescriptio*.
Gratians Distinktionen reichen von der prinzipiellen Frage der Anwen-
dungsmöglichkeit der Verjährung auf das Kirchengut bis zur innerhalb der
Verjährung privilegierten Stellung der römischen Kirche. Ein kurzer Vergleich mit den Regeln der Verjährung im weltlichen Bereich gibt Gratian
Anlaß, die Sonderstellung der Kirche, der ja schon im spätantiken Kaiser-
recht eine Verjährungsfrist von generell 40 Jahren eingeräumt wurde, ge-
bührend herauszustellen[24].

Was die römische Kirche im besonderen betrifft, so ist es für Gratian und
nachfolgend die ganze Kanonistik unstrittig, daß ihr mit Justinians Konstitution von 535 ein ganz besonderer Verjährungsschutz von 100 Jahren
zugebilligt wurde[25]. Diese Zeitspanne hatte einst der Kaiser festgesetzt,
cum hoc tempus vitae longaevi hominis plerumque finis esse dignoscitur[26].

---

[23] Zur Rolle Haimerichs zuletzt F. J. Schmale, Studien zum Schisma des Jahres 1130,
Köln–Graz 1961 (= Forsch. z. kirchl. Rechtsgesch. u. z. Kirchenr. 3); J. Fried, Die römische Kurie und die Anfänge der Prozeßliteratur, in: ZRG kan. Abt. 59 (1973), 151–174,
hier bes. 169 ff.; St. Chodorow, Christian political theory and church politics in the mid
XIIth century, The ecclesiology of Gratian's Decretum, Berkely 1972 (= Publ. of the Center
for Mediev. and Rendiss. Studies 5); zur Prozeßliteratur allgemein K. W. Nörr, Die Literatur zum gemeinen Zivilprozeß, in: Handb. d. Quellen I (wie Anm. 12), 383 ff.

[24] Dictum Gratiani p. C. 16 q. 3. c. 14.

[25] C. 16. q. 3. c. 7 (mit zugehörigem Dictum Gratiani); Honorius III., *Sedis Apostolicae*
(23. Apr. 1221): *Contra Romanam Ecclesiam non nisi centenaria currit praescriptio secundum
constitutiones canonicas et legitimas sanctiones, ita quoque Ecclesiae minoris temporis praescriptio non obstat* (P. Pressutti, Regesta Honorii Papae III, I Rom 1888, Repr. Hildesheim
1978, no. 3279 (535). Cf. Innocenz III. *Ad audientiam* et *Cum vobis* (= X II. 26. c. 13 et
14). – Zur Tradition der Verjährung im Kirchenrecht cf. R. Naz, prescription, in: Diction-
naire du droit canonique 7 (1965), 178–194.

[26] Novelle 9 §1.

Zudem wurde die besondere Position der Kirche im Verjährungsrecht nun von der Kanonistik nach Gratian noch ausgebaut: Die Legisten verlangten nur bei der einfachen Verjährung durchgängig *bona fides* als Voraussetzung; bei der außerordentlichen Verjährung mit ihren Fristen von 30 und 40 Jahren, die deshalb *longissimi temporis praescriptio* genannt wurde, war nur anfänglicher guter Glauben erforderlich. Der Dekretist Rufinus von Bologna formulierte dagegen die Doktrin, daß bei der gegen die Kirche allein möglichen *praescriptio longissimi temporis* als Voraussetzung nicht nur ein Rechtstitel (*titulus, iusta causa*), sondern auch durchgängig *bona fides* nötig sei[27].

Papst Alexander III. bekräftigte 1180 diese Lehre als gültiges Kirchenrecht mit seiner Dekretale *Vigilanti*, und Innocenz III. bestätigte diese Entwicklung noch einmal mit dem Canon 41 *Quoniam* des 4. Laterankonzils von 1215[28]. Bis heute gilt diese Regel im kanonischen Recht. Am Ende des 13. Jhs. war sie von Bonifaz VIII. eigens als zweite *regula iuris* in seinen Liber Sextus aufgenommen worden: *Possessor malae fidei ullo tempore non praescribit*[29].

Die Sonderstellung der Verjährung im kirchlichen Bereich war schon bald so fest im Bewußtsein der Kanonisten verankert, daß ein Dekretkommentar nach der Mitte des 13. Jhs. zu Gratians Schilderung der Verjährungsregeln im weltlichen Bereich bei der *longissimi temporis praescriptio* lapidar anmerkte: *quas tamen Ecclesia non recipit contra se*[30]. Was unter Berufung auf moralische Grundsätze als notwendige Abweichung vom weltlichen Recht begründet wurde, brachte der Kirche durch ihre Beanspruchung allein der außerordentlichen Verjährungsfristen, bei gleichzei-

---

[27] Dictum Gratiani a. C. 16 q. 3 c. 8 *Potest* (zum Erfordernis des *titulus*); zur *bona fides* cf. Rufinus, Summa Decretorum, ed. H. Singer, Paderborn 1902, Repr. Aalen 1964, 352, jedoch abweichend Stephan von Tournai, Summa super Decreto, ed. J. F. v. Schulte, Gießen 1891, Repr. Aalen 1965, 226 f.

[28] Alexander III., *Vigilanti* (= X II. 26. c. 5): *nulla antiqua dierum possessio divino iure iuvat aliquem malae fidei possessorem, nisi resipuerit postquam se noverit aliena possidere*; Innocenz III., *Quoniam omne* (= Lateranum IV, c. 41 = X II. 26. c. 20): *diffinimus, ut nulla valeat absque bona fide praescriptio tam canonica quam civilis, cum generaliter sit omni constitutioni atque consuetudini derogandum, quae absque mortali peccato non potest observari.* – Gregor IX. benutzte diese moralische Grundlegung aller Verjährung bei seiner Entscheidung über die Rechtskraft alter Gewohnheiten: *etiam longaevae consuetudinis non sit vilis auctoritas, non tamen usque est adeo valitura ut vel iuri positivo debeat praeiudicium generare, nisi fuerit rationabilis et legitime sit praescripta.* (= X I. 4. c. 11).

[29] VI V. 12 *de regulis iuris*, r. 2.

[30] Divisio ad Dictum Gratiani p. C. 16 q. 3 c. 15 s. v. *prescriptionum* (Corpus Iuris Canonici, Turin 1620, I, 1145). Diese hier wie in anderen Druckfassungen dem Jo de Fan. = Johannes de Fantutiis (†1391) fälschlich zugeschriebene divisio stammt in Wirklichkeit aus der Lectura super Decreto des Johannes de Phintona, die wie andere divisiones über das Rosarium des Gudio de Baysio in die Druckfassungen des Dekrets Gratians gelangte. Cf. St. Kuttner, Repetorium der Kanonistik (1140–1234) I, Città del Vaticano 1937, Repr. 1972, 20, Anm. 2.

tiger Beanspruchung der Bedingungen der einfachen Verjährung im ganzen ein Verjährungsrecht ein, das auf einen Unverjährbarkeitsanspruch auch in den Fällen hinauslief, die nach kirchenrechtlichem Verbot als *manus mortua* ohnehin einer Entfremdung entzogen sein sollten. Unverhüllt merken die Kanonisten ihre Genugtuung über dieses Faktum an. Denn unter Berufung auf Justinians Codex erkannte sich die Kirche Unverjährbarkeit aller ihr zukommenden Abgabeleistungen (*functiones*) und alles widerrechtlich veräußerten Grundbesitzes zu. Die Bilanz des Kampfes um die materielle Sicherstellung der *libertas ecclesiae* fiel nicht zuletzt dank dem Rekurs der Kanonisten auf die Verjährung des römischen Rechtes recht positiv aus[31].

III.

Den *legum doctores* der italienischen Städte war nicht lange verborgen geblieben, daß ihre Beschäftigung mit dem römischen Recht politische Implikationen besaß. Bereits Irnerius, den die Bologneser Juristen später allgemein als Begründer ihrer Rechtsschule verehrten, hatte sich 1118 auf seiten Heinrichs V. und seines Papstkandidaten Gregor VIII. engagiert[32].

Das bewußte Suchen der Kaisernähe prägte auch die Generation der vier Bologneser Doktoren um die Mitte des 12. Jhs. Barbarossa privilegierte das Rechtsstudium in Bologna mit einer von den Doktoren selbst nach antikem Vorbild stilisierten Authentica im Jahre 1155. Dafür halfen ihm 1158 die Rechtslehrer auf dem Reichstag von Roncaglia bei der Formulierung der kaiserlichen Rechtsansprüche in Italien.

Freilich wollte man wenige Jahrzehnte später dieses herzliche Einvernehmen von Herrscher und Doktoren am liebsten wieder ungeschehen machen. Besonders in Bologna litt man darunter. Denn nun war es zu einem blutigen Kampf Barbarossas mit den vereinigten oberitalienischen Kommunen gekommen, deren Liga sich auch Bologna angeschlossen hatte. Der Anlaß der Auseinandersetzungen waren gerade die Gesetze, die Barbarossa mit Hilfe der Bologneser Doktoren formuliert hatte. Aus ihnen zog er die Rechtfertigung, den Kommunen die von ihnen beanspruchte Selbstverwaltung zu verweigern. Kein Wunder, daß den Rechtsgelehrten in den Kommunen nun ihr Verhalten in Roncaglia als schwerer Fehler, ja als Verbrechen angelastet wurde[33].

---

[31] Cf. Glossa ordin. ad X II. 26. c. 14 s. v. *centum annorum: Sed videtur certe impossibile probari praescriptionem centum annorum. Idem est ac si diceret Papa: Nolo quod currat praescriptio contra Romanam ecclesiam.* (ed. cit. II, Turin 1621).

[32] G. De Vergottini, Lo Studio di Bologna, l'Impero, il Papato, in: Studi e Memorie per la Storia dell'Università di Bologna, n. s. 1 (1956), 19–95; J. Fried, Entstehung (wie Anm. 12), 46 ff.

[33] J. Fried, Entstehung (wie Anm. 12), 52 ff.; H. G. Walther, Imperiales Königtum, Konziliarismus und Volkssouveränität, Studien zu den Grenzen des mittelalterlichen Souveräni-

Die mittlerweile nachgewachsenen Juristengenerationen Bolognas distanzierten sich von den alten, jetzt verpönten Lehren und behaupteten, zumindest Doktor Bulgarus, auf dessen Rechtsschule sich alle letztlich zurückführten, habe bereits Barbarossa bestritten, daß er als Kaiser *dominus mundi* sei.

Die jüngeren Bologneser Professoren lehrten dagegen selbst, daß heute die hohe Gerichtsbarkeit des *merum imperium* nicht mehr allein dem Kaiser zukomme. Dabei standen im Hintergrund ohne Zweifel die Auseinandersetzungen der oberitalienischen Kommunen mit den staufischen Herrschern über das Recht auf eine eigene städtische Statutargesetzgebung. An diesem Punkt brachten die Legisten dann stets den Zeitfaktor in Form des Gewohnheitsrechtes ein. Unter ihnen bildete sich die Lehrtradition aus, daß aus Gewohnheit nicht nur *leges* entstehen, sondern diese sogar kaiserliche Gesetze außer Kraft setzen könnten[34].

Der in den ersten Jahrzehnten des 13. Jhs. in Bologna lehrende Azo Portius hielt freilich nichts von der Methode seiner Kollegen, mit einem Verweis auf *longa consuetudo* und *usus longaevi* im Codex Justinians (C. 8.52.2) die überlegene Autorität von Gewohnheitsrecht und Statutarrecht gegenüber kaiserlicher Gesetzgebung zu beweisen. Was nütze es schon, wenn man sich darauf berufe, eine *consuetudo* entstehe *ex longaevo tempore cuius non extat memoria*. Jeder Kenner des römischen Rechts wisse doch, daß damit nur die Verjährungsfristen von 10 und 20 Jahren gemeint seien. Es gehe deshalb nicht an, mit der nebulosen Formulierung der unvordenklichen Zeit zu operieren. Vielmehr stehe doch das Problem zur Debatte, ob und wie eine gegen ein Gesetz gerichtete Gewohnheit Rechtskraft erlangen könne[35].

---

tätsgedankens, München 1976, 82 ff.; A. Hessel, Geschichte der Stadt Bologna von 116 bis 1250, Berlin 1910, Repr. Vaduz 1965. – Zur Authentica *Habita* zuletzt W. Stelzer, Zum Scholarenprivileg Friedrich Barbarossas (Authentica „Habita"), in: DA 34 (1978), 123–164; zur Italienpolitik Barbarossas: V. Collorni, Die drei verschollenen Gesetze des Reichstags bei Roncaglia, wieder aufgefunden in einer Pariser Handschrift, Aalen 1969 (it. Orig. 1967), G. Fasoli, Friedrich Barbarossa und die lombardischen Städte (1965), dt. in: Friedrich Barbarossa, hg. v. G. Wolf, Darmstadt 1975, 149–183 (= Wege der Forsch. 390), Popolo e Stato in Italia nell'età di Federico Barbarossa, Alessandria e la Lega Lombarda, Turin 1970, A. Haverkamp, Herrschaftsformen der Frühstaufer in Reichsitalien, 2 Bde., Stuttgart 1970/71 (= Monogr. z. Gesch. d. Mittelalters 1).

[34] F. Calasso, I Glossatori e la teoria della sovranità, Mailand ³1957, 83 ff.; J. Fried, (wie Anm. 12), 133 ff.; H. G. Walther, (wie Anm. 33), 82 f.; W. Kienast, Deutschland und Frankreich in der Kaiserzeit II, Stuttgart 1975, 283 ff. (= Monogr. z. Gesch. d. Mittelalters 9), jeweils mit Quellen zum Wandel der Bologneser Tradition seit der Zeit der vier Doktoren.

[35] Bereits in der Summa Codicis des Azo ad C. 8.52 (Pavia 1506, Repr. Turin 1966, 324). Pointierter dann und polemisch gegen Placentinus in seiner späteren Lectura super Codicem ad C. 8.52.9 s. v. *consuetudinis*: *secundum nos dicitur longa X annorum vel XX, non solum temporis cuius non extat memoria sicut alii dixerunt [. . .] non enim quaeritur nisi tempore cuius non extat memoria, ut dicit; sed quaeret aliquis de qua consuetudine hic loquitur, an de ea est quae est secundum legem, vel de ea quae est contra.* – s. v. *verum: P. [lacentinus] dixit*

Bei der eigenen Problemlösung entfaltet Azo dann eine Theorie vom konkurrierenden Nebeneinander von Gewohnheitsrechtssetzung durch das Volk und kaiserlicher Gesetzgebung[36]. Abweichend von seinen Bologneser Kollegen, die sich nur mit einer Unterscheidung zwischen allgemeinem und besonderem Gewohnheitsrecht behalfen, polemisiert Azo gegen seinen wissenschaftlichen Gegener Placentinus, der noch immer an der alten legistischen Doktrin über die *lex regia* festhielt. Nach diesem in Digesten und Institutionen zitierten Gesetz sei die Gesetzgebungsbefugnis des Volkes auf den princeps übertragen worden, so daß hinfort *leges scriptae* nicht durch *consuetudines* aufgehoben werden könnten. Dagegen tritt Azo dafür ein, daß bei Konkurrenz zwischen den allgemein gültigen *leges* und den nur in Teilbereichen gültigen *consuetudines* immer die zeitlich später getroffene Regelung im Teilbereich gültig sei. Denn nach Azo wurde die Gesetzgebungskompetenz vom Volk nur zu einem bestimmten Zeitpunkt der römischen Geschichte übertragen, so daß sie nicht nur als revidierbar erscheine, sondern, wie die römische Geschichte zeige, auch revidiert wurde und auch künftig revidierbar bleibe. Nun existiere heute Justinians Reich nicht mehr. Somit wurzele die Rechtsordnung des Imperiums wieder in der Gesetzgebungsgewalt des Volkes. Daher sei es unzulässig, wie Placentinus das *ius non scriptum* durch einen Verweis auf *mores* der Römer abzuqualifizieren, deren Entstehungszeit jenseits der *memoria* liege[37]. Die Gesetzgebungskompetenz des Volkes sei qualitativ ganz anders zu beurteilen: die geschichtliche Erinnerung zeige gerade, daß sie nicht verjährt sei. Aber wie von Verjährung will Azo in diesem Fall auch nichts von vorschneller Setzung von Kontinuitäten wissen.

---

lex illam loqui secundum vetera iura, in quibus populus habebat potestatem legis condendae et ita abrogandae per desuetudinem; hodie translata est omnis potestas et omne ius in Imperatorem. [. . .] Unde non est maioris potestatis Imperator quam totus populus sed quam quilibet de populo, et ideo non valet eius solutio. [. . .] P. [lacentinus] autem dixit quod numquam potest consuetudo legem scriptam abrogare. [. . .] Sed ut melius dicas et verius, dic secundum Io[annem Bassianum, der Lehrer des Azo], qui distinxit, utrum esset generalis consuetudo qua utitur populus Romanus vel Imperator, an specialis, ut illa, qua utitur civitas aliqua, burgus vel oppidum. Si generalis, abrogat legem [. . .] quia consuetudo illa [sc. specialis] introducta est ex certa scientia, abrogat legem in eo loco, ubi status est. [. . .] Sed si lex praecedat talem specialem consuetudinem, bene potest illi derogare per contrariam consuetudinem, si sit econverso quod consuetudo contraria praecedat legem, non potest derogare legi. (ed. Paris 1587, Repr. Turin 1966, 671 f.) − Bereits Gratian hatte in seinem Dictum p. C.16 q. 3 c. 15 angemerkt: *longum enim tempus sicut ex legibus habetur, decennium vel vicennium intelligitur.*

[36] Zu Azos Lehre cf. A. J. Carlyle, The theory of the Source of Political Authority in the Mediaeval Civilians to the time of Accursius, in: Mélanges Fitting 1, Montpellier 1907, 181−193, bes. 181 f.; J. W. Perrin, Azo, Roman Law, and Sovereign European States, in: Studia Gratiana 15 (1972), 87−101; W. Kienast (wie Anm. 34), 302 ff. Ausführlich dazu demnächst H. G. Walther, Dreimal Geschichte. Zum Gebrauchswert der Geschichte im Mittelalter, Kap. 2.

[37] Azo, Lectura super Codicem, v. s. Anm. 35.

Mit einer solchen Konzeption konnte der Bolognese der Welt seiner italienischen Kommunen und auch den unabhängigen Königreichen Europas einen Platz in einem Rechtssystem bieten, der der politischen Wirklichkeit entsprach. Der *doctor legum* riskierte denn auch bewußt, sich die Gunst Kaiser Heinrichs VI. zu verscherzen, als er ihm 1191 darlegte, daß die Welt jetzt anders geordnet sei als zu Justinians Zeiten und sich der Kaiser deshalb die hohe Gerichtsbarkeit mit den Königen Europas teilen müsse[38].

Azos Haltung machte weder in Bologna noch sonst unter den Legisten Schule. Das bewies schon die Behandlung der *lex regia* in der Glossa ordinaria seines Schülers Accursius[39]. Bis zum Ende des Mittelalters befehdeten sich zwei Gruppen unter den Legisten, von denen die eine im Kaiser den *dominus mundi* mit einer *iurisdictio totius orbis* sah, während die andere nur eine begrenzte kaiserliche Herrschaft mit beschränkter Gesetzgebungskompetenz und Jurisdiktion zubilligen wollte[40].

Der berühmteste aller Rechtsgelehrten des Mittelalters, Bartolus von Sassoferrato, mußte also erneut in dieser Kontroverse Stellung beziehen, da er in seinen Kommentaren zum Corpus Juris nicht an den sich nun völlig souverän gebärdenden Stadtstaaten Italiens seiner Zeit vorübergehen

---

[38] Es handelt sich um die berühmte Episode des Spazierritts Kaiser Heinrichs VI. mit den Bologneser Rechtslehrern Azo und Lothar von Cremona, von der Azo selbst in seiner Codex-Summe ad 3.13, ed. cit., 69) berichtet. Freilich übertrug die Bologneser Legistik schon wenig später das Ereignis auf zwei der *quatuor doctores* des 12. Jhs., Bulgarus und Martinus, um über Bulgarus eine ungebrochene Bologneser Lehrtradition von der Freiheit der Kommunen zu konstruieren. In dieser Rückprojektion fand die Anekdote Eingang in die überarbeitete Fassung der Lodeser Chronik der Brüder Morena (Ottonis Morenae et continuatorum Historia Frederici I, ed. F. Güterbok, Berlin 1930, 59 = MGH SS rer. germ. i. us. sch. 7). Dazu J. Fried (wie Anm. 12), 136; W. Kienast (wie Anm. 34), III, 682 f.

[39] Accursius, Glossa ord. ad Inst. 1.2.6 s. v. *concessit: Idest transtulit, sic ut ipse populus ammodo non habeat sibi hoc ius, sic C. de vet. iure enu. [= C.1.17] . . . Sed alii dicunt quod et adhuc potest populus facere leges, et quod dicitur solum principem posse, verum est.* [s. v. *solus*] *idest nullus alius solus, secundum Azonem. Et hec habuerunt locum donec imperium fuit apud Romanos, hodie vero potest dici contra, secundum omnes.* (Accursii Florentini glossa ad Institutiones Justiniani imperatore [Liber I], rec. P. Torelli, Bologna s.a. [1939], hier zitiert nach W. Kienast, Deutschland (wie Anm. 34) II, 305 f. Anm. 778. Zur Theorie des Accursius ferner B. Tierney, "The Prince is not bound by the laws", Accursius and the Origins of Modern State, in: Comparative Studies in Society and History 5 (1962/63), 578–400, F. Calasso, (wie Anm. 34), 91 u. H.G. Walther (wie Anm. 33), 82.

[40] Kennzeichnend dafür die um die Mitte des 14. Jhs. vom Rechtslehrer Johannes Igneus an der Universität Orleans veranstaltete Disputation über die Abhängigkeit des französischen Königs vom Kaiser: *ocurrerit annotatio illa scribentium legistarum et canonistarum imperatorem universalem orbis dominum esse, quae numquam visa est mihi vera in iure, presertim in rege Franciae* (Commentaria Joannis Ignei in aliquot Constitutiones principum, Lyon 1541, 62). – Dagegen erklärte der Italiener Baldus de Ubaldis in der 2. Hälfte des 14. Jhs. in einem Rechtsgutachten: *quia Imperator est dominus universalis [. . .] in dubio omnis temporalis iurisdictio sua est de jure ipse immobilis [. . .] et catholica ecclesia ita tenet et contrariam dicere est sacrilegium.* (Baldus de Ubaldis, Consilia sive Responsa III, Venedig 1575, cons. 218, fo. 64 r).

konnte[41]. Als Erbe der legistischen Lehrtradition von einer begrenzt weiterbestehenden Rechtssetzungskompetenz des Volkes durch Gewohnheit, billigt aber auch noch dieser Jurist aus der 1. Hälfte des 14. Jhs. dem Gewohnheitsrecht nicht die Kraft zu, bestehende Gesetze aufzuheben.

Wenn sich also eine Kommune eigene Statuten geben, also das *merum imperium* ausüben wolle, so müsse sie sich dazu von der Oberhoheit des Kaisers lösen[42]. Legal könne dies nur auf dem Wege der Exemtion geschehen. Dagegen sei der Weg über die Ersitzung durch Verjährung wegen damit verbundener Rechtsprobleme kaum gangbar. Eine *iurisdictio* sei nämlich ein *ius incorporale* und als solches nur über die *quasi-possessio* verjährbar. Zu dieser könne man aber nur mit Wissen und Duldung des Gegners (*sciente vel patiente adversario*) gelangen[43]. Das bedeute aber, daß in Italien keine Kommune sich zubilligen könne, auf diesem Wege *merum* oder *mixtum imperium* erlangt zu haben; denn das dafür erforderliche kaiserliche Wissen oder die kaiserliche Duldung könnten angesichts der kurzen Regierungszeiten der Herrscher niemals die Länge der erforderlichen ununterbrochenen Verjährungsfrist erreichen. Man könne höchstens konstruieren, daß bei Sedisvakanz an die Stelle des Kaisers der ihn nach kurialer Lehre als Reichsvikar vertretende Papst rücke[44].

Die Anregung zu solchen Überlegungen bot Bartolus der Text der Digesten über die *actio aquae pluviae arcendae*, in dem auch das Problem behandelt wurde, ob Dienstbarkeiten verjähren können, mit denen ein Grundstück belastet sei. Bartolus greift bei seiner Kommentierung auf die Maximen *antiquitas habet vim legis* und *consuetudo habet vim constitutae legis* zurück[45]. Wie schon Azo akzeptiert auch Bartolus nicht ein einfaches Berufen auf *tempus cuius non extat memoria*. Auch der Legist Bartolus ersetzt sofort den unbestimmten Zeitbegriff *diu* im antiken Rechtstext durch die konkreten Verjährungsfristen des Corpus Juris.

Dieses Beharren auf genau festgelegten Zeitspannen bei der Festlegung von Rechtspositionen findet sich wieder im Versuch des Bartolus, in an-

---

[41] C. N. S. Woolf, Bartolus of Sassoferrato, Cambridge 1913; F. Ercole, Studi sulla dottrina politica e sul diritto pubblico di Bartolo, in: F.E., Da Bartolo all'Althusio, Florenz 1932, 49–156; D. Segoloni, Bartolo da Sassoferrato e la civitas Perusina, in: Bartolo da Sassoferrato, Studi e Documenti per il VI centenario II, M 1962, 513–671; H.G. Walther (wie Anm. 33), 176ff.; demnächst auch ausführlich in meiner Monografie Bartolus, Perugia und die Geschichte.

[42] J. Baskiewicz, Quelques remarques sur la conception de dominium mundi dans l'œuvre de Bartolus, u. M. David, Le contenu de l'hégémonie imperiale dans la doctrine de Bartole, beide in: Bartolo (wie Anm. 41), 7–25 u. 199–216.

[43] Bartolus de Saxoferrato, in D. 41.3.5 (Opera omnia, III, Basel 1588, 295, no. 27ff.).

[44] In D. 39.3.1 § 23: *Et ideo forte dicerem quod in Italia nulla civitas est, quae praescripsit merum vel mistum imperium, quia in incorporalibus requiritur quasi possessio sciente adversario. sed imperator iam est longum tempus quod non fuit, ergo etc. Restat dubium, quod vacante imperio succedit ecclesia, an sufficiat scientia Papae? Cogitabis.* (Ed. cit. III, 125, no. 5). [45] Ibid., no. 1.

derem Zusammenhang doch noch das Rechtsproblem der sich souverän bezeichnenden italienischen Stadtstaaten mit Hilfe des Verjährungsrechts zu lösen. Diesmal geht der Perusinische Jurist von der Möglichkeit der Beendigung von vertraglichen Verpflichtungen aus[46].

Einem Kläger sei ein Rechtsanspruch als ersessen zuzubilligen, wenn er einen gültigen Vertrag und eine langjährige Erfüllung der daraus ihm zukommenden Leistungen des Beklagten geltend machen könne, auch wenn sich dann der Vertrag bei der gerichtlichen Überprüfung als nichtig erweise[47].

Allein dieser Weg des Reklamierens eines vermeintlichen Rechtstitels kann nach Meinung des Bartolus den italienischen Kommunen als Möglichkeit offenstehen, um ihren faktischen Status der Unabhängigkeit mit dem Argument der Verjährung zu legalisieren. Freilich könne hier nicht mit der normalen Verjährung argumentiert werden, da diese beim *merum imperium* als *ius incorporale* nach Meinung des Bartolus ja nicht stattfinden könne. Anders verhalte es sich mit der außerordentlichen Verjährung, weil diese keine *bona fides* voraussetze.

Bartolus hält deswegen auch nicht mit seiner Meinung zurück, daß die italienischen Städte gemeinhin das *merum imperium* nur durch Usurpation erworben hätten. Allerdings sehe er eine Möglichkeit, diese Stellung zu legalisieren, wenn die *civitas* eine *concessio principis* vorweisen und zugleich beweisen könne, daß sie das *merum imperium* kontinuierlich während der für die *praescriptio longissimi temporis* notwendige Frist ausgeübt habe. Dann könne in Analogie zum Fall des ersessenen Rechtsanspruchs auch bei Nachweis der Unwirksamkeit des kaiserlichen Privilegs das *merum imperium* als erfolgreich ersessen angesehen werden[48].

Wie Azo hindert auch Bartolus seine Orientierung an den Normen des Corpus Juris nicht an einer Anerkennung der faktischen politischen Verhältnisse. Er billigt die historische Entwicklung, deren Ergebnisse er mit folgenden Worten beschreibt: *cum qualibet civitas Italiae hodie et praecipue in Tuscia dominum non recognoscat, in seipsum habet liberum populum et habet merum imperium in seipsa et tantam potestatem habet in populo quantam Imperator in universo*[49].

---

[46] In C. 2.3.28 (Bartoli in duodecim Libros Codicis Commentaria, Basel 1562, 140f.).

[47] Ibid., secunda lectura, no. 4: *Quandoque actor allegat contractum validum et praestationem longi temporis, et tunc posito quod contractus non probaretur tamen si probatur longa praestatio, facit praesumi obligationem praecessisse. Ita oportet intelligi lex cum de in rem verso* [= D. 2.1.6] *et dic ut ibi.* (141).

[48] Ibid., no. 5: *Scitis quod civitates Italiae communiter non habent merum imperium sed usurpaverunt. Dico tamen, si vero civitas vellet se defendere et merum imperium exercere, quod habet necesse allegare concessionem principis, item longissimum tempus, quo dicta civitas merum imperium exercuit. Isto casu posito, quod non probaretur de concessione principis, tamen probaret se exercuisse merum imperium, valet.* (141).

[49] In D. 48.1.7 (Ed. cit. III, 423, no. 14).

Aber dies hier von Bartolus akzeptierte System wird von ihm zugleich mit zwei bedeutsamen Bedingungen versehen, die aus seinen Vorstellungen einer idealen rechtlichen und politischen Ordnung herrühren. Zum einen ersetzt das auf territoriale Gesetzgebung beschränkte Volk nicht den universalen Kaiser. Bartolus wird nicht müde, den Kaiser als *dominus mundi* anzusprechen, weil sich in diesem Begriff für ihn die legistische Tradition des universalen Gesetzgebers des römischen Rechts konkretisiert. Als Gesetzgeber ist der Kaiser dem Juristen der Garant des Weiterbestehens der universellen Ordnung des römischen Rechts für einen universal-christlich verstandenen *populus Romanus*. So schließt der Satz des Bartolus gewissermaßen auch seine Umkehrung ein, daß nämlich eine *civitas* in Italien nur deswegen ein territorial begrenztes *merum imperium* ausüben könne, weil es einen Kaiser gebe, der das Gesetzgebungsrecht *in universo* besitze[50].

Die zweite bedingende Einschränkung im Satz des Bartolus betrifft den Status des *populus* in den *civitates*. Das Volk konnte nach Meinung des Bartolus nur als *populus liber* seine Rechtsetzungsbefugnisse wirklich ausüben. Bartolus war leidenschaftlicher Gegner der in seiner Zeit immer mehr um sich greifenden Signorie. Wenn der Perusinische Jurist so nachdrücklich daran festhält, daß nur bei den wenigsten Städten eine legale Souveränität aufgrund von Exemtion oder Verjährung bestehe, dafür zumeist eine bloße de-facto-Unabhängigkeit, dann knüpft er an diese Rechtsauskunft zugleich eine politische Hoffnung: Da die Signori nichts als *tyranni* seien, habe der Kaiser das Recht und die Pflicht, solche Tyrannei in den de-facto-unabhängigen Städten zu beseitigen und den *populus liber* wiederherzustellen[51].

Die Vorsicht, mit der sich Bartolus auf das Verjährungsargument im politischen Kontext einläßt, beweist nicht nur, welch guter Jurist der bei Zeitgenossen wie Nachlebenden so berühmte in der Tat war. Das Zurückweisen der unbestimmten Formel vom *tempus cuius memoria* non existat, das Bestehen auf den dem Gegenstand der Verjährung genau zugemessenen Fristen und auf den Verjährungsvoraussetzungen verrät, daß ihm die rechtspolitische Absicht dieses Instituts noch immer an oberster Stelle stand: Es sollte den Rechtsfrieden bewahren, das *bonum commune*, wie es Gaius genannt hatte. Dabei sollte es nicht neues Unrecht schaffen. An die Stelle des *populus liber nemini subditus* der Stadtrepubliken wollte Bartolus nicht den *tyrannus* der Signori treten sehen. Seine Zurückhaltung bei der Aufnahme des Verjährungsbeweises in politischen Fragen entspricht zumindest den politischen Wunschvorstellungen dieses Juristen, wenn sie ihnen nicht sogar letztlich entsprang.

---

[50] In D. 49.15.24 (Ed. cit. III, 637). Dazu Woolf (wie Anm. 41), 195–203; Walther (wie Anm. 33), 178f.

[51] Tractatus de tyrannia (Ed. cit., V, Basel 1589, 325); cf. Walther, (wie Anm. 33), 184f. – Zur Konzeption des *regimen ad populum* und zur Tyrannenlehre cf. Woolf, 162–188, David, 210f.

IV.

Man darf darüber rätseln, ob es mehr die Sorge über allzu große Erosion des königlichen Fiskus war oder der Ausdruck fürstlichen Selbstbewußtseins, das wie einst Justinian gesetzgeberisch die Belange des Staates gegenüber der Kirche vertreten wollte, die Friedrich II. dazu veranlaßten, 1231 in seinen Konstitutionen von Melfi festzulegen, daß hinfort die Fristen der *praescriptio longissimi temporis* gegen den Fiskus in öffentlichen Angelegenheiten von bisher 40 und 60 Jahren auf einheitlich 100 Jahre heraufgesetzt seien[52].

Unverkennbar war, daß der sizilische Herrscher bewußt eine Angleichung an die Zeitspanne herbeiführte, die die römische Kirche sich seit Justinians Zeiten als besondere Verjährungsfrist zuerkannte. Friedrich beabsichtigte dabei, zugleich für sich den praktischen Effekt dieser überlangen Frist auch in Anspruch zu nehmen, nämlich Unverjährbarkeit für den Fiskus zu erreichen[53].

Die rund 50 Jahre später fertiggestellte Glossa ordinaria des sizilischen Juristen Marinus de Caramanico sprach das bei der Besprechung dieser Bestimmung auch ganz offen aus und verwies zu diesem Zweck auf die kanonistische Fachliteratur zur Verjährung. Ein Beweis einer ordnungsgemäßen Verjährung über 100 Jahre sei kaum zu führen, *et sic perinde est ac si contra fiscum omnem tolleret hic praescriptionem in publicis*[54].

Auch der eine Generation später wirkende sizilische Jurist Andreas von Isernia sieht hier das Problem einer Verjährungsfrist liegen, die eine Zeit *cuius non extat memoria* übersteigt. Zwar glaubt Andreas, die Glossierung des Marinus in einigen Details berichtigen zu können, doch kommt er dann ebenfalls zum Schluß, daß mit dieser Konstitution die Möglichkeit eines Verjährungsanspruchs gegen den Fiskus beseitigt wird, wenn der gegenwärtige Besitzer nur das Verjährungsargument für sich geltend machen kann[55].

---

[52] *Quadragenalem* in: Die Konstitutionen Friedrichs II. von Hohenstaufen für sein Königreich Sizilien, hg. u. übers. v. H. Conrad, Th. v. d. Lieck-Buyken u. W. Wagner, Köln—Wien 1973, 296f. Dazu H. Dilcher, Die sizilische Gesetzgebung Kaiser Friedrichs II., Quellen der Constitutionen von Melfi und ihrer Novellen, Köln—Wien 1976.

[53] E. H. Kantorowicz, The King's Two Bodies, Princeton 1957, 164ff. (Fiskus und Verjährung); Walther (wie Anm. 33), 112ff. (Unveräußerlichkeit des Krongutes und Konstantin. Schenkung).

[54] Marinus de Caramanico, Glossa ord., s. v. *ad centum annorum* (Constitutiones Regni Siciliarum, ed. A. Cervoni, I, Neapel 1773, 399f. Dies stellte auch die Glossa ord. des Bartholomäus Brixiensis ad X II. 26 c. 14 bereits fest, v. s. Anm. 31! E. H. Kantoriwicz (wie Anm. 53), 180ff. zum Prozeß der Annäherung der *res sacrae* und *res publicae* in der jurist. Theorie.

[55] Andreas de Isernia, Lectura super Constitutiones, ad II. 39: *Constitutio ista removet praescriptionem quando possessor inuitur tantum praescriptioni* (Constitutiones, ed. Cervoni I, 400). — Am praktischen Beispiel des Patronatsrechts des sizil. Königs versucht dies Andreas auch in seinem Prooemium zum Konstitutionenkommentar vorzuführen (ed. cit. XXIX).

Angesichts des Urteils dieser beiden Juristen muß es um so auffälliger
sein, daß Andreas nun auf das Argument der Verjährung zurückgreift, als
er einen Rechtsbeweis für die Unabhängigkeit des sizilischen Königtums
vom Imperium führt. Bereits Marinus von Caramanico hatte beim näm-
lichen Vorhaben auf den Unrechtscharakter des Imperium Romanum ver-
wiesen, das durch Waffengewalt entstanden sei. Es könne also für sich nur
eine de-facto-Rechtsposition geltend machen. Nun gelte aber für Sizilien
wie für andere der ehemals eroberten Reichsteile, daß das Imperium nicht
mehr existiere, da das römische Volk verschwunden sei. Daher könne es
nur als gerechte Entwicklung angesehen werden, wenn jetzt *regna* und
partes vom Imperium abgelöst seien. Schließlich habe das römische Volk
gegen Bestimmungen seiner eigenen Rechtsordnung verstoßen, als es einst
mit Waffengewalt sein Reich errichtete[56].

Andreas von Isernia griff in seinen Kommentaren zu den Libri Feudorum nur zu gern dieses Argument des Unrechtscharakters des Römischen
Reiches auf. Ehemals freie Könige hätten damals bei ihrer gewaltsamen
Unterwerfung durch die Römer keine übergeordnete richterliche Instanz
anrufen können. Deshalb könne das Imperium nicht für sich das Verjährungsargument geltend machen. Der Freiheitsanspruch der unterworfenen
Könige und Völker könne nach römischem Recht auch gar nicht verjähren,
da es eigens bestimme: *nequeunti non currit tempus*. Einer hilfsweise vom
Imperium geltend gemachten *longissimi temporis praescriptio* tritt Andreas
mit der kirchenrechtlichen Doktrin entgegen, die eine Verjährung bei *mala
fides* ausschließt[57].

Zwar ist man versucht, hier seinerseits ein hilfsweises Ausweichen des
Andreas auf kirchenrechtliches Gebiet zu unterstellen; jedoch hat der Jurist
damit das Feld der Beziehungen von Imperium und römischer Kirche erreicht, das für das sizilische Königtum mit seiner Lehnspflichtigkeit gegenüber der Kurie selbst rechtlich von hoher Bedeutsamkeit war. Andreas hütet
sich im folgenden, das Imperium prinzipiell in Frage zu stellen, sondern
will es konsequent auf die Bereiche begrenzt sehen, in denen es heute auf
gerechte Weise existiere. Denn Papst und Kirche hätten das Imperium
mittlerweile gebilligt und seine Funktion als Vogt und Schützer der rö-

---

[56] Marinus de Caramanico, Prooemium in Const. Regni Sic., ed. F. Calasso, in: F. Calasso (wie Anm. 34), 177–205, hier 196f. (= §§ 17f.) Dazu Walther, 92ff. u. 71 (erstmal.
Verwendung des Gewaltarguments gegen das Imperium beim engl. Kanonisten Ricardus An-
glicus).

[57] Andreas de Isernia, Praeludia Feudorum §§ 30f. (in: In Usus Feudorum, Frankfurt/M.
1598, fo. 9). Zum Argument aus C. 7. 40. 1 § 2 tritt die Berufung auf Gratian (C. 16 q. 3.
p. c. 8 *Potest*) und auf die Dekretale Gregors IX (X I. 4. c. 11), mit der eine Verjährung ohne
titulus und *bona fides* abgelehnt wurde, v. s. Anm. 27 und 28. Andreas allegiert zudem die
Summe des Hostiensis zur *mala fides* (X II. 26 *De praescriptione rerum immobilium*, § 9 *Que
exigantur*, ed. cit., fo. 116 rb).

mischen Kirche anerkannt. Nicht anerkannt seien damit freilich die ungerechten Eroberungen von früher[58].

Unverkennbar ist Andreas darauf aus, die völlige Übereinstimmung mit der kirchlichen Lehre als Barriere gegenüber Reichsansprüchen auf das sizilische Königreich abzuwehren. So weist er ein potentielles Gegenargument zurück, das den Hinweis auf den Unrechtscharakter des Römischen Reiches mit der dann gegebenen Annahme unrechtmäßig erworbener Reichsteile durch Papst Silvester anläßlich der Konstantinischen Schenkung entkräften will. Auch diesmal greift Andreas zum Verjährungsargument, um den Einwand zurückzuweisen; diesmal jedoch wird es in umgekehrter Richtung angewandt[59].

Einerseits benutzt Andreas die höchstmögliche Verjährungsfrist von 100 Jahren, da es um Verjährungsprobleme mit *mala fides* geht. Andererseits unterscheidet er sorgfältig verschiedene Gruppen, die eine Unabhängigkeit vom Imperium zum jetzigen Zeitpunkt beanspruchen. Nachdem das Imperium von der Kirche anerkannt worden sei, gebe es Unabhängigkeit für ehemalige Reichsteile nur durch Exemtion, die rechtmäßig durch Verjährung erworben werden könne. Diese Verjährung könnten nach Meinung des Andreas nur diejenigen Könige und Völker für sich beanspruchen, die sich niemals freiwillig dem Imperium unterworfen hätten und bei der ersten sich bietenden Gelegenheit diesem den Gehorsam aufkündigten. Anders verhalte es sich bei denjenigen Völkern und ihren Herrschern, die sich erst jetzt vom Imperium frei machen wollten. Hier könne der Imperator seinerseits zu Recht darauf verweisen, daß sich die Vorgänger dieser Herrscher in der Zwischenzeit freiwillig der römischen Oberhoheit gebeugt hätten. Damit gelte nach den Regeln der Verjährung das Unrecht der anfänglichen gewaltsamen Unterwerfung als getilgt[60].

Der Andreas und Bartolus gemeinsame legistische Traditionsstrang der Behandlung der Verjährungsproblematik wird deutlich in dem auch vom sizilischen Juristen vorgebrachten Argument, daß ein bloßes Anführen des Zeitablaufs keiner der beiden Parteien einen Ersatz für einen Rechtstitel bieten könne: *Tempus non est modus inducendae obligationis . . .; nullo tempore praescribuntur usurpata, quae nullo titulo possidentur*[61].

---

[58] Praeludia Feudorum, ed. cit. 10 (§§ 32f.).

[59] Praeludia Feudorum, ed. cit., 11; § 35: *Unde dic, quod rex aut populus, qui diu stetit in libertate sua imperator vidente, in nullo ei obediens liber erit, quia et ecclesiae Romanae praescribitur spatio 100 annorum* (11).

[60] Praeludia Feudorum, ed. cit., 11 (§§ 35ff.). Cf. Walther (wie Anm. 34), 99f.

[61] § 36: *per hunc modum omnia regna antiqua hodie sunt iusta, si sunt in quasi possessione, ut obediatur ei [sc. Imperio Romano], vel si sunt in quasi possessione non obedienti Imperio Romano, et sic steterunt a tempore cuius non est memoria. Nam allegato titulo praesumitur (ut dictum est) ex temporis diurnitate sine probatione in contrarium et iuste bellaretur contra tales vel pro talibus, cum in dubio principi stetur [. . .] Si pretenderetur solum quia possideo, cum constet vitiosam causam (quia per armorum potentiam), satis viderentur*

Man kann Andreas von Isernia kaum die Bewunderung dafür versagen, wie einfallsreich und geschickt er mit der Verjährung in einem politisch-rechtlichen Konflikt zu argumentieren versteht, indem er zugleich den acqui-sitiven und den extinktiven Aspekt jenes Instituts nutzt. Der sizilische Ju-rist beherzigt dabei seine schon bei Diskussion der Verjährungskonstitu-tion Friedrichs II. formulierte Lehre, daß eine Argumentation mit ver-flossener Zeit ohne zusätzlichen Rechtstitel kaum erfolgreich sein könne. Deshalb sichert er sorgfältig nach allen Seiten seinen Beweisgang ab, zieht zu den vertrauten legistischen und kanonistischen Allegationen auch Bibel-stellen und Väterzitate heran. Auch darum ist sein Argumentieren schlüs-siger als viele Versuche der Kollegen anderswo, die Souveränität ihres Herr-schers mit Hilfe der Verjährung zu erweisen. Dabei führt ihnen wie An-dreas die politische Absicht die Feder[62].

Den Zeitgenossen freilich erschien eine solche Argumentationsweise nicht anstößig. Ohne Zögern antworteten in der Souveränitätsdiskussion die Gegner auf der gleichen juristisch-politischen Ebene. Aus historischer Warte will uns dieses angestrengte Bemühen, die fundamentalen politischen Entwicklungen des Hoch- und Spätmittelalters mit zivilrechtlichen Nor-men der Spätantike juristisch fassen zu wollen, recht seltsam erscheinen.

Aber damit verfehlen wir wohl unsererseits gründlich eine angemessene Beurteilung der Tätigkeit mittelalterlicher gelehrter Juristen. Der Glaube an die fortwährende Gültigkeit des römischen Rechts verband sich bei ihnen mit demjenigen an seine Unübertrefflichkeit als Rechtsordnung. Auch wenn man als politischer Zeitgenosse die Unabhängigkeit seines heimat-lichen Herrschaftsbereiches vom Imperium favorisierte, sollte im Regelfall mit der erlangten Souveränität kein Verzicht auf das römische Recht ver-bunden sein[63].

So ist schon bei den italienischen Legisten des ausgehenden 12. Jhs. ein Prozeß der politischen Ablösung vom Imperator Romanorum bei gleich-zeitigem Festhalten an Imperium und Imperator als Garanten römischer Rechtsgeltung zu beobachten. An ein wirksames römisches Recht ohne exi-stierendes Imperium Romanum dachten mittelalterliche Legisten noch nicht, auch wenn sie schon manchmal mit dem Gedanken spielten, ob man nicht auf Imperatoren verzichten könne[64].

Beim berühmtesten Kommentator des 14. Jhs., bei Bartolus von Sasso-ferrato, ist die Präponderanz der Funktion des Rechtsgaranten seines Kai-serbildes nicht zu übersehen. Es darf deshalb auch nicht als widersinnig

---

efficaces rationes pro prima parte allegatae, maxime iure poli: quia nullo tempore praescri-buntur usurpatae, quae nullo titulo possidentur, ut supra plene dictum est. (Ed. cit., 12).

[62] Cf. Walther (wie Anm. 33), 85ff., 136ff.

[63] Walther, 73, 83, 85ff., 106ff. (Argumentationen französischer, sizilischer u. span. Ju-risten).

[64] Walther, 215ff. (Diskussion um die Notwendigkeit eines Imperators nach dem Tod Heinrichs VII. 1313).

erscheinen, wenn die Legisten das Rechtsinstitut der Verjährung zur Schmälerung der Befugnisse gerade dessen verwendeten, den sie andererseits so dringend als Garanten ihres Rechtssystems benötigten, dem sie als *ius commune* nach wie vor Anspruch auf zumindest subsidiäre universale Gültigkeit zusprachen.

Die Vorsicht, die die meisten Legisten bei der Benutzung des Verjährungsarguments in politischen Auseinandersetzungen an den Tag legten, beweist, wie richtig sie den Zweck jenes aus der Antike ererbten Rechtsinstituts einzuschätzen wußten, obwohl sie doch über die wirklichen Entstehungsbedingungen und -gründe nichts wissen konnten.

Vielleicht reizte es sie gerade, die Verjährung politisch-argumentativ einzusetzen, weil sie ja dazu diente, kontinuierliches Zusammenleben von Menschen zu erleichtern und Rechtssicherheit durch Anerkennung der normativen Kraft des Faktischen zu bieten, ohne dabei in Willkür zu verfallen. Und vielleicht empfahlen sich gerade ein solcher Wert und das ihn hervorbringende Rechtssystem in Zeitläufen, in denen die Umbrüche der alten Sozial- und Herrschaftsordnung die Voraussetzungen einer neuen politischen Gemeinschaft schufen, die wir vom Ergebnis der Entwicklung her den modernen Staat zu nennen gewohnt sind. Daß die schon in seinen Anfängen sich als nützlich erweisende Personengruppe der gelehrten Juristen in ihrem Beharren auf steter Anwendbarkeit des römischen Rechtes die Gestalt dieser Staatlichkeit in einer ganz bestimmten Weise prägte, bildet die Kehrseite dieses Vertrauens auf ein Normengefüge.

Aber gerade dieses Vertrauen war es, das die gelehrten Juristen des Mittelalters das so bequeme Verweisen auf unvordenkliche Zeiten als ungenügend zurückweisen ließ. Stattdessen vermaßen sie das Gedächtnis, lösten das *tempus memoratum* je nach Gegenstand und Umfang des betreffenden Rechtsverhältnisses in bestimmte Zeitspannen auf und schufen damit nachprüfbare Grundlagen für den für die politischen Entwicklungen seit jeher so bedeutsamen Satz: *consuetudo habet vim legis.*

MASSGEBRAUCH UND MESSPRAXIS
IN HANDEL UND GEWERBE DES MITTELALTERS

von Harald Witthöft (Siegen)

Die abstrakten Einheitsnormen des metrischen Systems verstellen heute den unmittelbaren Zugang zum Verständnis von Maß und Gewicht des Mittelalters. Im neuzeitlichen naturwissenschaftlichen Denken ist kein Platz mehr für die Einsicht, daß eine meßbare Fußlänge oder Elle eine vielfältigere Bedeutung haben konnte als nur die, eine Strecke ebendieser Länge real darzustellen. Es ist eine Folge dieser Denkgewohnheit, daß der Symbolwert von Zahlen und Zahlenrelationen des Mittelalters diskutiert wird, ohne Raum für die Möglichkeit zu lassen, daß auch reale Maßeinheiten ihrerseits Symbolcharakter gewinnen konnten. Ein Fußmaß von etwa 35 cm erhält erst dann seinen komplexen Sinn zurück, wenn man seinen Ableitungszusammenhang und seine Anwendungsbereiche kennt[1].

Das mittelalterliche Maß war qualitative und quantitative Größe in einem, mit deren Hilfe Zustände und Verläufe geordnet, ihr Sinn erfaßt, beschrieben, handhabbar gemacht wurde — das Maß war zugleich Realität, Metapher, Symbol innerhalb des mittelalterlichen ordo. Mit den Worten der Heiligen Schrift wurde der Mißbrauch von Maßen und Gewichten im Wirtschaften angeprangert. Im Jahre 786 wird in einem Konzilsbericht an Papst Hadrian I. im Kapitel XVII über den Kirchenzehnten, über Zinsverbot, unrechtmäßigen Gewinn und auch über falsches Maß gesprochen: *Statuismus etiam, ut mensuras aequas et pondere aequalia statuant omnibus, dicente Salomone: ,Pondus et pondus, mensuram et mensuram odit Deus': id est ne alio quis vendat pondere vel mensura, alia emat: ,quia*

---

[1] z. B.: 1 Ofener Elle = 2 römische Fuß à 296,853 mm = 593,706 mm — 1 Nürnberger Elle = 9/8 Ofener Ellen = 667,920 mm — 1 Elle in Brabant = 21/20 Nürnberger Ellen = 701,316 mm (Elisabeth Pfeiffer, Probleme überlieferter Ellenvergleichungen dargestellt an der Ofener, Nürnberger, Brabanter und Wiener Elle, in: Travaux du 1er Congrès International de la Métrologie Historique, Red. Zl. Herkov, 2, Zagreb 1975, 480). Die Brabanter Elle war — in variierenden Längen — ein weit verbreitetes Tuchmaß. Das Fußmaß (1/2 Elle = 350,658 mm) findet sich z. B. als Maß der Landvermessung in Preußen, wo es — flandrischen Ursprungs? — sich aus einem an der Ostseite der Kulmer Marienkirche durch 2 eiserne Pinnen real markierten Rutenmaß mit 354,202 mm bestimmen läßt (H. Witthöft, Rute, Elle und Schuh in Preußen. Zur Struktur der Längen- und Flächenmaße seit dem 13. Jahrhundert, in: Scripta Mercaturae 15 (1981) 14sqq., 26, 30). Cf. i. p. 27.

ubique Deus iusticiam diligit, et aequitatem videt vultus eius[2]. Die Kirche wacht über das rechte Maß auch der kaufmännischen Praxis.

Maßgebrauch und Meßpraxis in Handel und Gewerbe des Mittelalters sind nicht weniger verwirrend als Norm und Bedeutung einzelner Maßeinheiten. Wenn es um 1382/83 heißt: „En sintener talghes heft twintigh punt unde hundert", dann darf man nicht verkürzend folgern, daß ein Zentner generell 120 Pfund hielt oder daß dieses Pfund gar als Stück mit einem Gewicht von 1/120 Zentner auf der städtischen Waage bereitlag. In dieser Aufstellung Lüneburger Handelsgewichtseinheiten aus dem ältesten Stadtbuch findet sich weiter: „En sintener messinghes, coppers, tenes, blies und allerlyie gued dat man plecht to kopende bi sentener dat holt jo twolf unde hundert" − ein Zentner dieser Metalle entsprach 112 Pfund[3]. Es wird ausdrücklich gesagt, daß man sie üblicherweise „bi sentener" handelt, d. h. nicht etwa nach Pfundgewichten.

Eisen fehlt in der Aufzählung der Metalle vermutlich deshalb, weil es wie auch das Lüneburger Salz zu den Schiffpfundgütern zählte − Waren, die nach dieser handelsüblichen Tonnennorm auf dem Markt waren. Dieser Gewichtsbrauch wird verständlich, wenn man sich die zugrundeliegenden Handels- und Transportbedingungen verdeutlicht. Die Metalle kamen vor allem auf den westlichen und südwestlichen Landrouten per Frachtwagen durch Lüneburg, das Eisen aber nahm als schwedisches Osemund seinen Weg über die Ostsee und Lübeck. In den Ostseeraum exportierten die Lüneburger einen großen Teil ihrer Salzproduktion. Die im hansischen Osthandel dominierende Gewichtsnorm findet sich formelhaft am Ende der Aufstellung von 1382/83: „En livespunt holt 14 markpunt. En sintener holt achte lyvespunt. En schippunt holt twintigh lyvespunt"[4]. Da das Markpfund zugleich als Stück des 14. Jahrhunderts erhalten ist, läßt sich die Liespfundformel auch in metrische Begriffe übersetzen[5]:

		in kg
Markpfund	14:1	0,486
Liespfund	8:1 / 112:1	6,804
Zentner	2½:1 / 20:1 / 280:1 / 3360:1	54,432
Schiffpfund	12:1 / 30:1 / 240:1	136,080
(Last)		1632,960

---

[2] MGH Epist. IV, II 25sq. (= Alcuini Epistolae 3).

[3] H. Witthöft, Umrisse einer historischen Metrologie zum Nutzen der wirtschafts- und sozialgeschichtlichen Forschung. Maß und Gewicht in Stadt und Land Lüneburg, im Hanseraum und im Kurfürstentum/Königreich Hannover vom 13. bis zum 19. Jahrhundert, Göttingen 1979, 588sq. (= VeröffMPIG 60/1+2). Cf. zum Zentner ibid. 99sqq.

[4] Ibid. 589.

[5] Zum Markpfund ibid. 65sqq. Die Last war eine Rechengröße mit einer festliegenden Tonnenzahl (= Schiffpfundzahl).

Ob und wie der Zentner zu 8 Liespfund zur Interpretation des Zentners Messing, Kupfer, Zinn oder Blei herangezogen werden darf, läßt sich allein aus dieser Quelle nicht entscheiden, denn die aus dem Westen kommenden Güter konnten ihre eigene Gewichtsnorm nach dem Maßbrauch ihrer Herkunft bei sich tragen.

Es ist eine wesentliche Einsicht, daß bestimmte Waren in festliegenden Gewichtsbereichen gehandelt wurden – nach Pfund, Liespfund oder Stein, Zentner oder Schiffpfund/Tonnen. Für diese Waren und in diesen Gewichtsbereichen finden sich dann auch die erfoderlichen Waagentypen und Gewichtsstücke. Es ist eine nicht minder wichtige Tatsache, daß im frühen Maßwesen Einheiten gleicher Größenordnung, aber mit abweichender Norm auftauchen können. Das Pfund der Zentnerrechnung mit Talg, Öl, Fleisch oder den Metallen darf nicht als identisch vorausgesetzt werden. Als Konsequenz erscheinen auch Zentnerwaren zu jeweils 112 oder 120 Pfund nicht immer mit demselben Gewicht.

Georg Agricola überliefert uns diese Praxis aus der Mitte des 16. Jahrhunderts, wenn er vom venezianischen Pfund schreibt, es sei „vielfältig": „Es gibt ein schweres, ein leichtes, ein ärztliches, den Silberbes, den Goldbes". Ersteres benutzte man z. B. für frisches Fleisch und Salz, verarbeitetes Kupfer – „kurz sie verwenden es, wenn sie eine große Menge von etwas ganz Schwerem wiegen". Das leichte Pfund galt hingegen für Waren wie Alaun, Wachs, Rosinen oder Gewürze aller Art. Der Silberbes wurde auch „Mark" genannt, und den Goldbes „gebrauchen die Venezianer beim Verkauf von Gold- und Silbergespinsten mit oder ohne Seidenwolle"[6].

Derselbe Gewichtsbrauch läßt sich bereits im frühen Mittelalter nachweisen. Wir dürfen Karl dem Großen neben einem Münzpfund von 15 Unzen ein zweites Rechen- oder Handelspfund zuschreiben, das 16 Unzen hielt[7]. Das Nebeneinander mehrerer Pfundgewichte ermöglichte das Ein- und Auswiegen, den Ein- und Verkauf nach differierenden Einheiten. Es finden sich zahlreiche Verordnungen, die derartige Praktiken unterbinden sollen[8]. Andererseits haben sich aufgrund dieser und vergleichbarer Maßbräuche besondere Handelspraktiken entwickeln können: unterschiedliche Maßgrößen gingen in den Preis einer Ware ein – Maß und Gewicht staffelten sich entlang einer Handelsroute in Richtung auf ein

---

[6] Georgius Agricola. Schriften über Maße und Gewichte (Metrologie), übers. G. Fraustadt und W. Weber, Berlin 1959, 318 (= Georgius Agricola. Ausgewählte Werke 5, hg. H. Prescher).

[7] Cf. Ph. Grierson, Money and Coinage under Charlemagne, in: Karl der Große, 1, hg. W. Braunfels und H. Schnitzler, Düsseldorf 1965, 530. K. F. Morrison, Numismatics and Carolingian Trade: A Critique of the Evidence, in: Speculum 38 (1963) 416, vertritt in dieser Arbeit die These, daß neben einem „account pound" von 408,00 g ein „mint pound" von 425,00 g dem karolingischen Münzwesen zugrundegelegen hat.

[8] Cf. s. den Beleg aus dem Jahre 786.

dominierendes Zentrum[9]. Noch „die Londoner Münze kaufte das Münz-silber nach dem schwereren Troygewicht und bezahlte nach dem leichteren Towergewicht, bis K(önig) Heinrich VIII. im J(ahre) 1524 auf diesen Münznutzen verzichtete und das Towerpfund als Münzgewicht außer Übung kam"[10].

Norm und Variation sind ein Grundthema der mittelalterlichen Maß-geschichte. Das Operieren mit Relationen ganzer Zahlen hat ein weit ver-zweigtes und verästeltes Maßwesen hervorgebracht, das seinen systemati-schen Zusammenhang bis zur Einführung der metrischen Normen bewahr-te. Dem widerspricht nicht, daß es dem Kaufmann des 15., 16. oder gar 17. und 18. Jahrhunderts immer schwerer fiel, sich in der wachsenden Vielfalt der Einheiten allein der wichtigsten Handelspartner auszukennen. Die Handelsbeziehungen wurden dichter, das Warenangebot und die gewo-genen Produkte zahlreicher, wirtschaftliche, soziale und politische Verän-derungen erfaßten auch Maß und Gewicht. Kaufleute und Rechenmeister griffen zum Hilfsmittel der vergleichenden Maßzusammenstellungen, der nur noch die Zahlenrelationen erfassenden Übersichten für bestimmte Handelsregionen oder Routen[11]. Hier liegen Ursprung und Zweck der Tabellenwerke und Handbücher des 17. und 18. Jahrhunderts, die jedoch den wesentlichen mittelalterlichen Zusammenhang des Maßwesens mehr verdecken als erklären[12].

Ich werde in den folgenden Abschnitten an ausgewählten Beispielen den praktischen Umgang des Kaufmanns mit Waage und Gewicht erläutern (1), den Zusammenhang zwischen Maß und Verfassung eines Gewerbebetrie-bes skizzieren (2), die Frage nach Konstanz und Genauigkeit der Normen bis in die Karolingerzeit zurückverfolgen (3) und in einem Addendum die These zur Diskussion stellen, daß die mathematischen und naturwissen-schaftlichen Kenntnisse der Antike und offenbar auch des Mittelalters es ermöglicht haben, konstante reale präzise Maßeinheiten zu schaffen und zu tradieren, denen im mittelalterlichen Denken nicht zuletzt auch eine symbolische Bedeutung zukam.

---

[9] Cf. Witthöft, Umrisse 481 sqq., auch H. Witthöft, Scheffel und Last in Preußen. Zur Struktur der Getreidemaße seit dem 13. Jahrhundert, in: BllDtLdG 117 (1981) 343, 366 sqq.

[10] A. Luschin von Ebengreuth, Allgemeine Münzkunde und Geldgeschichte des Mittel-alters und der Neueren Zeit, München und Berlin ²1926, 160.

[11] Cf. Das Meder'sche Handelsbuch und die Welser'schen Nachträge, hg. H. Kellenbenz, Wiesbaden 1974, 259 sqq. (= DtHdlAktenMauNZ 15) oder Michael Schiller, Eine ordentliche Anweisung zu denen Grundlegungen in der edlen Rechenkunst . . ., Lüneburg 1651 (cf. Witthöft, Umrisse 694 sqq.).

[12] Z. B. Johann Georg Schoapp, Europäische Elenvergleichungen . . . mit der Nürnber-gischen Elen, Nürnberg 1722, oder M. R. B. Gerhardt, Allgemeiner Contorist, oder neueste und gegenwärtiger Zeiten gewöhnliche Münz-, Maaß- und Gewichtsverfassung aller Länder und Handelsstädte, Berlin 1791.

I. Vom Wiegen, von Waagen und Gewichten

Im Jahre 1341 vereinbarten ‚de olderlude unde de wisesten unde de mey-
nen Dudeschen, de dar to Nougarden weren", daß sie die Wachswaage
so handhaben wollten, „also men plecht to weghene in Dudeschen steden:
also dat de scale mit deme lode scal stan uppe der erden unde dat lode
mekeliken af to nemende und in den kloven to wegende". Höhlbaum hat
bei der Herausgabe des Textes bemerkt, daß dasselbe Muster einer Waageordnung sowohl in Flandern als auch in England galt[13].

Schon diese wenigen Sätze lassen allgemeinere Strukturen erkennen.
Ein dominierendes Handelsgut verbindet sich mit einer besonderen Waage
– der Wachswaage in Novgorod. Die hansischen Kaufleute erreichen, daß
ihre Art zu wiegen auch im Handel mit den Russen Geltung erhält –
Maßbräuche und Meßpraktiken gehen mit dem Kaufmann, und sie sind
ebenso wie die Waagetypen und die Gewichte in ganz Nordeuropa vergleichbar. Der Schutz des Kaufmanns und seiner Ware einerseits, das
Herrschaftsinteresse an rechtem Maß und Gewicht andererseits legten den
Grund für eine Maßsicherheit im lokalen wie im überregionalen Handel.

Im Smolensker Vertrag von 1229 finden sich Passagen, die auf den
Gebrauch von ungleicharmigen Schnellwaagen neben den gleicharmigen
Schalwaagen hinweisen:

D 35 (nach Nr. 24)[14]	Nr. 32; D. 29; VB. 41[15]
„Das Pud haben die Deutschen den Vo-lokern übergeben, die jedem Gast die Ware über den Volok führen. Und wenn es abgenutzt ist, so liegt ein gleiches in der deutschen Kirche, und man schmie-det ein anderes, nachdem man es mit diesem verglichen hat".	„Wenn das Kap, mit dem man wiegt, zerbrochen oder zu leicht wird, dann muß man beide an einen Ort bringen, dasjenige, das in der hl. Muttergottes-kirche auf dem Berge liegt und das zweite in der lateinischen Kirche und muß beide vergleichen".

Goetz hebt hervor, daß die Geistlichkeit die Aufsicht über Maß und
Gewicht führte. Schon das dem hl. Vladimir (980 bis 1015) zugeschriebene
Kirchliche Statut besage: „Denn das ist von altersher verordnet und aufge-
tragen den heil. Bischöfen, alle städtischen und Handelsmaße und Getrei-
degefäße(-Maße) und Gewichte, und von Gott ist es so von altersher
geordnet, daß der Bischof (sie) hüte ohne Schaden, weder sie zu verringern
noch sie zu vermehren". In der Johanneskirche zu Novgorod wurden
Maße und Gewichte in der Vorhalle aufbewahrt und dort auch gegen

---

[13] Hansisches Urkundenbuch 3, bearb. K. Höhlbaum, Halle 1882–86, nr. 589 p. 366.
[14] L. K. Goetz, Deutsch-russische Handelsverträge des Mittelalters, Hamburg 1916, 279
(= AbhhHambKolInst 37). zu Pud und Kap cf. i.
[15] Ibid. 284 sq.

Abgaben benutzt[16]. „Das russische Novgorod maß nach der St. Johanneselle, ‚lokot Ivanskij‘, dem in der Patronatskirche der Johanneskaufmannschaft aufbewahrten Normalmaß"[17].

Es stiftet bis heute Verwirrung, daß die Doppeldeutigkeit von „Pud" und möglicherweise auch „Kap" nicht erkannt worden ist. Auch Goetz bezeichnet das Pud als Gewicht, setzt aber gleichzeitig hinzu, daß es in der rigischen Rezeption dieses Vertrages von 1229 nach dem Haupthandelsartikel „Wachspud" heiße. Wie denn überhaupt in den verschiedenen Rezensionen Kap und Pud einander gleichgestellt seien[18]. Das Problem löst sich mit der Einsicht, daß „Pud" in den älteren Quellen eine Schnellwaage bezeichnen kann, d. h. mit „Pfünder" übersetzt werden muß. Ein Pfünder repräsentierte aufgrund seiner Bauweise eine ganz bestimmte Gewichtseinheit und deren Teilungen. Er war geeignet, größere Verpackungen wie z. B. Tonnen von Schiffpfundgewicht auszuwiegen – ein sehr handliches Verfahren bei Produkten, die in genormten Verpackungen mit konstantem Gewicht von Inhalt (netto) und Tara auf dem Markt waren. Ein Verfahren vor allem, nach dem Fracht- und Zolltarife sich erheben und bestimmen ließen, wie es am Volok im größeren Zusammenhange des Dünahandels üblich gewesen zu sein scheint[19].

Diese Übersetzung von Pud findet ihre Bestätigung im zeitgleichen ältesten rigischen, für Reval aufgezeichneten Stadtrecht aus den Jahren 1226 bis 1248, in dem bestimmt wird[20]: *Qui habet pondus, quod pundere dicitur, si levius est vel gravius dimidio talento Lyvonico, quam esse debeat, . . . statim corrigat pondus.* Dieser Text ist nur zu verstehen, wenn man sich einen Pfünder von Schiffpfundnorm (= 20 Liespfund) vorstellen darf, für den eine Marge von ± ½ Liespfund eingeräumt wird – das *pondus* ganz offensichtlich im Sinne des Normgewichts einer Schnellwaage. Es ist

---

[16] Ibid. 285. G. Schmoller, Die Verwaltung des Maß- und Gewichtswesens im Mittelalter, in: JbGesetzgebungVerwalt 17 (1893) 293, weist darauf hin, daß Hakon Magnusson (1297–1298) verordnete, daß in den Kirchen niederzulegende Steine als Norm für alle übrigen Gewichten dienen sollten.

[17] Ibid. 157.

[18] Ibid. 285. Das russische Pud wird mit 40 Pfund à 409,512 g oder 16,381 kg gerechnet – 10 Pud ergaben ein Berkowetz von 163,805 kg in der Größenordnung von 24 Liespfund à 6,825 kg (H.-J. v. Alberti, Maß und Gewicht, Berlin 1957, 412). Das Pud lag mit diesem Gewicht in der Größenordnung der Steingewichte und fällt schon aus diesem Grunde als Pfündernorm für den Fernhandel aus – als Teilgewicht ist es möglich.

[19] Cf. Witthöft, Umrisse 124 sqq. Die Schnellwaagen sind grundsätzlich ungleicharmig. Bei den Pfündern lag die Achse fest, und das Gegengewicht konnte auf dem kerbweise unterteilten Kraftarme verschoben werden. Instrumente mit einer zweiten, verlagerten Achse können in verschiedenen Gewichtsbereichen eingesetzt werden – ggf. mit einer zweiten Teilung auf der Unterseite des Kraftarmes. Schalwaagen sind grundsätzlich gleicharmig gebaut und erfordern Gewichtssätze in der Summe des auszuwiegenden Warengewichts.

[20] J. G. L. Napierski (Hg.), Die Quellen des rigischen Stadtrechts bis zum Jahre 1673, Riga 1876, 6.

sofort hinzuzufügen, daß diese Marge nicht etwa die Ungenauigkeit dieses Instrumentes beweist, sondern ihre Ursache in der Variationsbreite unterschiedlicher Normtonnen für verschiedene Produkte hat. Diese Marge taucht weit verbreitet auch noch in jüngeren Quellen auf, mit deren Hilfe sich dieser Zusammenhang belegen läßt[21].

Im Jahre 1259 sichern die Fürsten von Novgorod den hansischen Kaufleuten zu, den Pfünder abzuschaffen[22]: „Das Pud haben wir beseitigt und (Gewichts-)Schalen aufgestellt nach unserem (freien) Willen und aus Gefälligkeit". Damit wurde nicht zwangsläufig das Wägen mit dem russischen Gewicht aufgehoben[23], aber doch wohl das „Wachspud" durch die „Wachswaage" ersetzt. Um 1338 erlassen der livländische Deutschordensmeister und die Stadt Riga eine Ordnung, nach der in Polozk mit einer Schalwaage gewogen werden mußte, deren Schiffpfund um ein halbes Liespfund schwerer war als in Riga — eine Regelung, die vor allem dem Wachshandel zugute kommen sollte. Salz wurde hingegen weiterhin „mit eme punder" gewogen[24]. Das „schnippunt up der schalen" als Nettogewichtseinheit unterschied man im Ostseehandel ganz allgemein vom Bruttogewicht des gepfündeten Schiffpfundes nach einer Relation von 20 : 23[25].

Von der Genauigkeit, mit der im Schiffpfundbereich gewogen und gerechnet wurde, zeugen Maßrelationen aus Handelsbüchern des Deutschen Ordens aus der Zeit um 1400. Es heißt z. B.[26]: „Item 1 thusund wachs in Leyfflande machet 2 schiff ℔ in Leyfflandt. Item 1 thusund wachs czu Grossen Nawgarden machet ouch 2 schiff ℔ in Leyfflande. . . . Item in der stadt czu Ryge 4 schiff ℔ wachs machen hir im lande volkomen 5 schyff ℔. Item czu Grossen Nawgarden in der stad 4 schiff ℔ wachs, die machen hyr in deme lande 5 schiff ℔ und 6 marc ℔." Die Relationen, die die Großschäfferei Königsberg aufstellt, sind äußerst genau und verläßlich. Für andere Produkte und andere Gewichtseinheiten reichen sie im Westen über Lübeck bis nach Brügge[27].

---

[21] Cf. Witthöft, Umrisse, Sachwort „Pfündermarge", auch H. Witthöft, Normgewicht im Danziger und Königsberger Salzhandel nach kaufmännischen Rechenbüchern des 16. Jahrhunderts, in: Scripta Mercaturae 10 (1976) 9 sq.

[22] Goetz, Handelsverträge 76.

[23] So auch Goetz, Handelsverträge, 77. Ein russisches Pfund von 408,240 g stand in festen Relationen zu anderen Pfundgewichten der Liespfundrechnung und ergab sich nach wie vor aus Pud (= 40 Pfd.) und Berkowetz (= 400 Pfd. = 4 Kap).

[24] HUB 2, nr. 631 p. 278. Im Dünahandelsraum galt ein halbes Berkowetz „als Mindestmaß des deutschen Wachseinkaufs" (L. K. Goetz, Deutsch-russische Handelsgeschichte des Mittelalters, Lübeck 1922, 270 und Anm. 4 (= HansGQ NF 5)).

[25] Cf. Witthöft, Umrisse 282 sqq.; id., Normgewicht 1 sqq.

[26] C. Sattler, Handelsrechnungen des Deutschen Ordens, Leipzig 1887, 173 sq.

[27] H. Witthöft, Maßverständnis und Maßgenauigkeit im Handel des Deutschen Ordens zwischen Livland/Novgorod und Lübeck/Flandern um 1400. Aus Handelsrechnungen der Großschäfferei Königsberg, in: Wirtschaftskräfte und Wirtschaftswege 1, hg. J. Schneider,

Diese Beispiele aus dem hansischen Osthandel belegen, daß und auf welche Weise Handelsgewichte weiträumig präzise und vergleichbar waren. Ihre Setzung und Handhabung verband sich mit den dominierenden Produkten auf bestimmten Routen ebenso wie mit den Bedingungen des Transports und der Zollerhebung. Entsprechend waren sie auch dem Wandel unterworfen, der die Richtung von Handelsströmen oder Angebot und Nachfrage bei einzelnen Produkten erfassen konnte. Mit Wachs und Salz finden wir allerdings in Livland noch im 13. und 14. Jahrhundert dieselben Leitprodukte wie z. B. schon um 900 auf der Donau. Zoll gab man in Raffelstetten *de sogma una de cera duas massiolas, quarum uterque scoti unum valet; de onere unius hominis massiola una eisdem precii; . . . —* vom Saum also bzw. von der Traglast eines Menschen gab man ein bestimmtes Maß Wachs; *de una navi reddant 3 semimodios, id est 3 scafilos de sale* — vom Schiff entrichtete man 3 Scheffel Salz[28].

Eine bedeutsame Zäsur bleibt der Übergang zum dominierenden Gebrauch der Schalwaage auch durch den (orts-)fremden Kaufmann im Groß- und Fernhandel. Leider sind unsere Kenntnisse vom kaufmännischen Einsatz der Schalwaage aus früheren Jahrhunderten sehr beschränkt. Er ist für die kleineren Mengen des Detailhandels anzunehmen — mit Gewichtssummen bis zu ca. 20 Pfund, später auch bis zu 60 Pfund —, aber zweifelsfrei belegt nur für die gleicharmigen Münzgewichtswaagen. Die Abschaffung der Pfünder dokumentiert auf jeden Fall neue Handels- und Gewichtsgewohnheiten in einer Phase außergewöhnlich starken wirtschaftlichen Wachstums im 13. Jahrhundert[29].

Die These wird von den zeitgleichen Entwicklungen in England und in Flandern gestützt. Bereits 1252 oder 1253 gewährte Gräfin Margarethe von Flandern Köln, Dortmund, Soest, Münster und den Städten und Kaufleuten des römischen Reiches neben anderen Vorrechten in Damme auch *scalas etiam nostras legitimas cum pondere nostro legitimo mercatoribus praedictis*[30]. Als die Hansen 1282 ihren Stapel nach Ardenburg verlegt hatten, machten sie ihre Rückkehr nach Brügge ganz wesentlich davon abhängig, daß auch hier ihre Waren künftig mit Schalen gewogen und daß „die einser, die men heet de ponder" ein für allemal abgeschafft würden[31]. Die neue Praxis wurde in zwei Waageordnungen festgeschrieben, die noch im gleichen Jahre 1282 einerseits für die Zöllner und Träger der Stadt

---

Stuttgart 1978, 162 sqq. (= Festschrift für H. Kellenbenz = Beiträge zur Wirtschaftsgeschichte 4).

[28] MGH Leg. III, 480 sq. (Leges portorii ca. 906). Auf der Elbe gab man vom Lüneburger Salzprahm um 1375 1 große Tonne im Wert von 8 s. (Witthöft, Umrisse, 588). Cf. zum Saum Anm. 64.

[29] Cf. i. den Anstieg der Lüneburger Salzproduktion.

[30] HUB 1, nr. 428 p. 141.

[31] Die Recesse und andere Akten der Hansetage von 1256—1430, 1, hg. K. Koppmann, Leipzig 1870, nr. 22 p. 11 sq. (zit.: Hanserezesse).

Brügge und andererseits für die deutschen und spanischen Kaufleute ergin-
gen[32]. Erst im Jahre 1351/52 forderten und erhielten die Hansen ein eigenes
Waagehaus, von dessen Gewichtsbestand wir aus dem Jahre 1393 Kunde
haben[33].

Als die Stadt Brügge im Jahre 1348 dem deutschen Kaufmann ver-
sicherte, seine Waageprivilegien zu achten, solange der hansische Stapel in
der Stadt bleibe, erfahren wir von den „wederghewichten van Brugghe, die
zij hebben also wel van goude, zelvere als van zwaren goede"[34]. Auch in
Novgorod gab es unterschiedliche Waagen und Normgewichte. In der
deutschen Fassung eines Vertragsentwurfes von 1268/69 heißt es[35]: *Libra
bis equari debet in anno, si expedire videbitur, similiter sch(a)la argenti.
. . . Stater, qui dicitur cap, debet in gravitate continere 8 Livonica talenta.
Item per funem sancti Petri debet hospes mensurare bona sua.* Neben dem
Kap von Zentnergewicht findet sich die Erwähnung des in der St. Peters-
kirche aufbewahrten Normallängenmaßes, des Seiles[36].

Die Überlieferung aus Brügge gibt einen guten Einblick in die Handhabung der Waage am Orte[37]. In dieser Stadt waren der Zöllner sowie
die diesem unterstellten Wäger und die Träger (porter) zum Umgang mit
Waage und Gewicht privilegiert (2). Auf den beiden öffentlichen Waagen
„bi sinte Jans brucghe" und auf dem Markt (2) müssen Waagen und
Gewichte in ausreichender Zahl vorhanden sein, um durch die vier zu
diesem Zwecke angestellten Wäger dem Kaufmann an jedem gewünschten
Ort in der Stadt seine Waren zuwiegen zu können (1,2). Zwei weitere
Wäger versehen ihren Dienst ausschließlich an den beiden öffentlichen
Waagestätten (2). Die Träger durften Gewichte bis zu 60 Pfund in ihren
Häusern haben und natürlich auch benutzen; alles andere gehörte in die
Hände der Wäger (2). Dem Zöllner wird ausdrücklich „siin recht van
weghene" in derselben Art bestätigt, wie es ihm zuvor „van den pondre"
zugestanden hat, jedoch auferlegt, keine hansische Ware „bi pondre" zu
wiegen, wenn sie „bi scalen" gewogen werden muß (2).

Das rechte Wiegen wird präzise bestimmt. Der Wäger muß seine Hand
von der Schale nehmen (1, 2, 3, 5). Man gibt „clove ghewichte" (2), wiegt

---

[32] Waageordnung für den Zöllner, die Wäger und die Träger von 1282 Mai 26 (Hanserezesse 1, nr. 23 p. 12 sq.) und Waageordnung für die Kaufleute von 1282 August 13 (Hanserezesse 1, nr. 24 p. 14).

[33] Begehren der Hansen von [1351] (Hanserezesse 1, nr. 159 p. 91 sq.) und Zusage durch
den Herrn von Ghistele von 1352 Februar 18 (Hanserezesse 1, nr. 167 p. 99 sq.) – Gewichts-
verzeichnis von 1393 August 24 (HUB 5, nr. 112 p. 62 sq.)

[34] 1438 September 20 (HUB 7, nr. 387 p. 190 sqq.).

[35] Goetz, Handelsverträge 150 sq. Cf. H. Witthöft, Waren, Waagen und Normgewicht
auf den hansischen Routen bis zum 16. Jahrhundert, in: BllDtLdG 112 (1976) 184 sqq.

[36] Goetz, Handelsverträge 156.

[37] Die im folgenden in (Klammern) gesetzten Zahlen verweisen auf die in den Anmerkungen 31–33 genannten Quellen HR 1 nr. 22 (1), HR 1 nr. 23 (2), HR 1 nr. 24 (3), HR 1
nr. 159 (4) und HR 1 nr. 167 (5) aus den Jahren 1282 bis 1352.

„clofwichte" (3) oder „int clof" (4, 5), d. h. die Zunge mußte in der Spalte stehen, der Balken sich also absolut waagerecht beruhigt haben. Der Verkäufer andererseits darf seine Hand auf die „middewarde" legen (1). Es versteht sich von selbst, daß „rechte balanchen unde ghewichte" gefordert werden (4), man wog damit *equipollenter*, d. h. *sine augmentatione, que contrepois dicitur* (3). Der Verkäufer begann und legte die Ware in die Schale, der Käufer nahm sie heraus (2). Für alle teilbaren Waren galt die Vorschrift, daß erst die eine Hälfte auf der einen, dann die zweite Hälfte auf der anderen Schale zu wiegen war. Lagen die Gewichte auf, dann mußte der Wäger den Balken der Waage auf Zungenhöhe anstoßen, bevor er seinen Spruch fällte. Er mußte seinen Entscheid sowohl dem Käufer wie dem Verkäufer kundtun und auf Verlangen das Gewicht vorrechnen, bevor die Stücke herabgenommen werden durften (3). Ein „weddersegghen", ein Widerspruch gegen das Ergebnis wird dem Kaufmann ausdrücklich eingeräumt (1, 2).

Von der Waage heißt es, daß sie einen Fußbreit über dem Boden schweben müsse. Der Balken wiederum durfte nur so hoch angebracht werden, daß ein Mann mittlerer Größe die Zunge mit der Faust noch erreichen konnte. Die Schnüre der Schalenaufhängung mußten gleich lang sein. Die Zunge sollte derart gebaut sein, daß sie *ad nodum domuscule sive loci, in quo stat dicta lingua* reichte (3).

Die deutschen Kaufleute verpflichteten sich ihrerseits, das in der Stadt gekaufte Gut nach demselben Gewicht anzunehmen, nach dem sie es verkaufen würden — sofern der Verkäufer „begaert daer te leiverne" (4). Nachdem sie 1352 eine eigene Waage durchgesetzt haben, sind sie an ihre Zusage gebunden, „dar in te ontfangene, so wat gude van ghewichte die cooplieden vorseid copen bynnen der stede vorseid". Der Wäger muß ein Flame sein (5). Wenn von Gut „van ghewichte" die Rede ist, dann ist das wörtlich zu nehmen — Gewichtsgut ist vom Pfündegut zu trennen. Pfünder oder Schnellwaagen blieben vor allem im Speditionshandel und zur Zollerhebung weiter in Gebrauch. Davon ist jedoch in den oben herangezogenen Quellen nicht die Rede. Wie aus ihnen auch nicht hervorgeht, daß man andere Pfünder und Schnellwaagen als die „einser" kannte[38].

Der Vorzug der Schalwaagen lag vermutlich nicht in erster Linie in ihrer höheren Präzision, sondern in der kaufmännischen Erfahrung, daß mit ihnen weniger leicht manipuliert werden konnte. Denn: die Gewichtsstücke durfte nicht aus Blei sein und mußten das Eichzeichen (*signum*) tragen (3). Wenn die Hansen Waage und Gewicht der Stadt Brügge benutzen durften, dann hatten sie zugleich Anteil an der Fürsorge der Stadt um die rechte Eiche, wie sie den Bürgern zustand. Sie gewannen auf diese

---

[38] Cf. zu den verschiedenen Typen von Schnellwaagen Br. Kisch, Scales and Weights. A Historical Outline, New Haven und London 1965, 56 sqq. (= Yale Studies in the History of Science and Medicine 1).

Weise aber auch unmittelbare, sichere Kenntnis und gelangten später sogar selbst in den Besitz von Eichnormalen der Stadt, mit deren Hilfe Gewichtsvergleiche über große Entfernungen exakt möglich und üblich waren und in Relation zu denen Waren geordert, Verträge geschlossen und Preise festgelegt wurden[39]. Technisch ließ sich auf den Schalwaagen in beliebig vielen Normen und Systemen wiegen und rechnen, dazu mit abgestimmten Stücken innerhalb eines Systems über mehrere Gewichtsbereiche hinweg – z. B. vom Pfund über den Stein bis zu Zentner oder „Wage"[40]. Schnellwaagen waren hingegen für bestimmte Gewichtsbereiche gebaut, innerhalb dieser für bestimmte Teilgewichte eingerichtet, und sie ließen nur zwei Variationen zu[41]. Als *romana* oder *statera* hatten sie jedoch eine antike Tradition[42].

Die Überlieferung zu den verschiedenen Waagetypen wird mit dem 12. Jahrhundert zunehmend dichter. Aus den früheren Jahrhunderten sind die Nachrichten sehr spärlich. Vom Rhein liegt aus dem Jahre 1203 ein Privileg Erzbischof Adolf I. von Köln vor, das er den Kaufleuten von Dinant gewährte: . . ., *quod cives de Dynant in thelonio et in pondere, quod vulgo pundere dicitur, talem habent justiciam a temporibus Karoli regis ipsis hactenus observatam*[43]. Die Zollangaben werden mit dem Pfündegewicht in eine karolingische Tradition gesetzt. Die englische *Assisa de mensuris per totum regnum Angliae* Richard I. aus dem Jahre 1196 verlangte ein einheitliches Maß für Getreide, Bohnen und ähnliche Produkte, „and it shall be equal to a good horseload (*una bona summa equi*)"[44]. *Summa equi* dürfte richtiger mit dem englischen „seam" oder dem deutschen „Saum" zu übersetzen sein – einem Gewicht von Tonnen- oder Schiffpfundgröße, das als Pfündergewicht vor uns liegt und schon in der Zollordnung von Raffelstetten sich im *sogma* verbirgt. Ein seltener Beleg eines derartigen Pfünders findet sich m. E. in einer Überlieferung für Dienheim südlich von Oppenheim aus dem späten 8. Jahrhundert: *Isti sunt testes de illo naute et de illo debito ad Dienenheim et de illa statera.* Heß übersetzt, bei Dienenheim habe sich „eine Zollstätte und Waage . . .

---

[39] Cf. die zahlreichen Vergleiche bei Kellenbenz, Meder.

[40] Cf. zur Schalwaage Kisch 27 sqq. Die „Wage" war als Gewichtseinheit in den Niederlanden gebräuchlich und hatte z. B. in Brügge ein Gewicht von 78,04 kg (= 30 Nagel à 6 Pfund = 180 Pfund). Ein Sack Wolle wurde um 1299 in Lübeck und noch um 1400 in Nürnberg zu 2 Wage gerechnet – 2 Wage Brügge in Nürnberg = 156,08 kg. Die Einheit der Wage hielt exakt die Hälfte einer Bruttonorm (Pfund Schwer etc.), nach der die Pfünder im Norden geeicht waren (cf. H. Ziegler, Alte Gewichte und Maße im Lande Braunschweig, in: BraunschwJb 50 (1969) 137, sowie Witthöft, Umrisse 119 sq.).

[41] Cf. s. Anm. 19.

[42] Kisch 56.

[43] HUB 1, nr. 61 p. 31 sq.

[44] Ph. Grierson, English Linear Measures. An Essay in Origins, University of Reading 1972, 10 (= The Stenton Lecture 1971).

mit einer Schiffslände oder Fähre" befunden[45]. Man wird *statera* richtiger mit „Pfünder" gleichzusetzen haben − ein ähnlicher Zusammenhang hat sich aus dem Smolensker Vertrag von 1229 weiter oben für das „Pud" herausarbeiten lassen, das den Volokern übergeben wurde.

Die Maß- und Gewichtsbeziehungen im Handel Nordeuropas sind weit gespannt. Die Überlieferung gibt keinerlei Anhaltspunkte, daß Normen und Einheiten sich autonom und beliebig hätten entwickeln können. Vielmehr zeigen sich überregionale Interdependenzen ebenso wie eine Vielzahl von erfahrungs- und handlungsgebundenen, letzten Endes auf das Naturerfassen zurückgehende Maßbestimmungen.

II. Maß, Gewicht und Gewerbeverfassung

Es gehört zu den unumstrittenen Sätzen der historischen Metrologie, daß Größen- und Leistungsverhältnisse von Mensch und Tier sich in bestimmten Maßeinheiten und Maßrelationen wiederfinden − in Fuß oder Elle, in Fuder oder Last, in Handvoll oder Scheffel, in Pflug, Haken, Joch oder Morgen Land[46]. Hingegen gibt es immer noch Vorbehalte gegen die nicht minder gut belegbare These, daß diese Einheiten präzise sein konnten. Die Skepsis findet Nahrung, wenn sich z. B. aus den livländischen Quellen nachweisen läßt, daß die Ackermaße ertragsgebunden nach der Güte des Bodens variieren konnten[47]. Die lübische Tonne oder Scheffel Land zeigen dieselbe enge Verbindung zwischen den natürlichen Voraussetzungen des Wirtschaftens − hier zwischen der Menge Saatgut und zu bestellender Fläche − und der Messung der Produktionsbedingungen und -verläufe wie auch der Erträge[48]. Als Beispiel eines Maßgefüges, das aus der Struktur einer frühen Industrie hervorgegangen ist und zugleich seine Verfassung im weitesten Sinne geprägt hat, wird im folgenden die Metrologie der Lüneburger Saline skizziert[49].

---

[45] W. Heß, Geldwirtschaft am Mittelrhein in karolingischer Zeit, in: BllDtLdG 98 (1962) 52, (Nach Stengel, UB Fulda I nr. 246 (780−802)).

[46] K. Lamprecht, Deutsches Wirtschaftsleben im Mittelalter 2, Leipzig 1886, 6 sqq. etc.

[47] Edgars Dunsdorfs, Zum Hakenproblem, in: Commentationes Balticae 1 (1953) 1 sqq. − cf. zum Problem des unbestimmbaren Maßbereichs und der Variablen Witthöft, Umrisse 466 sqq.

[48] Witthöft, Umrisse 442 sqq.; cf. v. Alberti 277 sqq.

[49] Vergleichbare Ergebnisse lassen sich auch aus der Untersuchung des nicht weniger traditionsreichen Siegerländer Erzbergbaus, der Metallverhüttung und des Metallhandels gewinnen, die durch ihre Nähe zu Main und Rhein ein wichtiges Material bieten, das jedoch weniger reich als das Lüneburger und auch nicht so gut bearbeitet ist. So gehörte zu jedem „Stahlhüttentag . . . ein Maß Stein auf dem Müsener Stahlberg: Dieses ist, wie der Hüttentag, in 24 Theile getheilt. Daher der Rede Gebrauch, daß dieser oder jener so viele Stunden Stahlstein auf dem Müsener Stahlberg besitze" (Johann Philipp Becher, Mineralogische

Diese Saline hatte seit etwa 1200 nachweislich 48 Siedehütten zu je 4 Pfannen. In der zweiten Hälfte des 13. Jahrhunderts stieg die Zahl der Hütten auf 54 mit insgesamt 216 Pfannen – konstant bis ins 18. Jahrhundert[50]. Zur gleichen Zeit erreichte die Anzahl der täglichen Söde, d. h. der in 24 Stunden zu leistenden Füllungen und Besiedungen einer Pfanne das Maximum von 13. Gesotten wurde an 361 Tagen im Jahr – verteilt auf sogenannte Fluten und Böninge. Seit 1388 rechnete man das Siedejahr zu 13 regulären Fluten à 26 Tagen, denen die Böninge am Jahresende mit den restlichen Tagen als 14. Flut zuzuzählen sind[51].

Man muß wissen, daß in Lüneburg eine gesättigte Sole bis auf etwa 16 Meter unter der Erdoberfläche aufsteigt. In einem Schacht dieser Tiefe werden die im Umkreis von etwa 20–30 Metern durch Stollenbauten erschlossenen verschiedenen Solequellen zusammengeführt (Sod) und im tonnengroßen sogenannten Öseammer von den Sülzknechten ans Tageslicht gezogen. Vom Sod aus führen hölzerne, gedeckte Soleleitungen zu den einzelnen Hütten bzw. in deren Vorratsbehälter. Jeder Siedehütte steht eine bestimmte Zahl von Öseammern in einer festgelegten Zeiteinheit zu. Man gießt z. B. eine Stiege von 20 Öseammern dreimal, d. h. insgesamt 60 Öseammer pro Gate – die Gießeinheit der Gate war Mengenmaß und Zeitmaß zugleich[52]. Die Vorstellung, daß mit einer Gate einer jeden Hütte 60 Füllungen aller Pfannen zustanden, blieb unverändert bis ins 18. Jahrhundert gültig. Seit 1388 dauerte sie als Viertelflut rein rechnerisch 6½ Tage[53]. Zur Verwirrung des Historikers nahm jedoch die Zahl der Öseammer pro Gate im Laufe der Jahrhunderte zu und dokumentiert das Wachstum der Saline[54]. In einem ersten, nachweisbaren Wachstumsschub stieg die Lüneburger Salzproduktion zwischen 1205 und 1291/1300 von etwa 5.200 t auf etwa 15.300 t[55].

In den Hütten wurde die Sole auf die Bleipfannen von etwa 1 × 1 m Bodenfläche verteilt und Tag und Nacht gesotten. Der Tagesertrag wurde morgens auf den Sülzwagen von den Hütten abgefahren und in den älte-

---

Beschreibung der Oranien-Nassauischen Lande nebst einer Geschichte des Siegenschen Hütten- und Hammerwesens, Marburg 1789, 591 (Ndr. Kreuztal 1980)).

[50] H. Witthöft, Struktur und Kapazität der Lüneburger Saline seit dem 12. Jahrhundert, in: VSWG 63 (1976) 74 sqq. – 1134 hatten verschiedene Häuser nachweislich nur 3 Pfannen, zur Hochblüte im 16. und frühen 17. Jahrhundert besotten einige Hütten 5 Pfannen (ibid. 20 sq.).

[51] Ibid. 74 sqq., 35 sqq. Das Jahr 1388 brachte ein umfassendes Verfassungsinstrument für das Sülzwesen, das bis zur Reorganisation von 1797/99 mit Ausnahme der technischen Neuerungen von 1569 Gültigkeit behielt.

[52] Ibid. 15 sqq. (zum Bergbau) und 35 sqq. (zur Verfassung). Die einfachen Relationen und Strukturen weisen über das 12. Jahrhundert zurück.

[53] Ibid. 75. In der Gate treffen sich Maß und Zeit wie im Begriff des Maß Stein auf dem Müsener Stahlberg (cf. Anm. 49).

[54] Ibid. 51 sqq. (Rohstoff und Ertrag).

[55] Ibid. 77.

sten Zeiten auf einem Salzmarkt vor den Toren des Saline an Bauern und Händler verkauft. Später sind Salzräume in Salinennähe und am Hafen nachzuweisen. Während allem Anschein nach das Salz vor der Saline lose oder in Säcken gehandelt wurde, packte man es seit dem 13. Jahrhundert im Hafen zur Versendung auch in Tonnen — schließlich die bevorzugte Versendungsweise Lüneburger Salzes. Es entwickelte sich das Schifferamt der Eichenschiffer, die für die Fracht nach Lauenburg privilegiert waren und die zugleich Holz aus den mecklenburgischen Wäldern zurückbrachten. Zwischen Lauenburg und Lübeck erleichterte seit 1398 der Stecknitzkanal die Salzschiffahrt über Delvenau und Stecknitz, die bereits im 13. Jahrhundert nachweisbar ist[56].

Wozu diese Daten? Der kontinuierliche Zufluß der gesättigten Sole auf der einen Seite, der gesicherte Absatz der die Nachfrage nicht übersteigenden Produktion auf der anderen schufen konstante Bedingungen für das Schöpfen der Sole, das Sieden des Salzes, seinen Absatz und Transport. Die sogenannten Sülzbegüterten, die norddeutschen Stände, hatten die Besiedung in Pacht gegeben. Die Pacht oder Rente wurde nach den in „Chor" gemessenen Salzerträgen der Siedehütten jährlich berechnet. Die große Zersplitterung des ständischen Pfannenbesitzes auf der einen Seite und die Konzentration der praktischen Siedeberechtigung der Lüneburger Sülfmeister auf der anderen schufen eine nicht weniger verfestigte rechtliche Verfassung. Die Produktionsbedingungen, die Renteninteressen der Sülzbegüterten und schließlich auch die fiskalischen Interessen der Stadt Lüneburg haben dafür gesorgt, daß die Struktur des Lüneburgers Salzwesens vom Mittelalter bis in die Neuzeit unverändert blieb. An ihr können wir die Eingangsthese verifizieren, daß Maß und Verfassung sich bedingten. Dabei beschränke ich mich auf ausgewählte Beispiele und folge dem Gang von Produktion und Handel.

Die Möglichkeit, Maß und Gewicht der Saline nicht nur in Relationen, sondern in metrischen Begriffen darzustellen, verdanken wir der Überlieferung von realen Maßobjekten des 14. (Markpfund) und des 16. (Halbstübchen) Jahrhunderts, sowie der schriftlichen Kunde von Handelsgewichts-, Salz- und Solmaßrelationen seit dem frühen 13. Jahrhundert[57]. Die mit Hilfe der Liespfundformel weiter oben bereits definierten Einheiten von Markpfund, Liespfund, Zentner und Schiffpfund in Lüneburg waren weitverbreitete Normgewichte im hansischen Osthandel — was auch Rückschlüsse auf den Zeitpunkt ihres Eindringens in Lüneburg nahelegt. Die Analyse des Solemaßes führt auf nicht weniger interessante Spuren:

1 Öseammer = 40 Stübchen Sole = Ohm = Tonne
= 149,280 l = 149,280 kg Wasser
= 40 Stübchen à 8 Pfd. (à 466,500 g)

---

[76] Ibid. 64 sqq., auch Witthöft, Umrisse 217 sqq., 307 sq.
[57] Witthöft, Umrisse 65 sqq., 172 sq., 194 sqq.

oder 22 Liespfund à 14 Pfd. (à 484,675 g)
= 179,285 kg gesättigte Sole
= 40 Stübchen à 8 Pfd. (à 560,266 g)
oder 5 Zentner à 100 Pfd. (à 358,569 g)[58].

Das Volumen des Öseammers rückt in die Nähe des Ohms Rechte Maß aus Mainz[59]. Während in seinem Wassergewicht das englische Saxon- oder moneyer's pound bzw. towerpound (349,920 × $^4/_3$ = 466,560 g)[60] und das lübische Goldpfund (484,708 g)[61] erscheinen, läßt sich sein Solegewicht mit dem Wiener (= $^5/_6$ Kölner) Pfund (560,012 g)[62] rechnen. Im Öseammer stecken die gegenüber dem Liespfund älteren Traditionen, die auf westliche Verbindungen weisen.

Der Schlüssel zu den Produktionsbedingungen der Saline vor 1200 sind die älteren Handelsmaße, wie sie offenbar auf dem Salzmarkt vor den Toren der Sülze gegolten haben. Mit Hilfe der metrischen Größen und der überlieferten Relationen lassen sich zweifelsfrei die Bedingungen freilegen, unter denen in Siedehütten mit nur drei Pfannen gesotten wurde. Die schriftliche Überlieferung schweigt dazu fast gänzlich[63].

1 Öseammer	= Sole für die Besiedung aller drei Pfannen
	= 149,280 l (= Ohm à 40 Stübchen à 3,732 l)
1 Süß	= Ertrag einer Siedung aus einer Pfanne à 49,760 l
	= 15,120 kg Salz
1 Rump	= 3 Süß = 3 Pfannenerträge aus 1 Öseammer Sole
	= Kiepe, mit der die Produktion zum Sülzwagen getragen wurde

---

[58] Zum Solegewicht cf. Witthöft, Struktur 52; das Gewicht des aus Borke gefertigten Öseammers (id., Umrisse 197) ca. 195 kg brutto.

[59] Zur Mainzer Eiche cf. H. Ziegler, Flüssigkeitsmaße, Fässer und Tonnen in Norddeutschland vom 14. bis 19. Jahrhundert, in: BllDtLdG 113 (1977) 335.

[60] Cf. W. H. Prior, Notes on the Weights and Measures of Medieval England, in: Bulletin du Cange 1 (1924) 79sqq. (= Archivum Latinitatis Mediiaevi), sowie R. E. Zupko, A Dictionary of English Weights and Measures, Madison–Milwaukee–London 1968, 135.

[61] Ziegler, Alte Gewichte 130.

[62] Kisch 236 (= Handelspfund). Mark/Pfund Silbergewicht hielten 280,644/561,288 g (ibid.), das Kölner Gewicht also 233,870/467,740 g. An anderer Stelle gibt Kisch es mit 467,62 g an (ibid. 228). Die Differenz des Kölner und des Saxon pound von 467 g und 466 g hat seine historisch systematischen Gründe, die hier nicht ausgebreitet werden können.

[63] Cf. dazu die betreffenden Abschnitte bei Witthöft, Umrisse 197sqq., 528sqq. Es bleibt darauf hinzuweisen, daß die ältesten urkundlichen Belege unbenannte Maßbegriffe sind: als die Lüneburger noch kein Tonnensalz handeln durften − „ehr Bardewich verstöhret und Lübeck eine Kopstadt wardt" − führten sie das Salz „loß und unbetunnet by thale einer Mathe genomet eine Meese" (ibid. 218sq.) − 1260 wird eine „Mesa" urkundlich erwähnt (ibid.) − im Zusammenhang mit „gebundenem" Salz und der Prahmladung findet sich 1278 ein Vorbehalt: *si vero aliqua ligatura salis sive mesa substracta sive perdita fuerit* (ibid. 106, 564) − 1317 kauft das Kloster Michaelis *18 Massa sive Sues* (ibid. 211). Mensura, Maß ist noch im 13. Jahrhundert offensichtlich eine aus den Produktions- und Handelsbedingungen notwendig folgende reale Größe. Die „Benennung" und wachsende Vielfalt von Maßen auch in den Urkunden war nicht das Ursprüngliche, sondern das Neue.

$$= 45,360 \text{ kg} \ (= \text{Zentnergewicht} = \text{Traglast eines Mannes})$$

1 plaustrum (Fuder) = 4 Rump = Salz aus vier Öseammer Sole
                  = Saumlast eines Tragtieres[64]?
                  = 181,440 kg (= 4 Zentnergewichte)

1 Chor (Wispel)   = 3 plaustra = Salz aus 12 Öseammer Sole
                  = Grundmaß der Rentenberechnung
                  = 544,320 kg (= 10 Zentnergewichte).

Es ist eine Versuchung, sich vorzustellen, daß der Öseammer als Ohm von 40 Stübchen rheinischer Provenienz der normsetzenden Herrschaft als

---

[64] Nach W. Rottleuthner, Die alten Localmasse und Gewichte . . . in Tirol und Vorarlberg, Innsbruck 1883, 65, war der Saum („tirolerisch Sahm, italienisch somma, mittelalterlateinisch sauma oder sayma") die Last, „die ein Pferd oder ein Maulthier auf seinem Rücken trug" (H. Ziegler meinen Dank für seinen Hinweis auf diese Publikation und die Saumnorm). Rottleuthner nennt Beispiele für den Saum als Trockenmaß von 144,558 bis 195,528 l, unterteilt nach Staja verschiedener Zahl und lokaler Größe – 4 Saum = 1 Fuder (ibid. 89–91). Als Gewichtseinheit hielt der Saum in Bozen 4 Zentner à 100 Pfund, nach der tirolischen Rott-Ordnung von 1530 3 Zentner Landgewicht (Tiroler Gewicht). Ein Saum Wein im Bregenzerwald hielt 129,888 l, der Saum Öl in Bozen und Meran 224,044 kg, und „als Salzmass galt in Hall der Sack = 150 Wiener Pfund = 84,009 kg": das Fuder = 3 Zentner = 2 Sack – das Wiener Pfund im Jahre 1573 zu 32 Lot = 20 Unzen gerechnet mit 560,060 g (ibid. 51, 92 sq., 98 sq.).
Der in den Alpen nachweisbare Gewichtsbereich für den Saum (= Fuder Salz) ist derselbe wie in Norddeutschland für das Pfund Schwer (= gepfündetes Schiffpfund = Ohm = Tonne). Die Rechnung zu 2 Sack Salz entspricht 2 Wage à Schiffpfund. Wichtiger noch: die „sogma" der Zollordnung von Raffelstetten und die „bonna summa equi" der Assisa de mensuris von 1196 (cf. s.) bezeichnen dieselbe Gewichtseinheit. Wir haben hier eine Leitnorm des frühen Handels und Transports vor uns, die ebenso genau bestimmt war wie ein Pfund- oder Steingewicht. Sie konnte aber auch dieselben Variationen entwickeln. Mit Blick auf das „Fuder" Heu, Holz etc. bemerkt Rottleuthner, daß diese Gewichtseinheit auch von der Größe des ortsüblichen Fuhrwerks abhänge, „und diese ist wieder bedingt von der Oertlichkeit. Eine andere im Thale, eine andere auf den Bergen" (ibid. 66). Zum Zusammenhang von Einheiten der Land- und Schiffsfracht cf. H. Witthöft, Englische Schiffstonnen und Lüneburger Tonnenrelationen, in: Travaux du 2e Congrès International de la Métrologie Historique, Red. J. O. Fleckenstein, München 1979, 39–66.
Die Bedeutung systematischer Einsichten erlaubt den Hinweis auf die Enthüllung des antiken Korsystems mit vergleichbaren Normen durch Aug. Oxé, Kor und Kab, in: BonnJb 147 (1942) 91 sqq. Es beruht auf der Maximallast des Kamels (Kor) und deren Teilungen: seiner Hälfte (= Lethek = Gomor = Esel- oder Maulesellast) und seinem Drittel (= Mnasis = Weinmaß Nebel = schwerste Last für einen kräftigen, jungen Mann). Diese Grundgewichte, denen je nach Schüttgewicht bzw. Dichte von Gerste, Weizen, Öl und Wein (Wasser) verschiedene Volumeneinheiten entsprachen, hielten 195,696 (203,85) kg – 97,848 (101,925) kg – 65,232 (67,95) kg – das Centenarium zu 100 schweren römischen librae à 326,16 g gerechnet (ibid. 94, Tafel – v. i. Anm. 85 zum corum und gomor).
Der Vergleich mit dem nordeuropäischen Saum liegt auf der Hand. Das Fuder (plaustrum) auf der Lüneburger Saline hielt mit 181,440 kg 4 Zentner à 45,360 kg oder 3 Zentner à 60,480 kg. Das doppelte plaustrum erreichte mit 362,880 kg die Größenordnung der Pferdelast in Lüneburg (cf. Witthöft, Umrisse 300 sq.). Die Norm von 181,440 kg stand außerdem in einer exakten hohen dezimalen Relation zum Grundgewicht des karolingischen Münzwesens, des Rechendenars von 1,8144 g.

Tonnenmaß von Weinlieferungen gleichermaßen vertraut gewesen ist. Auf jeden Fall gab er die Norm vor, nach der die geschöpfte Sole gezählt, aufgeschrieben und verteilt wurde:

20 Öseammer = 1 Stiege Sole = 5 plaustra Salz (907,200 kg)
60 Öseammer = 1 Gate   = 5 Chor = 15 plaustra Salz (2721,6 kg)

Die jüngeren Lüneburger Handelsmaße, die seit dem 14. Jahrhundert in den Vordergrund rücken, haben mit den älteren den Chor (Wispel) gemein, konzentrieren sich aber um Scheffel und Tonne[65]:

1 Scheffel = 1½ Süß = Siedenorm aus einer jüngeren, höher gebauten Pfanne
           = ½ Rump = ½ Öseammer Sole
           = 22,680 kg Salz (= ½ Zentnergewicht)

1 Tonne   = 6 Scheffel = Ertrag aus 3 Öseammer Sole
           = privilegierte Verpackungsart seit dem 13. Jahrhundert, als Marken-
             zeichen schließlich sogar durch kaiserliche Erlasse geschützt[66]
           = Normgefäß von 136,080 kg Salz netto (= 20 Lpfd.) bzw. 153,090 kg
             (= 22½ Lpfd.) oder 156,492 kg (= 23 Lpfd.) brutto, das wegen die-
             ser Norm konstant zu 12 auf die Last Salz gerechnet wurde

1 Schiff   = 6½ Last = 78 Tonnen
           = Normladung eines Stecknitzschiffes für die Fahrt zwischen Lauenburg
             und Lübeck − vermutlich identisch mit der Tragfähigkeit der älteren
             Prahme auf Delvenau, Stecknitz, Trave, auch auf Elbe und Ilmenau
           = Rechengröße zur Bezeichnung der Tragfähigkeit auch der Lüneburger
             Salzschiffe auf Ilmenau und Elbe
           = 10.614 kg netto oder 11.941 kg brutto
           = Produktionskapazität einer Siedehütte je Flut um 1227.

Zu Beginn des 15. Jahrhunderts fuhren insgesamt 13 Eichenschiffer die Produktion der 54 Hütten − jeder Schiffer 4 „Haus" Salz. Im 16. Jahrhundert zwang die erhöhte Produktion zur Vermehrung dieser Zahl − das Fahrwasser der Ilmenau ließ keine weitere Vergrößerung der Schiffe zu. 18 Schiffer fuhren nunmehr je 3 „Haus" Salz. Für die Zeit vor dem 16. Jahrhundert läßt sich eine Parallele zwischen dem Anstieg der Salzerzeugung und der Zunahme der Tragfähigkeit von Prahmen und Eichen nachweisen[67]. Als Lübecker und Lüneburger Salzführer im 15. und 16. Jahrhundert Gesellschaften bildeten, orientierten sie sich an der Zahl der Siedehütten − 1494 teilten sich 9 Partien in das Salz von 54 Häusern. Nicht nur die Organisation von Transport und Absatz des Salzes, sondern auch die Rückfracht des benötigten Brennstoffes Holz war quantitativ in dieses

---

[65] Witthöft, Umrisse 217sqq., id., Struktur 26sqq., 51sqq.

[66] Witthöft, Umrisse 260sqq.

[67] H. Witthöft, Produktion, Handel, Energie, Transport und das Wachstum der Lüneburger Saline 1200 bis 1800. Methoden und Ergebnisse, in: Wirtschaftliches Wachstum, Energie und Verkehr vom Mittelalter bis ins 19. Jahrhundert, hg. H. Kellenbenz, Stuttgart 1978, 38sqq. (= ForschSozWirtschG 22), sowie id., Umrisse 309.

System eingefügt[68]. Es drohte erst aus den Fugen zu geraten, als die Produktion nicht mehr abgesetzt werden konnte und im 17./18. Jahrhundert damit auch die Kosten-Preis-Relation sich negativ entwickelte. Das länger lagernde Salz trocknete stärker aus, wurde nur noch zu 18 oder gar 17 Liespfund auf die Tonne gestoßen, und es bedurfte städtischer Verordnungen, um die alten Gewichtsrelationen wieder zur Geltung zu bringen. Das Lüneburger Salz drohte wegen des falschen Tonnengewichts auf seinen Märkten in Verruf zu geraten[69]. Maß und Gewicht in Soleförderung, Salzproduktion, Handel und Transport bewahrten ihre mittelalterlichen Normen und Relationen unverändert bis zur Reorganisation des Salinenwesens in den Jahren 1797/99 und in Teilen noch Jahrzehnte darüber hinaus.

III. Maß, Gewicht und die karolingische Tradition

Noch weniger als die vorangehenden Abschnitte läßt sich dieser erschöpfend behandeln. Er soll lediglich andeuten, wie eine Brücke von der dichteren Überlieferung des späten Mittelalters zu den karolingerzeitlichen Quellen geschlagen werden kann. Dabei geht es jedoch um den schlüssigen Nachweis, daß grundsätzlich für das frühe Mittelalter von den Maßen keine geringere Genauigkeit zu erwarten ist als für das spätere.

Wo immer es sich anbot, habe ich in den bisherigen Überlegungen Hinweise auf ältere Traditionen einfließen lassen. Am deutlichsten trat ein solcher in der Kölner Urkunde von 1203 hervor. Den Bürgern von Dinant werden Zollrechte bestätigt, die sie *a temporibus Karoli regis* besitzen. Es ist besonders von Metallen die Rede und auch davon, daß diese Kaufleute von Goslar kommend mit ihren Wagen und Karren den Rhein bei Köln überqueren — alles Umstände, die den Verweis auf alte Rechte glaubhaft machen[70]. Man wird noch bis ins 12. Jahrhundert davon ausgehen dürfen, daß die durch Karl den Großen geschaffene Verklammerung der verschiedenen Herrschafts- und Wirtschaftsbereiche bzw. ihres jeweiligen Maßwesens mit Hilfe einer übergreifenden Norm Bestand gehabt hatte und sich nunmehr erst zu lösen begann. Ein regionales Maßwesen hatte es seit eh und je gegeben, jetzt aber treten die Städte mit ihren Kaufleuten in einer Zeit des aufblühenden Handels hervor, und lassen andere, den neuen Wirtschaftsbedingungen angemessenere Maßeinheiten sich stärker verbreiten.

Die Quellen der Karolingerzeit fließen zu Fragen der Handelsmaße erheblich spärlicher als zu den grundlegenden Problemen des Münzwesens.

---

[68] Witthöft, Produktion 38 sqq.
[69] Witthöft, Umrisse 243 sqq.
[70] Cf. s. Anm. 43.

Vor allem bereitet es Schwierigkeiten, den überlieferten Einheiten und Relationen metrische Größen zuzuordnen. Ich nenne drei Beispiele, bei denen sich diese Probleme unter gewissen Voraussetzungen überkommen lassen, um mit ihrer Hilfe die Frage nach der Maßgenauigkeit und Maßkonstanz zu beantworten.

Aus dem Jahre 845 stammt nach einer Datierung im Text die Schrift des Eldefonsus Episcopus „Revelatio quae ostensa est". Sie findet sich unter den posthum herausgegebenen Arbeiten des Benediktiners Jean Mabillon im Zusammenhang seiner Erörterungen „de Pane Eucharistico, Azymo ac fermentato"[71]. Mabillon widmet ihr seine eigenen Anmerkungen in einem „Praemonitus in sequens opusculum Eldefonsi"[72]. Sie verdient unsere Aufmerksamkeit, weil ihre Angaben zu Maß und Gewicht des 9. Jahrhunderts einen weiten Bogen spannen — vom Gewicht einer Summe Weizenkörner bis zum handelsüblichen modius Weizen. Ich hebe heraus[73]: *Tres nummi moderni tantum pondus habent, quantum CLIII maxima cerulei grana, quod triticum dicitur . . . Et trecenti tales nummi antiquam per viginti & quinque solidos efficiunt libram: & duodecim tales librae, . . ., sextarium tritici efficiunt unum: ex quo septem panes formari possunt, ...*

Soetbeer hat diese Quelle gekannt, aber es ist ihm nicht gelungen, Sinn in die Relation zu bringen, weil er nicht erkannte, daß die libra eine mehrdeutige Größe sein konnte. Er hat keine Mühen gescheut, wegen des aquitanischen Ursprungs des Textes in Bordeaux „Wägungen von 153 schweren dortigen Weizenkörnern" vornehmen zu lassen. Sie ergaben ein Gewicht von 8,10 g. Vergleichswägungen führten in Hamburg auf ähnliche Ergebnisse. Die daraus folgende libra von 810 g war für ihn nicht akzeptabel, weil er ein karolingisches Pfund von etwa 368 g erwartete[74].

Die Zweifel Soetbeers waren umso mehr berechtigt, als Eldefonsus selbst eine Verbindung zwischen der Summe von 153 Körnern und der Zahl von 153 Fischen herstellte, die Petrus nach dem Evangelium Johannis XXI, 11 mit einem Zuge seines Netzes fing: $3 \times (10 + 7) \times 3 = 153$[75]. Trotz aller Vorbehalte, die gegen die Methode ins Feld geführt werden können, Korn des 19. Jahrhunderts rechnerisch mit solchem des 9. Jahrhunderts in Rela-

---

[71] Ouvrages posthumes de D. Jean Mabillon et de D. Thierri Ruinart, Bénédictins de la Congrégation de Saint Maur 1 (J. Mabillon), hg. Vincent Thuillier, Paris 1724, 189 sqq.

[72] Ibid. 185 sqq.

[73] Ibid. 196 sq. Cf. die Analyse der Maß- und Gewichtsangaben dieses Textes und der Bemerkungen Mabillons bei H. Witthöft, Maß und Gewicht im 9. Jahrhundert — zwei Zeugnisse als Schlüssel zu fränkischen Traditionen, in: VSWG 70 (1983) (zum Druck angenommen, deshalb ohne Seitenangaben).

[74] Ad. Soetbeer, Beiträge zur Geschichte des Geld- und Münzwesens in Deutschland, in: Forschungen zur Deutschen Geschichte 1, Göttingen 1862, 627.

[75] Mabillon 193: *Intuentes mente consideremus de significatione facta in piscibus centum quinquaginta tribus,* und 197.

tion zu setzen, halte ich sie für physikalisch zulässig. Der Korndurchmesser spielt für die Bestimmung des Summengewichts keine Rolle, und bei handverlesenem Korn sind alle anderen beigemischten Kornarten und Unreinheiten ausgesondert. Akzeptiert man die Methode, dann gelangt man letzten Endes zu der Überzeugung, daß auch die Versuchsergebnisse Soetbeers keineswegs irreführend waren. Vielmehr habe ich an anderer Stelle bereits zeigen können, daß es librae dieser Größenordnung z. B. in der Rechnung *inter aurum et argentum* gegeben haben kann[76]. Soetbeer beging lediglich den Fehler, das Gewicht eines normalen Handelspfundes zu erwarten. Auch setzte er irrtümlich den *nummus* mit einem *denarius* gleich[77].

Gestützt auf die Erfahrungen aus den Rechnungen *inter aurum et argentum* einerseits und auf die plausible Größe eines karolingerzeitlichen Pfundes mit 15 Unzen oder 409,312 g andererseits bietet sich die These an, daß Eldefonsus eine libra von 30 Unzen oder 818,624 g überliefert hat — ein Doppelpfund also. Dann zeigt sich[78]:

			A	B
			A	B
1 *nummus*	= 51 große Weizenkörner =		2,72160 g	2,72874 g
3 *nummi*	= 153 große Weizenkörner =		8,16480 g	8,18624 g
1 *libra antiqua*	= 300 *nummi*	=	816,480 g	818,624 g
	= 25 *solidi*			
1 *sextarium* Weizen =	12 *librae*	=	9797,760 g	9823,488 g
1 Brot	= ¹/₇ *sextarium*	=	1399,680 g	1403,355 g.

Ein Gewichtsstück der hier zur Diskussion stehenden Größe hat sich mit 819 g auf Gotland erhalten und ist mit 20 Ringeln markiert[79]. Der nummus dieser Rechnung hält mit 2,72 g exakt ein Zehntel einer römischen Unze von 27,2875 g oder das Münzgewicht einer römischen siliqua Silber[80].

Das sextarium Weizen läßt sich unter der zulässigen Verwendung eines Schüttgewichts von 720 bzw. 750 g/l mit einem Volumen von 13,0979 bzw. 13,6437 l berechnen[81]. Dann fällt auf:

---

[76] Cf. zum Schüttgewicht von Getreide Witthöft, Umrisse 153 sqq., 493 sqq. — die Gold-Silber-Rechnung cf. bei H. Witthöft, Die Rechnung und Zahlung mit Gold und Silber nach Zeugnissen des 6. bis 9. Jahrhunderts, in: HambBeitrrNumismat 30/31 (1976/78, vorauss. 1983) (zum Druck angenommen, deshalb ohne Seitenangaben).

[77] Soetbeer 1, 627.

[78] Cf. die vollständige Aufstellung und Ableitung bei Witthöft, Maß und Gewicht. Die Rechnung A auf der Basis eines Pfundes von 408,240 g (12 Unzen = 326,592 g), die Rechnung B für 409,312 g (12 Unzen = 327,450 g) — der Pfundwert für A leitet sich aus der Liespfundrechnung her (cf. Witthöft, Umrisse 321), der Pfundwert für B aus der römischen libra (cf. Luschin 159). Russisches Pfund = 15-Unzen-Pfund.

[79] B. Hilliger, Der Ursprung der Mark, in: NumismatZ NP 22 (1929) 19.

[80] Cf. Elisabeth Nau, Epochen der Geldgeschichte, Stuttgart 1971, 25, 28, 36 — die Silbersiliqua wurde seit der Mitte des 4. Jahrhunderts in diesem Gewicht geprägt (ibid. 28).

[81] Cf. ausführlicher bei Witthöft, Maß und Gewicht. Der römische modius nach v. Alberti 46.

1 *sextarium* Weizen (845) = 13,0979 l

13,1319 l = 1½ *modii* (Rom) à 8,7546 l.

Die hier auftauchende Relation von 2 sextaria (845) zu 3 modii (Rom) gibt der These Raum, daß sich in den Angaben des Eldefonsus zum Weizenmaß die vieldiskutierte Volumenerhöhung um die Hälfte durch Karl den Großen niedergeschlagen hat[82]. Der modius war im Jahre 845 ein Vielfaches des sextarium[83]. Die antike Bezeichnung deckt nicht mehr denselben Gewichtsbereich. Das bestätigt auch das Capitulare de villis von ca. 800, das die *mensura modiorum* dem *sextarium* überordnet – *duodecim modia de farina* ergaben eine *carra*[84].

Die beiden letzten Beispiele stammen aus dem Umkreis des Aachener Konzils von 816 bzw. beziehen sich auf die dort behandelten Ordensregeln der Benediktiner. Im Konzilsbeschluß heißt es u. a. *de mensura cibi et potus*[85]: *Noverint tamen generaliter omnes libram non amplius quam duodecim unciis constare debere.* Das Capitulare monasticum vom Jahre 817 sagt zu den Konzilsbeschlüssen u. a.[86]: *Ut libra panis triginta solidis per duodecim denarios metiatur.*

In der Sprache des Konzils maß man die Zuteilung von Brot und Wein bzw. anderen Getränken offenbar nach der alten schweren römischen libra zu 12 Unzen oder 327,450 g – eine Unze zu 27,2875 g[87]. Anders im Kapitular. Hier wird nur das Brotgewicht erwähnt und nicht die römische Unze, sondern der neue karolingische Silberdenar zu Grundlage der Nor-

---

[82] 794 heißt es: *quam modium publicum et noviter statutum* . . . (Concilium Francofurtense, in: MGH Leg. III, II. 1, nr. 19 p. 166) und um 802: *ut aequales mensuras et rectas et pondera iusta et aequalia omnes habeant. Et qui antea dedit tres modios, modo det duos* (Capitulare missorum item speciale, in: MGH Cap. I, nr. 35 p. 104).

[83] *Etenim modius aequus & justus debet esse per decem & septem tales sextarios aequos, qui potest in una, Domino protegente, centum decem & novem homines die patui conductos sustenare* (Mabillon 197) = 166,561/166,999 kg = 222,081/222,664 l (cf. Witthöft, Maß und Gewicht).

[84] MGH Cap. I, nr. 32 p. 84, 89. V. i. Anm. 85.

[85] MGH Leg. III, II. 1, nr. 39 (Concilium Aquisgranense 816) p. 401, 403; ibid. 403 Anm. 1 findet sich ein Hinweis des Herausgebers: „cf. etiam notitae cuisdam fragmenta, quae e codice s. Udalrici Augustani incertae aetatis edidit Mabillon (Vetera analecta IV, 452): *Unciae XII libram efficiunt* . . . *Libra una et semis heminam facit, duae heminae sextarium reddunt, XXIV sextaria modium faciunt, quindecim modia gomor, duo gomor corum*" – bei einer libra von 327,450 g ein sextarium von 982,350 g und ein modius von 23,5764 kg (cf. Mabillon 185, 187, der diesen Codex ins 11. Jahrhundert rückt) – ein Scheffel Salz in Lüneburg hielt 22,680 kg (Witthöft, Umrisse 529). Man beachte die hier auftauchenden Recheneinheiten des corum (707,292 kg) und des gomor (353,646 kg) als Vielfache des modius (2 modii = 47,1528 kg = Zentnergewicht). Das corum liegt in der Größenordnung um das Anderthalbfache über dem Lüneburger Chorus (Wispel) Salz von 544,320 kg; es verhält sich in antiker Tradition zum gomor wie 2 : 1 (cf. s. Anm. 64).

[86] MGH Cap. I, nr. 170 (Capitulare Monasticum 817 Iul. 10) p. 347.

[87] Unter der Annahme eines Fortbestandes der antiken Gewichtstradition in der schweren römischen libra von 327,450 g zu 72 solidi Gold à 4,5479 g.

mierung gemacht – m. E. der schwere Rechendenar Karls des Großen von 1,8144 g, von dem 240 auf ein Rechen- oder Handelspfund von 435,456 g gingen. Seit 793/94 hatte der Silberdenar den Goldsolidus als Rechen- und Gewichtsbasis im Münzwesen endgültig abgelöst[88]:

$$12 \times 1,8144 \qquad = 21,7728 \text{ g} \qquad = \text{Rechensolidus}$$
$$12 \times 1,8144 \times 30 = 30 \text{ Rechensolidi} = 653,184 \text{ g} \quad = \textit{libra panis}$$
$$= 326,592 \times 2 = \text{Doppellibra.}$$

Auch das Kapitular bestätigt die überlieferte und für das Klosterleben grundlegende römische *libra* – wenn auch in der obigen Rechnung mit einer für das Brotgewicht kaum bedeutungsvollen Differenz von nicht ganz einem Gramm[89]. Sie erscheint als *libra panis* im doppelten Gewicht des römischen Basismaßes. Diese Rechenpraxis stützt nachträglich die oben getroffene Entscheidung, dem Text des Eldefonsus von 845 eine *libra antiqua* von doppeltem Pfundgewicht zugrundezulegen.

Alle drei Quellen, vor allem aber die beiden letzten, stammen aus derselben Zeit, beschreiben denselben Sachzusammenhang mit unterschiedlichen Begriffen. Diese seltene Überlieferung gibt uns die Chance, die Einheiten zu definieren und ihnen ihren metrischen Wert zuzuordnen. Es ist ein glücklicher Umstand, daß sie uns die traditionelle kirchliche und die nunmehr neue Wege einschlagende weltliche Gewichtsrechnung erschließt. Beide Rechnungen bestätigen die Zulässigkeit unserer Interpretation der Texte des Eldefonsus und damit die Möglichkeit, aus letzteren Rückschlüsse auf Handelsmaße des 9. Jahrhunderts zu ziehen.

Es ist im Rahmen dieser Arbeit nicht möglich, weitere Belege für die Genauigkeit der Maßrechnung und des Maßgebrauchs im 9. Jahrhundert vorzulegen. Wie in späteren Jahrhunderten rechnete man in festen Relationen und entwickelte auf diese Weise Pfundgewichte unterschiedlicher Unzen- oder Denarzahlen, die exakt waren. Es steht auf einem anderen Blatt, daß diese Genauigkeit nicht bei allen Hantierungen und Rechnungen nötig und gefordert war. Der Zusammenhang zwischen dem Lüneburger Markpfund des 14. Jahrhunderts, dem Liespfund und den 12-, 15- und 16-Unzen-Pfunden der Karolingerzeit ist rechnerisch und praktisch eindeutig:

Pfund zu 12 Unzen (à 27,216 g) = 326,592 g römisch-karolingisch
   15 Unzen   = 408,240 g karolingisch
   16 Unzen   = 435,456 g karolingisch
   20 Unzen   = 653,184 g (doppelte libra)
   25 Unzen   = 680,400 g ($\frac{1}{10}$ Liespfund)

---

[88] Es wird mit Hilfe der Rechnung inter aurum et argentum an anderer Stelle das karolingische Münzgewicht zu untersuchen sein. Das Ergebnis wird hier vorweggenommen (H. Witthöft, Münzfuß, Kleingewichte, pondus Caroli und die Grundlegung des nordeuropäischen Gewichtswesens in fränkischer Zeit, Ostfildern (zum Druck angenommen, erscheint vorauss. 1983).

[89] Dazu ausführlicher Witthöft, Münzfuß, Abschnitte 2. 2. u. 3. 2.

Liespfund = 10 Pfund à 680,400 g = 6,804 kg
         = 12 Pfund à 567,000 g normannisch
         = 14 Pfund à 486,000 g in Lüneburg und Bremen
         = 15 Pfund à 453,600 g in England (Pfd.avdp.)
         etc.

Addendum: Maßeinheit, Relationen und Sinngebung

Theologische, philosophische und literarische Texte des Mittelalters bezeugen den Symbolwert, der den Zahlen und Zahlenrelationen gegeben werden konnte. Als tektonisches Prinzip lagen sie Schrift und Dichtung zugrunde. Nicht nur das Wort, sondern auch die numerische Ordnung eines Werkes vermitteln seinen Sinn[90]. Die vollkommene Schönheit eines Bildes und die ihm zu unterlegenden geometrischen Formen und Strecken stehen in einem Bedeutungszusammenhang[91].

Es liegt in der Natur von Schrift und Bild wie auch der diese Medien aufnehmenden Wissenschaften, daß sie die Welt des Messens und des Gemessenen mit den ihnen eigenen Begriffen vermitteln. Es ist nicht Sache dieser Wissenschaften – oder es fordert ihre methodische Öffnung –, die Maße mit den ihnen zukommenden realen Größen zu denken, Relationen realer Größen als Abbild mathematischer oder physikalischer Verhältnisse zu erfassen und die Möglichkeit einzuräumen, daß den realen Größen und Relationen auch qualitative oder gar symbolische Bedeutung zugekommen sein kann.

Metrologisch ausgedrückt: ein Normmaß wie der Fuß läßt sich als Teilstrecke der Erdumfangsrechnung seit den Zeiten der Hochkulturen verstehen. Elisabeth Pfeiffer stellt neben das „natürliche Maß" von 371,066 mm, das der Mensch seinem Körper entnahm, als weiteres das „mathematische Maß" von 333,960 mm, das der Mensch „kraft seines Verstandes aus der Größe der Erde mit Hilfe der Geometrie und der Arithmetik" erhielt. Nach ihrer Auffassung liegt in der Entstehung des mathematischen Maßes „auch die Entstehung des Zeitmaßes von 1 Doppelstunde". Auf dem natürlichen Maß baute der Mensch „seine Flächen-, Hohl- und Gewichtsmaße auf. Er maß damit die Größe der Erde, . . ., und normte es damit"[92].

---

[90] Cf. J. Rathofer, Der Heliand. Theologischer Sinn als tektonische Form, Köln-Graz 1962 (= Niederdte. Studien 9), sowie – neben anderen – auch seinen Beitrag in diesem Bande.

[91] Cf. den Beitrag von J. Gaus in diesem Bande (Circulus mensurat omnia). Zu der von August Hirsvogel – dem Urheber dieses Zitates – praktizierten Längenmessung cf. i. Anm. 93.

[92] Elisabeth Pfeiffer, Dürers Maßeinheiten und Werkzahlen in der Unterweisung der Messung, in: MittVGNürnb 64 (1977) 162. Die Zusammenfassung der wichtigsten von Dürer benutzten Einheiten „in einer Konstruktion kosmischer Bewegungen" (Figur 40 Buch 1)

Die Messung der Fläche und jedes nicht linearen Objektes führt auf Relationen mit irrationalen Zahlen, die sich in Antike und Mittelalter nur mit Näherungswerten rechnen ließen. Der einfachste Fall: Der Feldmesser mißt das Diagonalenkreuz eines quadratischen Ackers und berechnet daraus dessen Seitenlängen und die Fläche. Setzt man die Quadratseite gleich 1, dann folgt für a = b = 1:

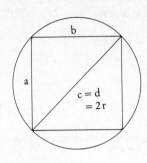

$$a^2 + b^2 = c^2$$
$$2\,a^2 = c^2$$
$$c = \sqrt{2} = 1{,}4142135$$

oder für c = 1:

$$a = \sqrt{\tfrac{1}{2}} = 0{,}7071067.$$

Quadratseite und Diagonale stehen im Verhältnis von

$$a : c = 1 : 1{,}414 \approx 10 : 14$$

oder

$$a : c = 0{,}707 : 1 \approx 7 : 10.$$

Ausgedrückt in rationalen Zahlen ist die Relation von Quadratseite zu Diagonale näherungsweise wie 10 : 14 oder 7 : 10.

Hat der Feldmesser die Fläche eines kreisrunden Ackers zu bestimmen, dann hilft ihm ebenfalls die Diagonale eines eingeschriebenen Quadrates – sie ist zugleich der Durchmesser des Kreises, also c = d = 2r. Daraus folgt für a = b = 1:

$$r = \tfrac{c}{2} = 0{,}7071067$$

oder für c = d = 2r = 1:

$$r = \tfrac{c}{2} = 0{,}5.$$

Quadratseite und Radius des umschriebenen Kreises stehen im Verhältnis von

$$a : r = 1 : 0{,}707 \approx 10 : 7$$

oder

$$a : r = 0{,}707 : 0{,}5 \approx 7 : 5.$$

Für die Flächenberechnung bedarf es neben der Vorgabe des Radius auch der Kreiszahl π – ebenfalls eine irrationale Zahl, die man näherungsweise

---

enthält neben dem natürlichen und dem mathematischen Maß das Werkmaß von 278,300 mm und das Werk- und Feldmaß von 296,853 mm (= römischer Fuß), dazu als Maß der Zeit die „Doppelstunde" – „Die Einheit, in die diese Maße eingebunden sind, ist der Kosmos mit dem Lauf seiner Gestirne. Dargestellt ist die Einheit durch den geometrischen Aufriß der Kurve, die die Planeten (scheinbar) durchlaufen". Die vier Längen stehen im Verhältnis 40 : 36 : 30 : 32 (ibid. 161 sqq.).

durch die Relation von 22:7 (= 3,1428) in die Kalkulation einbrachte[93]. Den Kreisumfang berechnet man nach der Formel $U = 2\pi r$. Anders ausgedrückt:

$$U = \frac{2 \times 22}{7} r \text{ oder } U:r = 44:7.$$

Es scheint, als habe man sich im Mittelalter und in der frühen Neuzeit des Näherungswertes für π bei Scheffelbauten praktisch bedient. Konstruiert man ein Gefäß, dessen Durchmesser und Höhe sich wie 22:7 (Zoll) verhalten, dann läßt sich rechnen:

Volumen = $\pi r^2 h$

$\pi = \frac{22}{7}$

$h = \frac{7}{22} d = \frac{14}{22} r$

$\left.\right\}$ $V = \frac{22}{7} r^2 \frac{14}{22} r = 2 r^3.$

Das Fassungsvermögen eines derartigen Scheffels entsprach dem doppelten Kubus mit dem Radius als Seitenlänge[94].

Aus der Beschäftigung mit dem mittelalterlichen Frachtwesen und der Lüneburger Saline ist bekannt, daß die Normtonne Salz $22^{1}/_{2}$ Liespfund oder 315 Lüneburger Markpfund wiegen mußte — eine Pfundzahl, die in dieser Größenordnung repräsentativ für das Bruttogewicht eines Schiffpfundes ist (= Pfund Schwer als Pfündegewicht)[95]:

Gewicht = $\pi r^2 h \times$ Schüttgewicht Salz/Dichte Buchenholz[96]
          = 315 × Markpfund (Salzpfund)[97].

---

[93] Zu den Problemen der Feldmesserrechnung cf. Elisabeth Pfeiffer, Russische Dessätine v. J. 1550, Nürnberger Feldmorgen, österreichisches Joch v. J. 1785, das römische Heredium und ihr Zusammenhang, in: Travaux de la 2e Conférence Internationale sur la Métrologie Historique, Zagreb 1974, 277 sqq. (= Zbornik Historijskog instituta Jugoslavenske akademije 7). Zu den Werten für $\sqrt{2}$ ibid. 281. Für die Vermessung von „geuilde, das krumme linien hat", gibt schon die Geometrie Culmensis aus der Zeit des Hochmeisters Konrad von Jungingen (1393–1407) den Näherungswert für π mit $\frac{22}{7}$ (H. Mendthal, Geometria Culmensis, in: PublVGOuWPreuß (1886) 65, 67 sqq. – cf. Witthöft, Rute 19). Aus einer Feldmaßrechnung mit römischen Grundmaßen leitet Elisabeth Pfeiffer u. a. eine Einheit von 315,406 mm ab (≈ rheinisches Fußmaß), die der Nürnberger August Hirsvogel der Vermessung und dem danach angefertigten Plan Wiens vom Jahre 1547 zugrundegelegt hat (Pfeiffer, Dessätine 282).

[94] Witthöft, Rute 33.

[95] Witthöft, Umrisse 112 sqq., 223 sq.

[96] Die Dichte von Buche (700 g/l) kommt dem Schüttgewicht Lüneburger Salzes sehr nahe (675,24 g/l) – für Fichte sind 500 g/l, für Eiche 900 g/l anzunehmen (cf. Witthöft, Umrisse 498 sq.). Die Vergleichbarkeit dieser Werte für Salz und Buche dürfte zu der Auflage geführt haben, die Salztonnen ausschließlich aus Buchenholz herzustellen.

[97] Es ist ein Faktum, daß das Lübecker Goldpfund (484,7 g) und das Lüneburger Markpfund (486,0 g) durch einen Multiplikator von 0,6738 bzw. 0,6720 auf das Gewicht eines karolingisch-römischen libra von 326,592 g reduziert werden können – d. h. exakt durch jene Rechengröße, die das Schüttgewicht des Salzes in jede Gewichtsberechnung einer Tonne

Auch in diesem Beispiel besteht die Möglichkeit, daß eine Zahl (315 = 100 × 3,15) als Näherungswert für π in die Gewichtsbestimmung einer Normtonne mit Bedacht eingefügt worden ist. Die notwendige Konsequenz, daß dann dem „Pfund Salz" mit dem metrischen Äquivalent von 436,0 g auch eine komplexere Bedeutung zukommen müßte, liegt nicht jenseits aller Erfahrung im Umgang mit dem mittelalterlichen Maßwesen. Sie kann jedoch hier nicht weiter erörtert werden.

Die Überlieferung des Eldefonsus aus dem 9. Jahrhundert hat deutlich gemacht, wie reale Maßeinheiten sich mit einem theologischen Sinn verbinden konnten. Daß 153 große Weizenkörner zugleich das Gewicht von 3 *nummi moderni*, aber auch einer *Hostia major secundum consuetudinem antiquam* halten konnten, beweist diesen Zusammenhang[98].

Es mag für zukünftige Interpretationen theologischer Texte von Wert sein, daß nicht nur einzelne Zahlen, sondern vor allem besondere Relationen aus der Geometrie der Flächenberechnung und der Flächenteilung hervorgehen – 10:14, 7:10, 7:5. Elisabeth Pfeiffer hat nachgewiesen, daß Dürer die natürliche Einheit von 37,106 mm entsprechend ihrem Ursprung „als Maßeinheit bei allen Konstruktionsfiguren (verwendete), die für diejenigen gedacht sind, ,so des Maßes brauchen' (Baumeister, Bildhauer, Maler usw.). Die Einheit von 33,396 mm brauchte Dürer für die Konstruktion von Figuren, die zu Geräten der Zeitmessung und mathematischen Fragen gehören"[99]. Wir finden in ihren Überlegungen den Anstoß zu der Frage, ob denn nicht auch in den Werken kirchlicher Kunst neben Zahlenrelationen Maßlängen von Bedeutung gewesen sind. In einem Bild des Salvator Mundi aus dem 16. Jahrhundert findet sich in der rechten oberen Ecke eine Meßstrecke mit dem Zusatz „Dieser lenge X mal so lange", und man darf ergänzen: ist die körperliche Größe des Heilands[100]. Die Strecke mißt 18,7–18,8 cm, d. h. die halbe Länge des von Elisabeth Pfeiffer herausgearbeiteten natürlichen Fußmaßes.

---

hineinbringt – ein Zufall? Wir wissen zu wenig über die Konstruktionsprinzipien früher Normtonnen.

[98] Mabillon 197. Mabillon schreibt zur Größe der Hostien, daß nach Eldefonsus *una ferri majoris impressione formatas fuisse Hostias quinque, unam scilicet majorem, & quatuor minores. Et majorem quidem habuisse ,mensuram trium digitorum anguli in rotundum panis Azymi'. Hoc est (si bene capio) trium digitorum à centro in orbem: cum Hostiae nostrae majores, quibus Parisiis utimur, vix constent uno digito & decem lineis, uti experimento didici.* . . . (ibid. 187). Mabillon irrte m. E. – Eldefonsus spricht von einem dem Kreise (Hostie) eingeschriebenen Dreieck, nicht vom Radius. Bei einem derartigen, eingeschriebenen Dreieck mit einer Seitenlänge von 3 Zoll (à 12 Linien) hält der Radius des Kreises eine Länge von 1 Zoll 8,78 Linien. Das ist ein Wert, der dem Versuchsergebnis des Mabillon von 1 Zoll 10 Linien recht nahe kommt (vgl. Witthöft, Maß und Gewicht, Anm. 34) – ausreichend nahe, um die These der realen Bedeutung der Überlieferung des Eldefonsus zu stützen.

AB = a = 3″
MB = r = 1″ 8,78‴

[99] Pfeiffer, Dürer 163.   [100] Witthöft, Umrisse 557 und Tafel 26.

Rathofer gibt das Format der 170 Blätter des Goldenen Evangelien-
buches Heinrich III. aus den Jahren 1045/46 mit 350 × 500 mm an[101].
Diese Relation von 7:10 findet sich als Näherungsgröße bei allen Berechnungen von Kreis und Quadrat. Es liegt nahe, sowohl den Bezug zu
Erdgröße und Vermessung des Landes als auch die bildhafte Symbolik
eines gleichschenkligen Dreiecks (Zelt), eines Quadrats und eines Kreises
für diesen Codex für bedeutsam zu halten. Man wird bei diesem sehr gut
erhaltenen Evangelienbuch auch das reale Seitenmaß analysieren dürfen.
Seine Höhe von 500 mm rückt in die Nähe eines Maßes von 500,940 mm,
das sich mit Hilfe einer Relation von 2:3 aus der mathematischen Fußlänge
von 333,960 mm errechnen läßt[102]. Nach der Relation von Quadratseite
zu Radius des umschriebenen Kreises läßt sich sodann die Schmalseite des
Blattes bestimmen:

$$a:r = \sqrt{1/2}:0,5 = 0,707106:0,500 = 500,940:354,218 \text{ mm}$$
$$\approx \qquad 7:5 \qquad = 500,940:357,814 \text{ mm}$$
$$\text{oder } 500,000:357,142 \text{ mm.}$$

Für die Synthese von Theologie, Wissenschaft und praktischer Staats-
führung im frühen Mittelalter steht die Person Karls des Großen. Percy
Ernst Schramm hat — ausgehend von Isidor — mit den Begriffen „Ordnung" und „Richtigkeit" seine Denkart erfaßt[103]: „Alles muß seine Ordnung haben", aber: „Die Ordnung kann nur aufrechterhalten werden,
wenn alles richtig bemessen und richtig in Einklang gebracht worden ist".

---

[101] J. Rathofer, Structura codicis — ordo salutis. Zum Goldenen Evangelienbuch Heinrichs III., in diesem Bande (2. Halbband).

[102] 333,960:371,066:500,940 = 36:40:54 = 18:20:27. Daß das Problem einer Veränderung der Längenverhältnisse bei Pergament, Stoffen, Papier etc. durch alle möglichen Einflüsse im Laufe der Jahrhunderte besteht, liegt auf der Hand, schließt aber die vorgelegten
Überlegungen nicht grundsätzlich aus (cf. Witthöft, Umrisse 558, zur Länge überlieferter
Banklaken des 16. Jahrhunderts).

[103] P. E. Schramm, Karl der Große. Denkart und Grundauffassungen, in: id., Kaiser,
Könige und Päpste. Gesammelte Aufsätze zur Geschichte des Mittelalters 1, Stuttgart 1968,
311.

MISCELLANEA MEDIAEVALIA

Veröffentlichungen des Thomas-Instituts der Universität Köln
Hrsg. von Paul Wilpert; ab Band 7 hrsg. von Albert Zimmermann

Preisänderungen vorbehalten

Walter de Gruyter Berlin · New York

MISCELLANEA MEDIAEVALIA

Veröffentlichungen des Thomas-Instituts der Universität Köln
Hrsg. von Paul Wilpert; ab Band 7 hrsg. von Albert Zimmermann

Die Mächte des Guten und Bösen

Vorstellungen im XII. und XIII. Jahrhundert über ihr Wirken in der Heilsgeschichte

Für den Druck besorgt von Gudrun Vuillemin-Diem
Groß-Oktav. VIII, 548 Seiten. 1977. Ganzleinen DM 211,– (Band 11)

Soziale Ordnungen im Selbstverständnis des Mittelalters

Herausgegeben von Albert Zimmermann
1. Halbband: Groß-Oktav. X, 335 Seiten, 4 Seiten Tafeln. 1979. Ganzleinen DM 143,–
2. Halbband: Groß-Oktav. VIII, Seiten 337–616, 8 Seiten Tafeln, davon 6 vierfarbig. 1981.
Ganzleinen DM 143,– (Band 12/1–12/2)

Sprache und Erkenntnis im Mittelalter

Akten des VI. Internationalen Kongresses für Mittelalterliche Philosophie
der Société Internationale pour l'étude de la Philosphie Médiévale
29. August bis 3. September 1977 in Bonn

Herausgegeben von Jan P. Beckmann, Ludger Honnefelder, Gabriel Jüssen,
Barbara Münxelhaus, Gangolf Schrimpf, Georg Wieland unter Leitung von Wolfgang Kluxen.
1. Halbband: Groß-Oktav. XVIII, 546 Seiten. 1981. Ganzleinen DM 158,–
2. Halbband: Groß-Oktav. XII, Seiten 547–1112. 1981. Ganzleinen DM 158,–
(Band 13/1–13/2)

Albert der Große
Seine Zeit, sein Werk, seine Wirkung

Herausgegeben von Albert Zimmermann. Für den Druck besorgt von Gudrun Vuillemin-Diem
Groß-Oktav. VIII, 293 Seiten, 8 Tafeln. 1981. Ganzleinen DM 148,– (Band 14)

Studien zur mittelalterlichen Geistesgeschichte und ihre Quellen

Herausgegeben von Albert Zimmermann. Für den Druck besorgt von Gudrun Vuillemin-Diem
Groß-Oktav. VIII, 318 Seiten, 4 Seiten mit Abbildungen.
1982. Ganzleinen DM 158,– (Band 15)

Preisänderungen vorbehalten

Walter de Gruyter   Berlin · New York